QIYE DANGAN GONGZUO GUIFAN SHISHI ZHINAN

《企业档案工作规范》实施指南

李和平　主编

中国档案出版社

责任编辑/赵增越
装帧设计/海马书装

图书在版编目 (CIP) 数据

《企业档案工作规范》实施指南/李和平主编 . —北京：中国档案出版社，2010.3 (2010.10 重印)
　ISBN 978 - 7 - 5105 - 0154 - 8

　Ⅰ.①企… Ⅱ.①李… Ⅲ.①企业管理：档案管理-规范-中国-指南 Ⅳ.①G275. 9 - 65

中国版本图书馆 CIP 数据核字 (2010) 第 040983 号

书名/QI YE DANGAN GONGZUO GUIFAN SHISHI ZHINAN
出版/中国档案出版社（北京市宣武区永安路 106 号　邮编 100050）
发行/全国新华书店
印刷/河北新华第一印刷有限责任公司
规格/787×1092　开本/1/16　印张/27.75　字数/620 千字
版次/2010 年 4 月第 1 版　2010 年 10 月第 2 次印刷
印数/20000 册
定价/78.00 元

前　言

　　企业是社会的基本组织形式和社会财富的创造者。企业档案是企业研发、生产、经营和管理活动的真实记录，是企业有形资产的记录、凭证和无形资产的承载和组成，是企业合法权益的维护者。企业档案工作在保障企业生产、经营和管理持续开展，在企业资产保值增值和延续企业历史等方面具有不可或缺的地位和作用。

　　伴随着新中国社会主义建设中企业的初建、恢复整顿、管理上等级、改革改制、规范管理、现代企业及产权制度建立与信息化建设发展历史，我国企业档案工作也经历了技术档案的初创时期、以科技档案为主综合管理、档案管理升级与目标管理等发展阶段，目前正在走向探索适应现代企业制度要求的现代企业档案工作与探索适应企业信息化要求的企业档案管理现代化的新阶段。

　　为适应新形势（WTO要求的法规一致性、采用国际标准）、新条件（信息化建设）、新观念（信息作为生产要素、无形资产）的新要求，推动和规范企业档案工作进一步发展，2009年，国家档案局颁布了档案行业标准《企业档案工作规范》（DA/T 42）。《企业档案工作规范》是我国近60年企业档案工作实践的总结，是国家档案工作法规、方针要求的具体展现，也是在企业信息建设新形势下推进企业档案工作转型、升级的基础性要求。

　　为更好地贯彻《企业档案工作规范》，便于各地区档案行政管理部门指导企业开展档案规范化管理、方便企业和企业档案部门理解《企业档案工作规范》的要求，我们编写了《〈企业档案工作规范〉实施指南》。《实施指南》对企业档案工作规范化建设的意义、目的、要求，以及《企业档案工作规范》中组织建设、制度建设、业务建设、信息化建设等部分进行了解释说明，并着重就标准中的新要求、新提法、新内容进行了讲解。对《企业档案工作规范》中涉及的过去已有的标准和做法，由于在企业档案工作目标管理活动中已经宣贯，本《实施指南》中不作详细解释。同时，为便于读者使用、参照和查阅，本《实施指南》将《企业档案工作规范》中所引用标准和参考文献作为附录。

　　《〈企业档案工作规范〉实施指南》借鉴国际标准ISO 9001《质量管理体系要求》的系统管理思想，参照国际标准ISO 15489.1《档案管理通则》对档案管理的要求，阐释了《企业档案工作规范》的目的、作用、意义、原则，并对三者加以比较，便于读者了解国际上对管理类标准的要求，理解当前国际档案界对档案及档案管理价值的认识，有助于档案部门在宣传、贯彻《企业档案工作规范》时，进一步提升企业领导及全体员工对档案价值与档案管理作用的认识。

由于企业改革发展的持续性和企业类型、规模、组织形式多样性，且无论是《企业档案工作规范》本身还是《实施指南》的解释都可能不尽完善。希望各级档案部门、企业和企业档案工作者结合企业档案工作实际应用标准，同时也希望各地区、各企业能遵从《企业档案工作规范》的基本要求，创造性地开展企业档案工作，使企业档案工作有效服务企业的发展与保值增值，发挥档案不可或缺的价值和作用。

《〈企业档案工作规范〉实施指南》由国家档案局副局长李和平主编。参加编写的人员有李晓明、王岚、吕炎生、黄绪臣、张庆一、杨永和、黄和、欧阳旭明、钟伦清、周兴才、何素君、王剑峰、肖云、周克华。

因各种原因，本书难免有各种各样不足和错误，欢迎读者批评指正。

《〈企业档案工作规范〉实施指南》编写组

2010 年 3 月

目　　录

第一章 企业档案工作发展与创新

一、企业档案工作发展历史

1. 新中国企业档案工作的建立

新中国成立后，伴随着社会主义建设事业的发展，在生产、建设和科学研究活动中形成大量技术文件、图纸和资料。1955年，第一届全国人民代表大会第二次会议上，雷天觉等三位代表提出"请在适当部门领导下，设立全国性技术资料馆"的议案。1956年，国家档案局在给国务院的《关于目前档案工作情况和今后工作安排的报告》中，首次使用"技术档案"的概念，指出："关于技术档案的管理，应该重点摸底，迅速制定办法，建立管理工作，以便逐步赶上国家建设的需要。"1959年，国家档案局在大连召开技术档案工作现场会。1960年2月29日，国务院批准国家档案局拟定的《技术档案室工作暂行通则》，要求"国务院所属各工业、交通、科学技术部门的主管机关，对于本系统的工矿企业、设计机构、科学技术研究机构的技术档案工作，都应加强领导，注意总结经验"。随后我国企事业单位开始开展技术档案工作。

1980年国家经委、国家建委、国家科委、国家档案局发布《科学技术档案工作条例》，明确了"国务院所属的各专业主管机关和各省、自治区、直辖市人民政府所属的各专业主管机关，应当建立相应的档案机构，加强对所属企业、事业单位科技档案工作的领导"的科技档案工作的管理体制，我国大中型企业事业单位普遍建立科学技术档案工作。

随着企业恢复整顿后改革的深入，企业生产、经营和管理中财务会计、行政管理、经营销售、资产产权及人力资源等方面的文件不断增多，企业各类文件的分散状况给企业管理和发展带来的问题日益显现。1987年，国家经委、国家计委和国家档案局联合发布《国营企业档案管理暂行规定》。该《规定》的发布标志着在我国企业档案概念的形成，企业各类文件材料的统一归档管理的企业档案综合管理模式开始形成。1994年党的十四届三中全会做出《关于建立社会主义市场经济体制若干问题的决定》后，我国加快市场经济体制进程，企业成为市场经济的主体。1995年，国家档案局和国家经贸委召开了首次全国企业档案工作会议。企业档案工作在档案行政管理部门的宏观管理下，依靠企业主管部门，形成档案行政管理部门与企业管理部门密切配合、分级管理与属地管理相结合的管理体制。

1996 年，为在新形势下进一步加强企业档案工作，国家档案局发布了《企业档案工作目标管理办法》。该《办法》作为国家依法管理企业档案工作的一种方式，依据国家有关的行政法规和技术标准规范，将企业档案工作的各个方面和各个环节分解、量化形成了《企业档案工作目标管理考评标准》。几年中，企业档案工作目标管理活动取得了较大的成效，不仅推出 740 多家国家一级、8000 多家国家二级和 30000 多家省部级档案管理先进企业，为建立健全企业档案管理起到了示范引导作用，而且为国家档案事业发展提供了宝贵的经验。同时，企业档案工作在为企业生产经营和管理服务中创造出巨大效益。

2. 企业档案工作法制规范化建设

我国国有企业在改革发展中，经历改组、改制、转制、减员增效、破产、股份制改造、合并、主辅分离、辅业改制等多项改革，也要求国家有关企业档案工作的规定和要求与之相适应。改革开放以来，国家有关企业档案工作的法规规章、标准规范，如《科学技术档案工作条例》、《国营企业档案管理暂行规定》、《国有企业资产与产权变动档案处置暂行办法》、《外商投资企业档案管理暂行规定》、《基本建设项目档案资料管理暂行规定》、《重大建设项目档案验收办法》、《乡镇企业档案管理办法》、《企业档案工作目标管理办法》、《国有企业文件材料归档办法》、《关于加强企业档案信息化建设的意见》、《关于加强驻外机构和境外企业档案工作的意见》、《科技档案案卷构成一般要求》、《国家重大建设项目文件归档要求与档案整理规范》等，为企业档案工作开展创造了必要的条件和良好的政策环境，也为企业档案工作规范化系统管理积累了法规、政策、管理等经验。根据国家有关档案工作的法规要求，一些专业主管机关、地方档案行政管理部门和中央企业，在分管范围和所属系统制定了相应的有关企业档案工作的规定、规范，成为有中国特色企业档案工作管理体系的重要组成。

2002 年，为适应市场经济体制建立和 WTO 的要求，统一规范国有、民营、外资、股份等各种所有制企业的档案工作，国家档案局与国家经贸委、国家计委联合颁布了《企业档案管理规定》。2004 年，党的十六届三中全会通过了《关于完善社会主义市场经济体制若干问题的决定》，进一步确立"公有制为主体，多种所有制经济共同发展"的社会主义初级阶段的基本经济制度。在完善社会主义市场经济体制的进程中，企业已经成为我国市场经济、技术创新、管理创新的主体，成为国家改革、工业化和信息化进程中的主战场，成为国家和社会财富的主要贡献者。与我国建立和完善社会主义市场经济体制的新时期、新阶段的新发展相适应，国家有关科技档案按专业统一管理的规定，实际上是按企业的隶属关系而扩大到整个企业档案工作，开始形成以《档案法》、《企业档案管理规定》为准绳、以资产为纽带的企业档案管理体系，我国企业档案工作发展进入新阶段。

3. 标准化对企业档案工作的促进

20 世纪 80 年代中期起，针对企业档案工作普遍开展，国家档案局开始指导企业运用档案工作的相关标准，并制定有关适用于企业档案管理的标准。目前适用于企业的标准有：国家标准《科学技术档案案卷构成的一般要求》、《CAD 电子文件光盘存储、归档与档案管理要求》；档案行业标准《国家重大建设项目文件归档要求与档案整理规范》、《归档文件整理规则》；规范性文件《工业企业档案分类试行规则》等。很多企业集团也开始根据国家标准制定企业档案管理系列标准。如，中国石油集团在多年实践经验的基础上，完成企业档案工作配套标准，是对企业档案工作几十年经验的总结；中国核工业集团针对电子文件电子档案的大量产生，制定了《核电文件档案管理要求》和《核电电子文件元数据》核电行业电子文档管理标准。经过多年的发展，标准已经成为企业档案规范管理的重要技术文件、开展档案业务指导工作的指南和衡量企业档案管理水平的准则。

在企业档案管理升级基础上开展的企业档案工作目标管理，是国家依法管理企业档案工作的一种方式，也是检验、评价企业档案管理水平的一种标准化、规范化的尝试。"企业档案工作目标管理考评标准"中将企业档案工作分解为组织管理、设施设备、基础业务建设、开发利用等四大方面，共 15 项、35 条，使企业在企业档案管理整体建设上有章可循。如其中"组织管理"中的"管理制度"要求建立企业档案工作的各项规章制度，强调的是"三纳入"、"四参加"，即，将档案工作纳入企业工作计划、纳入领导工作议事日程、纳入企业职工的岗位责任制；档案部门参加产品鉴定会、科研课题鉴定会、设备开箱验收会、项目竣工验收会。企业档案工作目标管理开展的时间虽然不长，但是为企业档案工作系统建设积累了宝贵经验。企业档案工作各环节目标的设定与对照检查，使企业档案工作开始从经验管理、行政要求，向着标准规范管理、良好实践转变，极大地提高了我国企业档案工作的管理水平。

二、企业改革发展与管理创新

企业档案工作经验来自企业改革发展的实践需要，也必然伴随企业改革发展、适应企业管理创新的新要求不断发展提升。企业，是以营利为目的，运用各种生产要素（土地、劳动力、资本、技术和信息），向市场输出产品和服务的合法的社会经济组织。在市场经济条件下，"企业"这一概念的内涵一般应该包括以下内容：

（1）企业是以营利为目的的经济组织。营利是企业设立的出发点，是企业得以生存的条件，也是企业与其他社会组织最本质的区别。

（2）企业应该依法设立，独立享有民事权利，承担民事义务。根据不同企业制度的类型，如个人业主制、合伙制和公司制企业，应符合相应的企业法（个人业主制企业法、合伙制企业法、公司法）所规定的设立条件和程序。同时，企业作为独立的商品生产者和经营者，必须依法向国家纳税。

（3）企业应该实行独立核算、自负盈亏。企业在利润动机驱使下，实行独立核算，以尽可能少的人、财、物和时间投入，获得尽可能多的利润。

（4）企业是从事生产经营活动的社会经济单位。企业是国民经济的基本经济单位和微观经济基础，从事生产经营活动是其天然的使命和社会职责，同时企业又是一个自主经营的经济实体。

新中国成立以来我国企业经历了计划经济、有计划商品经济、市场经济时期的发展历程，企业所有制形式也由单一的公私合营企业、全民所有的国营企业、集体所有企业，走向了在公有制为主体、多种所有制经济共同发展的基本经济制度下的国有、私营、合资、股份制等多种形式与所有制的企业发展新阶段，（企业形式包括有：属于内资企业的国有企业、集体企业、股份合作企业、联营企业、有限责任公司、股份有限公司、私营公司和其他企业；属于港澳台商投资企业和外商投资企业的分别包括：合资经营企业、合作经营企业、独资经营企业和股份有限公司）并正在向以有限责任公司和股份有限公司为代表的现代企业制度形式企业过渡。

国务院国资委副主任邵宁指出：当前，国家关于国有企业进一步深化改革的方向和任务是：

第一，继续完善国有资产出资人对企业经营者的激励约束机制。

第二，进一步推进产权多元化，通过整体上市对国有企业进行公众公司改革。

第三，继续完善公司治理结构，解决重大问题一个人说了算的问题，以提高决策科学性。

第四，进一步推进企业重组，优化资源配置。

第五，持续不断地推进企业内部改革，逐步实现人事、用工和分配制度与市场接轨。

第六，管理更加严格、更加科学化，完善制度建设。

企业深化改革的方向和任务表明，要实现改革的目标，无论是外在要求，如公众公司改革、产权多元化、完善公司治理，还是内在的需要，如科学决策、优化资源配置、严格管理、科学化等，都需要企业具有完整、准确、系统和有效的档案信息的支撑与证明。与企业发展的阶段和形式相适应，我国的企业档案工作也由上世纪50年代抓技术档案管理、基本建设项目档案，到改革开放后的科技档案、以科技档案为主的企业档案综合管理、企业档案管理上等级和企业档案工作目标管理不断提升和发展阶段。要确保企业建立适应改革发展的要求的企业档案工作，就需要企业档案管理的不断创新，而创新的方向必须紧紧围绕企业改革发展的新方向和新趋势。

我国企业管理经过多年发展，管理水平不断提高。在信息技术的广泛应用和经历金融危机后，我国企业管理也在企业深化改革的进程中不断呈现新的发展趋势：

第一，更加注重创新实践的系统思考、全面变革、整体提升。从TQC等单项管理方法、管理工具的应用为主，向着管理的整体转型升级。如：战略统领、全局贯通；内外资源整合；流程、制度、标准的协同整合；企业文化与商业伦理建设等。

第二，更加注重创新定位的中高端化。越来越多的企业将创新目标定位于同行业国际水平，技术与管理向高端转化。

第三，更加注重科技创新与管理变革的并行与协同。科技创新与管理创新是创新的两个"轮子"。迄今为止，我们还找不到一个案例，证明企业的科技创新活动是可以不需要相应管理职能的支撑或管理的适应性变革而独立取得成功的。技术创新过程越复杂，难度越大，产品关联性越强，对管理变革的震撼也越强烈，变革的烈度也越大，有时甚至需要对原有企业架构实施全局性重组。这是生产力进步对生产关系提出的合理要求，也是企业自主创新所应遵循的客观规律。

第四，更加注重信息技术与管理的高度结合。在管理的时空观念上，传统企业的物理边界被冲破，形成信息化超视界管理和零时差运作。即时管控、供应链集成、远程监控、全球资源整合、都成为可能。信息随需随取、知识随需随学、交易随时可做。

第五，更加注重"软实力"建设。外部，注重品牌、商誉、企业公民形象；内部，注重知识资产的积累，注重人文管理，强调企业价值观的认同，崇尚创新，追求和谐等。

企业管理发展的新趋势表明：管理的系统性、技术与管理结合、即时信息需求等特点，都需要有完整有效的档案管理为基础，也给企业档案管理创新提出更高要求和指南。如何适应企业管理发展的新趋势，引导企业依法做好企业档案工作；如何在目标管理活动停止后为企业档案工作提供系统指导，正是企业档案管理发展、提升需要解决的。《企业档案工作规范》正是在这样的背景条件下提出和制定的，其目的就是适应企业管理创新发展趋势和要求，依据现代管理原则与理念，基于我国档案管理经验、国际管理实践和信息技术发展要求，为企业档案工作提供符合法规要求的良好实践与规范管理的范式要求。

《企业档案工作规范》总结了新中国成立以来我国企业档案工作基本经验、规律和要求，借鉴企业质量管理体系理念和国际上相关最新国际标准，适应企业改革发展和信息技术广泛应用的新要求，将企业档案工作的行政性目标要求，转向标准化规范化的体系建设。《企业档案工作规范》首次将企业档案工作建设整体纳入体系，形成框架性管理标准，符合目前系统管理国际标准（如 ISO 9001《质量管理体系要求》）和档案管理国际标准（如 ISO 15489.1《档案管理通则》）的基本要求，是档案工作标准化建设的重要创新，是新时期企业档案工作规范化建设的重要指导文件和工作依据。

三、企业档案工作规范化管理的意义

1. 《企业档案工作规范》的特点

企业是党和国家经济建设中心工作的主战场，也是社会单位组成的重要方面。据全国单位普查统计，我国现有企业法人单位 302 万，产业活动单位 708 万。企业法人与产业活动单位占全社会单位总数的 59%。与以往的档案管理单项业务标准不同，《企业档案工作规范》首次对社会这一大类单位——企业的档案管理提出全面、系统的管理要求：不仅是具体的档案业务工作，而且包括档案工作的政策法规环境要求，包括文件形成中的领导与员工责任、规章制度和组织建设的要求，包括对企业档案信息化建设的基本管理要求。《企业档案工作规范》的制定具有以下特点：

第一，管理创新。《企业档案工作规范》适应社会主义市场经济体制完善的要求，第一次系统、全面地提出社会某一方面（企业）建立和开展档案工作的基本要求，填补了我国档案工作整体建设规范化方面的空白，结束了企业档案工作只有单项业务技术标准、没有统一的系统管理标准的历史。标准的制定不是简单地将各种现行文件标准汇集成册，而是在企业档案工作的整体框架下，充分考虑现代企业制度要求，结合企业的实际情况、法规要求和国际标准的理念，再将它们有机地组合起来而形成统一的便于操作的规范要求，在档案管理规范化建设方面具有创新性。

《企业档案工作规范》的实施将促使档案工作从过去行政管理方法转向规范性要求、良好实践的榜样；从单一传统档案管理转向在优化传统管理的基础上创新管理，如基于信息化的电子档案管理与知识管理；从按专业统一管理到以资产为纽带的系统管理。

第二，观念创新。随着社会发展，人们对档案与档案工作的认识也在不断深化。2001 年，国际标准 ISO 15489.1《档案管理通则》中首先正式提出档案的资产属性概念。2002 年，我国《企业档案管理规定》中只是将企业档案定义为"有保存价值的文件材料"。2004 年，《国有企业文件材料归档办法》中要求，"企业在筹备、成立、经营、管理及产权变动过程中形成的具有保存价值的文件材料应列入归档范围"。2004 年底，中办、国办《关于加强信息资源开发利用工作的若干意见》首次将"信息"界定为"生产要素、无形资产和社会财富"。档案作为企业核心信息资源，其资产的属性逐步开始被人们认识和接受。《企业档案工作规范》首次正式将企业档案界定为"企业知识资产和信息资源的重要组成部分"。这一发展的认识，对企业档案管理观念创新具有重要的意义和作用。

同时，由于企业档案管理涉及企业各个环节各项活动，档案文件来源范围广，作为系统管理的重要条件，领导的作用和全员参与这两项管理原则在《企业档案工作规范》中也有突出的体现和要求。这些认识适应并反映出国家对企业建立现代企业制度、现代产权制度的新要求，符合国家法规的要求和"走出去"发展战略中适应所在国家法规要求的"法规遵从"理念。

第三，经验基础。《企业档案工作规范》从档案工作原则、档案工作体系、档案工作制度、档案工作业务、档案信息化、档案工作设备设施等方面，对企业档案工作提出了具体要求，全面规范了企业档案工作，是企业档案工作行为的准则和档案业务建设的依据。《企业档案工作规范》明确了企业档案工作制度的体系构成及各项制度的主要内容，提出了档案工作的各项要求，并以附录的形式列举了档案工作中各种表格的使用样式，明确了可供企业参考的文件材料归档范围与保管期限参照表。这些要求都是基于我国企业档案工作多年的经验，并且包括目前企业正在应用的标准，是档案工作的基本要求。因此,《企业档案工作规范》有着深厚的实践和经验基础,是良好实践的总结,是企业开展档案工作可信赖、参照和依据的规范范本。

例如,《企业档案工作规范》中第一次以行业标准的形式提出了文件材料归档范围和保管期限参考表,使企业有了统一的文件材料归档范围和保管期限参考。《企业档案工作规范》附录 A 虽然是以工业类型企业为基础形成的档案分类,是一般企业普遍意义上的文件材料归档范围和保管期限的参照表,但各类企业都可以也应当根据企业职能和主营业务实际情况,参考或比照附录 A 的有关内容和要求,制订适合本企业的文件材料归档范围和保管期限表。这在《企业档案工作规范》7.3.2.3 中已有明确要求:"企业应根据经营管理范围和业务活动类型制订文件归档范围和保管期限表。确定文件归档范围和保管期限可参照、但不限于附录 A。项目建设类文件应依据企业在项目建设中的性质确定,建设单位、设计单位、施工单位、监理单位文件归档具体范围参见DA/T 28;服务类型企业各类文件归档范围及企业中专业性较强的业务活动的文件归档范围,应结合企业活动和专门业务编制。"

第四,信息化方向。《企业档案工作规范》将档案信息化建设作为对企业档案工作的方向性要求,对企业档案信息化提出了目标和原则,对电子文件的归档存储、传统载体档案数字化、网络化服务、电子档案安全保管等提出了原则性要求。《企业档案工作规范》综合当前企业档案信息化的经验与法规文件要求,将成熟的经验与现代的创新理念相结合。如针对开展企业目标管理以来企业管理发展新情况,将信息化建设的要求补充到企业档案工作系统管理的要求之中。提出企业档案信息化原则性要求,既具有一定的可操作性,又不拘泥于某些具体的技术细节,还兼顾企业信息化所处不同阶段的情况,也为下一步专门制定企业档案信息化标准预留充分的发展空间。

《企业档案工作规范》中设专门一章,与档案业务并列和对应,正说明企业档案信息化建设的重要地位和作用。在应用中需要把握和明确:我国信息化建设正处于发展进程中,档案信息化建设的相关要求尚不完善,是最需要在实践中总结、创新的管理,因此企业档案工作信息化的发展方向,也是企业档案管理创新的重要方面。

2. 《企业档案工作规范》的意义

《企业档案工作规范》是企业档案标准化规范化建设和多年实践的总结,是有关档案工作法规规章要求的代表,也是适应时代发展要求的管理创新的体现。在我国完善社会主义市场经济体制进程的新阶段,《企业档案工作规范》的制定和实施对进一步提升企业档案工作水平、加强企业管理具有重要意义。

第一,法律法规与企业档案工作间的桥梁。

企业档案工作是企业管理的基础工作,企业档案工作水平直接反映了企业的管理水平。《企业档案工作规范》的制定,既可以规范企业档案工作,为企业领导、档案部门和档案人员提供指导,保证企业档案工作正常、有序、规范地开展,又能为档案行政管理部门提供业务指导依据,也符合国家标准化建设提出将企业建设成为标准化的主体的要求。

作为管理性标准，《企业档案工作规范》不同于过去对企业档案工作业务建设的规范性要求，不仅是对档案业务的要求，而且包括对企业档案工作环境（领导、管理体制、规章制度建设、全员档案意识及责任等）的整体要求，是国家有关档案工作法律法规要求的体现。《中华人民共和国档案法》第三条规定，"一切国家机关、武装力量、政党、社会团体、企业事业单位和公民都有保护档案的义务"。《档案法实施办法》第五条规定："机关、团体、企业事业和其他组织应当加强对本单位档案工作的领导，保障档案工作依法开展。"企业档案工作目标管理暂停后，档案部门与企业、档案法规与企业具体工作之间的联系一度有所中断。而《企业档案工作规范》正是《档案法》与《档案法实施办法》之下、衔接《企业档案管理规定》要求与企业档案工作组织制度建设和具体档案业务之间的关键环节。《企业档案工作规范》的根本依据是档案工作法律法规，同时条款的要求也体现法规要求的精神，体现现代企业制度、现代产权制度的基础。实施《企业档案工作规范》就是企业档案工作依法开展的保障，是企业依法经营的权益保障。

第二，体现管理创新趋势和与时俱进要求。

在我国，由于企业在社会经济发展中的基础性地位和作用，改革开放进程中的每一个重要的历程都与企业息息相关，因而也对企业档案及档案工作产生着深刻的影响。由于标准化工作的渐进性，我国标准化建设开始是以单项标准为主，即，过去制定标准是先从个案入手，对某项具体业务进行规范。随着标准化建设的深入，单项标准越来越多，现在倒过来看，如果有框架，那么更利于我们组织编制相应的标准，就如同盖房子先要有基础和框架一样。《企业档案工作规范》正是在过去标准化建设的基础上提出的框架性要求，体现管理创新趋势和与时俱进的要求。特别是《企业档案工作规范》对档案资产价值的界定，对企业档案信息化的要求，对企业档案工作组织体系与规章制度建设，创新性地引入国际通行的系统管理理念和档案价值认识新观念。

第三，符合国际标准对企业档案管理要求。

《企业档案工作规范》应用系统管理思想，依据法律、法规及政策的要求，结合并吸取企业档案工作多年实践经验，将企业档案工作纳入系统管理、整体建设的标准。《企业档案工作规范》基于 ISO 9001 系统管理、领导为先、全员参与的思想，满足 ISO 9001 关于质量管理体系中对档案记录维护管理的要求；同时又借鉴 ISO 15489.1《档案管理通则》对信息化条件下档案管理系统设计思想，提出档案信息化建设的基本要求，符合国家产业政策和规范管理的要求，也适应国际上标准化工作，特别是企业管理标准化建设的趋势。

第四，为指导评价企业档案工作提供指南。

《企业档案工作规范》是通用管理标准，内容全面、涵盖性强，不仅汇集了新中国成立以来国家对企业档案工作的基本内容，还针对社会发展进程中企业档案工作的实际需要，提出新的要求和规定。《企业档案工作规范》对企业档案工作的组织系统、工作职责、岗位职责及档案人员的要求等方面做了详尽的划定；对企业文件材料的形成积累、归档、收集、整理、保管、鉴定、统计和利用等也做了详细规定，内容容易理解，便于企业领导、专兼职档案人员及相关人员掌握和操作。无论是大企业、小企业，国有企业、民营企业、还是私营企业、外资企业，只要是企业，参照《企业档案工作规范》运作，就能把档案工作做好。《企业档案工作规范》的作用是全方位的：

　　——新建立的企业能据此了解国家对企业档案工作的基本要求；

　　——成熟企业能据此知道自己档案工作还要在哪些方面需要完善；

　　——档案行政管理部门可将此作为指导企业开展档案工作的依据。

　　总之，企业档案工作虽然已有了一些技术标准，但是在企业档案工作目标管理停止后，企业档案工作的体系建设缺少规范性要求，当前信息技术发展也为企业档案工作提出新的要求。《企业档案工作规范》是在过去经验基础上根据标准化工作要求而制定的管理性标准，对我国企业档案管理来说，也标志着由行政文件规章为中心向以标准为中心、促进企业自律的转变，符合完善市场经济体制的要求，也是档案管理创新的体现。《企业档案工作规范》的颁布和实施，能进一步提高我国企业档案工作水平，使档案工作能够适应企业和社会发展的需要，对企业档案工作具有长期的指导意义。

第二章 企业档案工作标准化规范化建设

标准化工作是国民经济和社会发展的技术基础，是科技成果转化为生产力的桥梁，是组织现代化、集约化生产的重要条件，更是推进我国从工业化迈向信息化社会的重要技术基础。标准发端于企业的产品生产，最大的用户也是企业。在我国完善社会主义市场经济体制的进程中和全球经济一体化的今天，企业产品生产、服务及管理的标准化已经成为企业在市场条件下生存、竞争和发展的基础和保障。因此，企业档案工作标准化建设正是我国档案标准化工作服务党和国家中心工作的重要方面。

一、企业档案工作标准化建设

1. 企业生产与标准化

标准起源于工业产品生产和交换。现代标准化是近二三百年来伴随着工业化进程而发展起来的。蒸汽机的出现和工业革命的开始，将标准化问题提上了日程。18世纪90年代，法国科学家承担建立公制计量制度任务，是较早涉及标准化领域的一项基础性标准。在美国，由于实现了零件的互换性，出现了大批量生产，这就构成了向现代标准化迈进的重要步骤。1898年，美国成立了第一个行业性的标准化组织——美国试验和材料学会（ASTM）。1901年，世界上出现第一个国家标准化团体——英国标准学会（BSI），同年，该会制订了第一个英国国家标准——螺纹。1906年，根据国际电工会议的决议，创立了世界范围的标准化组织——国际电工委员会（IEC）。1911年，美国人泰勒发表了《科学管理原理》，应用标准化方法制定标准时间和作业规范，在生产过程中实现了标准化管理；1914年美国福特汽车公司运用标准化原理把生产过程的时空统一起来，创造了生产流水线。1921年，比利时、加拿大、荷兰、挪威、瑞士、英国和美国7个国家达成协议，定期交流有关标准情报。1926年，国际标准化协会（ISA）成立。1943年，ISA临时由联合国标准协调委员会（UNSCC）代替，直到1946年国际标准化组织（ISO）的成立。国际标准化组织成立后，即同国际电工委员会达成协定，由国际电工委员会（IEC）担负电气与电子工程领域的标准化工作，并由国际标准化组织担负包括除电气与电子工程以外所有技术领域的标准化工作。

在我国，1949年新中国成立后即设立中央技术管理局，下设标准规格处；当年中央人民政府就批准发布了我国第一个国家标准《工程制图》。1957年，中国国家科学技术委员会标准局成立，负责全国标准化工作；同年，中国加入国际电工委员会（IEC），并派代表以观察员身份参加了 IEC 第 22 届年会。1958 年颁布了第一批国家标准。1962 年 11 月 10 日国务院通过了《工农业产品和工程建设技术标准管理办法》，规定中国技术标准体制，分为国家标准、部标准和企业标准三级，"各级生产、建设管理部门和各企业单位，都必须贯彻执行有关的国家标准、部标准"。1978 年国务院批准成立了国家标准总局。1988 年，《中华人民共和国标准化法》颁布。1990 年，国家颁布《中华人民共和国标准化法实施条例》。随后，国家技术监督局发布《国家标准管理办法》、《行业标准管理办法》、《地方标准管理办法》、《企业标准管理办法》。2001 年，组建中国国家标准化管理委员会。截止 2008 年底，国家标准总数为 22931 项。其中，强制性标准 3111 项，占 13.56%；推荐性标准 19675 项，占 85.8%；国家标准化指导性技术文件 145 项，占 0.63%。截止 2008 年底，国家累计备案的行业标准达 39686 项；累计备案的地方标准达 14142 项。标准的范围覆盖面已从传统的工业产品、工程建设拓展到农业、服务业、企业管理以及社会公共管理领域。

2. 标准与标准化

（1）标准

国家标准 GB/T 20000.1－2002（代替 3935.1－1996）《标准化工作指南　第一部分：标准化和相关活动的通用词汇》对标准作如下定义："标准：为了在一定的范围内获得最佳秩序，经协商一致制定并由公认机构批准，共同使用的和重复使用的一种规范性文件。"标准宜以科学、技术和经验的综合成果为基础。该定义和要求包含以下几个方面的含义：

①标准的本质属性是"一种规范性文件"，而规范性文件（normative document）是为各种活动或其结果提供规则、导则或规定性的文件，在应用上具有指导、引导和规范事物或活动的作用。《中华人民共和国标准化法》规定，我国标准分为强制性标准和推荐性标准两类。强制性标准必须严格执行；推荐性标准国家鼓励企业自愿采用。尽管程度不同，但是与技术规范、规程和法规等类文件相似，标准也是一种规范性文件。

②标准是可以"共同使用的和重复使用的"。标准的对象是重复性事物，标准的应用则适用于各方面，例如批量生产的产品在生产过程中的重复投入，重复加工，重复检验等；同一类技术管理活动中反复出现同一概念的术语、符号、代号等被反复利用；企业持续进行的生产、经营和管理活动中文件的形成、归档、管理和利用等等。只有当事物或概念具有重复出现的特性并处于相对稳定时才有制定标准的必要，使标准作为今后实践的依据，以最大限度地减少不必要的重复劳动，又能扩大"标准"重复利用范围。

③标准的制定"宜以科学、技术和经验的综合成果为基础"。标准既是科学技术和管理活动成果，又是实践经验的总结，并且这些成果和经验都是经过分析、比较、综合和验证基础上，加以规范化，只有这样制定出来的标准才能具有科学性。

④标准应是"最佳秩序，经协商一致制定"。最佳秩序，表明标准是某项工作、活动、管理或过程最佳实践的总结；"经协商一致"，体现标准条款是有关各方公认。这样制定出来的标准才具有权威性、科学性和适用性。

⑤标准文件有其自己一套特定格式和制定颁布的程序。标准的编写、印刷、幅面格式和编号、发布的统一，既可保证标准的质量，又便于资料管理，体现了标准文件的严肃性。所以，标准必须由公认机构批准，以特定形式发布。标准从制定到批准发布的一整套工作程序和审批制度，是使标准本身具有法规特性的表现。

（2）标准化

国家标准 GB/T 20000.1－2002（代替 3935.1－1996）《标准化工作指南 第一部分：标准化和相关活动的通用词汇》明确了标准化的含义："为了在一定范围内获得最佳秩序，对现实问题或潜在问题制定共同使用和重复使用的条款的活动。"该定义的含义如下：

①标准化是一项连续的活动过程，这个过程是由 3 个关联的环节组成，即制定、发布和实施标准。标准化 3 个环节的过程已作为标准化工作的任务列入《中华人民共和国标准化法》的条文中。《标准化法》第三条规定："标准化工作的任务是制定标准、组织实施标准和对标准的实施进行监督。"这是对标准化定义内涵的全面而清晰的概括。

②标准化是一项持续的活动过程，这个活动过程在深度上是一个永无止境的循环上升过程，即制定标准，实施标准，在实施中随着科学技术进步对原标准适时进行总结、修订，再实施；每循环一周，标准就上升到一个新的水平，充实新的内容，产生新的效果。

③标准化是一个不断扩展的过程。如过去只制定产品标准、技术标准，现在又要制定管理标准、工作标准；过去标准化工作主要在工农业生产领域，现在已扩展到安全、卫生、环境保护、交通运输、行政管理、信息代码等。标准化正随着社会科学技术进步而不断地扩展和深化自己的工作领域。

④标准化能获得最佳秩序和效益。最佳秩序和社会效益可以体现多方面，如在生产技术管理和各项管理工作中，按照 GB/T 19000《质量管理体系要求》建立质量保证体系，可保证和提高产品质量，保护消费者和社会公共利益；简化设计，完善工艺，提高生产效率；扩大通用化程度，方便使用维修；消除贸易壁垒，扩大国际贸易和交流等。标准的应用使企业的研发、生产、经营及管理活动趋于合理化、程序化和规范化，并使企业能够不断提高产品质量，降低能耗，以获得最佳秩序和经济效益。

3. 标准化的基本原理

标准化内涵着统一、简化、协调和最优化的基本原理。

统一原理，就是为了保证事物发展所必需的秩序和效率，对事物的形成、功能或其他特性，确定适合于一定时期和一定条件的一致规范，并使这种一致规范与被取代的对象在功能上达到等效。

简化原理，就是为了经济有效地满足需要，对标准化对象的结构、型式、规格或其他性能进行筛选提炼，剔除其中多余的、低效能的、可替换的环节，精炼并确定出满足全面需要所必要的高效能的环节，保持整体构成精简合理，使之功能效率最高。

协调原理，就是为了使标准的整体功能达到最佳，并产生实际效果，必须通过有效的方式协调好系统内外相关因素之间的关系，确定为建立和保持相互一致，适应或平衡关系所必须具备的条件。

最优化原理。按照特定的目标，在一定的限制条件下，对标准系统的构成因素及其关系进行选择、设计或调整，使之达到最理想的效果，这样的标准化原理称为最优化原理。

4. 标准的种类

按照标准化对象，通常把标准分为技术标准、管理标准和工作标准三大类。

技术标准是指对标准化领域中需要协调统一的技术事项所制定的标准。技术标准包括基础技术标准、产品标准、工艺标准、检测试验方法标准，及安全、卫生、环保标准等。技术标准是企业标准化的基础和主体。技术标准是根据国家技术经济政策和市场需要，经主管部门批准，在规定的范围内必须执行的统一技术规定。

管理标准是指对标准化领域中需要协调统一的管理事项所制定的标准。管理标准主要是对管理目标、管理项目、管理业务、管理程序、管理方法和管理组织所做的规定。管理标准包括管理基础标准、技术管理标准、经济管理标准、行政管理标准、生产经营管理标准以及专项管理等。管理标准是技术标准的措施和保证，主要指在企业管理活动中，所涉及的经营管理、设计开发与创新管理、质量管理、设备与基础设施管理、人力资源管理、安全管理、职业健康管理、环境管理、信息管理等与技术标准相关联的重复性事物和概念。管理标准是为提高管理业务水平、工作效率，保证各项技术标准的贯彻实施，把标准化原理应用于企业基础管理，确定各管理职能的标准项目，使之成为管理的依据。

工作标准是实现技术标准和管理标准的手段。主要是为实现工作（活动）过程的协调，提高工作质量和工作效率，对每个职能和岗位的工作制定的标准。通常指对企业标准化领域中需要协调统一的工作事项所制定的标准。包括对工作的责任、权利、范围、质量要求、程序、效果、检查方法、考核办法所制定的标准。工作标准一般包括部门工作标准和岗位（个人）工作标准。主要指在执行相应管理标准和技术标准时与工作岗位的职责、岗位人员基本技能、工作内容、要求与方法、检查与考核等有关的重复性事物和概念。如对企业生产技术、经营管理具有重大影响并有助于实现现代化管理的各项主要作业方法、工作程序、操作规范进行分析并确定其标准项目。

企业工作标准的内容：

（1）规定各岗位承担的任务；

（2）规定每项任务的数量和质量要求及完成期限；

（3）规定完成任务的程序和工作方法；

（4）规定与有关岗位的协调配合；

（5）规定考核办法。

按约束力分类，国家标准及行业标准可分为强制性标准、推荐性标准。

强制性标准主要是指那些保障人体健康，人身、财产安全的标准和法律、行政法规规定强制执行的标准。

推荐性标准，是指除强制性标准范围以外的标准是推荐性标准。推荐性标准不强制执行，但这些标准都是按国家或行业部门规定的标准制定程序，国家有关主管部门可运用行政和法律的手段，鼓励有关方面贯彻实施这些标准。

另外，标准按种类分，可分为基础标准、术语标准、试验标准、产品标准、过程标准、服务标准、接口标准、数据待定的标准。其中的基础标准，是指具有广泛的适用范围或包含一个特定领域的通用条款的标准。

5. 技术标准、管理标准、工作标准与规章制度间的关系

技术标准、管理标准、工作标准和规章制度，都属于规范性文件，它们之间的关系和应用既有联系又有区别。

（1）技术标准与管理标准。企业管理标准和工作标准是实施技术标准的重要保证。标准体系的核心是技术标准，技术标准规定产品要求，包括技术规范、产品标准、过程标准、服务标准等。但是技术标准往往是单项的、孤立的、指标性的、没有生命性的。没有系统性的管理制度、管理标准和工作制度，技术标准难以有效发挥作用。如国际通行的质量管理体系标准就是一项管理标准，它就是为实现产品的技术要求服务的，是实现技术标准的管理要求和保障。因此，技术标准与管理标准两者是相辅相成的，技术标准为企业的产品和服务提供了质量要求，管理标准则为技术标准在产品和服务上的实现提供支持、监督和保障。

（2）管理制度与管理标准。从经验、制度、标准的发展过程来看，我国企业的管理制度，实际上是来源于企业各项活动的经验积累。从计划经济的管理经验和管理制度，到市场经济的管理标准，再到适应经济全球化而采用国际标准。ISO 9000 质量管理体系系列标准就是最有代表性的系统管理标准。管理制度与管理标准之间的联系在于：管理标准、工作标准是在规章制度的基础上制定的，某些规章制度可能就是管理标准、工作标准的雏形；管理标准和工作标准与规章制度的区别是标准能起到预防控制的作用，而规章制度是做不到的。以工作标准为例，某项管理业务标准应包括工作程序、质量要求、时间要求等内容，而规章制度一般则只规定如何去做，不规定达到什么样的要求，出了问题只能采取被动的处理方式。标准由于有质量要求的内容，使得在工作过程中采取措施保证质量目标的实现，起到了预防控制的作用。所以，管理标准、工作标准与规章制度是有区别的，不能简单地取代。一个企业应该有管理标准

和工作标准，同时也必须有必要的规章制度。

将管理制度上升为管理标准是管理提升的趋势，但不是说任何管理制度都要转化为标准，如行政管理的会议制度、考勤、工资人事、党群后勤等，建立相应制度就能满足要求。《中国标准化》1998 年第 2 期中，张明轩等撰《论管理制度与管理标准的关系即转化条件》一文对企业管理制度与管理标准的关系阐述如下：在改革开放不断深入发展及与世界经济体制逐步接轨的新形势下，企业管理开始走向技术与管理并重的轨道，将一部分与实施技术标准有关的管理制度上升为管理标准，是与世界经济管理体制接轨的需要，势在必行，而那些与实施技术标准无直接关系的则不宜转化为管理标准。

可以转化为管理标准的管理制度：

一是涉及生产、经营全过程的技术性管理，如营销管理、设计开发管理、采购管理、生产管理、设备管理、产品验证管理、测量和测试设备控制、不合格及纠正措施管理、科技档案管理、定额管理、安全管理、环保卫生管理、质量成本管理、能源管理；

二是涉及企业管理全局的综合技术管理，如标准化、术语、代码、图形符号、票证、信息、现代管理方法（如数理统计、网络技术、价值工程、TQC、可靠性工程、计算机软件工程等）、科技成果、技术引进与设备进口、部门（主要指技术、生产、销售、科研等）职责、班组管理、现场管理等。

不宜转化为管理标准的管理制度，主要是行政、党群及后勤、文教、卫生等管理事项。

一是涉及全局性的基本制度，如厂长负责制、职工代表大会制、经济责任制、奖惩制度、机构设置、选举程序、任免和层序等；

二是日常工作制度，如会议制度、值班制度、考勤、政治学习制度、民主生活会制度、精神文明建设、进修培训与考核制度等。

三是与专业技术管理无直接关系的部门责任制、基层单位管理的事项等。

多年来，全国档案标准化工作技术委员会组织制定了多项档案管理国家标准和行业标准。针对企业档案工作的需要，国家也制定颁布了数项有关档案工作的国家标准和行业标准，如国家标准 GB/T 11822《科学技术档案案卷构成的一般要求》、GB/T 17678《CAD 电子文件光盘存储、归档与档案管理要求》、档案行业标准 DA/T 28《国家重大建设项目文件归档要求与档案整理规范》等。这些标准的制定和实施，对推进企业档案管理、提升管理水平起到积极的促进作用。企业档案工作在应用标准、引入企业管理技术和方法、开创目标管理等方面，不仅促进了企业规范化管理，而且为整个档案工作提供了定性管理与定量管理的方法和手段。

当前，国际标准化的重点也正在由过去以基础标准、测试方法标准和传统工业为重点，逐渐向高新技术和产品标准转移；由单纯的技术标准逐渐向技术标准与管理标准并重的方向转移。在新形势下，国家档案局最新制定发布的档案行业标准 DA/T 42

《企业档案工作规范》，正是在对我国企业档案工作多年来实践经验总结的基础上，适应这种转移和当前信息技术发展要求，运用系统管理原理，从单项标准的应用，向档案系统管理标准的制定和实施的发展。

企业档案管理工作涉及企业生产、经营全过程，并能为技术标准和技术管理标准实施创造条件的，是一项涉及范围广、持续时间长的专项工作。将管理制度提升为管理标准，是符合标准化发展的趋势和要求。企业档案虽然不像产品可用于交换，但企业中各类档案的完整、系统和真实、有效，正是提升管理成效不可或缺的基础，并直接影响企业产品的质量管理与认证，因而也影响产品的国际国内的竞争力。因此将企业档案管理制度上升为管理标准，将单项技术管理标准应用与系统管理标准实施结合，将有效促进档案管理水平的提升，代表着档案管理标准的制定与应用的创新性提升与突破，反映了企业档案工作发展新阶段中对标准的全面、系统管理的要求，体现了我国企业档案工作对国际管理经验的需求与运用，标志着我国企业档案工作开始进入创新发展的新阶段。

《企业档案工作规范》从标准化对象看，属于管理标准；从标准种类看，属于企业的基础标准；从标准约束力看，属于推荐性标准。因而可以说《企业档案工作规范》是属于企业的基础性系统管理的推荐性标准。

二、《企业档案工作规范》与国际管理标准

1. 国际标准的采用

国际标准通常都是各国专家在协商一致的基础上达成的共识，同时也是较为先进的标准。国家标准委号召和提倡国内各行业在标准化建设中采用国际标准。所谓采用国际标准，就是将国际标准纳入我国标准。既可以纳入我国国家标准，也可纳入专业标准或企业标准。随着经济全球化、管理的国际化，目前我国国家标准对国际标准的采标率达34％。采用国际标准已经成为我国标准化工作发展战略的重要组成和发展方向。而采用国际标准的方法、程度和要求，国际标准中也有明确的规定。

国际标准ISO/IEC 21《标准化工作导则》1981版中规定，一般可采用六种方法将国际标准和国外先进标准订入（编入）采用国的国家标准。

（1）认可法，由国家标准机构直接宣布某项国际标准为国家标准，其具体办法是发一认可公告或通知，公告和通知中一般不附带国际标准的正文，也不在原标准文本上加注采用国家的编号。

（2）封面法，在国际标准上加上采用国国家标准的编号，并附一简要说明和要求，如说明对原标准作了哪些编辑修改，以及如何贯彻等要求。

（3）完全重印法，将国际标准翻译或不作翻译，采用原标准标题，重新印刷作为国家标准，并可在国际标准正文前面，加一篇引言，作一些说明或指示、要求。

（4）翻译法，国家标准采用国际标准的译文，可以用两种文字（原文和译文）或一种文字出版，采用时，也可在前言中说明被采用国际标准作了哪些编辑性修改，或作一些要求说明。

（5）重新制定法，根据某项国际标准，重新起草国家标准，即把国际标准"熔入"国家标准之中，或作层次上的修改或作结构上的变动，但一般要保留国际标准的主要指标，或基本上保留原结构格局。

（6）包括与引用法，制定国家标准时，完全引用或部分引用国际标准的内容。根据国际标准的"包容"情况及专业深度，制定国家标准时，可以选择相关部分进行贯彻，其余部分不贯彻；也可包括其国际标准的一部分，其余根据需要补充新的内容和指标。

国际标准 ISO/IEC 21《标准化工作导则》1999 版，则将国家标准采用国际标准分成为：等同采用、修改采用和非等效采用。

等同采用（IDT）。是指一国制定的标准，与国际标准在技术内容和文本结构上相同，或者技术内容相同，只作少量编辑性修改。如纠正排版或印刷错误；标点符号的改变；增加不改变技术内容的说明、指示等。

修改采用（MOD）。国家标准等效于国际标准，技术上只有很小差异。是指与国际标准之间存在技术性差异，并清楚地标明这些差异并解释其产生原因，允许包含编辑性修改。修改采用不包括只保留国际标准中少量或者不重要的条款的情况。修改采用时，我国标准与国际标准在文本结构上应当对应，只有在不影响与国际标准的内容和文本结构进行比较的情况下，才允许改变文本结构。

非等效采用（NEQ）。国家标准与国际标准在技术上有重大差异。指国家标准中有国际标准不能接受的条款，或者在国际标准中有国家标准不能接受的条款。非等效是指与相应国际标准在技术内容和文本结构上不同，它们之间的差异没有被清楚地标明。非等效还包括在我国标准中只保留了少量或者不重要的国际标准条款的情况。（实际上可理解为借鉴、参考和引用。）

非等效表明一国标准与相应国际标准有对应关系，同时与国际标准在技术上有重大差异，包括以下 3 种情况：（1）国家标准包含的内容比国际标准少；（2）国家标准包含的内容比国际标准多；（3）国家标准与国际标准有重迭，部分内容是完全相同或技术上相同，但在其他内容上却互不包括对方的内容。

采用国际标准是经济全球化的标志和趋势，而经济全球化中企业首当其冲。上述国际标准 ISO/IEC 21《标准化工作导则》的两个版本，对采用国际标准都有明确的界定，并指明了采用国际标准的多种方式，为我国企业档案工作标准化、规范化建设提供了指南。企业档案管理标准化建设中也应接受国际标准的新思想、新理念、新技术和新方法。

目前在国际标准中，属于系统档案管理的只有国际标准 ISO 15489《档案管理》。而 ISO 15489《档案管理》中明确表明，该标准适用于除档案馆外的所有机构。该标准作为我国企业档案管理的标准而直接采用存在以下问题：一是 ISO 15489《档案管理》过于原则；二是有些条款不适合我国国情；三是没有体现企业档案管理的特殊性。在技术与管理并重成为标准的制定和应用的发展趋势，既要借鉴和体现国际管理标准的先进性，又没有可以直接采用（即等同采用、修改采用）的企业档案管理国际标准的情况下，作为系统管理标准的《企业档案工作规范》的制定，实际上只能是采用国际标准和国外先进标准的新思想、新理念、新技术、新方法和新要求，即可以算作使用"包括与引进法"或"非等效采用法"采标。

因此，《企业档案工作规范》采用国际标准和国外先进标准的方法，就是在分析相关国际标准和国外先进标准制定的原则、理念、方法、内容与要求等基础上，结合我国企业档案工作多年的实践经验、现行有效的管理制度和档案技术管理标准，将对企业档案管理有效的观念、原则、做法、要求融入系统管理规范要求之中，使其成为具有中国特色的企业档案管理标准。

2. 《企业档案工作规范》与国际管理标准

《企业档案工作规范》的制定，是根据国际标准 ISO 9001《质量管理体系要求》2008 年最新版所倡导的"领导责任"、"全员管理"、"过程管理"等思想和原则，将涉及企业档案工作的组织建设、制度建设、业务建设、信息化建设、设施设备配备等，组成系统的有机整体。同时，《企业档案工作规范》还汲取国际档案界最新成果国际标准 ISO 15489.1《档案管理通则》的理念，提出企业档案资产观念和以资产为纽带的企业档案工作管理体制的新思路。

（1）国际标准 ISO 9001《质量管理体系要求》

国际标准 ISO 9001《质量管理体系要求》作为市场经济和国际贸易的产物，是国际标准化组织在世界范围内推行最成功的标准之一。该标准由国际标准化组织"质量管理和质量保证技术委员会"（ISO/TC 176）负责起草，并经历了几个发展阶段。

1987 年，国际标准化组织发布第一版 ISO 9000《质量管理体系要求》系列标准。

1994 年，国际标准化组织发布第二版 ISO 9000《质量管理体系要求》系列标准，得到了世界各国的普遍关注，越来越多的企业将其作为质量管理的标准之一。ISO9000 系列认证已经成为国际间商贸交流和市场的通行证之一。但是这一标准存在一定的缺憾，就是对于制造业以外的行业不太适用。

2000 年，国际标准化组织发布第三版 ISO 9001《质量管理体系要求》。其特点是：

①适用于各种类型的组织。无论组织的规模是大还是小，或者是从事不同的行业，都可以采用。

②可以进行删减。取消了 1994 版中 9001、9002、9003 的 3 个标准，统一形成了 9001－2000 统一的标准。同时允许组织在选用时，可以根据具体的情况进行删减。

③突出了以顾客满意作为衡量组织业绩的手段。

④采用了过程方法。2000 版也是采用过程的方法来编制的。过程就是将输入转化

为输出的活动。将资源和活动按照过程进行管理的方法就是过程方法。过程应该是增值的，就是输出应该大于输入。

⑤更加强调了管理者的作用。

⑥标准更加突出了持续改进。

⑦对文件化的程序要求降低，强化了组织的自主权。标准要求形成的文件只有，文件控制4.2.3，记录控制4.2.4，内部审核8.2.2，不合格品控制8.3，纠正和预防措施8.5。

2008年，国际标准化组织发布第四版ISO 9001《质量管理体系要求》。该最新版较为突出一点是：经过八年的实践，增加了多处对档案记录建立和管理维护的要求，使标准中对档案记录的要求多达20处。说明在质量管理体系中档案记录的重要作用日益被重视，质量管理体系标准的实施也与企业档案管理有密切关联。同时，由于质量管理与档案管理具有同样的全员性特点，管理上相通，因此，《企业档案工作规范》的制定借鉴了ISO 9001的管理思想、管理原则和管理方法。

国际标准ISO 9001《质量管理体系要求》中的档案记录。质量控制离不开档案记录，档案记录是ISO 9001要求的文献工作的文件控制与档案记录控制这两大控制之一。强调文件控制时，是需要企业证实有能力满足客户及法规的要求；强调档案记录控制时，是表明通过检验证明企业通过体系性和持续改进保证能满足质量、客户及法规的要求。

整个ISO 9001《质量管理体系要求》中：档案记录（records）一词出现28次，其中20次是重复提示、参照、引用，要求标准在实施中按照4.2.4条的要求建立档案。而ISO 9001中这种对某一条款的引用、参见、提示的要求总共才有38处。除了4.2.4，被要求引用、参见、提示的18次，涉及11个条款，由此可见档案记录及其管理控制在质量管理体系中的地位和作用。

国际标准ISO 9001《质量管理体系要求》4.2.4："档案记录的控制"规定：

"为证明符合质量管理体系要求和有效实施提供证据而建立的档案记录，必须要受控管理。

机构必须建立有书面文件记录的程序及执行过程（Documented Procedure），以明确对档案记录鉴别、存储、保护、检索和处置所必要的控制管理。

档案记录必须保持易于辨认、快捷确证和可以检索。"

这里明确要求的质量控制档案实际上是企业档案管理的一个方面。

ISO 9001中有一个词组需要明确。Documented Procedure，有的将其译为"文件化程序"或"形成文件的程序"，实际上Documented Procedure准确理解应当是指"有书面文件记录的程序及执行过程"。因为质量管理体系实施过程中，不仅要有文件化的程序，而且要包括对程序执行情况的记录。否则只有程序文件，没有程序执行结果，就不符合ISO 9001所倡导的过程化管理，也无法衡量程序执行效果。针对这一"有书面文件记录的程序及执行过程"，ISO 9001中在六个方面有要求：1. 文件控制；

2. 档案记录控制；3. 内部审计；4. 不合规产品控制；5. 改进措施；6. 预防措施。国际标准化组织 ISO 的专家，在对企业质量管理体系实施中如何理解 ISO 9001 对文件与档案记录要求时曾解释道，ISO 9001 中对文件控制的要求和 20 项对档案记录的要求（见下面）不是企业中档案管理的全部；ISO 9001 中虽未规定，但也鼓励企业有其他文件、档案记录，以增强并能表明其质量控制体系的完备。如：程序图集、流程图及说明；机构组织体系图示；各种规范；工作及检验说明；内部沟通文件；生产计划；合格供应商名单；测试检查计划；质量规划等。这些实际上在我国企业管理的实践中都是档案管理的对象，也是文件归档范围的组成。所以在我国，ISO 9001 所要求的档案记录控制就是企业档案管理中的一个组成部分，企业档案工作应承担起质量管理体系中的档案记录控制工作。

ISO 9001 的管理总则中，将档案记录控制（4.2.4）作为质量管理系统中关键的控制之一，并在标准中多处要求按照和参照 4.2.4 的要求做好档案记录的管理控制。如：

管理总则 5.6.1（该条款中明确要求参照 4.2.4 对档案记录控制要求，下同）

人员的教育、培训 6.2.2

产品实施计划 7.1

与产品相关要求的检查 7.2.2

设计开发的输入 7.3.2

设计开发检查 7.3.4

设计开发确认 7.3.5

设计开发确效 7.3.6

设计开发变更 7.3.7

采购程序 7.4.1

生产服务条款程序的的确效 7.5.2

确证与可追溯 7.5.3

客户财产 7.5.4

监督与测量设备控制 7.6

结果记录的维护 7.6

内部审计 8.2.2

监督与产品测量 8.2.4

不合规产品控制 8.3

补救措施 8.5.2

预防措施 8.5.3

（2）国际标准 ISO 15489.1《档案管理通则》

2001 年，国际标准化组织颁布了国际标准 ISO 15489.1《档案管理通则》。规定了档案管理的顶层架构，提出了实现有效档案管理所能产生的作用，并明确规定了档案管理的法规环境、档案管理的政策与职责、档案管理、档案管理系统的设计与开发以及档案管理过程与控制等方面的要求。该标准的颁布，在国际上影响很大，特别是在国际档案管理领域，被称为"档案管理历史上的里程碑"。目前国际上已有 18 个国家将该标准采标为国家标准，已有 12 种语言的翻译版本。如澳大利亚国家档案馆认为该国际标准阐明了档案管理领域必须执行的顶层设计和原则，为电子档案的永久保存提供了一套最佳的档案管理标准、政策和指南。2002 年，美国档案管理者协会与美国国家档案馆共同建立了"推动实施国际标准 ISO 15489"的项目，专门推动该国际标准在美国档案管理领域的进一步实施。

该国际标准对档案管理所提出的各类要求，实际上体现了对档案管理的总体需求。由于该标准在国际上得到普遍认可，因此，2006 年，国际标准化组织（ISO）专门制定了国际标准《ISO/FDIS 22310 信息与文献——标准制定中档案管理需求规定指南》，规定：在制定其他国际标准时，如涉及档案管理需求的规定，必须与 ISO 15489.1 中对档案管理要求规定相一致。

讲档案管理，离不开档案的价值与作用定位。ISO 15489.1《档案管理通则》是国际档案界对档案及档案工作价值认识的体现，其中主要包括：

①档案的价值及资产属性；

②领导的作用；

③系统管理；

④过程控制。

这些理念和原则与我国档案工作实践，特别是企业档案工作实践吻合程度非常高。而这两个知名度高、应用广泛的国际管理标准，分别代表着国际管理界和档案界的共识。

另外关于标准的应用对机构、特别是企业的好处，国际标准化组织的管理专家指出，企业实施 ISO 有如下优势（Advantage）：

①保持企业产品质量；

②规范企业供应商；

③有助企业市场竞争；

④降低企业风险；

⑤提高客户忠诚度；

⑥领先对手 18～24 个月。

而 ISO 15489.1《档案管理通则》第 4 章中特别明确指出了档案管理的收益：

①以有序、高效、负责的方式开展业务活动；

②以连贯的和公平的方式提供服务；

③支持并记录方针的制定和管理的决策；

④保证宏观管理与微观管理的一致性、连贯性和效率；

⑤方便业务活动在整个机构内的有效开展；

⑥预防突发事变及灾害的发生，提供持续运作的可能；

⑦满足法律和规章在档案化、审计和监督活动方面的要求；

⑧为法律诉讼提供保护和支持，包括对与机构活动证据存在与否相伴随的风险管理提供保护和支持；

⑨保护机构的利益，保护员工、客户和当前及未来受益人的权利；

⑩支持并记录当前与未来的研发活动、进展状况、取得的成绩以及历史研究活动；

⑪提供事务活动、个人活动和文化活动的证据；

⑫建立事务标识、个人标识和文化的标识；

⑬维护机构记忆、个人记忆或社会记忆。

《企业档案工作规范》的制定，正是注重汲取和借鉴了在国际上得到广泛认可的两大国际标准：ISO 9001 有关质量管理和 ISO 15489 有关档案管理的核心思想、理念、原理和方法，体现并符合国家标准化委员会关于采用国际先进管理思想和国际标准的要求。

三、《企业档案工作规范》定位与作用

《企业档案工作规范》是企业档案工作体系的管理性标准，属于《中华人民共和国标准化法实施细则》第十一条所列应制定的"通用的管理技术要求"。《企业档案工作规范》涉及企业档案工作体系建设，是在档案法律法规总体要求之下组织建立企业档案工作的基本要求，是统领企业应用各种档案标准、遵守相关法规的框架。如果说《科技档案案卷构成一般要求》、《归档文件整理规则》等标准和文件是企业档案工作的砖、瓦、木料，那么《企业档案工作规范》就是企业档案工作的建筑物。显然，要建好企业档案工作这一大厦仅使用砖、瓦、木料还不行，还需要有水泥、砂浆、钢筋将其连接起来。水泥、砂浆、钢筋就是标准中的使砖、瓦、木料连接成体系的相关条文，如档案工作原则、组织建设、制度建设等及要求。

《企业档案工作规范》作为企业档案管理的系统标准，适应标准化建设的发展的要求，是档案管理提升的必然选择。它充分吸纳国际上先进、通行的国际管理标准的思想、理念、原则和方法，并融合企业档案工作中原已应用的技术标准和技术管理标准，促进企业档案工作更加系统全面地开展。它的主要作用是：

第一，为企业可持续发展提供保障。随着社会主义市场经济的完善，企业面对的竞争越来越激烈，企业要想在市场竞争中占据主动就需要有条不紊的档案工作保证；企业要想通过质量论证，要想打赢官司，要取得上市许可，没有完整准确系统的档案来咨询、参考、佐证将难以完成。《企业档案工作规范》汲取和借鉴国际标准最先进的管理理念，适应企业管理国际化、现代化、规范化要求，依据国家有关法规要求和信息化发展战略，将企业档案工作的单项标准实施推向系统化建设的新阶段。实施《企业档案工作规范》，可为企业可持续发展提供基础管理和档案信息资源的保障。

第二，促进企业档案工作的规范发展。企业档案工作从最初的自发阶段到规范化管理，在没有外力的影响下一般都是吃了苦头，或尝到甜头后才有大转变。近二十年的发展历程，通过达标升级、目标管理等手段逐步推动企业档案工作向规范化发展，使许多企业少走了弯路。档案工作为企业生产与发展、为企业的经济效益和社会效益发挥了重要作用。《企业档案工作目标管理办法》等级认定活动取消后，许多企业都反映档案工作滑坡，档案工作没有抓手，急切希望有一个引导性的文件。《企业档案工作规范》将是在新的历史条件和新的技术条件下，促进和规范企业开展档案工作的重要文件。企业要基业长青、可持续发展，企业档案工作必须规范化。

第三，为档案部门业务指导提供标准。企业档案工作是国家档案工作的重要组成部分，是档案工作服务党和国家中心工作的主战场。在完善社会主义市场经济体制的进程中，公有制为主体、多种所有制经济共同发展的基本经济制度下的各种类型、规模和所有制企业都需要档案行政管理部门的监督、指导和服务。过去国家档案局以开展企业档案管理升级、企业档案工作目标管理为手段来促进企业档案工作发展，确实提高了企业档案工作水平，但因受国家行政大环境的影响被迫停止。《企业档案工作规范》正是新形势和新技术条件下以新的观念、新方法弥补这一不足，为档案部门业务指导提供系统管理标准。

总之，档案行业标准 DA/T 42《企业档案工作规范》正是充分汲取国际标准有关系统管理和档案管理的思想、原则与方法，并以我国企业档案工作实践为基础而制定。贯彻实施《企业档案工作规范》有助于企业贯彻国家有关档案工作的法规规章和规范管理的要求，有助于档案工作在辅助企业研发、生产、经营和管理活动中发挥最大效益。与上述国际标准化组织专家对 ISO 9001《质量管理体系要求》的优势评价及 ISO 15489.1《档案管理通则》中对机构实施档案管理标准收益的描述相比，贯彻《企业档案工作规范》对企业有如下效益：

第一，满足企业研发、生产、经营、管理对企业核心信息资源的需要；

第二，满足国际标准对企业质量、环境、安全、卫生等管理对档案记录要求；

第三，满足国家对企业档案管理的法律法规和标准规范的要求；

第四，企业信息资源、知识资产管理的基础，企业自主知识产权权益保障；

第五，保证企业在关键时刻及法律纠纷争议中的正当权益和证据需求；

第六，风险及资产管理的灾备中确保企业档案资源完整的终极手段；

第七，企业信息化建设中企业核心信息资源的终极解决方案；

第八，基业常青企业传承历史和企业文化的有效保障。

第三章　《企业档案工作规范》设计原则与内容结构

企业档案工作的实施是一个组织体系或项目，它提供的是信息收集、管理和利用服务。按照国际标准 ISO 9001《质量管理体系要求》的理念，服务也是一种产品，服务的过程及结果就是档案工作的"产品"。这一"产品"的管理也应符合企业管理原则要求。

一、《企业档案工作规范》设计原则

管理，是指通过实施计划、组织、人员配备、指导与领导、控制等职能与规程，协调机构及人员的活动，实现既定目标的过程。系统和有效的管理需要组织体系，而不仅是单项标准或某一个规定。理解《企业档案工作规范》，首先要了解标准的理念和设计思想，即如何以合法的、规范性要求和良好实践的经验与方法，引导企业规范档案工作，以达到符合企业目的的最大效益和管理目标的最佳绩效。

随着经济全球化和管理国际化，目前我国企业最常见到的国际通行管理标准，是国际标准化组织的 ISO 9000 系列质量管理系统标准。国际标准 ISO 9001《质量管理体系要求》采用过程方法来编制，就是将输入转化为输出的活动。将资源和活动按照过程进行管理的方法就是过程方法。过程应该是增值的，就是输出应该大于输入。

企业产品质量管理曾经历过传统质量管理阶段、统计质量管理阶段、全面质量管理阶段、综合质量管理阶段。传统质量管理阶段是以检验为基本内容，方式是严格把关。对最终产品是否符合规定要求做出判定，属事后把关，无法起到预防控制的作用。统计质量控制阶段是以数理统计方法与质量管理相结合，通过对过程中影响因素的控制达到控制结果的目的。全面质量管理阶段全面质量管理内容和特征可以概括为"三全"，即：管理对象是全面的、全过程的、全员的。综合质量管理阶段同样以顾客满意为中心，但同时也开始重视与企业职工、社会、交易伙伴、股东等顾客以外的利益相关者的关系，重视中长期预测与规划和经营管理层的领导能力，重视人及信息等经营资源，使组织充满自律、学习、速度、柔韧性和创造性。逐步形成国际公认的八项管理原则，也成为 ISO 9001《质量管理体系要求》2000 版设计的基础。

管理八项原则是：

1. 以顾客为中心。
2. 领导作用：最高管理者具有决策和领导一个组织的关键作用。
3. 全员参与：质量管理有赖于全员参与。

4. 过程方法：将相关资源和活动作为过程进行管理，可以更高效地得到预期的结果。

5. 管理的系统方法：针对设定的目标，识别、理解并管理一个由相互关联的过程所组织的体系，有助于提高组织的有效性和效率。

6. 持续改进：持续改进是组织的一个永恒的目标。

7. 基于事实的决策方法：对数据和信息的逻辑分析或知觉判断是有效的决策基础。

8. 互利的供方关系：供方的产品将对组织生产和服务产生重要影响，因此处理好与供方的关系，影响到组织能否持续稳定地提供产品和服务。

在我国，《企业档案工作规范》的制定有长期的实践基础，也有多项档案管理的标准支撑，更有国际、国内相似规范化管理实践可借鉴。特别是我国有世界上独一无二的企业档案管理升级活动与企业档案工作目标管理的良好实践作为基础。

《企业档案工作规范》的设计理念与基础是系统管理思想和档案资产的价值观念，符合并体现现代企业管理原则和管理创新发展要求：

1. 档案资源——资产观。档案是企业各项活动的记录，更是企业重要的生产要素、信息资源和知识资产。资产观是人们在社会实践中对档案，特别是企业档案的认识深化。

2. 组织制度——领导先。一项系统性工作，其最终成果的优劣、水平和效果往往取决于最高领导的意识、重视和决策。

3. 全员责任——全覆盖。同时，任何一项有全员参与的活动或工作，其结果的优劣也是由全员整体的水平和参与程度决定的。

4. 过程方法——重前端。档案工作的"产品"是服务。在为企业服务的系统和过程中，企业各项活动中形成、收到的文件、数据信息，是档案工作的输入，其质量决定着输出的质量。因此在整个档案工作系统中，前端至关重要。

5. 战略方向——信息化。大力推进国民经济和社会信息化，是覆盖现代化建设全局的战略举措。在企业档案信息化建设中，信息化建设作为企业档案工作发展的战略方向，已经成为国内外企业界的共识。

6. 系统管理——全程兼。系统是《企业档案工作规范》的根本指导思想。无论是从单项标准转向系统管理规范，还是从档案本身涉及方面广，都需要用系统的思想和观念来组织《企业档案工作规范》的实施。

这些原则及其所代表的观念，集中反映和体现了多年来企业档案工作实践经验和现代管理的理念与原则。

二、《企业档案工作规范》的结构与主要内容

企业质量管理需要全员参与，因为产品质量涉及企业研发、生产、经营和管理的各个环节。企业档案管理与质量管理有相似之处：档案的源头在于企业研发、生产、

经营和管理的各项活动中形成的文件，档案的完整、真实、有效也首先依赖于形成文件的各项活动。多年的实践经验证明，没有全员参与，企业档案工作不可能是有效的档案管理。因此，《企业档案工作规范》设计、制定过程中，除了遵循档案工作的规律外，主要借鉴了 ISO 9001《质量管理体系要求》和 ISO 15489.1《档案管理通则》两项重要的国际标准。同时，《企业档案工作规范》与 ISO 9001《质量管理体系要求》相辅相成：《质量管理体系要求》有多处关于企业各项活动中建立和维护档案记录的要求；而完善的企业档案管理就是对企业质量管理体系的支撑和保障。

在《企业档案工作规范》第 4 章"档案工作总则"和第 5 章"档案工作组织"中，就集中体现了企业管理的八项原则中的多项重要原则。如：

4.2 企业档案工作应以企业资产关系为纽带，实行统一领导、统一管理、统一制度、统一标准"。

体现"系统管理原则"。

4.3 企业档案工作应以满足企业各项活动在证据、责任和信息等方面的需求为导向，运用现代技术与管理方法，通过资源整合和开发，为企业研发、生产、经营、管理和持续发展提供有效服务"。

体现"以客户为关注焦点原则"和"持续改进原则"。

5.1.1 档案工作领导。企业应确定档案工作的分管领导，确定各职能或承办部门、各项目档案工作的负责人，确定档案部门的负责人"。

体现"领导作用原则"。

5.2.2 企业应将文件形成、积累和归档要求纳入各部门、项目及专项工作职责和有关人员岗位职责，并对分管领导、部门和项目负责人及有关人员职责履行情况进行考核"。

体现"全员参与原则"。

5.4.3 指导企业各部门、项目及专项工作文件的形成、积累、整理及归档工作"。

体现"与供方的互利关系原则"。

企业管理中，质量管理、安全管理、环境管理、风险管理、档案管理。管理过程具有五项功能：计划、组织、领导、协调和控制。这在《企业档案工作规范》中都有所体现。

ISO 10013《质量管理体系文献指南》解释说明：ISO 9001《质量管理体系要求》中指明的是"有书面文件记录的程序及执行过程"，而非"文件系统"。这说明 ISO 9001 对档案文件管理要求的只是质量管理方面，不是系统性的要求；企业系统、有效的档案管理是企业档案工作的长处。完善的档案管理能保证和满足 ISO 9001 对质量管理档案的要求；而 ISO 9001《质量管理体系要求》中有关领导、全员、系统等管理思想和观念的借鉴将提升企业档案管理水平。因此企业质量管理与档案管理是相辅相成的。

《企业档案工作规范》4.1"企业档案是企业知识资产和信息资源的重要组成部分"与 ISO 15489.1《档案管理通则》中的"档案中包含的信息是有价值的资源和重要的企业资产"的认识和观念完全一致，也体现出与国际档案界对档案价值认识的殊途同归。

基于这些原则、观念与思想，《企业档案工作规范》主要从企业档案工作组织建设、档案工作制度建设、档案工作业务建设、档案信息化建设、档案管理设施设备配置等方面，提出了企业建立和开展档案工作的要求，共有九章和两个附录。《企业档案工作规范》的结构与主要内容如下：

1. 第 1 章　范围：按标准格式要求，明确和介绍了标准的适用范围；

2. 第 2 章　规范性引用文件：列举出标准中所引用的相关标准和规范性文件；

2. 第 3 章　术语和定义：列举并解释了本标准中使用、《档案工作基本术语》没有提到的术语；

3. 第 4 章　档案工作原则：提出了企业档案工作遵循的基本原则，明确了企业档案与企业档案工作的性质和作用、企业档案工作的管理体制、企业档案工作任务和目标、企业依法管理档案的责任；

4. 第 5 章　档案工作组织：明确了企业档案管理网络构成，企业、文件形成部门、档案部门应承担的职责，及档案人员素质要求。

5. 第 6 章　档案工作制度：明确了企业档案工作制度体系、制度制订程序以及应当制定的工作规章、管理制度和业务规范。

6. 第 7 章　档案业务工作：明确了文件材料形成积累、归档、收集、整理责任与方法和档案保管、鉴定、统计、利用等工作的具体要求。

7. 第 8 章　档案信息化建设：明确了档案信息化的目标和原则，对电子文件归档、传统载体档案的数字化、网络服务与业务系统以及电子档案的安全与保存提出要求。

8. 第 9 章　档案工作设施设备：对企业档案工作中设施、设备的配备提出要求。

9. 附录　标准的两个附录是标准的资料性附录。附录 A《企业文件归档基本范围与保管期限参考表》，列出了产品生产型企业通常应归档的文件材料基本范围和保管期限参照；附录 B《表格式样》是标准第 2 章《规范性引用文件》中所列出的引用文件中没有涉及到的档案管理业务应用表格。

三、《企业档案工作规范》适用范围、引用文件与名词术语

1.《企业档案工作规范》第 1 章　范围

本标准确立了企业档案工作原则、组织和制度要求，给出了企业档案业务工作、档案信息化建设、档案工作设施设备配置等方面的方法与技术指南。

本标准适用于大中型工业企业,其他类型企业及事业单位可参照使用。

这一章明确指出了《企业档案工作规范》的主要内容和适用范围。根据国家单位普查,我国现有企业法人及产业活动单位1007万。从所有制分有国有、民营;从规模分,有大中小;从类型分有工矿生产企业、有服务类第三产业。虽然《企业档案工作规范》主要是依据工业产品生产类型企业的档案管理实践而制定,但是其中所给出的有关企业档案工作原则、组织建设、制度建设、档案业务工作、档案信息化建设、档案工作设施设备配置等方面的方法与技术指南等,具有普遍的指导意义,因此其他类型企业(如交通运输、金融证券、电信电力、设计研究等)及事业单位可参照使用。

2. 《企业档案工作规范》第2章 规范性引用文件

规范性引用文件是本标准中参照并引用或要求按照其相应章节去规范某一环节工作的文件。规范性引用文件主要有两类:一类是标准,另一类是规范性文件。(按照国家标准GB/T 20000.1—2002《标准化工作指南 第一部分:标准化和相关活动的通用词汇》的解释,规范性文件(normative document),是为各种活动或其结果提供规则、导则或规定性的文件,包括诸如标准、技术规范、规程和法规等这类文件。这里主要是将标准与其他规范性文件加以区分)标准中包括国家标准、行业标准和国际标准。规范性文件主要是国家有关主管部门制发的、要求有关组织机构贯彻执行的方针、政策及管理文件。按照标准起草的规范要求,通常将标准列入"规范性引用文件",而其他"规范性文件"一般放在标准的最后,作为参考文件。

本标准的规范性引用文件有以下22项,其中17项标准,列在本章。

(1) GB/T 9705 文书档案案卷格式

(2) GB/T 11821 照片档案管理规范

(3) GB/T 11822 科学技术档案案卷构成的一般要求

(4) GB/T 17678.1 CAD电子文件光盘存储、归档与档案管理要求

(5) GB/T 18894 电子文件归档与管理规范

(6) DA/T 1 档案工作基本术语

(7) DA/T 12 全宗卷规范

(8) DA/T 13 档号编制规则

(9) DA/T 15 磁性载体档案管理与保护规范

(10) DA/T 22 归档文件整理规则

(11) DA/T 28 国家重大建设项目文件归档要求与档案整理规范

(12) DA/T 31 纸质档案数字化技术规范

(13) DA/T 32 公务电子邮件归档与管理规则

(14) DA/T 43 缩微胶片档案数字化技术规范

(15) JGJ 25 档案馆建筑设计规范

(16) ISO 15489.1 信息与文献——档案管理:通则

（17）ISO 15489.2 信息与文献——档案管理：指南

《企业档案工作规范》参照和引用的还有 5 项规范性文件，作为参考文献列在标准最后。

（1）劳力字〔1992〕33 号 企业职工档案管理工作规定

（2）档发字〔1998〕6 号 国有企业资产与产权变动档案处置暂行办法

（3）财会字〔1998〕32 号 会计档案管理办法

（4）档发字〔2002〕5 号 企业档案管理规定

（5）档发〔2004〕4 号 国有企业文件材料归档办法

对《企业档案工作规范》规范性引用文件要注意：一般而言，标准规范以及其中包含的规范性引用文件，其内容要求体现国家的法律法规的要求，因此，贯彻《企业档案工作规范》就意味着依照法律法规要求规范企业档案工作。由于篇幅原因，《实施指南》仅是就所引用的规范性引用文件中的相关章节及条款进行解释。企业在实施《企业档案工作规范》时，除了了解所引用的规范性引用文件的章节要求，更应通过全面学习这些规范性引用文件，了解和掌握国家对档案工作的基本要求，从而在依法规范管理中实现企业档案工作的法规遵从。

3.《企业档案工作规范》第 3 章 名词和术语

《标准化工作导则》中有关术语和定义的起草与表述要求指出："任何不是一看就懂或众所周知的术语，以及在不同情况下可能有不同解释的术语，均应给有关概念下定义予以明确。"

《企业档案工作规范》是在国家已有的有关档案工作的单项国家标准、行业标准的基础之上，专门针对企业档案工作规范化建设的框架性标准，是将已有的单项标准纳入体系建设的系统集成。因此，对适应本标准的已有档案工作标准规范中的名词术语，标准不做进一步说明，只是专门针对企业档案工作独有或需要进一步解释的名词术语做出说明。本规范主要就以下几个概念进行界定：

3.1 企业档案，是指企业在研发、生产、经营和管理活动中形成的有保存价值的各种形式的文件。

"企业档案"的概念在我国档案工作中已有二十多年的历史，它是由前一章有关企业档案工作发展历史介绍中的技术档案、科技档案及其管理的发展演化而来。1987 年，国家档案局、国家经委和国家计委联合颁布的《国营企业档案管理暂行规定》中第二条，首次提出了企业档案的概念："企业档案是企业在各项活动中形成的全部档案的总和。其构成是以科学技术档案为主体，包括计划统计、经营销售、物资供应、财务管理、劳动工资、教育卫生和党、政、工、团等方面的档案。"这一解释明确了企业中科技档案是主体，但要求经营和各种管理活动中形成的各类档案应综合管理，是适应改革开放新要求新情况而形成的企业各类档案综合管理的新观念。

2002 年，国家档案局、国家经贸委和国家计委联合颁布的《企业档案管理规定》中，将企业档案界定为"企业在生产经营和管理活动中形成的对国家、社会和企业有保存价值的各种形式的文件材料"。这一界定反映了我们在由计划经济向市场经济体制建立的转变过程中对企业档案的认识：虽然早在 1992 年党的十四届三中全会就做出《关于建立社会主义市场经济体制若干问题的决定》，但是十年后依然突出强调档案对国家、社会的责任和作用。2004 年，党的十六届三中全会做出《关于建立社会主义市场经济体制若干问题的决定》后，在"公有制为主体，多种所有制经济共同发展"成为我国的基本经济制度的条件下，企业作为市场中独立经营的法人实体，其所有制和经营形式也越来越多样化，对企业档案的认识也需要进一步深化。

《企业档案工作规范》与《企业档案管理规定》相比较，其变化主要是：

（1）增加了"研发"。过去在计划体制下我国科研设计单位多从事科研、设计、开发等活动，属于科技事业单位。这些科技事业单位的档案管理，在国家档案局 20 世纪 90 年代初组织的科技事业单位档案工作目标管理活动中取得很大成效。体制转变后，经营型科技事业单位转为企业，因此增加"研发"主要针对科研设计类企业或企业中的研究开发活动。

（2）去掉了"有保存价值"前"对国家、社会和企业"的限定词。主要是因为企业范围广泛、形式多样，投资主体多方。我国不但有国有企业、集体企业，还有大量私人独资企业、合伙企业，现在的《公司法》甚至允许注册一人投资设立的有限责任公司。因此这些限定词就有局限性和不适应性，而去掉限制词不代表企业档案管理对国家、社会就没有责任，而是包容性更大。在我国，无论何种类型、所有制企业，必须依照中华人民共和国的法律法规来经营管理，其档案的形成保管也必须符合《档案法》的要求。

（3）将"文件材料"简化为"文件"。从理解上，各种形式也包括载体形式，因此没有提及载体。

3.2 企业档案工作，是指企业履行档案管理职责的行为和活动。

需要明确的是，按照管理活动的原则，有些涉及面很广的管理，其管理的有效性往往不是仅限于具体从事这项工作的岗位和人员。企业要保证产品质量、赢得市场竞争、符合法规要求，这不仅是质量管理人员的事，也是企业全体职工特别是领导的责任。由于企业档案来源的广泛性、形成文件的前端性、档案作用的持久性以及法规要求其真实性，因而"企业档案工作"不仅是指档案人员的具体业务环节的工作，而且从广义上必须包括文件形成者和领导的责任。所以，《企业档案工作规范》中"企业档案工作"突出说明和强调的是企业依照《中华人民共和国档案法》及国家有关档案工作的一系列法规、规章应履行的职责和活动，即，包括企业领导应负责档案工作的组织建设、制度建设，以及企业各项活动中的对文件形成、积累、整理和归档责任，以及满足归档文件的完整、准确、系统要求的全员责任。如果没有企业各项活动中全员形成的真实记录，企业档案和档案馆工作就会成为无源之水、无本之木。

3.3 电子档案，是指具有保存价值的归档电子文件及相应元数据、背景信息和支持软件。

随着信息技术的广泛应用，国际国内电子文件大量形成。而电子文件的归档管理也是电子档案及其管理越来越普遍。在我国目前对电子档案的概念尚存在不少争议。标准的表述上也不尽相同，如国家标准 GB/T 17678《CAD 电子文件光盘存储、归档与档案管理要求》中将电子文件界定为"能被计算机系统识别、处理，按一定格式存储在磁带、磁盘、或光盘等介质上，并可在网络上传送的数字代码序列"，同时将电子档案表述为"具有保存价值、已归档的电子文件及相应的支持软件和软、硬件说明"。国家标准 GB/T 18894《电子文件归档与管理规范》则不直接表述电子档案，而是采用"归档电子文件"的概念："指具有参考和利用价值并作为档案保存的电子文件"。实际上这"归档电子文件"就应当是电子档案，否则档案部门为什么要管理？为什么还要"作为档案保存"？

此外，由于我国对 records 的翻译理解不同，也造成对电子档案的认识不一。现在很多人将 electronic records 称为电子文件，实际上是不了解国外 document（文件）与 records（档案）的区别和使用。在国际上，不论机关还是企业，"文件"一般是用 document 表示，而如果我们将 records 译成文件，那么 document 就不好翻译和理解。在国际标准 ISO 9001《质量管理体系要求》中，文件 document 与档案记录 record 两者都涉及，统称为文献 documentation。但在 ISO 9001 中对文件 document 与档案记录 records 两者的要求是不一致的，而且是分别表述和要求的。documents 的要求是要针对质量管理程序制定有关的方针、计划以及系统管理的程序文件；而 records 的要求则是针对质量管理程序实施后的结果的记录，要求其妥善维护和保存。显然这一"记录"及其维护管理在我国的企业管理实践中一般就是指档案及其管理。因此，《企业档案工作规范》将电子形成的文件归档管理后称为电子档案（electronic records），以区别于正在形成和使用的电子文件及数据库文件（electronic documents）。

随着人们对电子文件、电子档案形成管理、长期保存的认识的不断深化，"电子档案"的解释中将十年前的国家标准 GB/T 17678《CAD 电子文件光盘存储、归档与档案管理要求》"支持软件和软、硬件说明"，进一步明确界定为应当包括"相应元数据、背景信息和支持软件"。因此《企业档案工作规范》所称的"电子档案"，就是指由企业档案部门作为档案管理的具有保存价值的归档电子文件及相应元数据、背景信息和支持软件。

3.4 档案信息化，是指运用信息技术对归档文件、数据信息资源及档案进行采集、整合、维护、处置和提供利用服务的档案管理提升过程和工作方式。

1997 年召开的首届全国信息化工作会议，对信息化和国家信息化定义为：信息化是指培育、发展以智能化工具为代表的新的生产力并使之造福于社会的历史过程。实现信息化就要构筑和完善六个要素的国家信息化体系。六个要素是：开发利用信息资源，建设国家信息网络，推进信息技术应用，发展信息技术和产业，培育信息化人才，制定和完善信息化政策。后来又加上了"信息安全"而成为信息化体系七个要素。

中共中央办公厅、国务院办公厅印发《2006—2020年国家信息化发展战略》，指出：信息化是充分利用信息技术，开发利用信息资源，促进信息交流和知识共享，提高经济增长质量，推动经济社会发展转型的历史进程。

信息化最开始的进程就是从企业产品信息化开始，在产品的设计、开发、生产、管理、经营等多个环节中广泛利用信息技术。"企业信息化"不仅指在企业中应用信息技术，更重要的是深入应用信息技术所促成或能够达成的业务模式、组织架构乃至经营战略转变，达成的新形态或状态。因而企业信息化是国民经济信息化的基础。

信息化是技术革命和产业革命的产物，也是一个渐进的过程，是从工业经济向信息经济、从工业社会向信息社会逐渐演进的动态过程。因此企业信息化在整个信息化建设中具有重要地位和作用。而企业档案信息化作为企业信息化建设不可或缺的组成，已越来越被人们接受。从上述中央文件和国家对信息化的定义中可看出，信息化是一个持续发展、进步、转变和提升的过程，伴随着这一过程，已经逐渐形成和出现了新的工作模式。因此在这里根据企业档案工作的特点和任务，将档案信息化解释为"运用信息技术对归档文件、数据信息资源及档案进行采集、整合、维护、处置和提供利用服务的档案管理提升过程和工作方式"。

"提升过程"，表明运用信息技术形成、管理和利用档案，是一个发展、创新的持续性提升过程，不是一蹴而就，与国家将信息化界定为"过程"、"进程"的表述相一致。

"工作方式"，表明这种技术的创新和进步的进程中正在形成一种新的工作模式，使过去的几十年来所形成的管理惯例、模式、方法正在进行着根本性转变；同时也表明，信息化的持续推进过程，将形成一种区别于传统档案工作的管理理念、方法、技术、规则、流程的全新的档案工作模式。

认识和理解"档案信息化"管理过程的持续性和管理模式的创新性，是贯彻《企业档案工作规范》关于档案信息化建设的重要方面，也是当前和今后相当长一个时期企业档案工作战略发展的一个重点和难点。《企业档案工作规范》第8章的内容只是反映出我们对企业档案信息化的初步认识，同时也表明它是企业档案工作的一个战略性、持续性的探索方向。

第四章　企业档案工作的基本要求

　　《企业档案工作规范》第 4 章"档案工作总则",阐明了企业档案工作的定位和基本要求。这一定位和要求,既是对我国企业档案工作几十年经验的总结和高度概括,体现了我们对企业档案与档案工作的基本认识的提升,也是依据国家由计划经济转向市场经济后,在档案工作规范化建设上体现国家基本经济制度和法制建设要求。如计划经济时期企业档案工作的主体是国营企业,市场经济体制下特别是我国加入 WTO 后,国家法规的一致性就要求包括各类企业。

一、企业档案与档案工作的性质和作用

4.1　企业档案是企业知识资产和信息资源的重要组成部分。企业档案工作是企业研发、生产、经营和管理活动的基础性管理工作。

　　这一条明确了企业档案及企业档案工作的性质和作用,体现了对档案与档案工作的价值与作用的认识的提升。

　　关于档案的性质和作用,几十年来,我国对企业档案的认识经历过若干阶段。20世纪 50 年代初除了文书档案外,企业其他各类文件材料都被认为是资料。1956 年国家档案局提出"技术档案"的概念。在我国社会主义建设初创时期,技术档案的管理受到党和国家的高度重视。从 1956 年 4 月 16 日国务院做出《关于加强档案工作的决定》,到 1963 年 11 月 21 日国务院批转《国家档案局关于切实改善图纸质量和图纸复制技术的报告》的八年多时间,由中共中央、国务院发出、批准、批转、转发、批示的有关档案工作的 21 件文件中,专门关于企业技术档案工作的就有 10 件。说明企业档案工作是在党中央、国务院的直接领导和指导下建立和发展的。

　　对企业档案性质的认识也是处于不断深化的过程中。

　　1959 年 6 月 3 日,国家档案局局长曾三在全国档案资料工作先进经验交流会上的报告《进一步提高档案工作水平,积极开展档案资料服务的利用工作,为社会主义事业服务》中指出,"科学技术档案是国家全部档案的一个重要组成部分,是进行生产建设和科学研究的必要条件之一"。

　　1962 年 6 月 25 日,国务院在批转《国家档案局关于工业企业技术档案工作的报告》时指出:"技术档案管理是当前工业企业管理的重要组成部分之一,它在国家的生产、建设和科学实验的工作中是不可缺少的。"

1964 年 4 月 14 日，《国家科委、文化部、国家档案局下达 1963 年至 1972 年科学技术发展规划的通知》中指出："技术档案是关于生产、建设和科学技术研究工作的历史记录和实际反映，又是继续生产、建设和科学技术研究工作的依据与必要条件之一。"

1984 年邓小平为《经济参考报》题词"开发信息资源服务四化建设"后，我国图书界、情报界和档案界开始引入信息的概念。"开发利用档案信息资源"成为对档案性质、作用的一种新认识。随着社会的发展、技术进步和人们认识的深化提高，特别是人类社会开始步入信息社会、我国进入完善社会主义市场经济体制的新阶段后，人们对组织机构活动中形成的信息的性质、价值和作用的认识又进一步提高。

2004 年中共中央办公厅、国务院办公厅发出的《关于加强信息资源开发利用工作的若干意见》指出：要"高度重视信息资源开发利用对促进经济社会发展的重要作用。信息资源作为生产要素、无形资产和社会财富，与能源、材料资源同等重要，在经济社会资源结构中具有不可替代的地位，已成为经济全球化背景下国际竞争的一个重点"。生产要素，可能各种情报、资料、档案信息都在某种程度上具有这一属性，但是论无形资产，或自主知识产权的承载、证明，恐怕就非档案莫属，因为档案才是企业自身各项工作中所形成，是企业的核心信息资产。

在经济日益全球化的当今社会，国际上对档案信息的性质、价值及作用的认识，也是殊途同归。国际标准 ISO 15489《档案管理通则》第 4 章"档案管理的收益"明确指出：档案中包含的信息是有价值的资源和重要的企业资产。对于机构和社会来说，为了保护并保存活动的证据，采用系统的方法对档案进行管理是必要的。档案管理系统是业务活动的信息源，这些信息可以为业务决策及其后续活动提供支持，也可以确保对当前和未来的受益人的责任承诺。

企业的目的是创造价值、利润和效益，建立档案资产观对企业档案工作尤为重要。资源是处于静态、潜在的，需要开发才有效益；而资产本身就具有价值，处于动态，管理得当随时都可产生效益。企业档案既是企业各项活动的真实历史记录，更具有资源、资产的双重属性。企业档案的资产与资源属性相近而不同，在一定条件下发生转化，需要我们不断深化认识，以引导企业档案工作的深入开展和创新发展。需要说明的是，《企业档案工作规范》总则中首先确定了企业档案的性质，但是强调资产性不代表否定档案价值和属性的多样性，过去对档案的认识依然是开展档案业务的基础。

关于档案工作的性质和作用，《企业档案工作规范》将其定位在"企业研发、生产、经营和管理活动的基础性管理工作"。企业活动最终结果是通过为社会提供产品和服务（ISO 9001 将服务解释为是产品的一种，因此实际上档案工作的服务，也是档案工作所提供的一种产品）而创造价值和利润。而企业无论行业、规模、类型，为达到此目的和结果，需要开展研发、生产、经营和管理等活动。由于企业活动具有连续性，因此在这一过程中无论是企业自身还是社会都因某种需要而要追溯产品和服务的过程，如法律责任、产品质量、事故调查、效益分析、改进提高、维护保养、业绩考核等。

虽然企业档案工作不直接对社会提供产品和服务，但企业所有产品、服务及其形成过程都需要档案工作的支撑，没有档案工作的支撑，所有追溯、查证、确认责任都将无法实现。因此，这里将档案工作定位在"企业研发、生产、经营和管理活动的基础性管理工作"。

二、企业档案工作的管理体制

4.2　企业档案工作应以企业资产关系为纽带，实行统一领导、统一管理、统一制度、统一标准。

这一条确定了企业档案工作的管理体制。

我国档案工作历史上，随着国家经济和管理体制建立和变革，档案工作，特别是经济科技领域历代组织机构的档案工作管理体制也发生着变化。

《中华人民共和国档案法》第五条规定："档案工作实行统一领导、分级管理的原则，维护档案完整与安全，便于社会各方面利用。"第七条："机关、团体、企业事业单位和其他组织的档案机构或者档案工作人员，负责保管本单位的档案，并对所属机构的档案工作实行监督和指导。"这是法律对所有社会的总的要求和国家档案管理体制。

1980年国家档案局国家科委、国家经委、国家计委联合发布的《科学技术档案工作条例》第四章"科技档案工作管理体制"第二十七条规定："科技档案工作必须按专业实行统一管理。国务院所属的各专业主管机关和各省、自治区、直辖市人们政府所属的各专业主管机关，应当建立相应的档案机构，加强对所属企业、事业单位科技档案工作的领导。"这是我国在计划经济体制下科技档案、企业档案工作的管理体制。即企业档案工作是按照行业管理系统，由各专业主管机关，也就是各个工业部门来指导，并统一规范、统一管理、统一制度的。如冶金部档案部门负责全国钢铁企业档案工作的业务指导和领导；电力部档案部门负责全国电力企业档案工作的业务指导与领导。这种体制适应我国当时整个经济运行管理体制，有效地加强了全国大中型企业档案工作联系，特别是在企业上等级活动和目标管理活动中，这种体制有效地组织了各个行业企业的评审认定，极大地推进了企业档案工作。

1992年国家开始建立社会主义市场经济体制，1998年开始以政企分开为重点的管理体制改革，专业主管机关与所属企业分离，企业成为市场上独立经营的主体和法人。这时，过去的管理体制被打破，新的管理体制尚未确立，企业档案工作的业务联系发生改变。1999年根据改革的要求，国家档案局与中央企业开始建立直接的档案业务指导关系，地方档案行政管理部门也在专业主管机关撤销后与地方国有企业建立业务指导关系，并且开始会同工商联等有关部门加强对民营企业档案工作的业务指导。从全国范围来看，新型的企业档案工作的联系系统正在形成。

党的十六届三中全会作出《关于完善社会主义市场经济体制若干问题的决定》，进一步确立了我国市场经济体制的公有制为主体、多种所有制经济共同发展的基本经济制度，同时也确立了企业在市场中的独立主体地位。而国有企业的改革、国有资产管理体制的改革也推出设立出资人代表的国务院国有资产监督管理委员会或地方国有资产监督管理委员会（局），负责对本级政府企业国有资产、国有企业监管。在这种体制下，企业档案工作必然要随之改革。

经过十年的探索，按照市场经济体制中企业自主合法经营的主体地位，实际上形成了以企业资产所属为纽带，企业资产管理到哪里，档案管理就应延伸到哪里的自然关系，因为档案就是企业资产的凭证。因此，依照我国市场经济体制的要求，本规范确立了在档案行政管理部门的监督指导下"企业档案工作应以企业资产关系为纽带，实行统一领导、统一管理、统一制度、统一标准"的企业档案工作原则和适应我国完善社会主义市场经济体制条件下企业市场主体地位的企业档案工作管理体制。

以企业资产关系为纽带，表明企业的资产管理范围就是企业档案的管理范围。企业（集团公司）的子公司、分公司、控股公司及所属单位的档案工作，都应是企业（集团公司）档案工作的组成部分。在现代企业制度和现代产权制度下，股份公司的资产所有权归属，是典型的"集体所有制"。它不像业主制和合伙制企业那样，具有单一或少数持有者的私人性。现代企业公司的产权结构，是企业所有权和控制权相分离，或者说是"剩余索取权"与"监督其他要素的权利"相分离，就是通常说的所有权和经营管理权相分离。因此股份公司的控股企业，通常也是股份公司的经营管理者，它有责任和义务以法对企业档案监督、管理和控制。

依照《档案法》、《公司法》和《企业档案管理规定》，企业（集团公司）对其子公司、分公司、控股公司及所属单位的档案的收集、管理利用和处置，都有领导和管理（监督和指导）责任。企业（集团公司）参股其他企业，也应依照《公司法》赋予股东的权力，取得该企业经营状况的相关档案资料，作为投资收益状况的记录和证明。比如我国的《公司法》规定，有限责任公司股东有权查阅并复制公司章程、股东会会议记录、董事会会议记录、监事会会议记录和财务会计报告。

统一领导：表明在企业资产管理范围内，企业对所属单位档案工作的实行统一领导。

统一管理：这里的管理是广义的管理，包括企业对档案的直接管理与间接管理。《企业档案管理规定》第五条企业负责档案工作的部门依法履行下列职责：

贯彻执行《档案法》等有关法律、法规和方针政策，制定本企业文件材料归档和档案保管、利用、鉴定、销毁、移交等有关规章制度；

统筹规划并负责组织本企业档案的收集、整理、保管、鉴定统计和提供利用工作；

指导本企业各部门文件材料的形成、积累和归档工作；

监督指导本企业所属机构（含境外机构）的档案工作。

《规定》中的前三条属于直接管理，第四条就属于间接管理。

统一制度与统一标准：是对企业统一管理要求中关于企业制度建设、标准化建设一致性的要求。主要也是指间接管理，即对所属单位有关档案工作制度、业务标准建设应统一要求，不能出现某集团公司所属甲地企业中，档案管理制度与标准一个样，所属乙地企业中，档案管理制度与标准又一个样的情况。

这"四个统一"与"资产为纽带"的管理要求相辅相成："资产为纽带"表明企业是一家，需要统一；而"四个统一"则是辅助企业真正实现企业"资产为纽带"的整体效应和企业法人责权一致。

三、企业档案工作任务与目标

4.3 企业档案工作应以满足企业各项活动在证据、责任和信息等方面的需求为导向，运用现代技术与管理方法，通过资源整合和开发，为企业研发、生产、经营、管理和持续发展提供有效服务。

这一条提出了企业档案工作的任务与目标。

企业档案工作任务：是为企业研发、生产、经营、管理和持续发展提供有效服务。企业档案工作的具体业务和任务在上述《企业档案管理规定》关于企业档案工作部门应依法履行的职责中已有表述，在《企业档案工作规范》后面章节也提出了规范性做法和要求。

企业档案工作目标：是满足企业证据、法律责任和信息的需求。这一目标也是衡量档案工作成效的尺度和企业档案工作发展的导向。在市场经济条件下，企业档案工作能达到这种境界应当是很高的要求，需要企业下大力气才能够实现。当企业出现各种纠纷（经济的、合同的、产品质量的、环境的、安全的、卫生的），如果档案工作能提供及时、有效、合法的证据，为企业赢得效益、避免损失；当企业面临各种法律事务，如果档案工作能提供合法文件，为企业免责；当企业在研发、生产、经营和管理中需要过去形成的文件、数据信息作为参考，或者回顾初创时期历程、解决职工的待遇时，能够及时提供相关档案信息，才能够表明企业档案工作目标的实现。这一目标也就成为衡量档案工作成效的尺度。

企业档案工作的方法、技术和手段：运用现代技术与管理方法，通过资源整合和开发，是对企业档案工作发展的新要求。所谓现代技术与管理方法，主要是现代信息技术，在《企业档案工作规范》第8章将详细介绍。关于资源整合与开发：开发一直是档案利用工作的一种高级形式和要求；资源整合则是新提法，只有借助信息化，资源的整合与开发才有可能。现在很多企业都将知识管理理念引入企业档案工作，提出基于档案信息资源的企业知识管理。而知识管理是伴随知识经济的出现而兴起，也是基于信息技术发展提供的便利。所以，档案信息化、资源整合和知识管理之间具有密不可分的有机联系。档案信息化必然要导致资源整合和知识管理；而资源整合、知识管理也在加速企业信息化与企业档案信息化建设。信息化建设最终是为企业研发、生产、经营、管理和持续发展提供有效的档案信息资源与知识服务。

四、企业依法管理档案的责任要求

4.4 企业应维护档案的完整、准确、系统与安全。

这一条明确了企业依法管理档案的责任，反映企业档案工作遵循市场经济法制经济的法规要求。市场经济是法制经济，企业与企业之间竞争与合作，企业为顾客提供产品与服务，都要符合法律法规的要求，即依法经营。在市场经济条件下，企业与企业、企业与顾客之间的关系，特别是纠纷关系，必须以事实为依据、以法律为准绳来解决。而事实依据与法律证据的重要组成部分，就是企业在生产、经营和管理活动中产生的档案记录。企业在生产、经营和管理活动中建立健全档案管理，依法保留档案证据，不仅是我国法律法规的要求，如《档案法》第三条规定："一切国家机关、武装力量、正当、社会团体、企业事业单位和公民都有保护档案的义务"；第五条要求，维护档案的完整与安全；《企业档案管理规定》第三条要求，企业应遵守《档案法》，依法管理本企业档案，确保档案完整、准确与安全。企业档案的完整、准确、系统与安全，是档案工作开展的基础。没有这一基础，企业档案工作也无法顺利完成前一条所提出的任务、实现档案工作的既定目标。

在法制体系完备的发达国家，要求企业保留经营真实记录的法规比比皆是。在美国，不仅有对政府档案、总统档案的专门法律，而且从联邦到各州的多项法律法规中，有对企业保管真实有效档案的要求，体现出市场经济中企业"法规遵从"与企业档案的特殊关系。仅以近些年美国出台的一些法案为例，其中就多处有要求机构、特别是企业保留和管理好档案记录的条款。如：

《上市公司财务改革和投资者保护法案》（Sarbanes－Oxley Act）；

《美国爱国法案》（USA Patriot Act）；

《健康保险流通与责任法案》（Health Insurance Portability and Accountability Act）；

《金融服务业的数据安全性制定规范》（Gramm－Leach－Bliley）；

《美国证券交易委员会规范》（SEC Rule 17a－4）；

《全美证券交易商协会行为规定》（NASD 3110）；

《联邦条例》21CFR 第 11 部分；

美国国防部电子档案管理应用(RMA)软件的设计标准的 DOD5015.2－STD；

《企业社会责任标准》（Social Accountability 8000）；

《职业安全卫生评价标准》（OHSAS18001），（Occupational Health and Safety Assessment Series 18001）；

《公众健康安全与生物恐怖主义预防应对法》；

《危害分析与关键控制点》（Hazard Analysis and Critical Control Point）（HAC-

CP）。

显然，在市场经济环境中，法规对机构、特别是企业档案管理的要求越来越严格。企业能否依法经营管理关系到企业的生死存亡。规范企业档案管理已不仅是国际上法律、法规的要求，在国际标准中也越来越强调保留证据记录，要求企业为社会提供的产品、服务活动过程具有可追溯性。

例如有关企业法律上，2002 年针对上市公司的违法销毁档案，美国国会专门制定SOX 法案，重申要求上市公司必须依法保留企业经营活动的档案，并接受审查。由此形成企业档案文件管理方面的"法规遵从"概念，即企业经营管理中的档案管理必须符合法律法规的要求，企业不得擅自销毁、篡改档案。

有关企业管理标准上，国际标准化组织专门制定的质量管理标准 ISO 9001：2008最新版中，"档案记录控制"成为该标准各章节中引用最多的原则。同时国际标准化组织还制定有针对组织机构档案管理的国际标准 ISO 15489，现在已经成为继 ISO 9001后销售排名前十位的国际标准，并且已有 18 个国家将其采纳为国家标准。该标准中列出档案的四个特点：真实性、可靠性、完整性、可用性，虽然实际上也可看作是对档案工作的要求，但是与《企业档案工作规范》本条是强调企业应履行的责任要求不同。

所以，企业建立合规、良好的档案管理，已经成为现代社会中法律对企业依法经营的基本要求。而标准作为法律意识与观念推行者、法规条款的应用指南和企业经营良好实践的范本，顺理成章地成为企业依法经营、优化管理、规避"法规遵从"风险的有效利器。企业档案由于其证据作用，其管理的正确、合规与否，已经成为企业重要的生命线。企业要想规避管理风险、证明自身依法经营，就必须建立健全档案工作。《企业档案工作规范》就是指导企业规范档案管理，促进企业依法经营管理的一项重要标准，其根本出发点和落脚点是：在法制经济条件下，企业档案管理需要也必须依法、合规、有效。

总之，档案工作总则是对企业档案工作的根本性判断和界定，也是企业档案工作的原则。这些原则高度概括出企业档案工作的作用、意义和要求，是基于相应的社会发展阶段、基本经济制度、法律法规环境的要求而形成，是经过企业档案工作长期实践的检验和提炼，也是企业档案工作经验的总结和创新思维的体现，反映出对企业档案工作的基本要求。按照这一要求而展开的章节，既是对现有档案管理良好实践的推荐，也是促进企业依法经营、保护企业合法权益的具体的规范性要求。

第五章 企业档案工作组织建设

　　档案工作是一项管理性工作，企业档案工作是做好企业管理的一项基础性工作，企业档案工作既为企业积累知识资产和信息资源，同时又是企业各项管理活动中的一个重要环节和重要工具。《企业档案工作规范》第5章"档案工作组织"明确提出了企业应建立健全档案工作基础和前提。

　　《企业档案工作规范》作为档案工作标准，根据企业档案工作的管理特性，首次提出企业档案工作组织体系建设，创新了档案工作管理理念，即将企业档案工作不仅当作档案部门和档案人员的专业工作，而是当作企业全员参与的一项综合性管理工作，渗透到企业的每个部门每个人当中。一是建立企业档案工作组织体系，包括组织领导、机构设置、人员配备和工作网络；二是明确档案工作职责，包括企业总体管理职责、各部门的职责、档案部门的职责、档案人员的要求。只有把这样的一个档案工作组织系统建立起来后，才能将档案管理的制度、方法、要求深入到企业每一项工作当中，细化到企业文件材料形成和利用的每一个环节。

一、企业档案工作组织建设

　　加强组织体系建设，旨在为企业档案工作的开展提供组织保障，理顺企业档案工作的领导关系及工作体系。

5.1.1　档案工作领导
　　企业应确定档案工作的分管领导，确定各职能或承办部门、各项目档案工作的负责人，确定档案部门的负责人。

　　本条规定了企业档案工作三个层次的领导，包括企业分管领导，职能或承办部门、各项目工作部门负责人，档案部门的负责人，组成企业档案工作的领导体系。企业档案工作确定三个层次的领导，主要是企业档案工作管理全过程的需要。企业档案工作分管领导一般由企业分管综合部门的企业领导或总工程师负责，是企业档案工作的总责任人；各职能、承办部门和项目工作部门负责人主要是对部门、项目的文件材料形成、积累和归档等工作进行领导和管理的责任人员，如办公室分管档案工作的领导；档案部门负责人是企业档案工作负组织、协调和落实责任的领导，如档案处、文档处、档案馆的领导等。

5.1.2　企业档案机构设置

企业应根据规模和管理模式设置专门的档案机构，或指定负责档案工作的机构。大型企业应设立档案馆。

企业应结合企业规模、管理模式和发展需要，建立与企业相适应的档案管理机构。主要形式有档案室（处、科）、档案资料信息中心、企业档案馆等。一般情况下，大中型企业应建立档案室（处、科）或档案资料信息中心；有条件的特大型企业集团要建立企业档案馆。规模较小的企业可不单独设档案部门，但要根据《档案法》和《企业档案管理规定》的要求，明确相应机构承担档案管理的职能。

企业档案机构具有指导各部门文件归档，并监督指导本企业所属机构档案工作的职责，因此，企业不能将档案机构设在不具有企业内部监督管理职能的服务性机构内。

有的企业在档案机构的设置上还存在一些认识上的误区，认为就是单位内部档案的保管利用，由文秘部门代行工作就可以了。其实现代企业档案的管理是一种企业信息资源的调配、控制和管理，一些高校的学者甚至将企业档案管理人员称为CIO（首席信息官），来统一规划管理企业信息资源。因此，企业在设置档案机构时一定要考虑到档案部门对全企业（包括分公司、控股企业、境外机构等）档案的管理职能。

5.1.3　档案人员配备

企业应配备与企业研发、生产、经营和管理相适应的专职档案人员；各部门、各项目应配备专职或兼职档案人员。企业应保持档案人员相对稳定。

一般企业的档案人员队伍一定是专兼职档案人员相结合的队伍。因为档案工作是延伸到企业的每一个部门每一项工作中的，对于各个具体的细小部门来说，不可能也不需要配备专职档案人员来从事档案工作，只需指定一个具体的人员来负责档案的收集整理就可以了。但对于一个企业总体的档案工作管理来说，需要有一定数量的专职档案人员专门从事企业档案工作的组织、规划、检查、指导。例如对一个新部门、新项目开展档案工作进行规划、组织；对工程档案进行检查验收；对企业文件材料归档范围、保管期限、管理方法制定相应的工作制度并适时修改；为企业各部门提供档案利用服务等。目前，一些企业在人员精简过程中，大幅削减专职档案人员，造成企业总部机构的档案人员只能应付本级机构的档案收集整理工作，没有精力对全企业档案工作进行检查指导，企业档案工作难以发挥最大效用。此外，随着一些企业的老档案员的离退，一些新的档案人员往往没有经过专门的档案专业训练，需要经过一段时间的理论知识和实践学习才能掌握企业档案工作的技能，做到既知其然又知其所以然。档案工作同时也是一延续性很强的工作，档案的分类、排列、数字化等方法一旦确定下来，就需要一直延续下来，保持档案检查的一致性。企业档案人员如果流动性过大，不仅使企业档案人员的培训成本增加，也影响到企业档案工作的质量。

5.1.4 档案工作体系

企业应建立以档案部门为核心，各职能或承办部门、各项目专兼职档案人员为基础的企业档案工作体系。

企业档案工作体系是与企业档案机构、档案人员的分布紧密结合在一起的，是企业档案的管理结构、工作结构。企业档案工作是一项系统工程，企业应结合自身企业管理的模式，建立企业档案管理网络，使企业档案工作在企业管理各环节中形成的网状管理体系，形成层层负责的管理机制。在业务工作上从文件的形成、积累转化成档案，直至档案的利用诸多环节中建立起一套文件材料控制体系。企业档案管理网络将档案管理岗位责任制与管理体系相结合，从而保证档案工作系统工程的运转灵活。

企业档案管理网络的组成一般包括：分管档案工作的企业领导，主管企业档案工作的部门负责人，企业档案管理机构或专职档案工作岗位，企业内部各职能部门负责人及兼（专）职档案人员、重要业务（技术）人员，所属企业（公司及境外机构）的分管领导及档案部门。

模式之一：

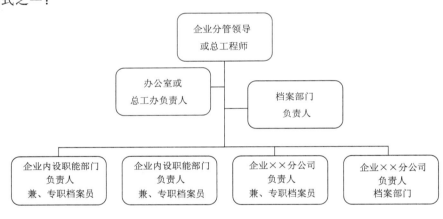

模式之二：

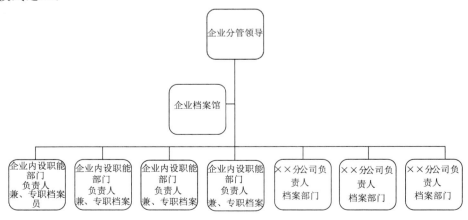

企业档案管理网络与岗位责任制相结合，才能保证从文件的形成至档案管理各环节工作落实到位。

根据许多企业长期实践的经验，企业档案管理模式大致可分为三种类型。

一是集中统一管理模式。

建立企业综合档案管理部门，集中统一管理本企业全部档案，并对企业所属机构（包括境外机构）的档案工作进行监督指导；根据现代企业管理的需要，企业档案部门可集中保管其分公司和子公司的档案。

二是相对集中管理模式。

在统一执行企业档案管理制度的前提下，因地域或条件等因素，某些专业性较强、利用率较高的档案资料，在一定时期内可由专业业务部门保管，但须向企业档案管理部门报送档案目录，纳入企业档案管理部门监控范围，保证档案安全。其他档案则实行集中保存。中小型企业或企业创建初期集中管理条件尚不具备的情况下可采取此模式。大型企业不提倡这种管理模式，如专业性极强，且上级业务部门对此类档案监管到位的大型企业确需采用这种模式，只限于业务档案。也可以称信息集中管理模式。

三是委托寄存管理档案实体模式。

采取委托寄存管理档案实体模式，企业必须在建立档案工作管理体系，建立健全企业档案管理工作制度的基础上，自身负责文件材料的形成积累、归档等工作。档案实体保管采取委托寄存方式。将档案保管、整理、编目、档案信息的数字化加工等工作委托给具有资质的档案中介服务机构承担。寄存档案的所有权归委托方企业所有，该企业可随时调阅利用本企业的档案。采用这种模式，企业可以减少档案管理岗位及部分档案工作职责，减少保管档案的硬件设施投入。

目前，随着企业管理体制的改革和创新，企业档案工作体系也在不断地革新。有的企业实行档案专业化管理模式，成立专业的档案管理服务中心，为所属企业各部门、各项目提供专业化的档案管理和服务；有的实行委托化管理，将企业股份公司、上市公司等档案管理工作委托由存续企业档案部门或专门的档案中介机构；有的信息化水平较高的企业建立了数字档案管理中心，对企业电子文件进行全过程的管理和控制，在线归档和提供利用。但无论企业档案管理体系怎样变革，企业档案工作都必须与企业各部门、各项目的具体工作紧密结合，与文件材料形成和利用的各个环节紧密结合，不能留有空白和脱节。

二、企业档案工作管理职责

对应于企业档案的全员参与，全过程管理，企业的档案管理职能也是由企业领导、企业部门共同来承担的。就如同企业产品的质量控制并不只是由质检部门一家来完成，而是由采购、设计、工艺、环境等共同把好质量控制关一样，企业档案工作单独靠档案部门和档案人员，没有其他部门的相互配合与支持也是做不好的。

本规范对企业领导层的档案管理职责进行了明确，其核心意义是要为企业正常开展档案工作提供支持和保障。

5.2.1 企业应贯彻国家有关档案工作法律、法规和方针政策，建立健全档案工作规章制度，将档案工作纳入企业发展规划和工作计划，为档案工作持续发展提供保障。

《中华人民共和国档案法实施办法》第五条第二款规定："机关、团体、企业事业单位和其他组织应当加强对本单位档案工作的领导，保障档案工作依法开展。"《企业档案管理规定》第三条规定："企业应遵守《档案法》，依法管理本企业档案，明确管理档案的部门或人员，提高职工档案意识，确保档案完整、准确和安全。"

企业要切实落实档案法规明确的职责，加强对档案工作的领导，将档案工作纳入企业发展规划和工作计划，纳入企业领导议事日程，纳入相关人员岗位责任制和相应工作流程；设置档案机构，建立健全档案工作规章制度，创造必要的条件，保障档案工作正常开展、持续发展。

企业还应自觉接受档案行政管理部门的监督和指导。

5.2.2 企业应将文件形成、积累和归档要求纳入各部门、项目及专项工作职责和有关人员岗位职责，并对分管领导、部门和项目负责人及有关人员职责履行情况进行考核。

企业文件的形成和积累与企业各项活动开展具有同步性的特点，企业文件伴随着企业各项活动的进行而产生，是企业各项活动的有机组成部分。同时，企业各项活动又离不开有关文件的支持。因此，企业文件的形成、整理、归档工作是企业各职能部门（即文件形成部门）和项目及专项任务的本职工作，企业各职能部门和项目及专项工作负责人应对本部门和项目文件的完整、准确和系统负责。档案部门负责指导本企业各部门、项目及专项工作文件材料的形成、积累、整理和归档工作。

企业档案工作岗位责任制，是根据不同层级、不同岗位档案工作职责和岗位任务的要求确定的，是针对企业各级人员档案工作职责而制定，也是企业考核各岗位完成档案工作情况的依据。

企业档案工作岗位责任制内容主要包括：分管企业档案工作领导、档案工作主管部门负责人、档案人员、各业务部门负责人及兼职人员的工作标准、工作职责，奖励和处罚等内容。

企业应将不同层级、不同岗位档案工作职责和岗位任务的要求分解，逐项明确，并以制度形式固定下来，实施监督。

企业档案工作岗位责任制具体内容，应列入《企业的岗位责任制》之中，不应单独列出。

5.2.3 企业应采取必要措施，维护和确保档案的完整、准确、系统和安全。

必要措施包括体制、机制和制度保障措施以及人财物保障措施等。"三纳入"、"四同步"的做法是多年实践证明行之有效的重要措施。

将"三纳入"要求纳入企业管理制度。"三纳入"就是将企业文件的形成和积累纳入企业领导工作议事日程，纳入企业规章制度及工作流程，纳入企业有关人员的经济责任制或岗位责任制。做到组织上有保证，制度上有规定，职责上有分工，工作上有安排，管理上有考核。有效地解决企业文件形成和积累问题。

将"四同步"做法纳入工作程序。"四同步"就是企业下达工作任务、项目计划与提出企业文件材料的归档要求同步，检查工作、项目计划进度与检查企业文件材料积累情况同步，验收、鉴定工作、项目成果与验收、鉴定企业文件材料归档情况同步，工作、项目总结与企业文件材料完成归档同步。

5.2.4 企业资产与产权变动时应做好档案的处置工作，国有企业应依照档发字〔1998〕6号文件的要求进行，其他企业可参照。

档发〔1998〕6号文件即国家档案局、国家经济体制改革委员会、国家经济贸易委员会和国家国有资产管理局《关于印发〈国有企业资产与产权变动档案处置暂行办法〉的通知》。该办法对国有企业在企业改组、联合、兼并、租赁、承包经营、股份合作和出售等改革过程中，档案如何处置提出明确要求，是当前国有企业改制与破产档案处置的依据性文件。

5.2.5 企业应对档案工作中做出成绩的集体或个人给予表彰和奖励；对违反有关规定造成档案损失的相关人员给予处分。

根据《中华人民共和国档案法实施办法》规定，企业对本企业的集体或个人在档案工作方面做出突出成绩的，应当给予奖励。给予奖励的事迹，包括对档案的收集、整理、提供利用做出显著成绩的；对档案的保护和现代化管理做出显著成绩的；对档案学术和科技研究做出重要贡献的；同违反档案法律、法规的行为做斗争，表现突出的等。

对发生档案违法行为，造成档案损失的，企业对直接负责的主管人员或者其他直接责任人员依法给予处分。

三、企业部门档案工作职责

企业各部门是企业文件材料的形成部门，是企业档案信息资源的源头，企业各部门文件材料归档是否齐全、完整，整理是否科学，直接决定着企业档案工作的质量和利用服务水平。

5.3.1 企业各职能或承办部门及项目负责人应对本部门或项目归档文件的完整和系统负责。

企业文件材料是企业生产和管理、科学研究、建设项目等活动形成的各种形式和各种载体的原始记录。只有加强企业文件材料形成过程的管理，才能维护和确保档案的完整、准确、系统和安全。因此，企业文件形成部门应对文件的真实性、可靠性、完整性、系统性、可用性负责。

5.3.2 企业各职能或承办部门及项目文件形成者应负责积累文件，并对归档文件的齐全、准确和形成质量负责。

文件是有价值的信息资源和重要的企业资产。为了保护并保存活动的证据，采用系统的方法对文件进行管理是必要的。文件管理系统是业务活动的信息源，这些信息可以为业务决策及其后续活动提供支持，也可以确保为当前和未来提供利用。

5.3.3 专兼职档案人员应负责收集、整理应归档的文件，对归档文件的整理质量负责。

专兼职档案人员在收集、接收归档文件时，凡是有不符合文件材料质量要求的，应督促文件形成者提交符合质量要求的文件；在归档文件整理时，应按照相关标准规范进行整理，确保案卷质量符合档案整理相关标准规范的要求。

5.3.4 企业各职能或承办部门及项目对文件管理的责任，见 ISO 15489.1 第七章、ISO 15489.2 和档发〔2002〕5 号文件要求。

文件管理职责应由机构内所有员工分担，不仅包括文件管理人员，还包括相应的信息专业人员、行政人员、业务部门负责人、系统管理员及形成文件的其他人员，此外还应在岗位职责描述和同类说明中对其文件管理责任做出明确规定。

企业文件管理，首要是建立能够适应企业管理需要的文件管理制度。一是应按业务需要和业务流程形成文件，充分地记录其参与的业务活动；二是应确保支持业务活动的信息系统和处理系统形成适宜的文件，作为业务活动支持的有机组成；三是建立平时立卷制度，确保文件妥善保管和充分利用；四是确保文件得到有效的维护、存储和保管；五是确保文件只有经过既定的批准程序才可进行处置。

其次是应该明确参与文件形成与管理各类员工的权力和责任。一是企业职能部门及负责人制订文件管理程序和标准要求。二是专业人员在工作过程中按照已经确立的程序和标准形成并保管文件，确保各种记录的原始性、真实性、系统性。

第三是加强文件形成过程和归档前的管理，确保文件的安全，包括实体安全与信息安全。

四、企业档案部门管理职责

第一，有序开展企业档案工作。

5.4.1 统筹规划企业档案工作，制定企业文件归档和档案鉴定、整理、保管、统计、利用、移交等有关规章制度。

从理论上讲，档案工作就是运用科学的原则和方法管理档案。从狭义上讲，档案工作就是档案业务工作。

档案业务工作主要内容：

档案收集工作，是依据法律法规有关规定和企业规章制度，把档案集中起来的一项工作。

档案整理工作，是按照一定的原则、方法和标准对企业档案进行系统性、条理性加工和编目的过程。档案整理工作包括文件材料整理和档案整理。

　　档案鉴定工作就是根据一定的原则和标准，判定企业档案价值，确定其保管期限的工作。档案鉴定工作分为两个过程：一是归档前对企业文件材料的鉴定，确定文件材料的取舍和保管期限的长短；二是对档案的鉴定，对已到期的企业档案进行复审性的鉴定。

　　档案保管工作，是在集中统一管理原则指导下，维护企业档案的完整与安全，最大程度地延长其寿命，为提供利用创造物质条件。

　　档案统计工作，是按照统计学的原理和方法，用数字和表册的形式揭示企业档案及其工作各种现象、特征及规律的一项工作。通过定量分析研究企业档案工作规律，提高档案工作质量与效率。

　　档案利用工作，是依托档案，通过一定的方式和方法向利用者提供企业档案。

　　第二，加强企业文件形成全过程的协助、指导与监督。

5.4.2　负责企业档案的收集、整理、保管、鉴定、统计和提供利用工作。

5.4.3　指导企业各部门、项目及专项工作文件的形成、积累、整理及归档工作。

5.4.4　监督、指导、检查企业所属单位（包括派出机构和投资的全资、控股企业）的档案工作。

　　一是以企业各项工作程序和规章制度为依据，监督、指导企业文件的形成、积累工作。企业档案部门应了解各项工作的程序，参与制订有关文件形成质量的规章、制度，并以此为据，检查企业文件的质量是否合乎规范，监督指导有关人员做好平时文件积累工作。

　　二是根据企业生产经营活动的性质和具体任务，协助、指导企业文件的形成、积累工作。企业因生产经营的专业性质不同，形成文件的过程、种类、内容各不相同，具体的监督和指导内容也相差很远。如工业企业主要形成产品文件，建筑企业主要形成工程文件，产品文件的监督管理明显区别于工程文件。同一生产经营性质的企业，因具体工作任务的不同，文件形成过程及相应的监督和指导工作也有所不同。再如同属工业企业，工作任务有全新产品开发、变型产品的开发研制、老产品的更新换代等若干不同类型。对全新产品开发的文件形成工作，应实行全过程监督管理；对其他类型的产品开发研制，则应根据其特点，抓住重点和关键环节。

　　三是根据企业不同种类文件的形成特点，监督、指导企业文件的形成、积累工作。文件的种类不同，形成的规律和特点也不同。比如，科技文件成套形成，企业档案部门须以一个科技、生产项目为单元，监督、指导企业文件的形成、积累工作。会计文件有规律地按会计年度形成，在形成次序上还具有连续性的特点，先有会计凭证，再有会计账簿，最后编制会计报表，企业档案部门的监督、指导工作也应具有连续性。

　　四是抓住薄弱环节和容易造成文件散失的环节，协助做好企业文件形成、积累工作。企业的各项工作都是由诸多环节组成，文件形成和积累与企业活动的各环节密切相关。比如，决策的开始阶段，往往是文件形成和积累的薄弱环节，此时缺乏工作基础，工作人员比较忙乱，容易疏忽资料的形成和积累。档案部门应注意协助指导这一阶段的文件工作，不让宝贵的原始调研材料流失。此外，人们对证据性的文件，如执照、合同、证书、红头文件等能引起重视，但对情报研究性的文件容易疏忽，如市场调研、各种分析研究资料等，则容易散失在个人手中，因此档案部门应注意协助指导对企业发展有现实和长远研究利用价值的文件的收集。

五是实行"三纳入",将企业文件的形成和积累纳入企业管理制度。做到组织上有保证,制度上有规定,职责上有分工,工作上有安排,管理上有考核,有效地解决企业文件形成和积累问题。

六是运用经济手段,加强对企业文件形成和积累的监督和指导。经济手段是现代企业管理的常用方法。运用经济手段,包括对内和对外两种情况。对内运用经济手段,可以建立责任追究制度,同有关人员的岗位责任制和经济责任制结合起来,把文件的形成和积累工作作为考核与奖励的内容,责任明晰,奖罚明确。对外运用经济手段,是指对承担企业建设项目任务的承担(承包)单位运用经济手段,在项目合同或协议书中做出明确规定,承担编制的一方若文件不符合要求,要做出相应的赔偿。

5.4.5 依照有关规定向国家档案馆或有关单位移交档案。

根据档案法律法规和国家档案局有关文件规定,属于国家档案馆接收档案范围的企业,应当按规定定期向有关国家档案馆移交档案。国有企业发生资产与产权变动时,应当按照国家档案局等四委局关于《国有企业资产与产权变动档案处置办法》的规定移交档案,规范流向。

五、企业档案工作人员要求

5.5.1 档案人员应遵纪守法、忠于职守、具有专业知识。

5.5.2 档案部门负责人应具有中级以上专业技术职称或大学本科以上学历。

5.5.3 档案人员应具备大学专科以上学历或同等学识水平。

5.5.4 档案人员应定期接受档案业务培训。

企业档案部门应配备满足企业档案工作各环节的需要,兼有熟悉档案专业和懂得有关技术的人员。各部门、各项目应配备(明确)专职或兼职档案人员。企业档案馆还应配备信息管理、档案开发和研究人员。

档案人员的专业技术职称和学识水平应当结构合理。档案部门负责人应具有中级以上专业技术职称或大学本科以上学历。档案人员应具备大学专科以上学历或同等学识水平。应定期接受档案业务培训和继续教育。大型企业档案部门和企业档案馆应配备高级专业技术职称的人员。

企业保持档案人员相对稳定,有利于档案工作的稳定、持续发展。人员调动频繁,不利于档案人员学习掌握档案专业知识和操作技能,不利于保持企业档案工作的连续性和健康发展。

第六章　企业档案工作制度建设

　　《企业档案工作规范》第 6 章"档案工作制度",首次提出企业档案工作制度体系建设。企业档案工作规章、管理制度、业务规范构成了企业档案工作的制度体系。企业档案制度的全面建设,改变了以前档案工作制度只限于档案业务制度之片面,从加强企业管理的角度,提出企业档案工作制度建设的要求。

　　企业档案形成于企业各项工作和活动之中,涉及范围广,因此,企业档案工作要正常开展和有效管理,就必须要有规章制度和标准规范,来衔接涉及包括文件形成在内的档案管理的各个环节。《企业档案工作规范》为了区分企业不同层面对档案工作的责任要求,将这些规章制度和标准规范区分为工作规章、管理制度与业务规范。

　　企业档案工作规章,是指企业明文公开的制度,是企业根据国家有关档案工作法律法规要求,结合企业实际制定的有关企业档案工作基本的规定性要求。企业档案管理制度,是要求企业相应的工作或环节应遵守的有关档案管理的规定。企业档案业务规范:是指企业档案工作具体业务的规范性要求,它是依据企业档案工作各项规章制度要求而制定的操作指南。工作规章、管理制度和业务规范三方面可能有一些交叉,但侧重点和要求不同。其中企业档案工作规章以企业名义制定,重在明确档案工作在企业的地位和作用;档案管理制度以主管档案工作的职能部门名义制定,重在约定共同遵守的企业档案管理规定;档案业务规范以档案部门名义制定,重在企业档案管理的具体操作要求。一些专业性较强的档案规范也可以以专业部门的名义制定。有些企业制定企业制度没有明确的等级划分,除业务规范外都以企业的名义制定。各企业应采取有效措施贯彻执行档案工作各项规章制度。

一、企业档案工作规章的制定

　　企业工作规章是企业单位为了维护正常的工作秩序,保证国家各项政策的顺利执行和各项工作的正常开展,依照法律、法令、政策而制订的具有法规性或指导性与约束力的章程、制度、公约的总称。企业工作规章虽属企业内部管理范围,但仍具有约束性、权威性、稳定性的特点,是要求所属部门、单位、人员共同遵守的准则,是对某项具体工作、具体事项制订的必须遵守的行为规范。企业档案工作规章对维护企业档案完整、安全,对企业档案工作正常开展,具有十分重要的作用。

　　制定工作规章应遵循的原则:遵守宪法和法律,符合党和国家的方针、政策;讲求实际,注重实效,严格程序,具有针对性、可行性和实效性;符合其他相关规则及逻辑规范，简明易懂。

6.1.1 明确企业文件形成、归档责任。企业在制定有关规章、标准和制度中应提出相应的文件收集、整理和归档的责任要求。

本条是明确提出建立文件与档案管理岗位责任制和文件形成归档责任。岗位责任制是明确规定各种工作岗位的职能及其责任并予严格执行的管理制度。它要求明确各种岗位的工作内容、数量和质量，应承担的责任等，以保证各项业务活动能有秩序地进行。

企业档案工作岗位责任制，是明确企业领导、高中级管理人员、技术人员、管理人员等岗位在档案工作中工作内容、数量和质量，应承担的责任的一项制度，也是企业考核各岗位完成档案工作情况的依据。内容主要包括分管企业档案工作的领导、档案工作主管部门负责人、档案部门负责人、档案人员、各职能和业务部门负责人及兼职档案人员的工作标准、工作职责，奖励和处罚等内容。

建立岗位责任制的目的是加强文件形成、管理、归档、保管、利用全过程的管理。

1. 分管档案工作的企业领导职责。统一领导企业档案工作，审批企业档案工作规划、规章制度，审批企业档案的鉴定销毁报告及名录；将企业档案工作纳入领导议事日程，定期研究解决档案工作中存在的问题；监督档案工作岗位责任制的考核及奖罚；组织协调企业内各部门档案工作的关系。

2. 办公室主任（行政工作部部长或总工办主任）职责。贯彻落实档案工作法规、规定及标准，组织、协调、完成档案工作任务；审核企业档案工作各项制度和年度档案工作计划、总结，检查档案工作任务落实情况；召开企业档案工作会议，总结布置档案工作，交流档案工作经验，研讨工作中存在的问题和解决办法；组织企业专（兼）职档案人员的业务培训，负责企业档案工作责任制的考评工作；负责涉密档案借阅和外单位档案借阅的审批，负责组织对到期档案的鉴定和销毁工作。

3. 档案部门负责人职责。贯彻执行档案工作的法规、规定及业务标准；拟定企业档案工作的各项管理制度，编制档案工作规划、计划，并组织实施；组织、落实各项档案工作任务；落实企业专（兼）职档案人员业务培训；组织企业档案工作责任制考评具体工作；建立健全档案管理基础性工作，做好档案实体管理和信息管理工作；负责监督检查和业务指导工作；确保档案齐全、完整、准确、系统、安全；负责涉密档案借阅和外单位档案借阅的请示，负责档案鉴定销毁工作的组织实施。

4. 各职能部门（项目部门）分管档案工作负责人职责。掌握企业档案工作的有关制度规定要求；将档案工作列入本部门管理，做到档案工作与本部门其他工作布置、检查、总结"三同时"；对科研课题、基建工程等档案必须按有关规定做到"四纳入"；配备兼职档案人员，并保持相对稳定；对本部门档案的完整、准确、系统负责；督促技术、业务人员、兼职档案人员做好文件材料的平时立卷和整理、归档工作；负责对本部门兼职档案人员和有关业务人员档案工作责任制的考核工作。

5. 档案部门专职档案人员职责。认真贯彻执行档案工作的法规、规定及业务标准，维护档案的齐全、完整、系统、安全；监督指导各职能部门及所属单位做好文件材料的形成、积累、整理立卷及归档工作，保证档案齐全、完整、准确、系统；负责企业档案的收集、整理、统计、鉴定、保管及利用工作；参加新产品试制定型、科研成果鉴定、建设项目竣工验收和购进设备开箱等活动；做好档案的保管和保密工作，确保档案的安全；及时、准确地做好利用档案的信息反馈工作。

6. 各部门兼职档案人员职责。落实企业档案管理各项制度和工作标准；熟悉本部门各阶段文件材料的形成情况，指导督促本部门有关人员做好文件材料的收集积累、整理工作；做好平时立卷工作及文件材料提供利用及安全保管工作；严把案卷质量，做好文件整理、归档工作。

7. 有关专业技术人员、管理人员职责。对本部门在业务、行政、科研、管理等各项工作中形成的文件材料的完整、准确、系统、安全负责；对办理完毕的文件材料，及时交部门兼职档案人员保管，不得将文件材料据为己有或延交；认真执行档案管理"三纳入"、"四同时"措施，在科研课题或建设项目结束或告一段落时，必须将文件材料收集齐全，及时立卷归档，并保证文件材料内容准确、字迹工整、图样清晰；协助本部门兼职档案人员做好文件保管期限和密级划分工作。

6.1.2　制定企业档案工作规定。企业档案工作规定是企业档案工作的基本要求，其主要内容应包括：档案工作原则及管理体制，文件的形成、积累与归档职责要求，档案收集、鉴定、整理、保管、统计、利用要求，资产与产权变动档案的处置原则，解释权限等。

本条对企业制定"档案工作规定"提出内容要求。企业档案工作规定，是企业根据国家档案法律法规，结合企业管理模式和企业实际，制定的档案工作管理方面的纲领性的制度，也是诸项制度中最重要的制度。

企业档案工作规定应对本企业档案工作的基本原则、档案管理体制和档案工作人员职责、档案管理各项业务等内容做出的规定。可以设总则、档案管理体制与人员配备、企业文件材料形成积累与归档要求、档案整理、档案保管保密、档案鉴定与销毁、档案统计、档案信息开发利用、档案现代化管理、资产与产权变动档案处置、奖励与处分、附则等章节。

1. 总则。制定企业工作规定的依据，本企业档案工作的原则与目的。

2. 档案管理体制与人员配备。企业档案工作的管理体制，档案部门的隶属关系，接受监督、检查和业务指导的部门；档案工作组织的构成；档案部门的任务与职责。

3. 企业文件材料形成、积累与归档要求。文件材料的形成、积累的原则范围；文件形成部门的职责与管理，坚持平时立卷与"三参加"、"四同时"的措施；归档文件的整理与归档要求。

4. 档案整理。文件材料的整理原则、标准、整理内容、整理要求。

5. 档案保管保密。档案保管的原则、方法、要求；档案库房条件与标准；档案保密的规定。

6. 档案鉴定与销毁。档案鉴定工作的原则与要求，鉴定工作组织构成，鉴定与销毁工作程序。

7. 档案统计。档案统计工作的原则、要求、方法，统计内容和指标体系设定，统计时限。

8. 档案信息开发利用。档案信息开发利用的原则、方式方法，开发档案的范围，档案利用规定、审批程序。

9. 档案现代化管理。档案现代化管理原则，现代化管理手段和方法。

10. 奖励与处分。奖励与处分的依据与标准。

其他各项档案管理制度都应在该制度的原则指导下，细化档案管理工作内容及操作程序。

6.1.3　建立档案工作责任追究制度。对相关岗位人员违反文件收集、归档及档案管理制度，发生档案泄密、造成档案损毁等行为，企业应提出责任追究和处罚措施，并将有关要求纳入相关管理制度。

本条是要求企业建立档案工作责任追究制度。责任追究的范围、责任追究的对象、责任追究的内容、责任追究的方式和处理办法、追究程序、责任追究的处理期限。

6.1.4　制定档案管理应急预案。对可能发生的突发事件和自然灾害，企业应制定档案抢救应急措施，包括组织结构、抢救方法、抢救程序、保障措施和转移地点等。对档案信息化管理的软件、操作系统、数据的维护、防灾和恢复，应制定应急预案。

本条是要求企业应建立档案管理应急预案。档案管理应急预案应包括：应急预案的原则；应急领导小组及其主要职责；预案启动、处置程序；应急保障所需的资金保障、物资保障、人力保障；应急处置措施中的及时报警、组织救援遇险人员、对突发事件可能造成的危害和损失做出初步判断，启动相关应急处置预案、对灾害事故造成的受损档案，立即组织力量进行抢救；应急响应和灾后救助，灾害预警、灾情核定及报送、紧急转移安置、档案抢救保护；宣传、教育和培训；责任和奖惩。

二、企业档案管理制度建设

企业档案工作是企业管理基础工作的重要组成部分，建立健全企业档案管理制度是做好企业档案工作的保证。制定企业档案工作管理制度应根据国家有关法律法规，结合企业实际，履行制定规章制度程序，经单位领导审定批准，纳入企业管理制度或标准之中，严格管理并贯彻执行。

企业档案管理制度是由企业权威部门制定的。一是档案管理制度必须出自企业权威部门，并以企业的名义或综合部门审核批准、颁布实施；二是档案管理制度必须按照企业内部规定的程序制作；三是档案管理制度是企业办事规程或行动准则，必须共同遵守；四是档案管理制度应与企业其它管理制度相契合，这样既有利于各项制度落实，也有利于工作协调，避免出现漏洞。例如：岗位责任制、基建管理制度、设备管理制度、财务管理制度等都应将涉及有关文件、档案管理的内容列入其中。

6.2.1　文件归档制度。应明确文件归档范围及保管期限、归档时间、归档程序、归档质量要求以及归档控制措施。

归档制度是保证企业各种文件材料能够完整、准确、及时归档的一项重要制度，也是文件材料和档案鉴定的重要依据。制度内容包括：文件归档范围及保管期限、归档时间、归档程序、归档质量要求以及归档控制措施。

文件归档范围应以能够准确反映本企业主要职能活动和基本历史面貌，确保文件材料齐全、完整、准确、系统，满足本企业各项工作查考利用需要为原则。

保管期限：凡是反映本企业主要职能活动和基本历史面貌的，对本单位、国家、社会和历史研究有长远利用价值的档案，列为永久保管。主要包括：本单位制定的属于法规政策性的文件，处理重要问题形成的文件材料，召开重要会议的主要文件材料，重要的请示、报告、总结，综合统计报表，机构演变、领导人任免的文件材料。

凡是反映本单位一般工作活动，在较长时间内对本企业工作有查考利用价值的文件材料，列为 30 年保管。主要包括：本单位一般工作问题文件材料，一般会议的主要文件材料，人事管理工作形成的一般文件材料，直属上级单位印发的属于本企业主管业务并需要贯彻执行的一般文件材料，下属企业报送的重要总结、报告和统计报表等文件材料。

凡是在较短时间内对本企业有参考利用价值的文件材料，列为 10 年保管。主要包括：本企业一般事务性的文件材料，上级单位和同级单位印发的非本企业主管业务但要贯彻执行的文件材料，下属企业报送的一般工作总结、报告和统计报表等文件材料。

文件保管期限可长可短时，一律从长。

归档时间：是指根据本企业各项活动的程序和文件材料的形成特点，定出各种文件材料归档的具体时间。一般分为按年度归档、项目结束后归档、工作阶段归档和随时归档。

归档程序：收集、整理、审查、归档。其中审查程序是整个归档程序的核心，收集、整理则是审查前期的准备阶段。

归档质量要求：归档文件应为原件；归档文件材料齐全完整；归档文件制成材料具有耐久性；整理归档文件所使用的装具、装订材料符合档案保护和耐久性要求。

6.2.2　档案保管制度。应明确各门类档案保管条件、特殊载体档案保管方式、档案清点检查办法、对受损档案的处置办法、档案进（出）库要求、库房管理要求和库房管理员职责。

本条对企业建立健全档案保管制度提出要求。档案保管应当按照国家及档案行业标准要求执行。档案库房建设要纳入企业建设、维护计划，要具有"八防"功能和监控、报警措施，以确保档案的完整、安全。库房内温度应控制在 14～24℃之间，相对

湿度在 $45\%\sim60\%$ 之间。特殊载体档案保管环境，按国家档案局有关特殊载体保管标准执行。定期检查各种设备设施，确保正常运行。

6.2.3 档案鉴定销毁制度。应明确鉴定、销毁工作的组织、职责、原则、方法和时间等要求。

本条对企业建立档案鉴定销毁制度提出要求。

成立鉴定工作组织人员：企业领导、有关职能部门负责人及业务、科技人员，档案部门人员。

明确鉴定工作组织职责：编制和修订企业文件归档范围和保管期限表；确定鉴定的原则和方法；定期对到期档案进行鉴定；提出无保存价值档案的目录；写出鉴定报告报分管领导审批。

确定鉴定工作程序：制订工作方案，组织鉴定工作实施，形成鉴定报告，经审核批准，组织监督销毁，销毁目录归档。

6.2.4 档案统计制度。应明确统计内容、统计要求和统计数据分析要求。

统计工作的内容：档案数量的统计，包括档案的收进、移出、销毁、实存等方面的情况；档案业务工作质量的统计，包括档案的归档率、完整率、准确率等；档案开发利用工作情况的统计，包括借人次、借阅量、查全率查准率、利用率、准确率统计工作应当坚持目的性、准确性、连续性、全面性、系统性和及时性。同时档案部门还应加强对统计数据的系统性分析，以掌握企业档案工作的变化和规律。

6.2.5 档案利用制度。应明确档案提供利用的方式、方法，规定查（借）阅档案的权限和审批手续，提出接待查（借）阅档案的要求。

本条对企业档案利用制度提出要求。企业档案部门要健全档案检索体系，建立档案信息集中管理的开发模式。企业在开发档案信息的过程中，要对企业核心技术档案、知识产权档案和涉及商业秘密档案的开发利用进行审查。要处理好利用和保密的关系。

档案信息开发利用主要形式：从企业文化、企业产品宣传等方面开展档案、情报、信息编辑、汇编专题资料等工作；利用档案制作多媒体宣传品；建立企业精品档案展室；依托网络技术，开展档案信息的网上服务。

企业档案信息资源的开发与提供利用，必须严格执行保密制度，在遵守保密制度和不损害国家、企业和个人利益的前提下，积极提供和开发档案信息，为企业各项工作服务。

6.2.6 档案保密制度。应明确档案形成者、档案管理者、档案利用者应承担的保密责任。

企业档案保密制度，应从确保企业档案实体和信息的安全提出具体要求。

应要求档案管理人员必须严格遵守保密守则，包括离职后不得泄露。涉密档案加强保密措施，严格履行借阅手续和控制知悉人员，指定档案阅读地点。

6.2.7　电子档案管理制度。应对企业各信息系统中形成的电子文件提出归档、管理和利用要求。

本条对企业建立电子档案管理制度提出要求。电子文件的归档应遵守两个原则：一是电子文件的归档实行"双套制"，即在电子文件归档时应制作相应的纸质拷贝件，同时存档；二是同时做好网络归档和脱机载体电子文件归档两方面的工作。

电子档案管理制度应明确规定电子文件的收集范围，收集积累要求，收集、积累办法，电子文件的整理，电子文件的归档范围、归档时间，有效性和完整性鉴定，保管期限划分，归档要求，电子档案利用使用拷贝件、保护电子档案载体等要求及应注意的问题。

6.2.8　档案管理系统操作制度。应明确档案管理系统操作人员的职责、档案管理系统软件、硬件的操作要求。

本条对建立健全档案管理系统操作制度提出要求。

三、企业档案业务规范的制定

6.3.1　文件、档案整理规范。应明确文件立卷与档案整理原则、整理方法、档号编制要求和档案装具要求等。

本条是对企业文件、档案整理提出的要求。文件、档案整理原则是遵循文件、档案形成规律，保持文件、档案的有机联系，便于保管和利用。

整理方法应按照《科学技术档案案卷构成的一般要求》（GB/T 11822 — 2008）、《归档文件整理规则》（DA/T 22—2000）、《国家重大建设项目文件归档要求与档案整理规范》（DA/T 28—2002）等的要求执行。

档号编制应按照《档号编制规则》（DA/T 13—1994）要求，选择适合企业档案分类的标识方法，与企业档案分类方案配套使用。

档案装具是档案室存放并保护档案的装置或容器。主要有箱、柜、架、卷皮和卷盒等。无论何种装具，都必须对档案无损害作用，并且制作经济，使用便利。档案装具无论是购买还是定制都应符合《档案装具》（DA/T 6—1992）标准要求。

6.3.2　档案分类方案。应明确分类依据、类别标识、类目范围。

制定企业档案分类方案的分类规则是：同位类之间互不相容；各子项之和必须穷尽母项；同位分类必须按同一标准进行；分类必须按层次进行不能跳跃。

制定分类方案要根据企业档案实际情况，遵循分类规则编制"类目表"，以指导具体的分类工作。

类目表：是根据本企业（系统）档案的种类和数量情况，编制一个由大类、属类、小类构成的，具有从属关系（纵向）和平行关系（横向）的不同层次的类目体系。

分类方案是由类目表、标记符号、说明与注释、索引组成。

企业档案分类体系的类目设置。工业企业档案一级类目的设置按照《工业企业档案分类试行规则》规定，一级类目有：党群工作类、行政管理类、经营管理类、生产技术管理类、产品类、科学技术研究类、基本建设类、设备仪器类、会计档案类、干部职工档案类。

企业档案二级及二级以下类目的设置，同样要依据企业管理职能分工，结合档案的内容和特点来进行具体划分。参考《工业企业档案分类试行规则》。

管理类档案二级类目一般按问题设属类，可参考《工业企业档案分类试行规则》的二级类目。

产品档案二级类目一般应按产品的种类或型号来设置。

科研档案二级类目一般应按课题性质或课题来设置。

建设项目档案二级类目一般应按工程性质或工程项目来设置。

设备仪器档案二级类目一般按设备仪器种类或型号设置。

中小型企业档案分类层次不宜过多。

6.3.3 文件归档范围和保管期限表。应明确各类文件归档的范围及其相对应的保管期限。

"文件归档范围和保管期限表"是企业档案工作总重要的基础业务工作。文件归档范围和保管期限表可以成为单独的档案业务规范，也可与文件归档制度合并为一个制度。在制订该制度时，文件归档范围及保管期限部分应以企业内各职能部门为单位，按照各其职能和文件形成过程，逐项列出条目。对于建设项目和临时工作要单独补充完善。参考本规范附录 A。

6.3.4 特殊载体档案管理规范。应明确不同载体档案收集、整理的要求和保管的条件。

本条是对企业制定特殊载体档案管理规范提出要求。特殊载体档案包括：磁性材料、感光材料和其他合成材料等为介质的档案记录载体。存在形式有：照片、缩微胶片、录音磁带、录像带、磁盘、光盘、实物等。

收集范围应以企业文件归档范围和保管期限表为主，参考载体形式。

在管理上一般不单独设置类目，可视其内容特征同纸质档案对应分类编号。考虑其载体形式和保管要求不同，应分库保管。特殊载体档案整理与保管具体要求见：《照片档案管理规范》（GB/T 11821）、《CAD 电子文件光盘存储、归档与档案管理要求》（GB/T 17678.1）、《电子文件归档与管理规范》（GB/T 18894）、《磁性载体档案管理与保护规范》（DA/T 15 ）、《档案缩微品保管规范》（DA/T 21）、《公务电子邮件归档与管理规则》（DA/T 32）、《电子文件归档光盘技术要求和应用规范》（DA/T 38）、《缩微胶片档案数字化技术规范》（DA/T 43）等标准。

第七章　企业档案工作业务建设

企业档案业务工作是企业档案工作的基础性、专业性和实质性工作，是检验企业档案工作质量与水平的重点和核心内容。因此，企业档案部门应重点在日常工作中加强档案基础业务建设。《企业档案工作规范》第 7 章"档案业务工作"，作为《企业档案工作规范》的主体部分，对企业档案业务活动各个环节提出了基本要求。

一、企业档案工作与业务活动

由于档案产生于业务活动，是业务活动的真实记录，因此，档案工作与企业所有的业务活动都有着不可分割的联系，也只有将档案管理与业务管理相结合，二者才能相得益彰。

7.1.1　企业档案工作是企业各项业务和活动的有机组成部分，应纳入企业领导工作议事日程，纳入企业规章制度及工作流程，纳入企业部门和有关人员的经济责任制或岗位责任制。

企业档案是企业各项业务和活动的记录和生成物，与企业各项业务和活动有着天然的密切联系，同时又服务于企业的各项业务活动，企业在各项业务和活动中做好相关的档案工作，将有利于企业的规范化管理。因此，需要企业档案工作的分管领导将档案管理纳入工作的议事日程郑重考虑和研究，对企业档案工作的发展做出整体规划，并通过协调将档案管理纳入企业各项业务和活动的规章制度及工作流程，纳入企业各部门和有关人员的岗位或经济责任制，以行之有效地保障各项业务和活动记录的形成与管理。这是需要在领导层面解决的问题。

7.1.2　企业档案部门或档案人员应参加产品鉴定、科研课题成果审定、项目验收、设备开箱验收等活动，负责检查应归档文件的完整、系统。

"三参加"是几十年科技档案工作的经验总结，是一种行之有效的控制措施。产品鉴定、成果审定、项目验收、设备开箱验收等活动都是相关工作的结论性、阶段性的活动，如果这些活动的文件不能得到及时归档，后补将会是很困难的。企业档案部门或档案人员通过参加这些活动，可以深入了解在这些有关工作和活动中产生哪些需要归档的文件，从而对这些工作和活动的文件完整、系统地归档起到负责把关和维护企业利益的作用。所以，"三参加"应该纳入企业管理制度并认真执行。

7.1.3 企业下达项目计划任务应同时提出项目文件的归档要求；检查项目计划进度应同时检查项目文件积累情况；验收、鉴定项目成果应同时验收、鉴定项目文件归档情况；项目总结应同时做好项目文件归档交接。

"四同时"也是几十年科技档案工作的经验总结，是一种行之有效的在工作全过程中对归档文件进行控制的措施。企业的档案部门与有关管理部门相互配合，共同将"四同时"作为一种企业管理工作流程执行好，可以对企业管理和档案管理起到相辅相成的作用。

二、企业文件的形成、积累要求

文件的形成与积累是档案管理的前奏。由于企业的各管理部门和业务部门每天形成大量的各种文件材料，涉及到不同岗位和不同人员，为保证定期归档工作的顺利进行，各部门对本部门形成的文件，要注意做好平时的积累工作。

7.2.1 文件形成时应使用耐久、可靠的记录载体和记录方式。

文件经过起草、修改、审核、签发等文件处理过程，以一定的记录方式或载体形式制作成正式文件的程序，叫文件的形成。文件一旦以某种格式被记录下来，并以依附于某种载体的形式生成和发出，文件的内容和记录方式将被视为不可逆转，因此文件形成时的记录载体和记录方式起着固定文件内容和鉴别文件真伪的重要作用，文件形成时质量的高低直接影响档案的质量和保存使用的年限。所以，本条款要求文件形成时应根据文件的类型，特别是对那些重要的、需要永久保存的文件要使用耐久、可靠的记录载体和记录方式。

例如，纸质文件材料不应使用易褪色的书写材料（红色墨水、纯蓝墨水、圆珠笔、复写纸、铅笔等）书写、绘制，不能使用热敏纸，而应使用字迹、线条和影像的清晰及牢固程度均符合永久或长期保存要求的材质印制。办公自动化系统中形成的电子文件可先逻辑归档，然后要按照《电子文件归档与管理规范》的要求，定期及时地进行物理归档；其他系统中形成的电子文件应使用不可擦除型光盘作为载体进行存储。

7.2.2 文件形成者应将办理完毕、有保存价值的文件及时交本部门、项目或专项工作档案人员保管。

文件的积累是文件形成后到归档前的一个必要工作环节。由于各单位每天形成大量各类文件材料，涉及到不同的岗位、不同的人员，文件的形成者并非文件的积累者，需要在文件的各个形成部门设置兼职档案人员对本部门形成的文件在形成后随时收集积累和临时保管，以便于部门的预立卷和按归档时间及时归档，保证应归档文件的齐全完整。因此要求文件的形成者应将办理完毕、有保存价值的文件及时交本部门、项目或专项工作档案人员保管。

三、企业文件的整理与归档

文件的整理与定期归档是将文件转化为档案的重要工作环节。科学的整理方法、清晰的归档范围、明确的归档时间，是保证案卷质量和档案完整、准确、系统与安全的重要条件。

7.3.1　文件整理

文件立卷整理应遵循文件形成规律，区分保管期限，保持文件间有机联系。文书、科技、会计、人事等门类文件的整理，应分别符合 GB 9705、DA/T 22、GB/T 11822、财会字〔1998〕32 号、劳力字〔1992〕33 号等标准及文件的要求；音像、电子等载体形态文件整理，应分别符合 GB/T 11821、DA/T 15、GB/T 18894、DA/T 32 等标准的要求。

文件的形成有其自身的规律和特点，国家档案局颁布的《归档文件整理规则》（DA/T 22—2000）明确了归档文件整理原则：遵循文件的形成规律，保持文件之间的有机联系，区分不同价值，便于保管和利用。文件之间的有机联系主要表现在文件的来源、时间、内容和形式等几个方面。文件来源方面的联系即以一定的责任者为要素构成联系，整理时尽可能保持这种固有的联系。文件时间方面的联系是文件的形成部门在处理具体工作或进行活动时，都有一定的过程或阶段，从而使文件之间存在自然的时间联系，整理时要保持这种自然的联系。文件内容方面的联系即文件是形成部门在解决特定问题或因特定的事由形成的，这就构成了文件之间在内容上的紧密联系。对一个问题、一件工作、一起案件、一项活动、一次会议、一个项目（如一个科研课题、一个型号的设备或产品、一个基建项目，等等）所形成的文件，在整理时都要注意保持它们之间的联系。文件形式方面的联系即文件的文种或载体等之间的不同类型。文件的形式标志着文件产生时的特定作用，在某种程度上，也反映了文件在来源、时间和文件内容上的联系，在整理时也应适当保持文件形式之间的联系进行整理。

区分保管期限。不是所有办理完毕的文件材料都必须归档保存，也不是所有需要归档保存的文件都具有相同的保存价值，而是要依照国家、行业等有关规定和企业的具体需要，结合立档单位的实际情况，区分归档范围内不同文件的价值，划定不同保管期限。在保持文件有机联系的前提下，整理在一个保管单位或一个案卷中文件的保管期限应是相同的。

便于保管和利用。这是归档文件整理最基本的原则，也是检验归档文件整理方法实用性的唯一标准。当"文件之间的有机联系"与"保管和利用"发生矛盾时，就不能机械地理解"文件整理应该保持文件之间的有机联系"，而应充分考虑保管和利用上的方便。"便于保管和利用"既是归档文件整理的出发点，也是最终目的。

关于各种文件的整理要求，基本都有相关的标准和规范，在进行文件整理时，可按照这些标准和规范的要求进行整理。其中，管理类文件的整理应符合《归档文件整理规则》

（DA/T 22—2000）、《文书档案案卷格式》（GB 9705—1988）要求；科技类文件的整理应符合《科学技术档案案卷构成的一般要求》（GB/T 11822—2000）、《国家重大建设项目文件归档要求与档案整理规范》（DA/T 28—2002）；会计类文件的整理应符合《会计档案管理办法》（财会字〔1998〕32 号）的要求；干部职工管理类文件的整理应符合《企业职工档案管理工作规定》（劳力字〔1992〕33 号）的要求；音像文件的整理应符合《照片档案管理规范》（GB/T 11821—1989）、《磁性载体档案管理与保护规范》（DA/T 15—1995）的要求；电子文件的整理应符合《电子文件归档与管理规范》（GB/T 18894—2002）、《公务电子邮件归档与管理规则》（DA/T 32—2005）的要求。

关于企业管理类文件的整理方式可以有两种：一种是以"卷"为单位进行整理；另一种是以"件"为单位进行整理。以"卷"为单位进行整理是传统的立卷方式，就是根据文件的形成规律，将一组有密切关联的文件按照既定的分类方案进行组合。以"卷"为单位整理文件，其基本保管单位是案卷。以"件"为单位进行整理就是按照文件材料形成和处理的基本单位进行整理。一般来讲，一份文书材料、一张图纸或照片、一盘录音带和录像带、一本表册或证书、一面锦旗、一个奖杯等均为一件。文书材料的正本与定稿作为一件，转发件与被转发件为一件，正文与附件作为一件，原件与复制件作为一件。以件为单位整理的档案，其基本保管单位是件。选择以件为单位整理文件时，其前提条件是基本实现了自动化办公或以使用计算机为主的文件管理。

7.3.2　文件归档范围

归档范围是指哪些文件应该归档，哪些文件不必归档。归档范围是归档制度最重要的内容，正确划定归档范围是保证归档文件材料齐全、完整、系统的关键。各企业应根据国家（含地方）、行业的有关规定，结合自己的具体实际情况，确定本企业文件材料的归档范围。归档范围应以本单位工作活动为主，突出反映本单位基本职能活动和各项业务工作。外单位的文件不论是上级、下级，还是非隶属关系单位，应以是否与本单位工作有直接关系、本单位是否需要办理、本单位日后是否查考利用为文件归档的出发点。既不可搞"有文必档"，不管文件的价值和来源，凡是文件都归档；也不能将有价值、属于归档范围内的文件遗漏掉。

7.3.2.1　企业在筹备、建设、生产、经营、管理等活动及产权变动过程中形成的具有保存价值的各种载体形式的文件都应纳入归档范围。国有企业文件归档范围应符合档发〔2004〕4 号文件要求。

一个企业的档案应该能够反映这个企业各个阶段和各项重要活动的全貌。通常情况下，我们所说的企业档案是指企业在生产、经营、管理等活动中形成的档案，这些档案固然重要，但企业在筹备、建设等前期工作中形成的档案仍然是不可忽视的。特别是前期筹建中会形成很多涉及企业权益方面的文件，比如国家有关部门对企业筹建中土地使用等若干问题的批准文件、建设过程中的质量保证和验收结论文件等等，无数实践证明这些文件在若干年后的企业变化和社会变化中仍然会有很重要的凭证和依据作用。然而很多企业在筹建初期，由于组织架构还不完全、参与人员很有限、要做的工作又很多、管理制度建设没能及时跟上等等原因，致使初期形成的重要文件有很多都没能得到安全保存，当若干年后有情况发生时就会造成不必要的损失，有些甚至是惨重的损失。因此，企业应该建立较强的档案意识，从企业筹备初期，就要注重收集保存有关文件，在建立管理制度时将企业在各个阶段和各项重要活动中形成的、具有现实和长远利用价值的文件纳入归档范围。

我国的企业按照不同的标准可以划分为多种类型，比如，按企业资产的所有性质可以分为国有企业、集体企业、私营企业，现在又将所有没有国有资本参与的企业统称为民营企业，还有混合所有制企业，如中外合资经营企业、中外合作经营企业、国内具有多种经济成分的股份制企业等。按企业生产经营业务性质分主要有工业企业、农业企业、商业企业、物流企业、交通运输企业、金融企业，除此之外还有邮电、旅游企业等。按企业规模分为超大型企业、大型企业、中型企业和小型企业。还有一些其他的分类标准，如按企业制度、产业性质、组织形式、资源集约度、技术先进程度、生产与市场特点等等进行分类。企业的类型很多，各种类型的企业其档案种类既有共性又有个性，比如就一般具体的企业而言，企业档案可以按照其所反映的企业活动的职能性质划分为管理类、业务类、财务类、人事类等几个基本类别。其中管理类档案可以包括行政管理、党群管理、经营管理、生产管理等工作内容；财会类和人事类档案则是两种专门档案，各种类型的企业都会形成，这些是企业档案具有共性的部分；业务类档案情况比较多样：生产、建筑等类型的企业多为科技生产活动，其档案内容主要为科技档案，经营、运营、物流、运输、金融等类型的企业则指以主要业务内容为中心的活动产生的档案，这是最能反映企业个性和特色的部分，在不同企业的归档范围中应有所不同。

这一条重点强调的是，企业档案要能够真实记录和准确反映企业的发展历程，无论是哪种类型的企业，反映企业从筹建一直到注销的各个阶段的各项重要活动的记录，都应在档案中有所保存。其中，国有企业的档案既是企业资产也是国有资产，其文件的归档范围应符合国家档案局、国务院国资委发布的《国有企业文件材料归档办法》（档发〔2004〕4号）要求。其他类型的企业可以参照执行。

7.3.2.2 归档文件的主要来源有：

——**本企业形成的文件；**
——**本企业引进项目、外购设备等接收的文件；**
——**所属单位及参股企业应向本企业提交的文件；**
——**本企业参与的合作项目，合作单位按要求应向本企业提交的文件；**
——**本企业执行、办理的外来文件。**

归档文件应该体现"以我为主"的原则，但不能机械地理解为所有外来文件都不需要归档保存。需要归档保存的企业文件主要来源于本企业，但除此之外，还有一些来源于上级、下级以及非隶属关系的外单位的重要文件，其中有利用价值的或本企业需要执行、办理的，应该属于企业文件材料的归档范围，譬如，上级单位对本企业请示或事项的批复文件、与本企业工作密切相关的通知等；本企业及下属企业的资产评估材料、产权转移证等产权界定材料；企业股权材料、引进项目或外购设备等接收的文件、合作项目投资可行性描述文件（如项目建议书、可行性研究报告）、资产证明文件（如土地使用证、房产证、专利证等）和资产清单、债权债务清单；等等。这些文件虽然不是本企业产生的，但对于服务企业活动和维护企业的合法权益都有着不可或缺的重要作用，应该纳入企业文件材料的归档范围收集齐全。

7.3.2.3　企业应根据经营管理范围和业务活动类型制定文件归档范围和保管期限表。确定文件归档范围和保管期限可参照、但不限于附录 A。项目建设类文件应依据企业在项目建设中的性质确定，建设单位、设计单位、施工单位、监理单位文件归档具体范围参见 DA/T 28；服务类型企业各类文件归档范围及企业中专业性较强的业务活动的文件归档范围，应结合企业活动和专门业务编制。

归档范围是指哪些文件应该归档，哪些文件不必归档。文件材料归档范围和保管期限表是归档制度最重要的内容，正确划定归档范围是保证归档文件材料齐全、完整、系统的关键。归档范围和保管期限表既可以成为单独的档案业务规范，也可与文件归档制度合并为一个制度。企业应依照国家和行业的有关规定，结合本企业经营管理范围和业务活动的具体情况，以企业内各职能部门为单位，按照部门职能或工作流程和文件形成规律，参照附录 A 企业文件材料归档范围和保管期限，制订本单位文件的归档范围和保管期限表，并逐项列出条目。既不可搞"有文必档"，不管文件的价值和来源，凡是文件都归档；也不能"有档不归"，将有价值、属于归档范围内的文件遗漏掉。

附录 A 主要是以生产型工业企业为蓝本制定的，其他类型的企业可根据自己的业务特点参照制定。

制定归档范围的基本方法是：在分析研究本企业生产技术、经营活动和各项管理职能的基础上，对各项职能活动中产生和形成的具有查考利用价值的各种类别的企业文件材料划定归档范围。

制定归档范围和保管期限表的程序是：掌握依据，调查研究——在制定归档范围和保管期限表之前，企业档案管理部门和工作人员要认真学习并掌握档案工作相关法律法规和标准规范，对本企业各项基本职能进行深入细致的调查研究，听取相关人员对文件材料的归档意见；拟定初稿——企业档案管理部门依据国家有关法律、法规和标准、规范，结合企业每一个立档部门的职能特点，拟写每一个立档部门文件材料的应归档范围和保管期限表初稿；广泛征求意见——征求每一个立档部门和兼职档案员对初稿的意见，请立档部门对有关部分进行补充完善，在此基础上，档案部门再进一步做好统筹的修改和完善，形成送审稿；部门审核——请各立档部门负责人结合本部门的职能工作对送审稿进行审核和完善，档案部门根据审核意见完成修改后，送档案工作主管领导进一步审定；发布执行——报企业分管档案工作的领导审定批准，以企业制度或标准的形式正式印发执行；纳入相关制度——企业文件材料归档范围和保管期限表出台后，还应将其纳入企业相关制度、标准中，以保证切实地得到贯彻执行。

前面讲到企业的类型很多，在制定归档范围时，各企业应该重点注意能够反映本企业特点的文件材料。比如：

1. 制造业企业（工业企业）文件材料的特点

制造业是个庞大的体系，在各类型的企业中占有主导地位。由于制造业企业是以大规模的采用机器或机器体系进行各种产品的生产，因此在制造业企业档案中，各类科技文件特别是产品档案的数量占有相当大的比例。

2. 交通运输企业文件材料的特点

交通运输企业的主要生产方式为铁路运输、公路运输、水路运输、航空运输和管线运输等五种。交通运输企业的生产离不开各种基础设施和运输设备的支持，其营运网点愈多、营业范围愈广，所兴建的基础设施和购置的运输设备也就愈多，从而形成了基建和设备文件材料数量较大的特点。这些基建和设备文件材料对于交通运输企业的正常运营和安全生产具有重要的保障作用。

3. 建筑安装企业文件材料的特点

建筑安装企业活动的主要目的是形成各种生产性和非生产性的固定资产，其产品是各种厂房、矿井、港口、机场、铁路、桥梁、管线、道路、住宅以及公用建筑等建筑物、构筑物和各种设施。所以，文件材料以工程项目为单位的成套性特点较为突出，而且由于建筑物、构筑物等主要产品的使用时间较长，合同类文件材料一般都需要较长的保存期限。

4. 金融企业文件材料及其特点

金融企业一般分为银行金融企业和非银行金融企业两大类。1993年以来，我国政府对金融体制进行了深刻的改革，实现了银行的企业化管理。而非银行金融企业是随着金融市场的扩大和复杂化而出现的，种类很多，一般包括信用合作社、信托投资公司、证券公司、保险公司、财务公司、金融投资公司和租赁公司等企业形式。

由于金融企业职能的特殊性质，其业务文件材料主要体现出以下特点：（1）内容相对专一。虽然金融企业的业务范围较广，但其业务内容基本上是围绕着货币和信用这两个主要环节而相对集中的。（2）作用具有多功能性。由于金融企业特别是银行的客户面比较广，与客户的利益密切相关，这种特殊性决定了金融企业文件材料不仅是企业活动及创造信用的记录，同时也是社会各界及自然人经济权益的重要凭证，其作用范围远远超出了金融企业本身。金融企业文件材料的这种多功能性对金融企业文件材料的管理和利用提出了更高要求。（3）数量增长速度快。银行各种业务及信用创造的职能和长期保存的需要，会使文件数量的增长速度相对较快。

5. 流通企业文件材料及其特点

流通企业以行业为标准可以分为商业企业和服务企业；以业务国籍为标准还可分为内销企业和外贸企业等。

经营管理性文件材料是商业企业文件材料的主体；各种与经营活动相关的管理类文件和财会类文件的形成量和频率较高；由于商业企业的经营活动必须借助于一定的设施和场地开展，特别是经营规模大、数量品种多、进货渠道广、场内结构安排及场内外运输和搬运业务量繁重的大型商业企业，都拥有一定规模的基建和设备文件材料；同时由于商业企业结算业务的规律性特点，其文件材料呈现出较强的时间性和项目性等特征。

服务企业一般特指两种类型：一种是生产性服务企业，如信息咨询、科技服务、包装、广告等企业；另一种是生活性服务企业，如物业管理、餐饮、旅游等企业。服务企业的文件材料是以经营管理性文件为主体；形成数量相对不是很大；种类相对单一；需要永久保存的文件材料数量不多。

6. 邮电通讯企业文件材料及其特点

邮电通讯企业的业务范围一般分为邮政和电信两大专业，其生产活动不同于一般的工商企业，多数信息或邮件的传递过程要由两个或两个以上的企业合作才能完成。邮电通讯企业业务文件材料的日生产量较大，但绝大部分的保存期限却不需很长；设备文件材料内容复杂而且存址分散；相当一部分文件材料是由多个企业共同形成。

7. 农业企业文件材料及其特点

农业企业的生产活动受自然条件影响大，生产周期长，具有明显的季节性和地区性。现代农业的发展又呈现出立体化、大农业化和外向型等趋势。立体型农业企业在单位面积上利用动植物和微生物的特征及对外界条件的不同要求，通过种植业、养殖业和加工业的有机结合，建立多个物种共栖、资源多级利用的农业生态系统，这些都决定了农业企业文件材料具有综合性的特点。随着全球经济一体化趋势的日益明显，外向型农业企业逐渐增多，这种以国际市场为导向、以出口换汇、促进本国农业经济发展为目标的专业化、社会化的农业生产经营体系，产生了大量经营性文件材料；与此同时，大量的市场信息和金融信息等不断地吸纳到农业企业的信息系统之中，它们与档案这种内部信息相互结合，成为现代农业企业生存与发展的信息保障，外向型农业企业文件材料又呈现出情报性特点。

还有一些类型的企业文件材料没有在这里一一列出。总之，行业特点和企业活动性质的不同，决定了不同种类的企业文件材料各有其特殊性，无论是具有共性的还是个性的企业文件材料，只要对现实和长远具有凭证、依据或参考作用，就具有一定的保存价值，企业都应将其列入归档范围，包括文字、图表、声像等各种形式的文件材料。

各企业应在紧密结合本单位各项职能活动，深入研究文件材料的来源、范围和价值规律的基础上，准确把握本企业文件材料特殊性，参照附录 A 工业企业文件材料归档范围和保管期限，科学制定本单位文件归档范围和保管期限表，使该归档的材料不遗漏，该长久保存的不断档。

关于项目建设类文件应依据企业在项目建设中的性质确定，建设单位、设计单位、施工单位、监理单位文件归档具体范围参见 DA/T 28。

7.3.3 文件归档时间

归档时间是指文件材料的形成部门将按照一定要求进行整理后的应归档文件向企业档案部门移交的时间。正确地规定归档时间，对于维护企业档案的完整与安全，确保企业各部门和档案部门的正常工作秩序，具有实际意义。企业应当根据企业文件的形成规律和特点做出具体规定。

企业文件材料的归档时间主要有两种：定期归档和随时归档。定期归档是指按照有关规定，企业文件在形成处理完毕一段时间之后再向档案部门移交。按年度归档、按项目结束时间归档或按工作阶段归档等方式都属于定期归档，这是企业文件材料归档的典型形式，管理类文件、科技类文件、会计类文件等材料的收集归档适用此种方式。随时归档是指在企业文件形成时就将其归档，或形成处理完毕后立即归档。临时归档、即时归档等方式都属于随时归档，这是收集企业文件材料的补充形式，也是确保企业文件材料完整、准确、系统的有效方式，产品更新、项目改扩建、设备开箱等材料的收集归档适用此种方式。一些临时性的重要工作、重大事件以及一些外出考察过程中形成的文件材料往往被企业忽略了及时归档，这就要求企业档案部门及时了解本企业的工作动态，加强与各部门的沟通和联系，及时指导有关人员随时注意做好有关文件材料的形成和收集工作，以确保本企业归档文件完整、准确、系统。有些暂未纳入本企业文件材料归档范围内、但又确实有保存价值的文件材料范围，还可以制发《临时归档通知单》给有关材料形成部门，以确保将本企业有价值的文件材料尽可能地收集齐全。

7.3.3.1 经营管理工作、生产技术管理工作、行政管理工作、党群工作中形成的文件一般应在办理完毕后的第二年一季度归档。

经营管理工作、生产技术管理工作、行政管理工作、党群工作中形成的管理类文件材料，一般应在办理完毕后的第二年一季度向档案部门归档，即按年度归档。对于一些特殊的文件材料，可以针对具体情况适当放宽归档时间。例如，一些未结案的政治、刑事和经济案件，可以等到整个案件结案，将形成的文件材料整理好，根据办案部门的需要可以继续保存一年后再行归档；对于企业产品销售工作中形成的市场信息、用户调查等动态信息，可采用复制的办法将原件按阶段归档。

7.3.3.2 科研开发、项目建设文件应在其项目鉴定、竣工验收前归档，周期长的可分阶段、单项归档；产品生产及服务业务应定期或按阶段归档。

综合各种科技类文件的形成特点，其归档时间大致可以划分为以下几种类型：

1. 按项目结束时间归档（即在项目鉴定、竣工验收前归档）。

按项目结束时间归档是指在一项科技、生产活动（如一项科研课题、一个新品生产、一个基建项目等）结束后归档。科技文件的形成是科技活动的一个重要组成部分，一项科技或生产活动结束后，围绕该项活动的科技文件的形成过程也告结束，这时把有保存价值的科技文件经过系统整理后及时归档，该项活动才能划上句号，这既符合科技和生产活动的自然过程，又易于保持科技文件的完整，也使归档工作和科技、生产活动的鉴定验收工作相协调。一般来说，形成周期不太长的科技文件，较适于采用这种方式归档。

2. 按工作阶段归档。

形成周期较长的科技文件，可以按科技、生产活动的完成阶段归档。当一项科技或生产活动按照其流程完成了一个工作阶段后，即可将该阶段形成的科技文件整理归档。比如，在一项重点工程或一个复杂的新产品设计活动中，其科技文件可按可行性研究阶段、设计阶段、施工或研制阶段等分别进行归档。

按这种时间归档，主要是为了方便科技部门的工作和便于保护科技文件。有些科技、生产项目，从开始到结束周期很长，往往需要三年五年、十年八年，甚至更长的时间，由于时间跨度比较大，如果不分阶段而等到项目完结后归档，大量的科技文件长期地散放在形成部门，特别是有些工作人员更换比较频繁，时间长了文件很容易就找不到了，这无疑对形成部门是个负担，而且不利于维护科技文件的完整与安全。所以，对形成周期较长的科技文件，按阶段进行归档是必要的。

3. 按单（子）项结束时间归档。

大型项目或研究课题，不仅整体设计、施工和研制的周期较长，而且每个项目往往由若干个单项工程（子项或子课题）组成。比如一个大型钢铁联合企业的设计和施工，包括烧结、炼铁、炼钢、轧钢等多个单项工程；又如一个航天飞行器的研制，包括动力系统、控制系统、机身系统等多个系统。这些"单项"或"系统"作为整体工程或课题的组成部分，不仅是各自相对独立的，而且在工作进展上也常常是不同的。根据这种特点，为保证工作正常进行和科技文件的完整、系统，当一个单项工程（子项或子课题）结束后，即可先行归档，以免后期整体的归档工作负担过重。

4. 按年度归档。

还有些科技文件是适合按年度归档的。按年度归档，就是在每年的初始阶段，将上一个年度形成的科技文件整理归档。这大体适用于以下几种情况：

一是活动和形成周期较长，依年度比按阶段归档更合适的科技项目形成的文件。

二是某些自然观察或观测活动中形成的科技文件，如气象、水文等观测活动，需要每时、每日、每年的连续观测，反映出时间连续性强的特点，这些科技活动中形成的科技文件可以按年度进行归档。

7.3.3.3 产权产籍、质量认证、资质信用、合同协议、知识产权等文件应随时归档；外购设备仪器或引进项目的文件应在开箱验收或接收后即时登记归档。

产权产籍、质量认证、资质信用、合同协议、知识产权等文件，日后都将成为企业核心档案资源。企业核心档案资源指现代企业运营必备的档案文件，即那些一旦失去企业将无法恢复重建、正常运转或蒙受重大损失的档案资源。能否维系企业生命力持续和有效运作，是界定核心档案资源的依据。为有效地维护企业的合法权益，企业应当确保其核心档案资源必须及时归档和安全保管。

还有些科技文件应该随时归档：1. 机密性强的、特殊的科技文件。由于保密或企业利益的需要，要求有些科技文件随形成随归档。2. 外来文件。有些与企业利益密切相关的外来文件，例如，外购设备和引进项目或引进技术的随机图样和有关文件、委托外单位设计或承办产生的科技文件等，应该在开箱验收或接收后即时登记归档，以避免流失。为了解决这些文件急于利用与即时归档的矛盾，可以先行归档，再办理借阅或复制，这样既解决了归档问题，也解决了利用问题。

7.3.3.4　会计核算专业材料应在会计年度终了后由会计部门整理归档，保管一年后向档案部门移交。

会计文件材料的归档时间，按《会计档案管理办法》规定，在会计年度终了后，可暂由财务会计部门保管一年，期满后由会计部门编制移交清册，移交本企业档案部门统一保管。

电算化会计（会计电算化是指由会计人员操作会计软件、使用电子计算机替代人工来完成会计工作的活动）核算材料是会计电算化中产生的电子文件，与传统手工核算形成的纸质会计核算材料相比较，具有记录载体磁性化、会计核算信息的非人工识读性、信息存储的高密度性以及对系统的依赖性等特点。因此，电算化会计核算材料在归档内容和归档要求上有别于传统的纸质会计核算材料，主要体现在：

1. "双轨制"要求。根据 1996 年财政部制定颁发的《会计电算化工作规范》和1998 年财政部与国家档案局联合颁发的《会计档案管理办法》，电算化会计核算材料的归档范围主要有三部分：存储在磁性介质或光盘上的会计核算数据；打印输出的纸质载体的会计核算材料（不能只保存不可见的磁性介质的核算数据）；会计软件的全套文档资料以及会计软件程序。由此可见，要求电算化会计核算材料的归档实行"双轨制"，即将电子会计核算数据和打印输出的纸质会计核算材料一并归档。而且，会计软件的文档资料及软件程序，也应作为电算化会计核算材料归档的重要组成部分。

2. 特别要求。磁性介质或光盘等电子文件，应作防写处理；为了保证档案的完整性、安全性，归档的会计核算数据要进行双备份，即归入档案机构的磁盘或光盘应是两套，一套封存保管，另一套作为日常的提供利用；打印输出的纸质载体的会计核算材料，必须有经手人员和会计主管人员的签字或盖章，以保证其真实性、准确性；打印输出的纸质载体核算材料须字迹清晰，方便查阅和利用。

7.3.3.5　电子文件逻辑归档宜定时进行，物理归档应与相应门类或内容的其他载体归档时间一致。

电子文件是指在数字设备中产生，以数码形式存储与磁带、磁盘、光盘等载体，依赖计算机系统阅读、处理，并可在通信网络上传送的文件。完整的电子文件包括内容信息、背景信息和元数据。

背景信息，是指描述生成电子文件的职能活动、电子文件的作用、办理过程、结果、上下文关系以及影像产生的历史环境等信息。元数据，是指描述电子文件数据属性的数据，包括文件的格式，编排结构、硬件和软件环境、文件处理软件、字处理和图形工具软件、字符集等数据。

逻辑归档（Logical filing）是指在计算机网络上进行，不改变原存储方式和位置而实现的将电子文件的管理权限向档案部门移交的过程。电子文件逻辑归档可实时或定时进行，权限移交到档案部门后，档案部门要做如下几件工作：

1. 对照文件归档范围对电子文件进行界定；

2. 按照有关规定对查询归档电子文件进行授权；

3. 对接收的电子文件及时进行著录标识；

4. 对接收的电子档案进行备份安全保护。

物理归档（Physical filing）是指把电子文件集中下载到可脱机保存的载体上，向档案部门移交的过程。物理归档应按照有关纸质文件的规定定期完成，物理归档的要求主要有：

1. 凡在网络中予以逻辑归档的电子文件，均应定期完成物理归档；

2. 把带有归档标识的电子文件集中拷贝至耐久性好的载体上，一式 3 套，一套封存保管，一套供查阅使用，一套异地保存。对于加密电子文件，则应在解密后再制作拷贝；

3. 目前推荐采用的载体，按优先顺序依次为：只读光盘、一次写光盘、磁带、可擦写光盘、硬磁盘等。不允许用软磁盘作为归档电子文件长期保存的载体；

4. 存储电子文件的载体或装具上应贴有标签，标签上应注明载体序号、全宗号、类别号、密级、保管期限、存入日期等，归档后的电子文件的载体应设置成禁止写操作的状态；

5. 特殊格式的电子文件，应在存储载体中同时存有相应的查看软件；

6. 将相应的电子文件机读目录、相关软件、其他说明等一同归档，并附《归档电子文件登记表》；

7. 对需要长期保存的电子文件，应在每一个电子文件的载体中同时存有相应的机读目录；

8. 归档完毕，电子文件形成部门应将存有归档前电子文件的载体保存至少一年。

文件形成部门或信息管理部门应定期把经过鉴定符合归档条件的电子文件，按照档案管理要求的格式将其存储到符合保管期限要求的脱机载体上，向档案部门移交，或与相应门类和内容的其他载体文件一并归档，完成电子文件的物理归档。电子文件的归档范围参照国家关于纸质文件材料归档范围的有关规定执行，并应包括相应的背景信息和元数据。电子文件的归档管理目前仍然实行"双套制"，即具有永久保存价值的文字或图表形式的电子文件，必须制成纸质或缩微品载体形式的文件，归档时应同时保存文件的电子版本和纸质版本或缩微品。

电子文件归档还应注意收集以下有关文件：

1. 支持性文件，指能够生成运行文本、数据、图形等文件和各种命令及设备运行所需的操作系统；

2. 数据文件，指各种数据材料。由于数据在不断变化、更新，应对原始数据隔一段时间定期拷贝，并将拷贝文件归档；

3. 与电子文件有关的各种纸质文件，主要有产生电子文件所使用的设备的安装与使用说明、操作手册等；以及电子文件形成过程中产生的一些纸质文件，如设计任务书、操作手册等。

归档电子文件的质量关系到以后电子文件的保管与利用，因此，档案部门要采取措施，保证电子文件归档的质量要求。大致有如下要求：（1）齐全完整；（2）真实有效；（3）整理、编辑、划分保管期限，整理工作由文件形成部门具体负责，整理方案由档案部门统一确定；（4）统一规定载体形成、质量要求——档案部门应对电子文件的载体质量、规格、格式等做出统一规定，各部门按照规定将电子文件一式两份向档案部门移交，档案部门检查后归档保存；（5）防病毒——推荐应用光盘归档。但无论是光盘还是软盘，都必须是不可引导的非系统盘，以防带入病毒；（6）编制说明——文件形成部门应对光盘归档的电子文件编制归档说明，简要说明磁带、软盘、光盘中存储文件的内容，运行的软硬件环境、版本号、文件的完整性和准确性等。

7.3.3.6 磁带、照片及底片、胶片、实物等载体形式的文件应在工作结束后及时归档，或与相应内容的纸质载体归档时间一致。

磁性载体档案系指国家机构、社会组织和个人在社会活动及科学实践中直接形成的、有保存价值的、以磁性材料（如录音带、录像带、计算机磁带等）为信息载体的文件。磁带等磁性载体文件应一式两份，与相应的纸质文件一样及时整理、及时归档。在全宗内，磁性载体档案一般按年度—问题进行分类，一般以自然盒为一个保管单位，每盒的外套上要贴有标签，注明内容、主要任务、形成时间、带长（分钟）、编号、型号和保管期限等内容，同一内容分录几盒的应视为一个保管单位，编一个档号，注明与相关纸质文件的互见号，然后每盒再依次编排序号，并编制磁性载体档案检索目录，归档的磁性载体文件应由文字形成部门编制归档说明。

照片档案是指国家机构、社会组织以及个人在社会活动中直接形成的、有保存价值的、以感光材料为载体、以影像为主要反映方式的历史记录。照片档案应在全宗内按年度—问题进行分类。分类应保持前后一致，不能随意变动。对于反映同一事件的一组照片可以编一个号，然后每组照片分编小流水号。底片在全宗内编流水号，格式为全宗号—底片号，并用铁笔在底片乳剂面片边处横排刻上底片号，同时在底片袋的右上方标明底片号。一张照片应有一个说明，一组联系密切的照片应加总说明。总说明的内容包括照片号、底片号和互见号，其中互见号为与本张（组）照片有联系的其他纸质档案的档号。文字说明的内容包括事由、时间、地点、人物、背景、作者（摄制者）六要素。随着数码技术的不断发展，许多单位开始使用数码相机进行照片的拍摄，形成数码照片。数码照片可以通过光盘刻录进行保存、检索。具体讲就是，先建立一个照片类目录文件夹，然后将所摄的具有保存价值的数码照片按类目保存到计算机上，并给每张照片附上文字说明，再刻录成光盘。多个类目的照片可以刻录在一张光盘上。

胶片档案是由透明软片为支持体（片基）的感光材料制成的，现存胶片档案的主体是由银盐感光材料形成的电影（视）片、缩微胶片和普通照相负片（底片）、幻灯片。此外，还有非银盐感光胶片（如重氮胶片和微泡胶片），主要用于拷贝和提供利用。其中，缩微胶片是国际档案文献界公认的最耐久、安全的保存、保护手段。在现代机制纸保存不超过百年的基础上，它可以把保存时间提高 10 倍，解决了纸浆油墨等逐年褪化的困扰。同时，还可以实现纸质文件信息载体形式上的转化，即原件信息（大多为纸质载体）经缩微摄影转换为缩微影像信息（胶片载体），缩微影像也可以转成数字化信息。由于缩微技术实现了信息存储形式上的转换，使档案信息既可存储在磁盘或光盘上，也可在网络上传递，因此它不但可以实现大容量的信息存贮，还可同其他现代化技术结合起来实现信息的快速检索、传递、交换和管理，方便了档案文件的保管、保护及利用。目前，缩微摄影技术被广泛应用，是基于缩微胶片具有占用空间小、保存时间长、携带方便、易于交换及复制、可以易地保管、并能快速地检索和利用档案信息等显著特点，特别是它具有与档案原件同等的法律效力。因此，将档案拍摄成缩微胶片，既解决了大量档案的空间占用问题，又解决了档案需要长久保存和满足利用的问题。

实物档案主要包括企业获得的各种荣誉证书、奖状、锦旗、奖杯、奖牌以及废止的各种印章，获赠的纪念品、宣传品及反映企业不同发展阶段的产品样品，实体性科技成果、工装和设备等物品。

总之，企业在各项活动中形成的磁带、照片及底片、胶片、实物等载体形式的文件，应按照归档制度的要求，将其中具有保存价值的部分在工作结束后及时移交给档案部门统一保管，或与相应内容的纸质载体文件及必要的文字说明一并归档保存。

7.3.3.7 更新、补充的文件，企业内部机构变动和干部职工调动、离岗时应清退的文件，企业资产与产权变动过程中形成的文件，其他活动中形成的文件等，应随时归档。

产品更新换代、项目改建扩建、设备使用过程中都将形成新的文件材料，这种更新、补充的文件材料应随时归档，且应归入原项目（如原基建项目、原型号产品或设备、原科研课题等）文件材料之中，以保持项目文件材料的准确性和成套性。

企业内部机构变动和干部职工调动、离岗时应清退的文件，只有按规定向档案部门移交之后，人事等相关部门方能为其办理相关手续。

　　随着我国经济体制改革的进一步深化，企业产权制度改革实践不断向纵深推进，企业推行了以改组、联合、兼并、租赁、承包经营、股份合作、出售和破产等为主要内容的资产重组和产权变动。为规范国有企业在资产与产权变动中的档案处置行为，防止国有档案资产的流失，1998 年 3 月国家档案局、国家经济体制改革委员会、国家国有资产管理局联合颁发了《国有企业资产与产权变动档案处置暂行办法》，主要内容是明确了国有企业在资产与产权变动过程中档案处置的原则与方法。其核心就是在保证档案功能充分发挥的前提下，从企业档案的资产属性以及企业档案信息资源的配置方式两方面出发，进行了原则上的分类处置：基建档案、设备仪器档案随其实体归属；产品、科研档案（其中含专利、商标、专有技术等档案）按有关政策法规办理，没有规定的由双方商定处理；会计档案按财政部、国家档案局《会计档案管理办法》执行，法律、行政法规有特殊规定的，依照法律、行政法规的规定处理；生产技术管理、经营管理档案由双方商定，可移交接受方，亦可随党群管理、行政管理档案移交企业主管部门或寄存所在地国家档案馆。此外，在产权变动过程中形成的文件，如产权变动申请报告，企业主管部门和有关政府职能部门审批意见，产权变动预案，债权人债权申报书及对债权人认定债权的通知，贷款呆账稽核报告，借款（含信用、担保、抵押）合同、借据、抵押物清单及有关登记、公证文件，已转让变现财产的抵押财产转让协议书，变现还贷入账证明，尚未转让变现财产的债权清单，职工代表大会、股东大会、债权人大会等重要会议决议、记录等，亦应注意及时收集与按照有关要求归档和移交。

　　附录 A 中还有一些未能涵盖到的企业其他活动或临时性工作可能产生的文件材料，企业档案部门要注意做好这些活动或工作的文件材料的随时归档工作。

7.3.4　文件归档要求

　　文件归档时，对归档文件的质量和数量都有一定的要求。

7.3.4.1　企业应实行部门、项目及专项工作的文件收集、整理、归档责任制。各部门、项目及专项工作专兼职档案人员应按照规定将文件整理后归档。

　　企业各职能部门、项目承办部门在履行相关职责或完成某项工作的同时，应注意履行有关档案工作职责：首先，应注意文件材料的形成；第二，应注意文件材料的收集和积累；第三，应按单位确定的文件整理办法进行预整理；第四，应注意将预整理后的文件材料及时移交归档。

7.3.4.2　归档的文件应完整、准确、系统，其制成材料应有利于长久保存，图文字迹应符合形成文件设备（打印机、复印机、扫描仪等）标称的质量要求。

　　归档文件的制作和书写材料应当有益于长久保存，不得使用圆珠笔、铅笔、纯蓝墨水、红墨水、复写纸、热敏纸等，如是复写纸或热敏纸，应复印后一并保存；完整、准确、系统是保证档案质量的关键。不完整、不准确、不系统的档案，其价值不仅会大打折扣，而且在许多情况下，会影响其依据凭证作用的发挥，有时甚至会起相反的作用，给工作造成损失。所以，归档文件必须高度重视完整性、准确性和系统性；由于使用久远导致设备老化等原因，会造成打印机、复印机、扫描仪等设备形成的文件质量下降，不利于文件材料的长久保存，为此，采用打印机、复印机、扫描仪等设备形成的图文字迹应符合设备标称的质量要求。

7.3.4.3 归档的文件应为原件。因故无原件的可将具有凭证作用的复制件归档。

档案有两个基本作用，即依据凭证作用和参考借鉴作用。一般情况下，文件原件既具备依据凭证作用，也具备参考借鉴作用，而非原件文件只具备参考借鉴作用，而往往不具备依据凭证作用，因此，归档文件应为原件。在实际工作中，由于各种原因而没有文件原件，在这种特殊情况下，应考虑采取一定的方法，将具有凭证作用的复制件归档，同时标明原件的去向。

7.3.4.4 非纸质文件应与其文字说明一并归档。外文（或少数民族文字）材料若有汉译文的，应一并归档，无译文的要译出标题和目录后归档。

为便于保管和利用，音像、电子等载体形态的文件应与其文字说明一并归档；外文（或少数民族文字）材料若有译文的，应一并归档，无译文的材料至少应译出标题和目录后归档。

7.3.4.5 归档的文件一般一式一份。重要的、利用频繁的和有专门需要的可适当增加份数。

原则上，材料归档在数量方面的要求是一式一份，特殊情况下，可以适当增加份数，以确保归档文件材料不因频繁借用等原因而导致损毁。为此，立档单位可根据本单位实际情况（重要的、利用频繁的和有专门需要的），确定需要增加份数的文件材料的范围。

7.3.4.6 两个以上单位合作完成的项目，应以合同、协议等形式约定文件归档要求。主办单位一般应保存全套文件，协办单位保存与所承担任务相关的正本文件。

当两个以上单位合作完成某个项目或活动时，文件材料的形成单位并不是唯一的，相关单位应以合同、协议等形式约定文件归档要求。主办单位一般应保存全套文件，协办单位保存与所承担任务相关的正本文件。

7.3.4.7 文件形成部门应就归档文件填写《档案交接登记表》（见附录 B 表 B.1）。重要项目文件归档时应由项目管理部门编写归档说明，并经项目负责人审核签字。

各立档单位应重视文件材料的归档程序，即文件材料归档时，文件形成部门应就归档文件填写《档案交接登记表》，重要项目文件归档时，应由项目管理部门就项目概况、项目档案管理情况等方面编写归档说明，并经项目负责人审核签字。交接双方根据《档案交接登记表》进行清点，核对无误后，在《档案交接登记表》上签字，交接双方各保留一份。

四、企业档案收集工作要求

企业档案收集工作就是按照国家的有关规定，通过切实可行的措施和方法，把对国家和企业有保存和利用价值的各类文件材料集中到企业档案管理部门，使它们得到安全保存的工作。档案收集工作是档案业务工作的基础，是将企业的档案信息资源进行集中管理的重要环节，档案齐全完整的程度与整理质量的高低，都可以通过收集工作直接反映出来。收集工作有两种形式：一是对内收集，即按企业归档制度的要求接收企业内各部门形成的文件材料；二是对外收集，即企业根据国家有关政策和规定，对外单位保存的有关档案材料进行征集、购买或接收。

7.4.1　文件归档的交接

企业文件归档的交接工作是保证企业档案质量的重要关口，只有完整、准确、系统的科技档案才能充分发挥其应有的作用，因此在文件归档的交接工作中必须严把质量关。

7.4.1.1　文件形成部门应按期将《档案交接登记表》随同已整理的文件向档案部门移交。

企业文件形成部门应按照企业的归档工作要求，按期向企业档案部门移交已进行系统整理的相关文件，在移交时，要准确填写好《档案交接登记表》。《档案交接登记表》中的栏目应填写齐全，"移交时间"应将年月日填写齐全，"移交部门"可以填写规范的部门简称，"序号"填写文件整理时的文件编号，"题名"填写完整的文件题名，"年度"填写文件制发的年度，文号或图号填写文件制发的编号，图号直接填写图样的代号，页数填写每份文件有信息的页面总数，保管期限填写每份文件的保管期限，文件有缺损或其他需说明的事项时可在备注栏中注明。清点检查合格后，移交人和接收人分别签名备查。

7.4.1.2　档案部门接收时应认真核对，并检查档案质量。双方在《档案交接登记表》签字后各保留一份。

企业档案管理部门对内接收各部门移交的文件材料时，必须按照企业文件材料归档范围和《档案交接登记表》的文件清单，对文件进行逐份清点核对和检查文件及案卷质量，这是整个文件交接程序的核心工作，双方对合格的案卷确认无误后，办理书面交接手续，分别在《档案交接登记表》移交人和接收人处签名，一式两份，各存一份备查。

7.4.2 档案与资料的收集：

7.4.2.1 企业应接收所属单位因产权变动后属本企业所有的档案。

7.4.2.2 企业应根据资产管理权限接收无法人资格的所属单位档案。

7.4.2.3 企业可根据需要收集宣传报导本单位的新闻资料。

7.4.2.4 企业可根据研发和市场竞争的需要收集与企业经营范围相关的资料。

7.4.2.5 企业可根据需要向社会、离退休人员征集档案、资料。

本条款规定企业档案管理部门按照国家有关政策和规定，可对外接收和收集档案和资料的范围。

1. 根据国家档案局、国家经济体制改革委员会、国家经济贸易委员会、国家国有资产管理局联合印发的《国有企业资产与产权变动档案处置暂行办法》（档发字〔1998〕6号），应接收所属单位产权变动后属本企业所有的档案。

2. 企业应按照资产的纽带关系和管理权限，接收无法人资格的所属单位的档案。特别是对那些不具备长期保管档案条件的所属单位，企业总部为保障国家档案资源的安全性和企业档案资源的完整性，有接收其档案的权力和义务。

3. 对于社会媒体、相关咨询评估机构对本企业的宣传报导、新闻简讯等资料，企业可以根据自身的需要进行收集，以利于企业自身的宣传和丰富企业文化。

4. 为更好地为企业的经营决策、生产发展、产品研发等提供丰富的信息资源，企业可有针对性地收集有关行业、专业、企业的相关信息和数据资料，实现图书、档案、情报等多种信息资源的整合利用，更好地为提高企业竞争力服务。

5. 除按国家有关规定必须归档的文件材料之外，企业还可根据发展需要，采取多种形式和途径向社会、企业员工、离退休人员等征集不同年代、不同发展时期与企业相关的照片、录音录像，有一定历史价值的手稿、文本等，以丰富企业档案的内容，从不同的侧面反映企业发展和员工成长的历史全貌。

五、企业档案整理工作要求

档案的整理是档案工作六大环节（收集、整理、鉴定、保管、统计、利用）之一，是开展档案工作的重要基础环节。它是档案部门为了方便档案的保管与利用，遵循一定的规律与原则，对接收的档案进行条理化、系统化整理、分类、排列与编目的过程。档案整理工作包括系统整理和科学编目两部分。

系统整理包括对档案进行分类和排列，以真实反映企业活动的历史面貌，保持其有机联系为原则；科学编目包括编制档号和案卷目录，将经过系统整理的档案进行固化，编制检索工具和进行著录，揭示各类档案的内容和构成。

7.5.1 档案部门应区分全宗进行档案的分类、排列与编目。

全宗是一个独立的机关、团体、企事业单位或人物在各项活动中形成的档案有机整体，它是档案部门对社会组织的档案进行管理的基本单位。也可通俗地理解为一个立档单位的全部档案。立档单位即形成档案全宗的单位，又称"全宗构成者"。

对于企业来说，构成立档单位的条件主要有两点：1. 具有企业法人资格；2. 属于独立经营的经济核算实体。一个立档单位可能只有一个全宗档案，也可能会形成多个全宗档案。一般情况下，一个企业的全部档案就是一个全宗，但当企业的生产关系或基本职能发生了根本性变化，比如企业相互之间进行重组、企业改制等重大变化时，则应另立全宗，同时将变化前各自的企业档案全宗保持不变，这时就会形成多个全宗。还有一种情况，就是当上级企业接收下属单位档案时，也应为符合条件的下属单位另立全宗。形成多个全宗档案的企业，应区分全宗进行分类、排列与编目等档案管理工作。

7.5.2 分类方案应依据企业管理职能，结合档案形成特点制定，并应保持相对稳定性和可扩充性。分类方案应附有分类说明。

企业档案分类方案，就是通过文字、数字、代号或图表的形式，形成本单位档案类别的划分、排列及其纵横关系的体系，它是对档案实体进行分类的依据性文件。为了做好档案的分类工作，每一个企业都应根据档案整理工作的原则和要求，结合本单位的经营管理职能，对本企业形成的档案，编制一个科学的、切实可行的档案分类方案。企业档案分类方案不仅对指导档案分类工作有重要作用，而且借助它可以了解库藏档案的内容构成及组织体系，便于对库藏企业档案的科学管理和开发利用。

1. 企业档案分类方案的结构

企业档案分类方案由编制说明、类目表、类别号三部分组成。

（1）编制说明

编制说明是分类方案的前置部分，是对企业档案分类方案的编制目的与原则、分类的依据、体系结构、类目设置与标识以及档案的实体排架等若干问题的解释，是使用企业档案分类方案的指南。

（2）分类表

类目表是分类方案的主体部分，是由纵向类目和横向类目构成的，它将企业各职能活动中所形成的全部档案按类目进行划分排序，并以图表的形式表示出来，类目表能够反映出企业全部档案的类目体系。分类表有三种形式，即分类体系表、分类类目细分表、分类主题词表。

（3）类别号

确定对档案进行类别标识的代字代号，并对档案排列方法做一说明。

2. 编制企业档案分类方案的要求

（1）要保证企业档案分类方案类目体系的严整性。企业档案分类方案的类目体系是分类方案的主体，它是各级类目构成的一个横向和纵向关系的等级系统。横向表现了各级同位类之间的并列关系，形成了各级"类别"；纵向表现了上位类与下位类之间的从属关系，构成了一个个"类系"。

（2）要体现企业档案分类方案类目体系的可包容性。企业档案分类方案必须具有足够的容量，其类目设置要能够体现和容纳企业档案的全部内容，使每一种和每一部分企业档案，都能够在分类方案的类目体系中找到自己应有的合理位置，并力求简明易懂，便于检索。

（3）要保持企业档案分类方案的相对稳定性。企业档案的分类关系到档案管理工作的全局。如果档案的分类发生变化，将会牵一发而动全身，引起档案管理工作的一系列变化，有些工作甚至要从头做起。因此，企业档案的分类方案应具有更长的适用期，一经确定，必须保持相对的稳定。

3. 企业档案分类方案的编制方法和步骤

（1）调查研究

要熟悉企业档案的分类规则、理论与方法，研究和掌握本企业档案的内容构成和形成特点。

（2）形成类系

根据企业档案分类方法与库藏档案的基本种类设置档案大类，划分其属类，进行类目排序，形成企业档案类目体系。

（3）给定类别号

为企业档案的每个类目固定相应的代字或代号。

（4）制成文件或图表

将形成的企业档案类目体系用文字叙述或图表的形式表达出来。类目表现形式主要有三种：图示法、表格法、缩行法。

（5）撰写说明

指出企业档案分类方案的编制依据、分类标准、类目代字或代号的使用方法。

4. 企业档案分类基本方法

档案的分类就是根据企业职能及其档案的来源、时间、内容、特点、形式和相互联系，把一个立档单位形成的全部档案按照一定的准则分门别类，形成一个相互具有从属关系和平行关系的有机系统，达到便于科学管理与检索利用的目的。对企业档案进行科学分类，是企业档案整理工作的一项核心内容，包括确定分类方法、制订分类方案、编制分类号。档案分类的质量在很大程度上取决于分类方法的确定是否科学合理。类目设置应涵盖企业档案的全部内容，并保持相对稳定，还要留有一定余地。分类号的编制力求简明扼要，方便实用。

企业档案分类的基本方法主要有以下 10 种：

（1）按职能分类。指按照企业的职能分工划分企业档案的类目。各类企业在档案分类时均应将职能分类应用于一级类目（即大类）的设置。一般企业可按照《工业企业档案分类试行规则》设置经营管理、生产管理、行政管理、党群管理、产品生产、科研开发、项目建设、设备仪器、会计业务、干部职工等 10 个一级类目。企业也可以根据特殊情况，在上述 10 个一级类目的基础上做适当增减。

（2）按年度分类。指按照文件形成或内容所针对的年度划分企业档案的类目。比较符合管理类档案的形成规律和特点。

（3）按保管期限分类。指按照档案的保管期限划分企业档案的类目。一般适合于管理类档案二、三级类目的设置。

（4）按组织机构分类。指按照企业的内设机构划分企业档案的类目。按照组织机构进行分类，可以客观地反映企业各个内部机构的工作活动的历史面貌，保持企业中同一内设机构形成的档案材料的完整。一般适合于大型管理性企业集团的档案管理。

（5）按问题分类。指按照档案内容所反映的问题性质划分企业档案的类目。按照问题进行分类，可使关于相同问题的档案得到相对集中，有助于档案的综合开发利用。一般适合于管理类档案。

（6）按专业分类。指按照档案内容所涉及和反映的专业性质划分企业档案类目的方法。一般适合于产品、设备、基建、科研等科技类档案二级及其以下类目的设置。

（7）按型号分类。指按照产品或设备的种类与型号划分企业档案的类目。按照型号进行分类，能够使同一型号产品或设备的档案材料集中地反映出其全貌及内部结构的关系。

（8）按项目分类。指按照独立的项目划分企业档案的类目。按照项目进行分类，是以各个独立的项目为分类单元，将同一个项目的档案材料成套地集中在一起，使其能够全面、系统地反映该项目的全部活动内容和过程。一般适合于科研、基建等档案的分类。

（9）按特征分类。指按照某种工作产生的档案的特定名称划分企业档案的类目。一般适用于会计档案的类目设置。

（10）按载体分类。指按照档案的不同载体形式划分企业档案的类目。

还有一些其他分类准则，如按人物分类等。在实际应用时，不同层级的档案分类可采用不同的分类标准。如，一级类目按职能分可设基建档案类，而基建档案的二级类目又可按项目分类，每个项目的三级类目还可按专业分类等等，可以综合其中几种分类标准灵活运用。企业档案的分类要根据立档单位的具体情况，包括企业性质、档案种类与数量等多种因素来综合考虑。档案分类层次的确定亦应如此，不同性质、规模的企业，档案的分类层次允许有差异，规模较小、档案数量不多的企业可适当简化档案分类层次，可仅设一、二级类目；规模较大、档案数量较多的企业档案分类层次应多一些，可设置到三、四级类目。同一立档单位不同门类的档案，由于工作性质与任务以及档案的数量各有不同，分类层次亦可有所区别。

7.5.3 类别号可采用阿拉伯数字、英文字母、拼音字母中的一种或两种混合方法设定。

类别号即档案类目号，是表示档案类别的一组代号。类别号的编制：编制类别号就是依据企业档案分类划定的类目层次，对各级类目给定一个特定的字母或数字，并用一定的间隔符号标明其各级类目层次关系的过程。类别号主要有四个作用：一是可以标明企业档案的分类层次；二是可以反映企业档案分类各级类目内容；三是可以固定类目在分类层次中的位置与排列顺序；四是在组织企业档案分类目录时，固定各级类目在目录中的位置与排列顺序。企业档案类别号的编制方法没有作统一要求，但是提出了两种可以参考的标识方法：

1. 类别号采用汉语拼音或英文字母和阿拉伯数字相结合的混合编号方法。就是基本大类或二级类目采用汉语拼音或英文字母标识，用汉语拼音或英文字母顺序反映类目顺序；二级或三级以下的类目采用阿拉伯数字标识，用数字的位数反映类目层次。

2. 类别号采用阿拉伯数字统一编号方法。就是统一采用阿拉伯数字来标识企业档案分类中各级类目的级位和排列顺序。

实际工作中，混合编号的方法在企业中应用较为普遍。如，一级类目的党群工作类设定用 A 作标识，则其二级类目中的组织工作类即用 A02 作标识，其三级类目中的组织管理类则用 A02.01 或 A02－01 作标识。等等，依此类推。

2003 年，国家档案局下发了《关于企业执行〈科技档案案卷构成的一般要求〉和〈归档文件整理规则〉的意见》，对企业档案立卷改革工作提出了一些具体要求，提出年归档量较少的企业可将党群工作、行政管理、经营管理、生产技术管理等四大类合并为一大类，暂称为"管理类"。自此，为便于企业档案与机关档案档号的统一标识，尤其是为便于企业档案进地方综合档案馆后的统一管理，企业档案类别号发生了一些变化。目前，企业档案一级类目号多采用其类目中有代表性的两个汉字的大写汉语拼音字母编写，即管理——GL、产品类——CP、科学技术研究类——KY、基本建设类——JS、设备仪器类——SB、会计档案类——KJ、干部职工档案类——ZG；二级及二级以下类别号采用阿拉伯数字编写，其中产品类、科学技术研究类、基本建设类、设备仪器类档案其项目有代号的，优先采用代号（型号）进行编写，无代号的，采用阿拉伯数字编写。

7.5.4 全宗内档案按类分别集中排列，类别内档案按类目条款顺序依次排列编号。

排列：指全宗档案在分类基础上进行的排列。企业档案的排列要尽量减少不必要的案卷排列空架或频繁倒架的现象，同时也要满足用户按问题查询利用档案的客观需要。企业档案实体上架应按大类分别排列，不能交叉混排。

1. 管理类档案的排列

经营管理、生产管理、行政管理、党群管理等管理类档案，可以按大类分年度、保管期限排列，也可以按年度分大类排列。如，按大类—年度—保管期限—属类—问题—案卷排列，或按年度—保管期限—大类（机构）—属类—时间排列（按件整理时）。其中会议文件、案件文件、统计报表、简报、刊物等成套性较强的档案应集中排列。会计类档案可以按大类分属类分年度排列；大中型企业的干部职工档案可以按大类分属类以姓氏笔划或部门或工号顺序排列，小型企业的干部职工档案可以按大类以姓氏笔划顺序排列。（应在每一职工档案内，首先按其归档范围的十大类顺序排列，在各大类内再按文件形成时间顺序排列。）

2. 科技类档案的排列

（1）产品类档案可以按大类分系列、型号排列，系列或型号内可按产品设计（含初步设计、基础设计、技术设计）、工艺、工装、加工制造、生产定型等工作程序或产品结构排列。

（2）科学技术研究类档案按大类分项目排列，项目内可按课题可行性研究立项、方案论证、研究实验、总结鉴定、成果和知识产权申报、推广应用等阶段排列。

（3）基本建设类档案按大类分项目排列，项目内可按前期、设计（含初步设计、技术设计、施工图设计）、施工、监理、竣工、验收及后评估等阶段排列。

（4）设备仪器类档案按大类分项目或型号排列，项目或种类内可按立项审批、外购设备仪器开箱验收（自制设备仪器的设计、制造、验收）、设备仪器安装调试、随机文件材料、设备仪器运行、设备仪器维护等阶段或工作程序排列。

在上述排列顺序的基础上，产品类、科学技术研究类、基本建设类、设备仪器类等科技档案中的文字材料，可以按职能或事由结合时间或重要程度排列；图样文件按结构、工序、专业、图号、时间等顺序排列；图文混合文件材料，按文字材料在前，图样材料在后的顺序排列。

7.5.5　根据分类方案和排列顺序编制档号。档号应指代单一，具有唯一性。档号编制方法见 DA/T 13。

档号亦称档案号，是企业档案部门在整理和管理科技档案的过程中，以字符形式赋予科技档案实体的一组代码，即科技档案保管单位的编号。档号是存取科技档案的标记，具有固定科技档案分类排列顺序、统计和检索科技档案的作用。档号编制应坚持唯一性、合理性、稳定性、扩充性和简明性的原则。

企业管理类档案号基本结构：全宗号—类别号—件号

企业科技类档案号基本结构：全宗号—类别号—案卷号

档案号的编注要求：

1. 结构清楚、位置固定。档号结构要清楚，位置也应固定，以便于识别，根据需要还可以适当增加其他内容，具有一定的可扩充性。

2. 含义明确、指代唯一。代字要具有专指性，一个代字不能同时代表两个特征，代字含义要明确。

3. 位置醒目、标识清晰。档号要印迹清晰，在案卷上的标识位置要醒目便于查找，一般应在封面的左上角和案卷脊背上同时标明，使案卷无论平放或立放，都能清楚地显示档号。

7.5.6 档号可采用"［全宗号—］分类号（或项目代号或目录号）—案卷号（或件号或盘、盒、张号）"（［ ］表示可选）结构。

全宗号由企业根据对所属单位集中统一管理档案的需要和企业产权变更情况自行设定。

目前，企业档案部门编制档号，仍应执行国家行业标准《档号编制规则》（1995 年 6 月 12 日国家档案局批准，1995 年 10 月 1 日正式实施）。该标准对档号的结构、编制原则和编制方法作了统一规定。

档号结构有三种：

1. 全宗号—案卷目录号—案卷号—件、页（张）号

2. 全宗号—类别号—案卷号—件、页（张）号

3. 类别号—项目号—案卷号—件、页（张）号

企业档案号的编写应采用"［全宗号］—类别号（或项目代号或目录号）—案卷号（或件号或盘、盒、张号）"结构。档号中左边为上位代码，右边为下位代码，连写时上、下位代码之间用"—"（短横）相隔。其中：

全宗号用四位代码标识。其中第一位用汉语拼音字母标识全宗属性，后三位用阿拉伯数字标识某一属类全宗的顺序号。如，河北省档案馆藏中原热河省第 12 号全宗，标识为"R012"。企业自行编制全宗号时，其全宗属性可以确定为法人单位的代字。全宗编号一般有几种：1. 按全宗进馆先后顺序编号；2. 按全宗的分类编号；3. 按全宗的重要程度编号（这种方法慎用）。全宗编了代号以后类别号——是库藏档案类别的代码，应根据企业分类方案设定的类别号确定。类别号可包括项目号，项目号是产品、课题、工程、设备等档案的代字或代号。如：

目录号是全宗内若干本案卷目录的顺序号。

案卷（件、盘、盒、张）号是案卷（件）或光盘、磁带、照片等排列的顺序（流水）号。案卷号大都采取一个组织机构（一个部门）的案卷每年编一个顺序号的办法，或者是整个企业一个年度全部案卷编一个顺序号。

页（张）号是案卷或以件为保管单位的文件内每页（张）的顺序号。不应有空号。

7.5.7　纸质档案应与对应的非纸质载体档案设立互见号。

互见号是反映同一内容其他载体档案保管单位的档号。

所谓互见号是指反映同一内容但另行保管的其他载体档案的档号。设立互见号的目的，是为了能够便捷地查找到反映同一内容的其他载体形式的档案。

互见号应注明在案卷或档案盒内备考表固定的位置。

7.5.8　按全宗、类别、保管期限编制档案目录。

企业档案案卷编目就是案卷整理归档后，在上架排列之前，依据排列好的案卷顺序对案卷系统登记的过程。档案目录是由揭示档案特征的条目汇集而成并按照一定次序编排的档案检索工具。

档案目录分为卷内目录和案卷目录，按全宗、类别、保管期限编制的是案卷目录。一个全宗内的档案，经过分类后，需要在每个类内将档案保管单位按相互之间的联系，确定前后次序，进行系统化排列。将系统排列的档案保管单位逐一编号登记，就形成了案卷目录。案卷目录实际上就是案卷的名册。

档案目录的作用：一是固定全宗内档案的分类体系和档案保管单位的排列顺序，最后完成档案整理工作；二是概括地介绍全宗内档案的内容和成分，是查找利用档案最基本的检索工具，也是编制其他检索工具的基础；三是档案登记的基本形式，也是统计和检查档案的重要依据。

1. 企业档案目录的种类

企业常用的档案目录有：企业档案总目录、分类目录、底图目录等。

（1）企业档案总目录

企业档案总目录是按照立档单位内全部归档文件材料接收归档的先后顺序，以档案保管单位为对象进行登记著录而成的一种档案目录。其著录项目主要有：总登记号、年度顺序号、归档日期、档号、题名、归档部门、数量、保管期限、密级、备注等。企业档案总目录亦可称为企业档案总登记账，其作用是记录保存的企业档案数量，揭示不同档案的成分，以便于企业档案的日常管理。

企业档案总目录式样（图3）：

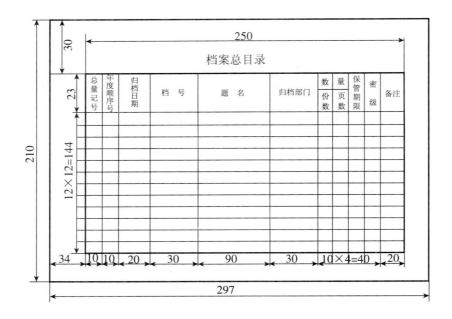

（2）企业档案分类目录

企业档案分类目录是按照立档单位企业档案分类排列顺序，以档案类目设置的各大类为编制对象，在大类内对每一档案保管单位进行登记著录而成的一种档案目录。其著录项目主要有：序号、档号、文（图）号、责任者、题名、页数、日期、保管期限、存放位置、备注等。企业档案分类目录的主要作用是固定档案保管单位之间的排列顺序，便于档案在大类内的检索查询与提供利用。

企业档案分类目录式样（图4）：

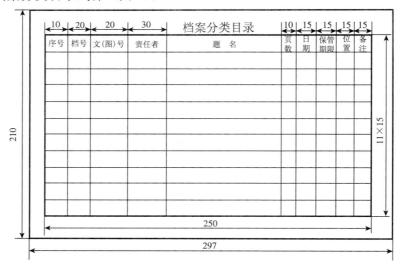

（3）底图目录

底图目录是以立档单位全部底图为编制对象，对每张或每套底图进行登记著录而成的一种档案目录。其著录项目主要有：类别、项目名称、序号、底图号、档案室编号或存放位置号、题名、幅面张数、编制单位、编制日期、保管期限、密级、备注等。底图目录的主要作用是固定底图的存放位置，便于底图的检索查询与提供利用。

底图目录式样（图3）：

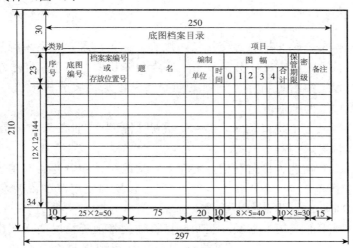

2.企业档案目录的编制方法

企业档案目录必须按照全宗来编制。一个全宗可以编制一本或一套企业档案总目录，分类目录一般以全宗内的类别、保管期限、年度、项目等为单位分别编制。目录类型的选择和设置的数量，应考虑便于档案的管理和检索。

企业档案目录的编制方法主要有：

（1）以全宗内档案分类的类别为单位编制档案目录。

以全宗内档案分类的类别为单位编制档案目录，就是以分类方案为基础，为一个全宗编制若干本档案目录，即有一个大类就设置一个或多个分类目录。

（2）按保管期限编制档案目录。

按保管期限编制档案目录就是将全宗内的管理类档案，按永久、长期、短期等不同保管期限分别编制档案目录。

（3）按年度或项目编制档案目录。

全宗内管理类或某些项目较多的档案，可在编制分类档案目录的基础上，再分别按年度或项目编制档案目录。

企业除应编制上述常用的档案目录外，还可根据档案管理与利用工作的需要，编制企业档案专题目录、企业档案全引目录、特殊载体档案目录、企业档案全宗指南等档案检索工具。

7.5.9 档案部门应对每个全宗建立全宗卷。全宗卷可单独管理。全宗卷的主要内容和编制方法见 DA/T 12。

全宗卷是档案管理部门在管理某一全宗过程中形成的、能够说明该全宗历史情况的有关文件材料所组成的专门案卷。企业档案部门应当对所保管的每个全宗都以全宗为单位编制全宗卷。

全宗卷主要内容包括：

档案收集：档案交接文据、移交目录，接收、征集记录，档案来源和价值说明等。

档案整理：整理工作方案、分类方案、案卷目录说明、整理工作小结等。

档案鉴定：鉴定小组成员名单、档案期限表、鉴定档案分析报告、销毁档案的请示与批复、销毁档案的清册等。

档案保管：档案安全检查记录、报告，重点档案采取的特殊保护措施，档案的抢救与修复情况报告等。

档案统计：档案收进、移出登记，案卷基本情况统计和重要的利用统计表等。

档案利用：全宗指南（全宗介绍），开放利用和控制使用范围说明，档案汇编和公布出版情况及报批文件，档案产生社会效益或经济效益的典型事例等。

档案管理新技术的应用：缩微复制和计算机辅助管理等情况的文字说明材料。

其中，"全宗指南（全宗介绍）"是向利用者介绍和报道全宗构成者（立档单位）及其所形成档案情况的工具书。由封面、正文、备注三部分组成。"正文"包括三个部分：全宗构成者沿革；全宗档案情况简介；全宗内档案内容与成份介绍。其中，"全宗档案情况简介"应包括五个方面：档案的数量及保管期限、档案的完整程度、档案的利用价值及鉴定情况、检索工具的配置情况、档案的整理情况；"全宗内档案内容与成份介绍"应以综述的方式介绍全宗构成者如下四个方面的档案：1）反映其基本职能和主要活动方面的档案；2）反映其每个阶段中心工作或特殊工作的档案；3）具有全国或国际意义的知名人物、历史事件及具有地方特色和重要科研价值的档案；4）保存的年代久远和特殊载体的档案。这四方面的档案情况，应该按全宗内档案的实体分类结合问题进行介绍，如：以组织机构分类的档案全宗，可以按机构设类目分别介绍，以问题分类的档案全宗，可以按档案内容所反映的问题设类目介绍。全宗指南编制的具体要求可详见《全宗指南编制规范》DA/T 14—94。

全宗卷不是该全宗内档案的组成部分，而是属于企业档案部门业务工作中形成的档案，故有"全宗的档案"之称。全宗卷的作用是便于利用者掌握全宗情况，为全宗进行整理、鉴定、保管、统计、提供利用和进一步收集该全宗范围内的档案提供重要依据。全宗卷的管理要求是每一全宗均须建立全宗卷，并不断地补充反映全宗情况的各种材料，当全宗转交给另一个档案部门保管时，与之相应的全宗卷也必须随同全宗一起移交；全宗卷通常应统一保管，单独编号，集中排列在企业档案检索工具之首。

六、企业档案保管工作要求

档案保管工作是档案管理的日常业务工作，它是关系档案能否及时、充分地发挥作用的重要影响因素：1.保持良好的库藏秩序，实现档案的有效管理，才能保证顺利地查找和提取档案；2.保证档案齐全、成套的完好状态，才能迅速、准确地提供利用；3.保证档案的安全，才能使档案的使用寿命更长。因此，做好档案的日常保管工作，对档案的科学管理、有效利用和长久保存都具有重要意义。

7.6.1　档案存放应依据档案载体选择档案柜架。底图不宜折叠；磁性载体应选择防磁设施。重要档案应异地备份。

本条是要求对不同载体档案分别选择保存档案的装具。档案装具有木制和金属两种，木制装具由于不符合防火、防虫的要求，现已很少使用。金属装具有利于防火、防虫，在档案保管中普遍采用。

金属装具又有两类：一类是组合式档案柜（又称五节柜），另一类是密集型活动档案架（简称密集架）。密集架可以节省档案库房的空间，但对地面承重要求较高。企业可根据实际确定选择档案装具。如纸质档案可选用五节柜或密集架；底图可选用多层抽屉的金属底图柜；录音带、录像带、计算机光盘、磁盘、磁带等最好选用专门的防磁金属柜等装具。档案装具的质量要求，可参照《档案装具》（DA/T 6－92）和《直列式档案密集架》（DA/T 7－92）的规定。

企业科技档案的底图可采平放或卷放的方式保存，不宜折叠。磁性载体文件系指以磁性材料（如计算机磁带、软磁盘、录像带、录音带）为信息载体的文件，存放时应注意防磁保护，可选择有磁屏蔽的容器或专用防磁柜。企业的重要档案，如电子文件、重要纸质档案的缩微件或数字化文本应实施备份管理，即在不同的地方存放重要档案重份或缩微品、光盘等复制品，以防自然灾害和突发社会事件对档案造成毁灭性损失。

7.6.2　档案入库前一般应去污、消毒。受损的档案应及时修复或补救。对于易损的制成材料和字迹，应采取复制手段加以保护。

对接收进馆的档案，要先进行消毒、除尘、去污，以防止有害物质、虫霉进入库内。对已损坏或有不利于永久保存因素的档案材料进行去污、去酸、加固、档案字迹的显示与恢复、档案修裱等处理，以恢复其原来面貌，提高档案耐久性。对易损的制成材料和字迹，可采取复印、拍照、重印副本、摘录等方式复制，制成复制品提供使用，以保护档案原件。

7.6.3　库房管理

库房是保管档案实体的重地，根据档案制成材料的物理和化学性质及其变化规律，采用科学的技术方法保护档案，最大限度地延长档案的寿命，是档案业务工作的重要部分。

7.6.3.1 库房应保持干净、整洁，并具备防火、防盗、防光、防有害气体、防尘、防有害生物等防护功能（见 JGJ 25）。

　　档案库房管理要有专人负责，企业档案部门应建立库房管理制度，要对库房内外及周围环境进行定期保洁工作。库房管理贯彻"以防为主，防治结合"的原则，应备有防火、防盗、防尘、防虫、防光、防晒、防潮、防霉、防高温等基本保护设施。

　　档案库区必须配备适合档案用的消防器材，并按设备要求定期进行检查、更换。安全使用电器设备，对电源、线路、开关、照明设施要定期进行检查，库内严禁明火装置和使用电炉及存放易燃易爆物品，消灭一切火灾隐患。安装火警及防盗报警装置，并有切实可行的防盗措施，有条件的企业可安装视屏监视系统。档案库房不宜采用自然光源，有外窗时应有窗帘、窗板等遮阳措施，避免阳光直射档案。库房加密封门或过渡门，配备吸尘器，除尘与防尘相结合。有条件的档案库房可设置空气过滤装置，防止污染气体进入库房。此外，还应对有害生物（霉、虫、鼠等）采取防护措施，墙壁、地面、顶板、框架等都要平滑无缝隙，库房和框架内放置防虫剂，建立定期虫霉检查制度，发现虫霉及时处理。具体防护功能的技术要求详见 JGJ 25《档案馆建筑设计规范》和《档案库房技术管理暂行规定》。

7.6.3.2 库房温、湿度应符合 JGJ 25、GB/T 18894 和 DA/T 15 对各类档案载体的保管要求，并有温湿度登记（登记表参见附录 B 的图 B.2）。

　　档案的长久保存对环境的温湿度有一定要求，不适宜的温湿度不仅会直接影响档案制成材料的耐久性，而且会加速一切不利因素对档案制成材料的破坏作用，因此，保持库房温湿度的基本恒定尤为重要。不同载体的档案对保管条件还有不同要求，按照《档案库房技术管理暂行规定》的要求，档案库房（含胶片库、磁带库）的温度应控制在 14～24℃，有设备的库房日变化幅度不超过±2℃，相对湿度应控制在 45%～60%，有设备的库房日变化幅度不超过±5%。保存母片的胶片库温度应控制在 13～15℃，相对湿度应控制在 35%～45%。潮湿地区应配备去湿机，专门库房应安装空调设备。库房及库外应安设温湿度记录仪表，库房内外温湿度应定时测记，一般每天两次，掌握温湿度变化情况，随时予以控制调节，并在《温湿度记录表》上做测量记录，积累库房温湿度变化的资料，以便掌握规律，制订综合管理计划。

　　磁性载体档案贮存与保护的要求较高，关于磁性载体档案贮存前的准备，包括性能要求和物理准备；贮存，包括温湿度、清洁、风压、防水、防火、防磁、防紫外线、放置、保养及维护等要求；再使用和运输等各方面的具体要求可详见《磁性载体档案管理与保护规范》（DA/T 15—1995）第七章。

7.6.3.3　库房设备运转情况应定期检查，并及时排除隐患。

7.6.3.4　库藏档案应定期清理核对，做到账物相符。库藏档案数量发生变化时应记录说明。

七、企业档案鉴定工作要求

选留文件和划分保管期限是鉴定工作的实质内容，通过科学的鉴定，才能把有价值的文件转为不同保管期限的档案，使企业的知识信息精华得到有效保存，因此，鉴定工作是形成档案的关键。

7.7.1　**企业应成立由主管领导、职能部门、专业技术人员和档案人员组成的档案鉴定委员会（或小组），负责确定文件保管期限和到期档案鉴定。**

档案鉴定工作关系正确划定企业档案的价值，决定企业档案的存毁，特别是销毁前的鉴定工作，一旦失误将难以挽回。档案鉴定是一项十分严肃的工作，因而要有严格的组织领导。企业要组成由企业主管领导、有关职能部门、专业技术人员和档案人员共同参加的档案鉴定委员会（或小组），负责确定文件保管期限和对已到保管期限的企业档案进行销毁前的审查鉴定，提出鉴定意见报企业领导审批。其中综合管理性档案的鉴定工作，应由相应工作的企业主管领导组织或参加；科技档案的鉴定，应由总工程师负责组织或参加；会计档案的鉴定，应由总会计师负责组织或参加。

7.7.2　**档案保管期限应根据文件对企业、国家和社会所具有的现实和今后工作查考、凭证作用，以及历史研究价值确定。**

档案保管期限是衡量和表示档案价值的一种标识。正确地判定文件材料的价值，准确地划分保管期限，是保证归档文件整理质量的重要因素。企业档案既是企业的重要资源，也是国家和社会的宝贵财富，在确定企业档案保管期限时，应当从企业、国家和社会的整体利益出发，坚持以全面的、历史的、发展的、效益的观点，从档案的来源、内容、时间、文本、外形等方面的特征，全面地衡量判定企业档案对现实及长远工作的查考价值，突出"以我为主"的原则，从反映企业主要职能和重要活动以及维护企业历史面貌的角度出发，准确地确定企业档案的保管期限。

保管期限确定之后，要编制保管期限表。保管期限表是以条款或表格形式列举档案的来源、内容和形式，并指明保管期限的一种指导性文件，它是鉴定档案保存价值和确定档案保管期限的依据和标准。

7.7.3　**档案保管期限一般分为永久和定期两种。会计档案的保管期限执行《会计档案管理办法》。**

本标准改革了企业档案保管期限的划分方法，将原来的永久、长期、短期修改为永久和定期，定期中再实行标时制，一般分为"30年"、"10年"，企业档案保存期满并进行鉴定后，或是销毁或是延期，缩短了除永久之外归档文件的保管期限，改以往长期 50 年为 30 年、短期 15 年为 10 年，这样将有助于加快对到期档案的审查，进而加快对档案的鉴定销毁，及时去除无继续保存价值的文件，达到吐故纳新、优化室藏档案的最终目的。

30 年和 10 年两个期限主要指一般条件、一般情况下的基本划分方法。企业还可根据本单位实际工作需要再增设期限档次或调整现有期限。定期保管的档案必须标明时限，不可直接注明"定期"，以便能够及时对达到保管期限的档案进行鉴定销毁。会计档案的保管期限执行国家财政部、国家档案局发布的《会计档案管理办法》（财会字〔1998〕32 号），各种会计档案的保管期限，根据其特点，也是分为永久、定期两类。定期保管期限分为 3 年、5 年、10 年、15 年、25 年五种。各种会计档案的保管期限，从会计年度终了后的第一天算起。

7.7.4　永久保管档案。凡是反映本企业主要职能活动和历史面貌，对本企业、国家和社会有长远利用价值的文件，列为永久保管。

永久保管的档案是指这部分档案作为历史记录无限期地保存下去。凡是反映本企业主要职能活动、重大活动和基本历史面貌的，在工作查考、经验总结、科学研究等工作中需要长远利用，对本企业、国家和社会有长远利用价值的档案，以及在企业活动中维护国家、企业和职工权益等方面具有长远证据价值的档案，应定为永久保管，这部分档案是企业的核心档案。

7.7.5　定期保管档案。凡是反映本企业一般工作活动，在一定时间对本企业各项工作有参考利用价值的文件，列为定期保管。定期保管档案的年限可根据其参考利用价值分为 30 年和 10 年。

定期保管的档案是指档案保管年限是有限的，一般可以分为 30 年和 10 年两档。凡是反映本企业一般工作活动，在一段时期内对本企业各项工作有查考利用价值的档案，可以定为定期保管。根据档案的利用价值，如果是本企业在相当长的时期内需要查考的档案，可定为 30 年的保管期限；如果是在较短时期内需要查考的档案，可定为 10 年的保管期限。

7.7.6　企业应定期对已到保管期限的档案进行鉴定。经档案鉴定委员会鉴定，仍需继续保存的档案应重新划定保管期限；对保管期满确无保存价值的档案应登记造册，填写销毁清册（参见附录 B 图 B.3），经企业法定代表人批准后进行监督销毁。销毁清册永久保存。

按照国家规定和企业档案工作制度要求，企业应定期组织鉴定工作委员会（或领导小组）对保管期限已满的档案进行鉴定销毁。档案鉴定委员会（或领导小组）对保管期已满的档案重新鉴别审查，根据企业的具体情况，对仍需继续保存的档案重新划定保管期限；经过鉴定、审核，确认已失去保存价值的档案，填写销毁清册，编制档案鉴定报告和销毁清册。档案鉴定报告内容一般包括：鉴定工作的目的和要求；被鉴定档案的范围和内容（包括种类、项目和数量等）；鉴定委员会（或领导小组）情况；鉴定工作过程安排；销毁、调整保管期限的档案数量统计情况；鉴定工作的评估；其他相关的情况。档案鉴定报告连同销毁清册送企业法定代表人审批后，在相关部门的监督下进行销毁。国有企业销毁档案应由同级或所在地档案行政管理部门进行审批。档案销毁清册应永久保存。

八、企业档案统计工作要求

档案的科学管理是建立在对各种档案工作情况进行基本统计和定量分析的基础之上的。因此，档案统计是档案部门掌握库藏、对档案实行科学管理的重要手段，企业档案部门应定期做好档案的统计工作。

7.8.1 档案部门应及时、准确地填报本企业档案工作年报及有关统计报表。

本企业档案工作年报是指企业档案部门按照《全国档案事业统计年报制度》的规定，每年应填报的基本情况统计报表。

填报主体：企业集团和大型企业；

填报内容：《档案馆基本情况年报》（档基2表）或《档案室基本情况年报》（档基3表）；

填报要求：企业档案馆和档案室合一的，应同时填报档基2表、档基3表，人员按编制分别填入档基2表、档基3表，如果没有明确编制，人员按实际分工填入档基2表、档基3表；各企业集团、大型企业均作为一个填报单位，其本级及所属单位档案室情况汇总后填报一份档基3表。具体要求按照《全国档案事业统计年报制度》的规定执行。

除填报企业档案工作年报外，上级档案部门根据工作需要还制定下发一些行业、地域或者专项统计报表。比如：地方档案行政管理部门组织实施的地方档案工作统计；行业主管部门组织实施的专业系统档案工作统计；集团公司组织实施的集团内部档案工作统计；其他专项统计等，各企业应按照填报要求和说明准确填写，按时报送。

7.8.2 建立档案工作统计台账，主要内容包括：档案馆（室）藏情况；年度入出库情况；档案利用情况；档案专兼职人员情况；档案设施、设备情况；档案销毁情况等。

档案工作统计台账是根据档案统计报表管理、提高统计数据质量和统计服务水平的需要，用一定表格形式，系统地、经常地登记积累原始资料及主要统计指标变动情况，并定期整理的表册。企业应建立的统计台账包括：档案库藏情况、年度入出库情况、档案利用情况、档案专兼职人员情况、保护设施设备情况、档案移交（接收）登记表、借阅档案登记表、销毁清册等。

比如档案移交（接收）登记簿，内容包括：移交（接收）时间，移交部门，序号，题名，年度，文号图号，页数，保管期限，备注，移交人签名，接收人签名。

移交（接收）时间：档案移交的日期；

移交部门：移交档案的部门名称；

序号：按照移交档案的时间顺序给定的自然流水号；

题名：移交档案的案卷（或文件）题名；

文号或图号：文件的文号或者图纸的图号，按卷整理的档案，这里填写案卷的档号；

页数：文件或案卷的页数；

保管期限：根据企业保管期限表划定的保管期限；

备注：需要说明的情况，没有情况说明此项可以不填；

移交人签名：移交档案的责任人签字；

接收人签名：负责档案接收审查的人员签字。

销毁清册，内容包括：序号，题名，年度，档号，卷内文件件数，卷内文件页数，原期限，已保管年限，备注，编制部门，批准人，编制部门负责人，编制人，销监人。

序号：根据登记销毁档案的顺序给定的流水号；

题名：销毁档案的案卷题名；

年度：销毁档案案卷的年度；

档号：销毁档案的档号；

卷内文件件数：销毁档案案卷内文件的数量；

卷内文件页数：销毁档案的案卷的总页数；

原期限：销毁档案案卷的保管期限；

已保管年限：已经保管的实际时间；

备注：需要说明的情况；

编制部门：提出销毁意见的部门名称；

批准人：审查批准的企业领导签字；

编制部门负责人：提出销毁档案意见的部门负责人签字；

编制人：编制销毁清册的责任人签字；

销监人：负责销毁档案责任人和两名以上监销人员签字。

7.8.3 档案统计工作应保持连续性。

严格执行本企业的档案统计制度，档案机构应指定有责任心、熟悉统计业务、岗位相对稳定的人员负责档案统计工作，要切实确保档案统计工作在统计时间、统计方法、统计内容等方面的连续性。

九、企业档案利用工作要求

档案资源的开发利用是指提示档案信息及其价值，通过各种有效的方法，使档案资源直接服务于企业的各项工作，满足各种利用需求的一项档案业务工作。档案的开发利用是实现档案价值的途径。

7.9.1　档案部门应加强档案检索系统建设，开发档案信息资源，及时、有效地提供档案利用服务。

档案检索系统是开发利用档案信息资源的重要内容和必要条件。做到及时、有效地提供档案利用服务，必须强化档案检索系统建设，这是提供利用服务的基础和必要条件。档案检索系统是将已整理好的档案经过著录和标引，按规定顺序排列而成的数据库。是从不同角度、运用不同手段揭示档案信息，为满足利用者需求而建立起来的全部检索工具体系。按加工和处理信息的手段，可分为手工检索系统和计算机检索系统两大类。手工检索系统是以卡片或书本形式的目录、索引为基础的人工查找系统，常见的有档案馆指南、全宗介绍、分类目录、卷内目录、归档文件目录等；计算机检索系统是使用电子计算机、档案操作系统等对档案信息中具有检索意义的特征进行标识、储存，达到及时查找档案信息的检索方法。计算机检索系统根据检索功能又分为条目检索和全文检索两个阶段。

开发档案信息资源是指企业档案部门紧密围绕本企业中心工作、重点工作，结合科技、生产活动及其管理的客观需要，根据档案库藏的实际情况，在信息分析研究的基础上，将相对分散的、数量众多的档案信息进行科学的加工，组织成为相对系统的、形式多样的档案信息编研成果，为企业相关工作主动提供信息服务，或将有关专题的档案信息集中打包，通过网络推送服务，主动为相关领导和技术业务人员提供档案信息服务的工作。主动开发档案信息资源服务企业需要，是档案工作具有较高专业水准的体现，能够最大限度地发挥档案的利用价值，企业档案部门应该通过选题、选材、加工、编研等一系列的业务活动，拓宽档案信息服务的途径。

提供档案利用服务是档案工作的根本目的。档案利用服务主要有以下几种方式：

1）档案查阅服务；

2）档案出借服务；

3）档案展览与陈列服务；

4）档案复制服务；

5）档案证明服务；

6）档案咨询服务；

7）网络推送服务等。

7.9.2 企业应根据保密规定和知识产权管理要求，设定利用者权限。超越权限的利用需经有关领导审批。

利用档案时，应严格按照本企业档案利用制度和保密制度的有关规定，按照部门和岗位（职位）的不同分别设定利用权限，超越利用权限的，要按照规定的程序履行审批手续。

7.9.3 利用档案应按规定进行登记（借阅登记表参见附录 B 图 B.4）。利用效果突出的宜进行登记（利用效果登记表参见附录 B 图 B.5）。

借阅档案登记表是一种全面、系统记录档案提供利用情况的综合性登记形式。它既是档案机构记录、掌握提供利用情况的一种登记形式，又是档案机构向利用者具体提供档案时履行交接手续的一种交接凭据，同时还可以通过对借阅登记的分析研究，进一步判断文件的保存价值，为档案价值的进一步鉴定提供信息。登记内容包括：序号、日期、档号、题名、借阅部门、借阅人签字、归还日期、备注。

序号：按照时间顺序给定的自然流水号；

日期：填写借阅档案的时间；

档号：填写所借阅档案的档号；

题名：填写借阅档案的案卷题名或文件题名；

借阅部门：借阅人所在的部门；

借阅人签字：借阅档案人员的亲笔签名；

归还日期：填写归还档案的时间；

备注：需要说明的情况或问题。

档案利用效果登记簿：是档案机构对每一次利用的成效结果所进行的跟踪调查，由利用者负责填写。内容包括：利用日期、利用部门、利用者、档号、主要内容、用途、利用效果等。

利用日期：填写利用档案的时间；

利用部门：填写利用者所在的部门名称；

利用者：填写利用档案人员的姓名；

档号：填写提供利用档案的档号；

主要内容：填写所利用档案的主要内容；

用途：填写利用档案的目的；

利用效果：填写利用档案所解决的问题，或产生的社会效益和经济效益。

7.9.4 可采用直接查阅、电话调阅、网上查阅等方式提供利用原件、复制件、缩微件和电子档案。

直接查阅、电话调阅、网上查阅都是档案提供利用的基本途径，可以更加迅速、准确、全面、及时地满足利用者的需要。

　　直接查阅，就是在档案部门开辟档案阅览室，直接提供档案原件为利用者服务。电话调阅，就是利用者通过电话等通讯手段，咨询有关档案内容或预约调送档案的利用方式。电话调阅的内容一般限于国家或本企业有关已公开的政策性的档案内容，涉及公民隐私的或者按照利用制度应该经企业领导审批的档案内容不采取电话调阅的方式。网上查阅，就是通过互联网或者内部局域网直接查阅已公开档案或在授权范围内的档案内容的档案利用方法。

　　无论采取哪一种利用方式，都要严格执行档案利用制度的规定，并做好相关的利用登记。

7.9.5　企业宜对档案信息进行分类汇总，形成专题汇编，如规章制度汇编、专题文件汇编等。

　　专题汇编是指根据企业各方面的需要，选择某一方面的档案信息汇编成册，提供利用者查阅的一种编研材料。

　　如荣誉证书集，就是将荣誉证书拍成图片形式，加以必要的文字说明，按照时间或专题顺序汇集成册的一种编研材料。

7.9.6　企业宜对档案信息进行综合整理，形成专题材料，如大事记、年鉴、组织沿革、产品性能比较、科研成果简介、工程项目简介、设备的更新换代、市场的变化等。

　　专题材料是根据企业的需要或专项工作的需要，通过摘录、缩编、剪辑重新组织整理档案中的有关内容，简要说明和反映某一方面工作、生产、科研等发展、变化情况的档案参考资料。

　　比如科研成果简介：成果名称、完成单位、任务来源、组织鉴定单位、鉴定日期、完成人、成果登记号、成果简介。

7.9.7　企业宜对档案信息进行分析研究，形成深层次加工材料，如历年生产经营指标统计分析、重大事故原因研究分析、企业史志等。

　　深层次加工材料是企业档案编研的最高形式。深层次加工的编研材料是针对某一问题、某一事件或某一项目，集中库藏档案的相关信息并参照有关的资料，在系统、深入分析研究的基础上，编写形成的一种新的参考材料。

　　深层次加工的编研材料的特点是以档案为素材，应用档案中记载和反映的观点、方法、规程、原理、结果和结论，参照有关资料，进行深入的分析、研究和归纳等加工处理，不同程度地产生其他材料所没有的知识和内容，形成新的知识产品。特别是针对有关技术开发等工作和活动的深层加工的编研材料，带有明显的技术调研报告特点，更具有参考价值。

　　比如：历年生产经营指标统计分析，是将连续数年的各项生产经营数据采用直接对比分析法进行分析，以便分析观察其变动趋势和原因，进一步掌握生产经营活动规律的方法。

7.9.8 企业可利用档案举办档案陈列或展览。

　　档案陈列与展览，是指档案部门围绕特定的主题，用各种形式的档案实体或档案复制件布置成的档案展览。档案展览能够充分利用档案库藏，强化观众的亲身参与感，信息传播效果十分突出。企业档案部门还应该积极配合企业举办各种展览和陈列的需要，提供有关档案复制品。

　　举办陈列或展览的工作程序：确定展览或陈列的主题；确定服务对象；选择合适的展出方式；确定展品；展览艺术设计；确定展览与陈列的组织方式；设制陈列原件的安全保护措施；记录、分析展览与陈列的实际效果。

第八章 企业档案信息化建设

档案信息化（archival informationization）是运用信息技术对归档文件、数据信息资源及档案进行采集、整合、维护、处置和提供利用服务的管理过程和工作方式。《企业档案工作规范》第8章"企业档案信息化建设"，对企业档案信息化建设提出了基本要求。

2006年5月，中共中央办公厅、国务院办公厅印发的《2006—2020年国家信息化发展战略》指出，"信息化是当今世界发展的大趋势，是推动经济社会变革的重要力量。大力推进信息化，是覆盖我国现代化建设全局的战略举措，是贯彻落实科学发展观、全面建设小康社会、构建社会主义和谐社会和建设创新型国家的迫切需要和必然选择。"企业档案信息化是在国民经济和社会信息化大环境下提出的，是企业档案工作适应企业信息化发展需要的必然要求。在全国档案工作"十一五"规划中，档案信息化建设已放到突出位置，企业是我国经济建设的主体，其档案管理信息化工作既是企业信息化的必然要求，也是全国档案信息化建设的重要组成部分。因此，要把做好企业档案信息化建设提到为经济建设这个中心服务和促进档案事业发展的高度，切实予以重视和推进。

一、档案信息化目标与原则

目标，是想要达到的境地或标准。目标不明确或不清晰，会导致行动上的偏差，其后果，轻则在前进道路上多走弯路，重则出现方向性错误，离想要到达的境地越来越远。原则，是行事所依据的法则或标准。遵照原则行动，事情一般会比较顺利；违背原则行动，结果一般都会很惨。为了使企业档案信息化建设能顺利进行，《企业档案工作规范》提出了档案信息化的目标与原则。

8.1.1 企业档案信息化应以促进、完善企业信息化和提升档案管理现代化水平为总目标。

这一条明确了企业档案信息建设的"总目标"：促进、完善企业信息化；提升档案管理现代化水平。

首先，要通过企业档案信息化来促进、完善企业信息化。企业信息化是贯彻中央提出的"以信息化带动工业化"战略的核心。在以信息化带动工业化、推动现代化的全过程中，企业作为工业化和市场经济的主体，也是信息化的主体。2000年初，国家经贸委联合信息产业部、科技部共同发起了"企业信息化工程"，并倡导企业信息化要坚持"政府推进，市场引导，企业主体，行业突破，区域展开"的方针。据有关方面调查，经过多年的发展，近90％的企业已不同程度地开展了信息化建设，尤其是大型企业的信息化，已经从简单的数据处理发展到实现企业资源计划管理的信息化，将信息技术应用到了研制和生产的全过程，有力地推动了信息技术对传统产业的改造和提升。然而，相当部分企业的办公自动化系统还没有档案管理功能，电子文件归档管理符合国家标准规范要求的更少。这说明，档案信息化在不少企业还未能跟上企业信息化的整体步伐，造成档案工作与生产经营及其他管理工作脱节。因此，从现实来说，企业信息化的发展，要求档案信息化必须跟上。尤其是对于那些已实现资源计划管理和生产全过程信息化的企业来说，生产和主要业务管理就像在高速公路上疾驰的汽车，如果作为基础保障的档案工作还是停留在手工管理阶段，就像推着一辆手推车在高速公路上行走，如何能赶上疾驰的汽车并为之提供服务？从长远来说，在信息化时代，如果档案工作不实现信息化，将可能出现"断档"现象，进而影响企业的持续发展。随着电子政务、电子商务的推广和普及，档案载体形式由电子文件取代纸质文件将成为不可逆转的大趋势。特别是那些已实行无纸化办公的企业，如果不能充分认识档案信息化建设的重要性和紧迫性，不仅会使档案管理与其他各项工作脱节，还有可能造成大量已生成电子文件的流失，导致文件归档不齐全、不完整甚至"断档"，给企业的持续发展造成无可挽回的损失。由此可见，没有档案的信息化，企业信息化是有缺陷的；企业档案信息化是对企业信息化的促进和完善。这既是企业档案信息化建设的意义所在，也是企业档案信息化的总体目标之一。

其次，要通过企业档案信息化来提升档案管理现代化水平。信息化是当今社会发展的方向和趋势，信息化程度已成为衡量一个国家现代化水平和综合国力的重要指标。同样，档案信息化也是档案工作发展的方向和趋势，档案信息化程度也应该成为衡量一个地区或一个单位档案管理现代化水平的重要指标。因此，要提升企业档案管理水平，实现企业档案信息化是其必然的选择。从另一方面来说，企业开展档案信息化建设也要把提升档案管理现代化水平作为总目标之一，而不应为了信息化而搞信息化。

8.1.2　企业档案信息化应坚持技术与管理并重、与企业信息化协调和同步的原则。

这一条确立了企业档案信息化应坚持的原则：技术与管理并重；与企业信息化协调同步。

首先，企业档案信息化建设必须坚持技术与管理并重。信息化不仅是技术问题，更是一个管理问题，只有通过不断的管理提升和流程再造，才能实现与信息化的良性互动。因此，企业档案信息化建设应以管理统领信息技术，以信息技术促进管理创新。企业档案管理理念、方法、技术和手段要充分考虑信息技术的发展和最新成果的应用，信息技术应用要服从和服务于企业管理的需要和企业信息化建设进程的整体要求。现实中，有的企业过分依懒技术而忽视管理，结果花几十万开发的系统一直无法投入实际应用；有的企业开发的档案系统表面上功能非常多，但实际上很多功能根本用不上，成为花架子；也有些企业在硬件配置上达到了超豪华水平，而在档案信息管理等方面却相形见绌，缺乏实质内容。

其次，企业档案信息化建设必须与企业信息化协调同步。企业要将档案信息化建设纳入企业信息化建设的整体规划和方案，坚持档案信息化建设与企业信息化建设同步的原则。企业档案部门应加强与企业信息化建设主管部门的联系，提出档案信息化工作的基本要求，并将档案管理系统纳入企业信息化系统之中，实现档案管理系统与企业信息系统的无缝链接。

8.1.3　企业各信息系统的开发与实施应充分考虑档案管理的要求。

这一条主要是要求企业在开发和实施各种信息系统时，要充分考虑档案管理的要求。按照2001年6月5日国家档案局发布的《档案管理软件功能要求暂行规定》，重视档案信息管理系统的设计和管理软件的选择与开发。企业档案管理系统应与企业有关管理系统（如设计、生产、经营、财务、材料、管理、服务等）相衔接，确保档案部门对本企业各类电子文件、电子档案的收集、整合、控制和传递。档案信息管理系统设计应遵循模块设计、分层实现、循序渐进的原则。

依据国家有关档案信息化建设的规定、规范，档案管理软件应具备适应多种文件存储格式、支持实时浏览、具有互联网及内联网检索功能，能够进行收集整理、数据存储、检索浏览、借阅管理、权限控制、统计报表、鉴定销毁、数据输入（输出）及格式转换的控制与管理，满足企业文档一体化管理、业务流程管理和信息资源开发利用的需要。

二、电子文件的归档要求

电子文件归档是档案信息化资源建设的重要内容，而资源建设又是档案信息化建设的基础和核心。因此，在档案信息化建设中，必须将电子文件的归档作为重要内容，列入建设规划。

8.2.1　电子文件归档要求及功能应嵌入文件生成系统。**企业各信息系统生成的文本、图形、图像、数据等类型电子文件归档范围应参照纸质文件归档范围确定。音频、视频、多媒体等类型电子文件及数据库的归档范围应根据相关规定和需要确定。**

这一条主要是对电子文件的生成和归档范围提出原则要求。由于企业生产、经营和管理活动中已经普遍应用计算机技术，电子文件正在大量产生。目前，在企业的办公自动化（OA）、企业资源计划（ERP）、客户关系管理（CRM）、供应链管理（SCM）、产品协同商务（CPC）、产品生命周期管理（PLM）、计算机辅助设计（CAD）、计算机辅助工程分析（CAE）、计算机辅助工艺设计（CAPP）、计算机辅助制造（CAM）、产品数据管理（PDM）、虚拟制造系统（VMS）、快速成型制造（RPM）、柔性制造系统（FMS）、网络化协同设计制造等系统中，都会形成和产生大量电子文件，而目前很多企业都还没有将生产和经营管理方面形成的电子文件纳入归档范围。

因此,《企业档案工作规范》首先要求将企业各信息系统电子文件归档要求及相应功能嵌入文件生成系统,使电子文件归档成为其中的必要环节或流程,从而保证各信息系统生成的电子文件能做到及时归档。关于电子文件的归档范围,《企业档案工作规范》提出两条原则性要求:一是文本、图形、图像、数据等类型电子文件的归档范围,应参照纸质文件归档范围确定;二是音频、视频、多媒体等类型电子文件及数据库的归档范围,应根据相关规定和需要确定。

8.2.2 企业各信息系统所形成的电子文件的元数据、背景信息,以及生成非通用电子文件格式的软件等应与电子文件一并归档。

电子文件的元数据(metadata)指描述电子文件数据属性的数据,包括文件的格式、编排结构、硬件和软件环境、文件处理软件、字处理和图形工具软件、字符集等数据。而背景信息(context)则指描述生成电子文件的职能活动、电子文件的作用、办理过程、结果、上下文关系以及对其产生影响的历史环境等信息。由于电子文件的元数据和背景信息对维护电子文件真实性和凭证性有着重要的作用,而非通用格式的电子文件生成和阅读都要借助专用软件,因此这一条重点强调电子文件归档时应注意将元数据、背景信息以及生成非通用电子文件格式的软件等"一并归档"。

8.2.3 归档的电子文件数据格式应易于识读、迁移。电子文件通用格式见 GB/T 18894 第 6 章。

由于电子文件对软硬件有特殊要求,因此"易于识读、迁移"就成为衡量电子文件归档后能否有效利用的重要指标。所谓"易于识读",是指归档的电子文件能够在通用的软硬件环境下打开并阅读。所谓"迁移(migration)",是指将源系统中的电子文件向目的系统进行转移存储的方法与过程。"易于迁移"也是指电子文件迁移方法和过程能够在通用系统中进行。要做到"易于识读、迁移",必须在电子文件归档时使用通用格式。

《电子文件归档与管理规范》(GB/T 18894—2002)规定:文字型电子文件以 XML、RTF、TXT 为通用格式;扫描型电子文件以 JPEG、TIFF 为通用格式;视频和多媒体电子文件以 MPEG、AVI 为通用格式;音频电子文件以 WAV 、MP3 为通用格式。

8.2.4 电子文件应经鉴定、整理、审核后归档。电子文件的整理、鉴定与归档要求参见 GB/T 17678.1 和 GB/T 18894。

8.2.5 加密的电子文件归档时一般应解密,必须加密归档的电子文件应与其解密软件和说明文件一并归档。

8.2.6 文件形成部门应负责确保归档电子文件具备真实性、可靠性、完整性和可用性。

按照《CAD电子文件光盘存储、归档与档案管理要求第一部分:电子文件归档与档案管理》(GB/T 17678.1—1999)和《电子文件归档与管理规范》(GB/T 18894—

2002）的规定，对电子文件的归档、整理和鉴定的要求是：

1. 归档要求

（1）文件形成部门或信息管理部门应定期把经过鉴定符合归档条件的电子文件向档案部门移交，并按档案管理要求的格式将其存储到符合保管期限要求的脱机载体上。

（2）在进行电子文件归档工作时，应对归档电子文件的基本技术条件进行检测。检测内容包括：硬件环境的有效性，软件环境的有效性及其信息记录格式、有无病毒感染等。

（3）加密的电子文件归档时一般应解密，必须加密归档的电子文件应与其解密软件和说明文件一并归档。

（4）文件形成部门应负责确保归档电子文件具备真实性、可靠性、完整性和可用性。

（5）归档的电子文件由形成部门负责整理、编辑，并按要求写入光盘，档案部门予以协助、指导。

2. 整理方法

归档电子文件以件为单位整理。

（1）同一全宗内的文书类电子文件按照年度—保管期限—机构（问题）或保管期限—年度—机构（问题）等分类方案进行分类。

（2）产品研制或工程设计过程中形成的电子文件应以产品型号、研究课题或建设项目为单元按电子文件类别分别保管。

①图形、图像类文件按产品隶属或分类编号顺序排列，由几个产品组成的复杂产品，按总体、分系统、单机排列；建设项目按设计、施工、结构、维护管理等顺序排列。

②数据文件按计算、试验、设计等属类进行整理。同一属类文件按自然形成规律排列。

③文本文件按文件及表格文件、软件说明等属类进行整理。

④计算机程序按形成时间顺序排列。

（3）按电子文件类别代码相对集中组织存储载体。存储归档电子文件的光盘，应附有标签，标签内应填写编号、套别、名称、密级、保管期限和软、硬件平台等。

①归档的电子文件应使用不可擦除型光盘。

②编号：归档项目电子文件的光盘编号，由档案类目号、项目代号、电子文件类别代码、光盘序号组成。其形式及填写方法如下：

a）档案类目号按档案分类执行，根据需要可用到二级类目号。

b）项目代号指产品代号、课题代号以及建设项目代号等。各类代号由标准或业务主管部门给定。

c）电子文件类别代码用字母表示。其中：G——图形文件，I——图像文件，D——数据文件，T——文本文件，P——计算机程序。如遇到一个光盘中存储一种以上类别的电子文件时，应将所包含的类别都分别填写上。

d）光盘序号是光盘排列的顺序号，由阿拉伯数字组成。

③套别：归档电子文件套号，用大写英文字母 A 或 B 表示，A 表示封存保管，B 表示查阅利用。

④名称：归档项目名称。

⑤密级：盘内存储的电子文件的最高密级。

⑥保管期限：盘内存储的电子文件的最长保存时间。

⑦软、硬件平台：识别或运行光盘电子文件的软、硬件环境。

⑧归档的电子文件，应根据其类别等将已整理好的电子文件按顺序写入光盘，光盘写入的具体操作，可与形成部门共同完成。

（4）电子文件经整理后，按项目填写"电子档案登记表"（格式如附录 GB/T 18894—2002 电子文件归档与管理规范表 A.1、表 A.2）一式两份。

（5）编写归档说明。

①编写内容：项目名称、任务来源、主要技术（指标）要求、完成任务过程情况、归档材料完整性、完成单位、负责人、参加人、起止日期、密别、页数据、归档号、形成单位负责人签字、档案接收单位负责人和接收人签字、盖章。

②编写要求：文字力求简练、准确，字迹清晰，书写工整。

（6）对归档的电子文件进行著录。

所谓著录，是指在编档案目录时，对档案内容和形式特征进行分析、选择和记录的过程。对归档电子文件的著录应参照《档案著录规则》（DA/T 18—1999）进行，同时按照保证其真实性、完整性和有效性的要求补充电子文件特有的著录项目和其他标识，如责任者、操作者、背景信息、元数据等。归档电子文件著录的项目和内容应尽量通过电子文件生成和归档系统的自动提取来完成，以提高著录的准确性，减轻劳动强度。

（7）将著录结果制成机读目录和纸质目录。

3. 电子文件的鉴定工作，应包括对电子文件的真实性、完整性、有效性的鉴定及确定密级、归档范围和划定保管期限。归档前应由文件形成单位按照规定的项目对电子文件的真实性、完整性和有效性进行检验，并由负责人签署审核意见，检验和审核结果填入《归档电子文件移交、接收检验登记表》（见附录 GB/T 18894—2002 电子归档与管理规范表 A.3）。如果文件形成单位采用了某些技术方法保证电子文件的真实性、完整性和有效性，则应把其技术方法和相关软件一同移交给接收单位。

三、传统载体档案数字化要求

对传统载体档案进行数字化是档案信息化资源建设的又一重要内容。所谓传统载体档案，是指相对于电子文件来说更早出现的用以记录人类历史活动的其他档案载体，如纸质档案、胶片档案等。所谓数字化（digitization），是用计算机技术将模拟信号转换为数字信号的处理过程，例如，纸质档案数字化（digitization of paper－based records）就是采用扫描仪或数码相机等数码设备对纸质档案进行数字化加工，将其转化为存储在磁带、磁盘、光盘等载体上并能被计算机识别的数字图像或数字文本的处理过程。

8.3.1　企业可根据档案保管和利用的实际需要，有选择地对传统载体档案实施数字化。

企业档案部门保存的传统载体档案并非都有必要进行数字化。那么，哪些档案要数字化呢？我们认为，选择对传统载体档案进行数字化应充分考虑以下因素：

一是企业生产经营管理需求。是否切合企业生产、经营和管理的需要；是否存在用户支持；要满足哪类用户的需求；是否有利于提高用户服务质量；提供服务方式和手段是否更加灵活。

二是企业档案信息资源状况。是否可以挽救载体状况差的资源；是否可使其增值；是否可提高利用率；是否具有特色；是否更方便存取、检索。

三是企业档案工作状况。是否有足够的资金；技术支持程度如何；各部门之间的合作是否充分；领导的态度；与其他信息机构交流程度如何；是否具备有力的人才队伍支撑。

四是预期收益情况。所取得的效益与支出是否平衡；整体效益大小；对完成预定目标影响力大小；是否有利于发挥资源价值；档案馆（室）藏是否得到了优化。

在具体的实施过程中，由于档案自身存在状态、保存和利用价值等各方面情况非常复杂，各个企业应该根据自身实际需求和馆（室）藏档案的情况，依据信息化的根本要求，将这些要素进行综合考察，制定符合本企业要求的数字化原则和标准。

8.3.2　纸质档案数字化应符合 DA/T 31 的要求，缩微胶片数字化应符合 DA/T 43 的要求。

2005 年 4 月 30 日，国家档案局发布《纸质档案数字化技术规范》（DA/T 31—2005），规定了纸质档案数字化的主要技术要求。

1. 纸质档案数字化基本要求

（1）基本原则。纸质档案数字化的基本原则是使档案信息资源准确、方便、快捷地提供利用，使可以公开的档案信息资源得到共享，以满足社会对档案利用的需求。

（2）数字化对象的确定原则。应当对所要进行数字化的对象按照一定的原则和方法进行确认，只有符合一定要求的纸质档案文献才能进行数字化：一是必须符合国家档案开放规定以及有关规定；二是属于归档范围且应永久或长期保存的、社会利用价值高的档案可列入数字化加工的范围。

（3）基本环节。纸质档案数字化的基本环节主要包括：档案整理、档案扫描、图像处理、图像存储、目录建库、数据挂接、数据验收、数据备份、成果管理等。

（4）过程管理。一是加强纸质档案数字化各环节的安全保密管理机制，确保档案原件和数字化档案信息的安全；二是纸质档案数字化的各个环节均应进行详细的登记，并及时整理、汇总，装订成册，在数字化工作完成的同时建立起完整、规范的记录。

2. 主要注意事项和技术要求

（1）破损严重、无法直接进行扫描的档案，应先进行技术修复，折皱不平影响扫描质量的原件应先进行相应处理（压平或熨平等）后再进行扫描。

（2）纸张状况较差，以及过薄、过软或超厚的档案，应采用平板扫描方式；纸张状况好的档案可采用高速扫描方式以提高工作效率。

（3）页面为黑白两色，并且字迹清晰、不带插图的档案，可采用黑白二值模式进行扫描。页面为黑白两色，但字迹清晰度差或带有插图的档案，以及页面为多色文字的档案，可采用灰度模式扫描。页面中有红头、印章或插有黑白照片、彩色照片、彩色插图的档案，可视需要采用彩色模式进行扫描。

（4）扫描分辨率参数大小的选择，原则上以扫描后的图像清晰、完整、不影响图像的利用效果为准。采用黑白二值、灰度、彩色几种模式对档案进行扫描时，其分辨率一般均建议选择大于或等于 100dpi。需要进行 OCR 汉字识别的档案，扫描分辨率建议选择大于或等于 200dpi。

（5）对图像偏斜度、清晰度、失真度等进行检查。发现不符合图像质量要求时，应重新进行图像的处理。对出现偏斜的图像应进行纠偏处理，以达到视觉上基本不感觉偏斜为准。对方向不正确的图像应进行旋转还原，以符合阅读习惯。对图像页面中出现的影响图像质量的杂质，如黑点、黑线、黑框、黑边等应进行去污处理。处理过程中应遵循在不影响可懂度的前提下展现档案原貌的原则。

（6）采用黑白二值模式扫描的图像文件，一般采用 TIFF（G4）格式存储。采用灰度模式和彩色模式扫描的文件，一般采用 JPEG 格式存储。存储时的压缩率的选择，应以保证扫描的图像清晰可读的前提下，尽量减小存储容量为准则。提供网络查询的扫描图像，也可存储为 CEB、PDF 或其他格式。

2009 年 11 月，国家档案局发布《缩微胶片数字化技术规范》（DA/T 43—2009），规定了缩微胶片数字化的主要技术要求。当档案部门保存的档案缩微胶片上的影像需要转换成电子文件，便于查找利用时，应按照该标准将缩微胶片上大的影像文件转换成为数字图像或数字文本。

缩微胶片的数字化与纸质档案数字化要求的不同，主要在于对胶片及其内容的检查，这是由两类载体的不同所决定的。

1. 缩微胶片数字化的基本要求

（1）基本原则：①方便档案信息资源快捷利用；②已有缩微胶片的纸质档案不宜再对原件数字化；③缩微胶片影像质量符合有关规定；④宜选择第二代第三代缩微胶片进行数字化。

（2）基本环节：档案的缩微胶片数字化的基本环节包括：缩微胶片检查、缩微胶片档案内容的检查、缩微胶片扫描、图像处理、图像存储、目录建库、数据整合、数据校验、数据备份、成果管理等。

（3）过程管理。①应加强对档案缩微胶片数字化各环节的安全保密管理，确保档案安全；②应对档案缩微胶片数字化各环节的工作状况进行记录，并及时将记录的文件、表格等相关信息整理、汇总、装订成册。③在档案缩微胶片数字化同时将相关信息一并数字化，便于查询、数据管理和数字移交。

2. 主要注意事项和技术要求

（1）缩微胶片检查。扫描前，缩微胶片应满足以下要求：①缩微胶片物理形状无卷曲、变形、脆裂、粘连、乳剂层脱落等情况；②缩微胶片无可见微斑、变色、生霉等情况；③缩微胶片密度、解像力等技术指标无明显变化；④无影响缩微胶片影像可读性的其他情况。

如果上述要求未满足，应首先对胶片进行处理，必要时可调用档案原件。

（2）缩微胶片档案内容的检查：在档案缩微胶片数字化前，需要对其内容进行检查，并做好①检查档案的完整性，对存在问题加以记录和说明；②检查档案有无漏拍、补拍、分幅、合幅、双幅、重复拍照等情况并进行记录，提醒工作人员在扫描时按要求进行处理；③检查档案的页号顺序和页数，对照档案目录逐条记录页号、页数。

（3）缩微胶片扫描时应按照 DA/T 43 第 7 章的要求，按照扫描工作的程序和技术要求，合理确定倍率、扫描方式、对比度、曝光亮度、色彩模式及分辨率等，同时注意缩微胶片调用、扫描登记和扫描完成后的缩微胶片整理。

8.3.3　照片档案和声像档案数字化文件格式见 DA/T 32 的附录 B。数字化生成的档案副本档号应与原档案对应。

DA/T 32《公务电子邮件归档与管理规则》是用于公务电子邮件的撰写、传递、鉴定、归档、整理、移交与保管等规范化程序与管理的规则。其附录 B《公务电子邮件存储格式》规定了文本文件、图像照片、音频、视频、数据库与光盘数据表、图形及网页等各种类型数据保存的推荐数据格式、可参考的数据格式、存储格式及传输格式。其中对照片档案和声像档案的数据存储格式规定如下：

照片档案的推荐数据格式为：TIFF、GIFB、PDF；可参考的数据格式为：BMP、XBM、JPEG 等；存储格式为：TIFF、JPEG、SVG。

声像档案中，音频文件推荐数据格式为：MP3、WAV；可参考的数据格式为：WMA、AU 格式、RAM/RM、MIDI/MODs；存储格式为：MP3、WAV、WMA。

视频文件推荐数据格式为：MPEG－2、MPEG－4、AVI；可参考的数据格式为：QuickTime、RealVideo；存储格式为：MPEG、AVI、SWVF。

由于没有专门对照片档案和声像档案数字化文件格式的规范性要求，因此，以上《公务电子邮件归档与管理规则》提供的格式可供参考。

四、电子档案的保管要求

电子档案（electronic records）是具有保存价值的归档电子文件及相应元数据、背景信息和支持软件。本《企业档案工作规范》关于电子档案的保管要求，主要是针对脱机存储载体。

8.4.1　电子档案应参照纸质档案分类方案进行整理。

这一条文的基本意思包含两个方面：一是所有电子档案都应该按照企业档案分类方案进行分类整理；二是不同门类的电子档案应分类存储到不同的脱机载体上。

8.4.2　电子档案应存储到脱机载体上。其存储载体见 DA/T 32 的附录 C，保管要求见 GB/T 18894 的 9.4。

这一条主要是对电子档案的存储载体和保管要求进行了规定。关于存储载体，可参见本书附录《公务电子邮件归档与管理规则》（DA/T 32—2005）附录 C 公务电子邮件存储载体。

关于电子档案的保管，《电子文件归档与管理规范》（GB/T 18894—2002）要求是：

归档电子文件的保管除应符合纸质档案的要求外，还应符合下列条件：

a）归档载体应作防写处理，避免擦、划、触摸记录涂层。

b）单片载体应装盒，竖立存放，且避免挤压。

c）存放时应远离强磁场、强热源，并与有害气体隔离。

d）环境温度选定范围：17～20℃；相对湿度选定范围：35％～45％。

归档电子文件在形成单位的保管，也应参照上述条件。

8.4.3　脱机存储电子档案的载体或装具上应贴有注明载体序号、电子档案号、密级、保管期限、存入日期等内容的标签，电子档案载体应设置成禁止写操作的状态。

这一条主要强调脱机存储电子档案载体的保管措施要严密，尤其是"设置成禁止写操作的状态"的要求，为防止误操作提供了技术上的保证。

8.4.4　存储在脱机载体上的电子档案应一式三套，一套封存保管，一套异地保管，一套提供利用。

这一条主要强调脱机电子档案载体要多套异地保管，目的是确保电子档案的安全。

8.4.5　超过保管期限的电子档案的鉴定和销毁，按照纸质档案的有关规定执行，其删除和销毁应符合 GB/T 18894 中 9.8 的相关规定。对确认销毁的电子档案应有销毁文件目录存档。

《电子文件归档与管理规范》（GB/T 18894—2002）对归档电子文件的鉴定销毁规

定是：

归档电子文件的鉴定销毁，参照国家关于档案鉴定销毁的有关规定执行，且应在办理审批手续后实施。

属于保密范围的归档电子文件，如存储在不可擦除载体上，应连同存储载体一起销毁，并在网络中彻底清除。不属于保密范围的归档电子文件可进行逻辑删除。

五、档案信息网络化服务要求

企业档案信息化的根本目的是充分发挥信息技术条件下网络化服务的优势，更好地开发利用档案信息，为企业生产、经营和管理提供更加优质高效的服务。因此，开展档案信息化的企业档案部门和档案人员，必须高度重视做好档案网络化服务。

8.5.1　企业应建立馆（室）藏档案目录数据库，并逐步实现档案的全文检索。

建立档案馆（室）藏档案目录数据库并逐步实现档案的全文检索，是做好档案网络化服务的重要手段之一。首先是档案馆（室）藏档案目录数据库的建立，这既是档案部门和档案人员开展档案利用工作的必要基础，也是企业领导和各部门人员了解馆（室）藏情况的重要渠道。档案目录数据分案卷级和文件级两个层次，对不同门类的档案，它们各自的作用和功能是不一样的。对文书（管理）类档案而言，应着重建立文件级目录数据库；而对产品、基建、科研、设备类档案而言，有时案卷级目录可能更便于利用。所以，两个层次的目录建立应该并重。

要实现档案的全文检索，建立全文数据库是必要的条件。为此有条件的企业可根据实际，逐步建立归档电子文件数据库、CAD 文件数据库、数字化档案数据库、照片档案数据库、多媒体照片档案数据库等档案全文数据库，还可根据需要建立本企业的发明、专利档案数据库，本企业的资产、资质证照数据库等专题档案数据库。

8.5.2　对数字化档案和各信息系统归档的电子文件，档案部门应根据设定的利用权限提供及时有效的网络化服务。

由于企业人员的身份不同，对档案利用的范围和权限也有区别。因此，对不同人员设定不同利用权限，并按照不同人员的利用权限提供相应档案信息服务，是网络环境下做好档案提供利用的重要措施。要做到这一点，必须具备几个条件：一是要建立档案分级管理和利用的制度，做到有章可循；二是档案管理系统具有对不同利用者的权限管理功能；三是档案部门已对档案目录数据库和全文数据库的数据进行分级（划控管理）。

8.5.3　涉密档案管理系统应与互联网物理断开，非涉密档案管理系统可与互联网逻辑隔离。

这是确保档案管理系统安全的措施之一，也是国家保密局有关文件的明确要求。

2000年1月国家保密局发布的《计算机信息系统国际联网保密管理规定》第六条规定："涉及国家秘密的计算机信息系统，不得直接或间接地与国际互联网或其它公共信息网络相联接，必须实行物理隔离。"

8.5.4 档案管理系统应采取身份认证、权限控制、加装防火墙等安全保密措施。

这是确保档案管理系统安全的又一措施，主要是通过身份认证、权限控制、加装防火墙等相关技术来实现。

8.5.5 档案管理服务器应采取可靠的备份、恢复措施。

俗话说，天有不测风云。档案管理服务器的安全也是如此，没有百分之百安全的网络服务器。针对这一情况，必须采取可靠的数据备份与数据恢复措施。良好的数据备份与恢复方案应该做到：

一是数据异地备份。档案管理服务器不仅要在服务器本身的硬盘上进行数据备份，同时还要在服务器以外的其他硬盘载体上进行异地备份。当档案管理服务器的硬盘发生损坏时，能够及时利用其他硬盘上的备份镜象进行还原，把损失降到最低。

二是数据备份间隔时间不能太长，至少应该一天备份一次。当然，出于硬盘空间以及数据备份效率的考虑，可以采取一个星期一次完全备份、其他的实行差异性备份的策略。

三是在信息还原的时候，要可以还原具体的内容。当需要对档案管理服务器数据进行还原的时候，不需要对服务器下的所有文件夹进行还原，只需要针对某个具体的文件夹进行还原。如当某个文件夹被意外删除了，在进行还原操作的时候，可以只还原这个具体的文件夹，而不会对其他文件夹产生影响。

8.5.6 各信息系统应有生成电子文件自动归档功能的模块或接口。

为了实现企业各类信息系统生成的应归档电子文件能及时自动归档，企业在开发各类信息系统时，应同时设计具有自动归档功能的模块或接口，方便数据移交（接收）并与档案管理系统整合，实现办结文件自动归档。

六、档案管理系统软件要求

档案管理系统软件是实现档案管理信息化的必要工具。为了规范档案管理软件的开发研制和安装使用，确保档案数据的安全和有效利用，《企业档案工作规范》对档案管理系统软件的功能提出了原则要求。

8.6.1 档案管理系统软件的配置应满足本企业的实际工作需要，并适应本企业信息化建设发展需要。

这一条明确了配置档案管理系统软件的目的，首先是满足本企业的实际工作需要，然后是适应本企业信息化建设发展需要。在现实工作中，有的企业开发的档案系统表面上功能非常多，但实际上很多功能根本用不上，成为花架子，既增加企业的经济负担，又影响档案工作的形象。所以，档案管理软件的研制开发和安装使用，应遵循"规范、先进、实用"的原则，既要满足当前工作的需要，又要兼顾将来技术发展的趋势。

8.6.2　档案管理系统应具备收集整编、数据管理、检索浏览、借阅管理、统计汇总、权限设置、安全保密、系统维护等基本功能，并能辅助实体档案管理及根据需求增扩其他相应功能。

这是《企业档案工作规范》对 2001 年 6 月 5 日国家档案局发布施行的《档案管理软件功能要求暂行规定》中档案管理软件功能"基本要求"的引用。在《档案管理软件功能要求暂行规定》中，对各项基本功能的具体要求是：

整理编目模块应具备数据采集、类目设置、分类排序、数据校验、目录生成、数据统计、打印输出等基本功能，并能根据用户需要增设主题词（或关键词）及分类号的自动标引功能。

数据管理模块应具备对各类档案目录及原文信息进行管理的功能，主要包括：数据库的建立、修改、删除，档案数据的输入、存储、修改、删除等内容。

检索查询模块应具备对档案信息数据进行多种途径检索查询的基本功能，并具备借阅管理等辅助功能。

借阅管理功能应包括对利用者以及利用的目的、时间、内容、效果等信息的记录、分析、统计以及档案催退、续借、退还等功能。

用户权限管理应包括系统各部分的操作权限管理和数据操作的权限管理。系统应能对所有上机操作人员自动判断分类，拒绝、警示非法操作并加以记录。

系统安全保密监控，必须能对系统中各种操作实现严格的监控并加以记录。

系统维护模块在提供数据备份与恢复处理功能的同时，还应能对档案数据某些代码表提供方便的维护。

8.6.3　档案管理系统应与各信息系统之间衔接，并能接收和兼容各信息系统生成的电子文件。档案管理系统设计与实施参见 ISO 15489.1 第 8 章和 ISO 15489.2。

这一条重点强调档案管理系统与企业各信息系统之间的衔接和兼容问题，要求档案管理系统能与各信息系统之间衔接，并能接收和兼容各信息系统生成的电子文件。条文中提出系统设计与实施参见 ISO 15489.1《档案管理通则》第 8 章和 ISO 15489.2《档案管理指南》，这两个标准的相关内容主要有：

1. 文件管理战略的出发点是文件管理方针、程序和方法的制定以及系统的设计与实施都要以满足机构的运作需求为前提，并使其与机构的规章制度相符。

2. 机构所采纳的用于记录业务活动的文件管理战略应该明确规定哪些文件必须形

成，在何时、何地以何种方式进入文件系统。

3. 文件系统应该确保文件具备真实性、可靠性、完整性、可用性，同时系统本身应该具备可靠性、完整性、一致性、全面性、系统性特点。其中：

（1）文件的真实性。文件的真实性有以下三重含义：文件与其用意相符；文件的形成和发送与其既定的形成者和发送者相吻合；文件的形成或发送与其既定时间一致。

（2）文件的可靠性。可靠的文件是指文件的内容可信，可以充分、准确地反映其所证明的事务活动过程、活动或事实，在后续的事务活动过程或活动中可以以其为依据。

（3）文件的完整性。是指文件是齐全的，并且未加改动。

（4）文件的可用性。可用的文件是指文件可以查找、检索、呈现或理解。

（5）系统的可靠性。文件管理系统应该：常规性捕获业务活动范围内的所有文件；对文件进行组织，并且组织方式应该反映文件形成者的业务流程；防止未经授权，对文件进行改动或处置；常规性地法规主要信息源的功能作用，提供关于文件中所记录的行动的信息；实现对所有相关文件和相关元数据的即时利用。系统的可靠性应该通过形成并保留系统运行的文件来记录。系统运行文件应该能显示系统已满足了上述所列准则的要求。

（6）系统的完整性。为了防止在未经授权的情况下对文件进行利用、销毁、改动和移动，应该使用诸如利用监控、用户身份验证、授权销毁等安全控制手段。这些控制手段可以嵌入文件系统内，也可以是独立于文件系统外的专门系统。对于电子文件来说，机构应该证明系统故障、系统升级以及定期维护不会影响到文件的完整性。

（7）系统的一致性。文件系统的管理必须满足现行业务的各种要求，遵从机构的规章制度，并符合社会对机构的期望。文件形成者应该理解这些要求对其所从事的业务活动的影响。应该定期对文件系统是否符合上述要求进行评估；评估过程形成的文件应该作为证据保存。

（8）系统的全面性。文件系统的管理对象应该是机构或机构的部门在其全部业务活动范围内开展工作所形成的文件。

（9）系统的系统性。文件应该系统地形成、系统地保管和系统地管理。应该通过文件系统和业务系统的设计和运行来实现文件形成工作和保管工作的有序化或系统化。

第九章　企业档案工作设施设备

《企业档案工作规范》第九章"档案工作设施设备",是对企业开展档案工作所需要的设施设备的配置提出的要求。

一、企业档案库房设置要求

档案库房是档案保管的最基本的物质条件,它直接影响档案的保护效果。档案库房作为不同于民用建筑、办公用房的一种特殊建筑,有自身的特殊要求。

9.1.1　档案库房应设置在远离易燃、易爆物品和水、火等存在安全隐患的场所,无特殊保护装置一般不宜设置在地下或顶层。

本条是对档案库房选址的基本要求。从安全和长期保管档案的需要出发,防止档案因外界突发环境因素的影响而损毁,档案库房必须远离易燃、易爆场所,不应设在有污染腐蚀性气体源的下风向;应选择地势较高、场地干燥、排水通畅、空气流通的位置;不得有高压输电线架空穿过。在楼层安排上应避免"顶天立地",若因条件限制档案库房只能设置在地下时,必须采取防潮、防水措施,并设置机械通风或空调设备;档案库房设置在顶层时,屋顶应采取保温隔热措施,并做好防漏水处理。此外,在交通条件方面,要考虑方便档案利用和档案的搬迁,有的档案库房在设计时就考虑了档案流动的细节,库房门口的台阶与货车车厢高度一致,通道上的门坎与地面持平,为档案的运输带来很大的方便。

9.1.2　档案库房楼层地面应满足档案及其装具的承重要求。

本条是对档案库房楼面承重的要求。从库房建筑安全的需要出发,大型企业修建档案库房时,档案库房建筑应符合 JGJ 25 的要求,楼面均布活荷载一般应为 $5kN/m^2$;采用密集架时,不应小于 $12kN/m^2$。一般企业若采用办公楼改建档案库房,特别是安装档案密集架时,楼面均布活荷载达不到以上要求时,须进行加固处理。

9.1.3　档案库房面积应满足档案工作发展的需要,留有存储空间。

设置档案馆的企业,档案库房建筑应符合 JGJ 25 的要求,库房一般应满足日后二十年档案存储需要。

本条是档案库房面积的要求。在修建档案库房时,应根据已有库藏量和每年增量,考虑充分的库房面积，以满足今后较长时期的档案存储需要。大型企业通常应满足今后二十年的存储需要，一般企业应满足今后十年的存储需要。面积过小，用不了几年空间就占满了，面积过大，又会造成资源的浪费。同时，在预测面积时要认真结合本企业未来的发展趋势、档案数量的增长趋势，以及纸质档案向电子档案转变等方面的趋势，准确地做出判断。

二、企业档案业务技术用房要求

业务技术用房是档案工作人员对档案进行整理、修复、数字化处理、除尘除霉保护等工作以及开展档案借阅、档案展览展示、档案文化交流的场所。此前，有的单位对档案业务技术用房不太重视，没有预留相应的空间，导致档案功能拓展受到局限，有的甚至不得不挪用部分档案库房来改为业务技术用房，为此，《企业档案工作规范》对业务技术用房专门进行了规定。

9.2.1　业务技术用房应满足接收、整理、修复档案的实际需要。

本条是一般企业业务技术用房的基本要求。

9.2.2　企业可根据工作需要设置档案接收、整理、裱糊、消毒、复印、数字化、缩微以及安全监控等用房。

本条是大型企业业务技术用房的要求。业务技术用房的设置以工作需要为前提，可分别设置，也可将功能相近的合并设置。

三、企业档案阅览及陈列室设置

近年来，随着档案馆社会功能的不断拓展，人们越来越重视档案阅览和档案陈列空间的建设，以优美的阅览环境、丰富的人文气息来吸引更多的人接触档案、了解档案。
阅览室应邻近办公室和档案库房，环境安静。

本条是阅览室的要求。阅览室选址要考虑工作人员监管和取放档案方便，要考虑为阅览人员提供舒适的条件。要考虑纸质档案、缩微胶片、电子档案阅览的需求以及复印、打印、拍照等不同的利用方式。
陈列室（展览室）宜设置在适于观览的场所。

本条是陈列室（展览室）的要求。陈列室（展览室）是通过档案或档案复制件展示企业历史、文化和企业荣誉的场所，是展示和宣传企业的窗口。一般设置于人员流动量大的位置，可临近办公区或对外服务区。档案陈列一般有常规的陈列展览和专题的陈列展览，在空间设计时要留有相应的余地。

四、企业档案保管装具要求

9.4.1　档案柜架应牢固耐用，一般应具有防火、防盗、防尘作用。应根据非纸质载体档案需要选择有专用保护功能的柜架。有条件的可采用密集架。

　　本条是档案柜架的要求。作为存放档案的载体，档案柜架应具有保护档案的功能，在选择柜架时，各企业要根据自身档案实际选择存放档案盒和底图的适当比例，避免分配不均。多数非纸质载体档案比纸质载体档案的保存条件和环境要求更高，应选择恒温恒湿的环境摆放柜架。存放磁性载体的档案柜架应具有防磁功能，或摆放在具有磁屏蔽功能的空间。

9.4.2　各类档案盒规格、式样和质量应符合 GB/T 9705、GB/T 11822、DA/T 22 和 GB/T 11821 的要求。

　　本条是档案卷盒的要求。文书档案卷盒符合 GB/T 9705、DA/T 22 的要求，科技档案卷盒符合 GB/T 11822 的要求，照片档案卷盒符合 GB/T 11821 的要求。档案人员只需在选择档案卷盒时，注意挑选符合相关标准的产品即可。

五、企业保护设备要求

　　档案库房的保护有"八防"的要求，即防火、防盗、防潮。防光、防鼠、防虫、防尘、防污染。根据这"八防"的要求，档案库房就需要配置相应的设施设备。

9.5.1　档案库房应配置温湿度监控设备及灭火器材、防光窗帘、防盗门窗等必要的设施。

　　本条是对企业档案库房保护设备的基本要求。一般企业档案库房应配备温湿度记录和控制、防火、防盗、防光等方面的保护设备设施。南方部分地区在遇到梅雨季节或"桑拿天"的高温高湿天气时要特别注意档案库房防潮，有的企业虽然配备了相关的设施设备，但为了省电，在潮湿季节不打开防护设备，对档案的安全防护也是空谈。

9.5.2　根据库房管理需要可配置除尘器、消毒柜、去湿机、加湿机、空气净化器等设备。

　　本条是企业档案库房保护设备的要求。企业应根据国家有关档案库房的要求和档案库房的客观环境，选择适宜的防尘、防潮等方面的防护设备，根据需要配置去湿机、加湿机、空气净化器等设备。

9.5.3 有条件的企业应配置自动报警、自动灭火、温湿自动调控、监控等设备。

本条是针对条件较好的企业和规模较大的企业档案馆所提的保护设施设备要求。提高档案库房保护的现代化管理水平，增强档案库房保管安全系数。

六、企业档案管理技术设备配置

档案技术设备的配备是根据企业档案工作的实际需求，以及档案工作人员的素质要求来确定的，同时配置的设备也是随着技术的进步而不断更新的。因此，档案部门在选择设备时，要强调经济、适用，不应一味贪大求全，要根据实际工作需求及发展趋势而合理配备，从而发挥档案工作的更大效益。

9.6.1 配备档案整理工作所需要的装订机、打印机等设备。

本条是档案整理工作所需基本设备的要求。

9.6.2 配备档案修复、利用需要的数码照相机、摄像机、复印机、阅读机等设备。

本条是档案修复、利用工作所需技术设备的要求。修复设备主要指对纸质档案进行修裱的设备，数码照相机、摄像机主要为档案部门参加重要活动收集档案所需，阅读机主要为缩微档案阅读时使用，技术设备的技术参数应符合相应载体的归档要求。

9.6.3 配备信息化管理需要的计算机、服务器、扫描仪、光盘刻录机等设备，以及容灾备份设备、应急电源。

本条是档案信息化管理所需技术设备的要求。设备的配置要有一定的技术前瞻性，充分考虑档案信息的数据量。

9.6.4 根据需要可配备 CAD 绘图仪、工程图纸复印机、缩微机等设备。

本条是档案工作所需的其他技术设备的要求。企业应根据工作需要配备相应的技术设备。

第十章 《企业档案工作规范》的贯彻实施

企业改革发展的实践表明，管理的作用越来越重要，而规范化管理也日益成为企业参与市场竞争的利器和企业管理通行的做法。企业档案工作多年实践同样证明，规范化管理已成为企业管理的要求和档案管理的发展方向。

一、转变观念，提高对企业档案工作的认识

计划经济管理体制和市场经济体制条件下对企业档案工作的要求不同，如何满足行政要求与如何为企业保值增值、市场竞争服务，是两种不同的要求和方式。《企业档案工作规范》宣贯实施不同于过去档案工作目标管理活动，也不是单项标准的局部应用。面对企业改革、信息化建设的新形势和新发展，推进《企业档案工作规范》在企业的实施应用，首先需要进一步提高对企业档案与档案工作地位和作用的认识：

一是建立档案属于企业核心信息资产观念。中办国办《关于加强信息资源开发利用工作的若干意见》指出："信息资源作为生产要素、无形资产和社会财富，与能源、材料资源同等重要"。作为生产要素，可能企业中各种情报、资料、文件、档案信息都在某种程度上具有这一属性，但是论无形资产、知识资产和法规遵从的证据，恐怕就非档案莫属。因为只有档案才是企业在生产、经营和管理活动中所形成，是企业资产、资源的重要组成。对企业档案这一属性的认识应当是全员性的，特别是应成为企业领导和管理者的基本意识。

二是企业档案管理服务于企业的管理控制。档案是在企业各项活动中形成的，也是生产、经营和管理活动的控制手段。企业有效地管理档案，可协助企业管控运行。没有档案的积累怎么知道企业各级各部门各单位各个班组今年做了什么、过去做了什么、做得如何？没有档案怎么知道全部企业资产的真实数据、人力资源及其水平的状况？现代企业制度的"产权清晰、权责明确、管理科学"要求和现代产权制度的"归属清晰、权责明确、保护严格、流转顺畅"的要求，没有有效的档案管理支撑将难以实现。

三是有效档案管理是企业法规遵从的关键。随着经济全球化加快和我国走出去发展战略的实施，企业在国际竞争的环境中需要证明自身依法经营。同时，随着信息技术的普及，国际上对公司、企业的业务、财务数据设定了严格的存储保存期限。发达国家已经出台多项针对公司业务、财务数据的强制性法规（见第二章），企业档案记录、电子数据的保护与管理则成为法规制约的焦点所在。企业生产、经营和管理中档案的形成与管理已经成为影响、制约企业行为的关键。"法规遵从"理念的出现使企业档案管理日益重要。

四是有效档案管理为企业服务创经济效益。企业设立的主要目的是创造财富和价值；企业资产经营管理的目标是保值增值、追求效益。企业档案不仅本身具有信息资源、知识资产的价值，而且对企业有形资产的运营、维护、管理和保值、增值具有不可须臾或缺的独特作用。因此，有效的企业档案管理是为企业服务、能够创造经济效益的重要活动和工作。企业档案工作要围绕企业的中心和发展目标开展，要以服务企业经济效益和企业资产保值增值为中心和目标。

总之，要把《企业档案工作规范》的宣传贯彻，与对企业档案的价值与作用认识的提升结合起来，与企业依法建立健全档案工作结合起来，与企业档案管理创新结合起来。

二、关于《企业档案工作规范》的贯彻实施

标准的实施是有组织、有计划、有措施地贯彻执行标准的活动，是标准制定部门、使用部门或企业将标准规定的内容贯彻到生产、流通、使用等领域中去的过程。它是标准化工作的任务之一，也是标准化工作的目的。作为系统管理标准，《企业档案工作规范》的实施也与过去单项技术标准的实施不同。单项技术标准的实施（如 GB/T 11822《科学技术档案案卷构成的一般要求》）主要是在档案部门、档案工作者或是文件形成部门的兼职档案人员，与领导、文件形成部门可能没有直接关系。而系统管理标准《企业档案工作规范》，不仅是对企业档案部门和档案工作者的要求，更是涉及企业领导、企业所有员工，以及企业档案工作的组织与制度建设。因此《企业档案工作规范》的贯彻实施，与其他所有档案工作标准相比，具有特殊的地位和情况，首先要去了解我国标准贯彻实施的相关要求。

按照我国的标准体制，我国标准分为国家标准、行业标准、地方标准和企业标准四级。

国家标准，是指对全国经济技术发展有重大意义，需要在全国范围内统一的技术要求与管理要求所制定的标准。国家标准在全国范围内适用，其他各级标准不得与之相抵触。国家标准是四级标准体系中的主体。

行业标准，是指对没有国家标准而又需要在全国某个行业范围内统一的技术与管理要求所制定的标准。

地方标准，对没有国家标准和行业标准而又需要在省、自治区、直辖市范围内统一的工业产品的安全、卫生要求，可以制定地方标准。

企业标准，对已有国家标准、行业标准或地方标准的，国家鼓励企业制定严于国家标准、行业标准或地方标准要求的企业标准。

一般行业标准制定对象是：

1. 技术术语、符号（含代码）、文件格式、制图方法等通用技术语言；

2. 工农业产品品种、规格、性能参数、质量标准、试验方法以及安全、卫生要求；

3. 工农业产品设计、生产、检验、包装、储存、运输过程中的安全、卫生要求；

4. 通用零部件技术要求；

5. 产品结构要素和互换配合要求；

6. 工程建设勘察、规划、设计施工及验收的技术要求和方法；

7. 信息、能源、资源、交通运输技术要求及其管理技术与方法要求。

《企业档案工作规范》DA/T 42 属于信息管理类的行业标准。行业标准是由国务院有关行政主管部门负责制定和审批，并报国务院标准化行政主管部门备案。

1. 标准的实施方式

我国的标准作为技术依据在传统上是具有法律效力的，即在性质上属于法律规范。1979 年 7 月，国务院颁发的《中华人民共和国标准化管理条例》中，规定了标准化的方针、政策、任务、机构和工作方法。该《条例》指出："标准化是组织现代化生产的重要手段，是科学管理的重要组成部分。在社会主义建设中推行标准化，是国家的一项重要技术经济政策。"《条例》规定了标准的法律性质，"标准一经批准发布，就是技术法规。各级生产、建设、科研、设计管理部门和企业、事业单位，都必须严格贯彻执行，任何单位不得擅自更改或降低标准。对因违反标准造成不良后果以至重大事故者，要根据情节轻重，分别予以批评、处分、经济制裁，直至追究法律责任"。《条例》特别对产品质量的监督检验制度规定："一切生产企业对于原料、材料和协作件的验收，半成品的检查，以及成品的检验，都必须按照标准进行。符合标准的产品由检验部门填发合格证；不符合标准的产品，一律不列入计划完成数，不计产值，不准出厂。"

随着我国标准化建设发展，各行各业的标准越来越多，为便于实施和管理。1988 年国家颁布的《中华人民共和国标准化法》将标准分为强制性标准和推荐性标准，并规定了不同的实施方式。

《中华人民共和国标准化法》第七条规定："国家标准、行业标准分为强制性标准和推荐性标准。保障人体健康、人身财产安全的标准和法律、行政法规规定强制执行的标准是强制性标准，其他标准是推荐标准。"

第十四条："推荐性标准，国家鼓励企业自愿采用。"

《中华人民共和国标准化法实施细则》第十八条规定："国家标准、行业标准分为强制性标准和推荐性标准。下列标准属于强制性标准：

1. 药品标准，食品卫生标准，兽药标准；

2. 产品及产品生产、储运和使用中的安全、卫生标准，劳动安全、卫生标准，运输安全标准；

3. 工程建设的质量、安全、卫生标准及国家需要控制的其他工程建设标准；

4. 环境保护的污染物排放标准和环境质量标准；

5. 重要的通用技术术语、符号、代号和制图方法；

6. 通用的试验、检验方法标准；

7. 互换配合标准；

8. 国家需要控制的重要产品质量标准。

国家需要控制的重要产品目录由国务院标准化行政主管部门会同国务院有关行政主管部门确定。

强制性标准以外的标准是推荐性标准。"

按照我国法律规定，对于强制性标准，任何单位和个人从事科研、生产、经营，包括企业研制新产品、改进产品和进行技术改造，都必须严格执行。在国内销售的一切产品（包括配套设备）不符合强制性标准要求的，不准生产和销售；不符合强制性标准要求的产品（包括配套设备），不准进口。而推荐性标准，企业自愿采用，国家采取优惠措施予以鼓励。但推荐性标准一旦纳入指令性文件，将具有相应的行政约束力。

在国际上也有标准与技术法规之分。世界贸易组织的贸易技术壁垒协定（WTO/TBT）关于技术法规、标准的定义。技术法规是企业必须执行的规范性文件，强制性标准在实际应用中也属于技术法规的范畴，其范围与 WTO 规定的技术法规的五个方面，即"国家安全"、"防止欺诈"、"保护人身健康和安全"、"保护动植物生命和健康"、"保护环境"基本一致。

技术法规：规定强制执行的产品特性或相关工艺和生产方法，包括适用的管理规定在内的文件。该文件还可包括或专门关于适用于产品、工艺或生产方法的专门术语、符号、包装、标志或标签要求。我国有大量的法律、法规、管理办法、检定规程、部委办局令等，都属于技术法规，如：产品质量法、计量法、锅炉压力容器管理办法等 58 个规定，计量器具进口的检定要求等 18 个。我国标准中有 2500 多个强制性标准实际上就是属于技术法规。

标准：经公认机构批准的、规定非强制执行的、供通用或重复使用的产品或相关工艺和生产方法的规则、指南或特性的文件。该文件还可包括或专门关于适用于产品、工艺或生产方法的专门术语、符号、包装、标志或标签要求。目前国际上 85% 以上标准是自愿的，我国国家标准、行业标准总数 85% 以上是推荐性标准，与国际上的自愿性标准是一致的。

技术法规和推荐性标准的应用比较：

	技术法规	推荐性标准
法律属性	强制性	自愿性
执行保障	政府行为	市场行为
制定主体	政府部门或立法机构	所涉领域的技术专家
发布主体	政府部门或立法机构	标准化机构
体例	法律法规体系的组成部分	技术性文件
罚则	不符合不准进入市场	不符某项标准可进入
	执法部门负责	市场，消费者决定取舍
时效性	随时制定，随时取消	有效期内持续有效
针对性	可针对单一产品或品种制定	所涉领域具有普适性

| 对贸易影响 | 大于标准和合格评定程序 | 不及技术法规的作用 |

　　根据 WTO 的有关规定和国际惯例，强制性标准必须执行，推荐性标准是自愿性的，而法规或合同是强制性的，推荐性标准的内容只有通过法规或合同的引用才能强制执行。贸易技术壁垒协议（TBT）中的标准虽是自愿实施的标准，但自愿性标准一旦被一国法令法规引用，便带有强制性。以前，我国照搬苏联的，标准 100％强制，实际上 100％不强制。现在将标准分为强制性和推荐性，便于区分标准的重要程度。但是对推荐性标准也不能一概而论，虽然推荐性标准并不要求有关各方遵守，但在下列情况下推荐性标准则应执行：

　　（1）被法规、规章所引用。如将来在国家档案行政管理部门或地方政府部门出台的对企业档案管理或企业管理的规定有要求、需要企业执行时，企业就应当实施该推荐性标准。

　　（2）被合同、协议所引用。在市场经济中，企业甲乙双方的合同协议约定中，如果甲方购买乙方的产品或服务，甲方企业要求乙方企业的产品生产或提供服务时必须实行该项标准时，乙方企业应当执行。

　　（3）被使用者声明其产品符合某项标准。如果在市场竞争中，企业想要取得管理及品牌优势，或证明自己内部管理的合规性，可以声明企业符合某项标准的要求。但声称符合某项标准就必须贯彻实施该项标准，并符合该项标准条款的要求。

　　上述对强制性标准与推荐性标准的区分与应用的情况表明：标准，是为在一定的范围内获得最佳秩序，对活动或其结果规定共同的和重复使用的规则、导则或特性的文件。该文件经协商一致制定并经一个公认机构批准。标准应以科学、技术和经验的综合成果为基础，以促进最佳社会效益为目的。档案工作标准化多年的实践已经证明，标准在企业档案规范管理、提升和评估档案管理水平、满足企业各项活动对档案信息需求等方面，都起到了积极的促进作用。《企业档案工作规范》与过去的标准相比不同之处在于，它是全面运用管理八项原则和国际档案管理新理念而设计的框架性管理标准。《企业档案工作规范》突出的特点就是系统性和全面性：不仅要规范档案工作的单一环节、单项业务，而且是对企业档案工作提出系统的要求；不仅档案部门要贯彻，企业凡是涉及档案、甚至是涉及档案前身——文件的形成的环节也要遵循。《企业档案工作规范》没有脱离过去的标准，而是在过去标准基础之上的提升。

　　《企业档案工作规范》虽然是推荐性标准，但它是我国企业档案工作几十年经验的总结，是汲取国际标准共识的档案良好管理实践的范本，是国家有关档案管理的法律法规要求的集中体现，符合管理的全面性和系统性，其实施有利于企业市场竞争地位和企业自身的管理。因此，企业贯彻实施《企业档案工作规范》，是企业依法管理档案、达到法规遵从的捷径，是企业保护自身合法权益证明的有效办法，是企业提升各项管理成效的不可或缺的保障。

　　企业不贯彻实施《企业档案工作规范》，不代表该企业档案工作不符合国际化有关档案工作法律法规的要求；而贯彻实施《企业档案工作规范》的企业，一般来说，企业档案工作应当是符合国家有关档案工作的法律法规和标准规范的要求，而且符合国际上有关管理标准对企业档案记录管理的要求及对档案信息资产价值的共识。所以，《企业档案工作规范》虽然不是强制性标准，但是实施《企业档案工作规范》，就代表着企业生产经营和管理是符合"法规遵从"的要求，也能有效维护自身的合法权益。

而当国有企业的上级资产管理部门（如国有资产监督管理委员会）明文要求所监管的国有企业贯彻实施《企业档案工作规范》时，《企业档案工作规范》就应当视作被要求强制执行的法规规范性文件。

三、关于《企业档案工作规范》的贯彻要求

《企业档案工作规范》是对企业档案工作的全面系统要求。各级档案部门、企业和档案工作者，要全面理解《企业档案工作规范》的要求与过去企业档案工作目标管理的不同，要准确把握《企业档案工作规范》在贯彻实施中的关键，要提升对企业档案价值认识的观念。

第一，规范档案管理，领导是关键。《企业档案工作规范》的实施中将遇到各种各样的问题和影响因素，如：观念认识、领导档案意识、人财物资源、培训、组织系统、规章制度、技术手段等，其中最大影响因素是领导和人财物资源。

首先，也是最重要的，是向企业领导宣传档案管理的价值创造。将提高领导档案意识和档案价值观作为首位。

作为国际标准 ISO 9001《质量管理体系要求》设计基础的八项管理原则中，关系到企业之外的两项因素，一是"以客户为中心"，另一个是"与供方的关系"。涉及企业内在因素的六项原则中，"领导的作用"被排在第一位。这说明领导在企业管理活动中具有关键的地位和作用。

分析 ISO 9001 实施的影响因素时，可列出 12 项因素：

1. 得到最高领导认可；
2. 观念、文献、内审；
3. 职工培训；
4. 建立执行小组；
5. 任命管理代表；
6. 对照标准检查现状；
7. 确定质量管理方针；
8. 准备质量手册；
9. 制定质量管理程序；
10. 系统培训；
11. 系统实施并对照审阅；

12. 内审、补救措施。

有人将"得到最高领导认可"列为第一。

同样，在《企业档案工作规范》的贯彻实施中，只有企业领导真正认识和重视档案及档案工作的价值与作用，才能为企业档案工作配备与企业管理相适应的人财物资源，才能使企业档案工作的组织建设、制度建设、业务建设、信息化建设及设施设备配置成为可能。因此，档案行政管理部门向企业、企业档案工作者向本企业宣传《企业档案工作规范》贯彻实施时，应想方设法抓好向企业领导的宣传，才能达到事半功倍的效果。如要求企业分管、负责档案工作领导学习标准；理解企业领导对档案完整、安全的法律责任等。

第二，全员参与是有效管理档案的保障。

全员参与是有效管理的一项重要原则，它特别针对涉及范围广的管理活动。如产品质量，不仅仅由产品的加工决定，还涉及原材料、设计、程序、运输、销售安装等环节，在被用户消费前，都是产品质量的控制环节。档案管理也是如此。文件形成、办理、流转、积累、整理、归档、保管、安全等，都决定着当前及今后的利用效果或服务质量。而各个环节中真正影响档案产品（服务）质量的关键——真实、完整、准确、系统和可靠等，恰恰不在归档后的档案管理阶段，而是在文件的形成、积累、整理等环节。只有在领导高度重视下的全员参与才是有效档案管理的保障。因此，向文件形成者宣传档案法律法规的要求，宣传他们对确保文件完整、准确、系统的责任与义务，宣传有效档案管理给他们工作带来的效率与方便，宣传档案工作对确保他们合法权益的价值和作用等，是贯彻实施《企业档案工作规范》的重要内容。《企业档案工作规范》中有多项条款涉及，应据此加强对企业员工的宣传，提高他们对档案意识和自觉维护档案完整与安全的责任感。

第三，标准有关条款的运用可因企制宜。

由于我国企业数量大、类型多，在《企业档案工作规范》的实施中应了解和掌握标准应用的变通。标准如果实施，原则上应全面贯彻执行每一个条款。但在实践中，对于通用性管理标准，因其适用范围广泛，而社会组织在类型、规模、行业等方面却具有极大差异性，因此必然需要有针对特殊情况的变通，要注意切合实际加以把握。

企业范围很广，覆盖各行各业的产品生产和服务。按照不同的标准，企业可以划分为不同的类型。如：

1. 按企业资产所有性质，可分为国有企业、集体企业、私有企业；

2. 按企业制度形态构成，可分为业主制企业、合伙企业、公司制企业；

3. 按企业所属产业层次，可分为第一产业、第二产业、第三产业；

4. 按企业技术先进程度，可分为高新技术企业和传统技术企业；

5. 按企业资源集约度，企业可分为劳动密集型企业、资金密集型企业、技术密集型企业和知识密集型企业；

6. 按企业市场特点，划分为公益型企业、垄断性企业、竞争性企业和新兴企业；

7. 按企业组织规模，可分为超大型企业、大型企业、中型企业和小型企业；

8. 按企业组织形式不同，也有把工业企业划分为单厂、总厂、公司、企业集团等。

如 ISO 9001《质量管理体系要求》2000 版在使用上就有以下特点：

一是适用于各种类型的组织。1994 年发布了 ISO 9000 系列标准，得到广泛应用，但是有一定的弊端，就是对于制造业以外的行业，不太适合。2000 年版将 ISO 9001、9002、9003 的三个标准统一为 ISO 9001。即无论组织的规模是大还是小，或者是从事不同的行业，第三产业、服务业企业都可以。

二是可以进行有关章节删减。正是由于将不同类型企业都列入标准的第七章，因此各种类型的组织在选用时，除了共同特征的章节必须执行外，可以根据组织具体的情况对第七章进行删减，按照行业进行选择使用。

三是有专门化的行业变通。自从 ISO 9001《质量管理体系要求》发布后，国际上各产业界标准化专家根据不同行业特定需求和行业特殊性，制定有多项不同领域（Sectors）专用的质量管理体系标准，如：

ISO/TS 16949（QS 9000）：《汽车制造业及相关产品》；

ISO 13485：《医疗设备》；

TL 9000：《通信业》；

TickIT：《软件行业》；

AS 9100：《航天工业》；

PS 9000：《药品包装材料业》；

ISO 29001：《石油化工业》；

ISO 28000：2007《供应链安全》；

ISO 22000：2005《食品安全》；

ISO/PAS 30000：2009《船舶再循环管理系统》。

2000 年后，在服务领域（Service sectors），国际标准化组织也有类似相关的质量管理系统标准 IWA（International Workshop Agreement）发布，如：

ISO 9001：2000/IWA 1 保健服务机构（Health Service Organization）质量管理系统；

ISO 9001：2000/IWA 2 教育（Education）质量管理系统；

ISO 9001：2000/IWA 3 影像安全（Image safety）质量管理系统；

ISO 9001：2000/IWA 4 地方政府（Local Government）质量管理系统；

ISO 9001：2000/IWA 5 紧急应变（Emergency preparedness）质量管理系统；

ISO IWA 6－2008 危机条件下饮用水业管理指南。

与此相类似，由于《企业档案工作规范》在制定时，主要是基于产品生产型企业的档案管理实践，因此，该标准的通用性主要体现在法规规定性、领导率先垂范与全员参与、系统性管理以及档案管理责任要求等方面。而在具体制度建设、档案业务建设、信息化建设及设施设备配置中，由于企业所处行业、规模、层级不同，因此在实施中必须有针对性地进行必要的变通。例如，标准附录《文件材料归档范围与保管期限参考表》是资料性附录，其含义是非规定性，只是提供给企业的参考。不同类型企业应当、也必须根据企业的主体业务和活动，参照但不限于标准的附录来制定本企业的《文件材料归档范围与保管期限参考表》。

市场经济条件下，由于法规一致性要求，涉及企业管理的法律法规、标准规范对企业要求，总的来说是一致的，只是针对不同规模、不同组织形式及由于企业类型、规模、组织形式的不同，标准实施中的方法、内容、程度有所不同。贯彻《企业档案工作规范》时，主要应根据上述（1）企业的资产所有性质、（2）制度形态构成和（3）所属产业层次不同，以及（7）企业组织规模和（8）企业组织形式等的不同来实施。

《企业档案工作规范》实施中的变通主要有以下几个方面：

一是企业行业：化工、电力、航天、金融、建筑、通信、商贸等各类企业，在主体业务活动上的文件材料归档范围肯定不同，案卷形式与组织方式也不尽相同；

二是企业规模：大型、特大型与中小型等企业，在机构设置人员配备上的要求肯定不同，设施设备配置肯定不同；

三是企业层级：集团公司总部、分公司、生产厂等企业，因业务活动即对象不同，产生的文件材料肯定不同、档案工作组织建设与制度建设内容也不完全一致；

四是企业类型：国有企业、民营企业、股份制企业，在档案工作组织建设、制度建设、业务建设、信息化建设等方面肯定也会有所不同。

各地区、各中央企业档案部门在向企业宣传《企业档案工作规范》时，既要把握这一标准的精神和原则，阐释《企业档案工作规范》中体现法律法规的根本要求，也要因企制宜（如集团公司、所属企业、子公司、多种经营、多业经营企业），推进企业有针对性地贯彻实施。

总之，贯彻《企业档案工作规范》所设置的章节与条款是手段，不是目的；目的是促使企业了解国家法律法规对企业档案工作的要求、确保企业依法经营和合法权益，加强基础管理，提高资源与资产的管理的效率与收益，服务企业、创造效益。

第四，规范档案管理与管理创新相结合。

企业档案管理经验、模式和做法等，没有最好，只有更好。要引导企业因企制宜、因类施行、因变求新。企业档案工作规范化建设的要求，是企业档案工作多年来实践经验的总结。企业在贯彻实施时应将连续性与创新性相结合；将单项标准应用与系统管理标准实施相结合；将坚持企业档案工作基本原则与针对不同行业、类型和规模企业的灵活运用相结。

这里应着重注意两方面：

一是宣传贯彻《企业档案工作规范》要与新形势、新时期企业档案工作创新结合。企业档案工作与企业发展一样，也面临着历史性的挑战和机遇。在现代企业制度、现代产权制度条件下探索现代企业档案工作，是企业档案工作的一项重要课题。现代企业制度的"产权清晰、权责明确、政企分开、管理科学"及现代产权制度"归属清晰、权责明确、保护严格、流转顺畅"中，大多数离开档案工作的支撑就难以实现。显然作为各类资产的凭证依据，企业的资产管到哪里，档案工作就应延伸到哪里。同时在完善社会主义市场经济体制的进程中，我国原来科技档案工作按专业统一管理的原则，也要求企业档案工作转向以资产为纽带统一管理。《企业档案工作规范》与探索现代企业档案管理相辅相成：规范化档案管理是现代企业的要求，也是现代企业目标实现的基础保障。

那么什么是现代企业档案工作？现代企业档案工作，即适应现代企业制度要求，基于现代信息技术，有效服务企业生产经营管理、维护企业合法资信权益、记录传承企业文化的档案管理。

——在理念上，面向企业核心业务、保护企业资信权益。市场经济条件下，不但要重视主业的科学技术研发及生产档案，也应重视企业生产、经营和管理，企业资产与产权、商业秘密、知识产权等方面档案管理。现代企业档案工作存在要服务企业的首要目的——资产的经营管理、资本的保值增值、产品和技术的创新领先。

——在架构上，适应企业管理制度、促进管理技术创新。符合现代企业制度、企业流程再造及信息化对档案工作的要求。设置什么样的机构、采用何种技术，要与企业管理架构及企业发展水平相适应。

——在目标上，加强档案信息资源开发、迈向企业知识管理。树立效益观念和资源观念，主动为企业各项工作提供服务，包括为企业创经济效益服务和自身工作的效益观，为企业在市场竞争中随时提供可靠的凭证信息和知识服务。

——在效果上，确保档案信息安全、传承企业历史文化。即企业档案工作应真正担负记录企业发展历程、传承企业文化的重任。

二是在探索现代企业档案工作管理同时，要高度重视企业档案信息化建设。大力推进国民经济和社会信息化，是覆盖现代化建设全局的战略举措。企业信息化建设和发展成效表明，无法适应信息化的传统管理面临着或被取代、或必然随之转化的重要时刻。档案管理也是如此。如美国国家档案馆曾经多年排斥电子文件，但是现在也已经走上接收和管理电子档案之路。2005 年，美国国家档案局与洛克希德·马丁公司签订了 3 亿美元的合同，打造国家电子档案档案馆（Electronic Records Archives）。中办、国办 34 号文件也要求：要加快传统载体保存档案资料等信息资源的数字化进程。一位著名管理学家说过，"某一阶段有效的管理惯例，也许会导致下阶段危机的出现"。而生产力发展水平的提高、特别是应用于文件管理技术与方法的变革，已经导致新阶段的开始。迄今为止的技术发展表明：信息化建设将是一项长期战略任务。一些企业 PDM、ERP 系统上线中，档案部门就积极地参与，并取得成效。因此，探索适应企业信息化要求的档案管理现代化将是今后一个时期企业档案工作的重要任务。

由于信息化建设正处于持续的发展、变化之中，全国档案信息化建设中涉及电子档案管理各方面的法规规章、标准规范依然处于有待完善的发展之中，档案管理信息化的理论、技术、方法和模式都处于探索之中。因此，《企业档案工作规范》中对企业档案信息化建设要求，仅是档案信息化建设发展中的基本要求和方向性引导。档案管理信息化程度较高的企业，应在企业档案管理模式创新上继续探索。

四、关于《企业档案工作规范》的评审与认定

标准的实施需要有对标准应用效果和水平的衡量，也要有对特定范围内（如国有大企业、军工企业）标准执行情况的监督。对标准执行情况实施监督，是国家行政机关对标准贯彻执行情况进行督促、检查、处理的活动。它是政府标准化行政主管部门和其他有关行政主管部门领导和管理标准化活动的重要手段，也是标准化工作任务之一，其目的是促进标准的贯彻，监督标准贯彻执行的效果，考核标准的先进性和合理性，通过对标准实施的监督，随时发现标准中存在的问题，为进一步修订标准提供依据。对标准应用效果和水平的衡量，既是对标准制定水准以及对实际工作促进作用的检测，也是对标准使用单位达到何种水准的判定。标准应用水平的衡量一般有多种方式，目前多用评审、认证、评估、检查、评比、考核等手段与方法。过去我国对大中型企业开展的档案管理升级与目标管理活动实际上就是一种对企业档案管理水平的检验与认可。

关于对标准执行情况实施监督，一般有行政监督、技术监督和社会监督。

1. 行政监督。县级以上政府标准化行政主管部门负责对标准实施进行监督检查。国务院标准化行政主管部门统一负责全国标准实施的监督。国务院有关行政主管部门分工负责本部门、本行业的标准实施的监督。

2. 技术监督。县级以上政府标准化行政主管部门，可以根据需要设置检验机构，或者授权其他单位的检验机构，对产品是否符合标准进行检验和承担其他标准实施的监督检验任务；其检验数据，作为处理有关产品是否符合标准的争议的依据。国家检验机构由国务院标准化行政主管部门会同国务院有关行政主管部门规划、审查。地方检验机构由省、自治区、直辖市人民政府标准化行政主管部门会同省级有关行政主管部门规划、审查。

3. 社会监督。国家机关、社会团体、企事业单位及全体公民均有权检举、揭发违反强制性标准的行为。

《中华人民共和国标准化法实施细则》第二章"产品质量的监督"第七条规定：国务院有关行政主管部门分工管理本部门、本行业的标准化工作，履行下列职责：

1. 贯彻国家标准化工作的法律、法规、方针、政策，并制定在本部门、本行业实施的具体办法

2. 制定本部门、本行业的标准化工作规划、计划；

3. 承担国家下达的草拟国家标准的任务，组织制定行业标准；

4. 指导省、自治区、直辖市有关行政主管部门的标准化工作；

5. 组织本部门、本行业实施标准；

6. 对标准实施情况进行监督检查；

7. 经国务院标准化行政主管部门授权，分工管理本行业的产品质量认证工作。

第四章"标准的实施与监督"第二十七条规定：国务院标准化行政主管部门组织

或授权国务院有关行政主管部门建立行业认证机构，进行产品质量认证工作。

第二十八条规定：国务院标准化行政主管部门统一负责全国标准实施的监督。国务院有关行政主管部门分工负责本部门、本行业的标准实施的监督。

省、自治区、直辖市标准化行政主管部门统一负责本行政区域内的标准实施的监督。省、自治区、直辖区人民政府有关行政主管部门分工负责本行政区域内所主管行业的标准实施的监督。

《中华人民共和国标准化法实施细则》的以上规定，明确了标准的实施、认证与监督的管辖要求。《企业档案工作规范》颁布后，有关档案行政管理部门要依法加强对《企业档案工作规范》的宣传，特别是组织企业学习、了解国家对企业档案工作的新标准、新要求，理解标准条文的要求及标准实施将会给企业管理带来的收益、促进和保障作用。同时，档案行政管理部门和中央企业可以培训、研讨、现场交流、依法检查等多种形式，加强对企业实施《企业档案工作规范》的监督指导。

关于对标准应用效果和水平的衡量，就是一般所说的评审、认证、考核等。分为企业实施《企业档案工作规范》后的自检，与外部有关部门、单位的验证、评定。关于《企业档案工作规范》在企业的贯彻实施，与档案行政管理部门对企业贯彻《企业档案工作规范》水准的评审认定关系，可以参照国际上著名的《质量管理体系要求》的实施与认证的关系来说明。

国际标准化组织专家罗杰·弗罗斯特对 ISO 9001 的实施与认证关系专门有过说明：认证并不意味产品质量更好，规范也并不能保证质量系统成功。如果仅是想要个证书能挂在墙上而去收集文件，ISO 9001 认证对企业不会有多大改进。事实上如果企业实施 ISO 9001 真是为了提高产品质量以确保收益，那么没有认证也无所谓。ISO 专家巴恩斯认为："确定认证在企业恰当角色，需要良好的判断：认证本身对企业的市场开拓是否极其重要？如果不是，就不用急于认证。而即使没有认证，企业也应利用 ISO 9001 的模式作为评价其质量管理良好与否的尺度。"（"Good Business Sense Is the Key to Confronting ISO 9000" Frank Barnes in Review of Business，Spring 2000）

显然《企业档案工作规范》的贯彻实施，关键在于使企业、特别是企业领导者真正认识到，企业档案的规范管理既是国家法律法规的要求，也能给企业带来收益。而认定只是一种形式上的肯定。企业应在《企业档案工作规范》全面有效实施上下工夫，在提升档案管理水平上下工夫，在档案信息资源的有效利用上下工夫。

如全面有效实施《企业档案工作规范》，首先就需要将《企业档案工作规范》中关于对企业档案工作的组织建设、制度建设结合企业实际情况落实到实处，领导重视、全员参与、系统管理的管理原则应在企业有关法规制度、规章规范中体现；

提升档案管理水平，就应将传统档案管理与信息化管理的有效结合，纸质档案文件与电子档案的一致性，建立健全现代企业制度、现代产权制度以及经济全球化背景下有关法规所要求的文件收集归档范围；

档案信息资源开发利用，也是企业档案工作成效的最终检验。企业档案管理能否达到让恰当的人，在恰当的时间，恰当的地点，用到恰当的档案信息这一较高境界？

当然，对《企业档案工作规范》的认定，也是一种检验企业档案管理是否符合标准的评价形式。《企业档案工作规范》的有效实施，再加上实施成效的认定，将有助于企业管理与市场竞争。

关于《企业档案工作规范》实施后应用效果和水平的衡量与认定，国家档案局将进行研究。目前主要是对《企业档案工作规范》宣传贯彻，企业在实施中可以对照标准自检。在企业实施标准一定时期后，采用何种方式来检验标准的实施效果，并制定相应的程序来开展对企业贯彻《企业档案工作规范》水平进行评审或认定，将由国家档案局制定的行政管理文件来统一开展。

关于各地区、各中央企业目前有些正在进行的企业档案管理水平认定、合格评定活动，其认定标准或办法可以参照《企业档案工作规范》进行修订。在没有修订前，企业自愿进行认定的，可以按原标准或办法进行。国家档案行政管理部门做出有关对《企业档案工作规范》评估、考核、认定或合格评定的办法后，各地区、各中央企业应按照相关行政管理要求开展标准的评估、考核、认定或合格评定工作。

五、标准未尽事宜及有关问题

我国企业档案工作已有近60年的发展历史，伴随着企业改革发展和创新，企业档案工作也经历了不同发展阶段，档案管理的理念、技术、方法及手段也得到极大提升。《企业档案工作规范》正是全国档案工作者、特别是企业档案工作者实践、经验、汗水和智慧的结晶。《企业档案工作规范》（DA/T 42）这一档案管理标准也将成为企业管理方面的一项重要标准。它不仅可用于衡量企业档案管理的水平及成效，而且由于其涉及企业管理的方方面面，具有全员参与性，并最能体现和检验企业生产、经营和管理活动的"法规遵从"程度，因此，也将成为衡量企业管理水平的一项重要标准。

另外，由于首次制定系统管理标准，还存在不足和可改进之处。如，与国际标准ISO 9001和ISO 15489相比，《企业档案工作规范》还缺少类似缺陷改进、审计、监督、追踪以及PDCA循环等国际标准中常有的要求。这主要是我国档案工作实践中长期以来单项、静态标准的应用习惯，对系统和动态改进的标准尚需逐步适应完善。当前可以通过档案部门或企业开展评估、认定活动来发现问题，做出改进，或将来在标准在实践基础上进行修订时增加相应要求。

《企业档案工作规范》是我国档案工作标准化建设由单项技术标准的应用，向档案工作系统管理迈进的重要创新，是企业档案工作在新的历史条件和技术条件下全面提升的工作指南，也是档案行政管理部门落实依法治档、对企业档案工作实行有效的监督指导的依据。各地档案行政管理部门和中央企业档案部门，应在《企业档案工作规范》实施中及时向国家档案局提出标准存在的问题与修改建议，便于今后修改，使标准更好地融入企业管理，成为企业管理不可或缺的重要标准。

参考文献

1. 胡新欣. 当前我国企业管理创新的基本趋势. 中国企业联合会《企业管理》2010 年 1 期.

2. ISO 9001：2008《质量管理体系要求》

3. http：//www. iso. org

   http：//www. iqa. org

   http：//www. advantageregistrar. com

   http：//www. fda. gov/cder/guidance/index. htm

   http：//www. qfdi. org

   http：//www. pardee-quality-methods. com/qfdis. html

附　录

ICS 01.140.20
A 14
备案号:26718—2009

中华人民共和国档案行业标准

DA/T 42—2009

企业档案工作规范

Requirements of business records management

2009-11-02 发布   2010-01-01 实施

国 家 档 案 局 发布

前　言

本标准的附录 A、附录 B 为资料性附录。

本标准由国家档案局提出并归口。

本标准起草单位：国家档案局、天津市档案局、山西省档案局、辽宁省档案局、上海市档案局、江苏省档案局、湖北省档案局、广东省档案局、广西壮族自治区档案局、重庆市档案局、青岛市档案局。

本标准主要起草人：李和平、李晓明、王岚、吕炎生、黄绪臣、张庆一、杨永和、黄和、欧阳旭明、钟伦清、周兴才、何素君、王剑峰、姜延溪、张向军、高雪红。

引　言

　　为规范企业档案工作，使之更好地服务于企业生产、研发、经营活动和管理工作，根据国家有关法规和标准，制定《企业档案工作规范》。

　　本标准是企业开展档案工作的基本规范，企业应结合实际实施。

企业档案工作规范

1 范围

本标准确立了企业档案工作原则、组织和制度要求，给出了企业档案业务工作、档案信息化建设、档案工作设施设备配置等方面的方法与技术指南。

本标准适用于大中型工业企业，其他类型企业及事业单位可参照使用。

2 规范性引用文件

下列文件中的条款通过本标准的引用而成为本标准的条款。凡是注日期的引用文件，其随后所有的修改单（不包括勘误的内容）或修订版均不适用于本标准，然而，鼓励根据本标准达成协议的各方研究是否可使用这些文件的最新版本。凡是不注日期的引用文件，其最新版本适用于本标准。

GB/T 9705　文书档案案卷格式

GB/T 11821　照片档案管理规范

GB/T 11822　科学技术档案案卷构成的一般要求

GB/T 17678.1　CAD电子文件光盘存储、归档与档案管理要求

GB/T 18894　电子文件归档与管理规范

DA/T 1　档案工作基本术语

DA/T 12　全宗卷规范

DA/T 13　档号编制规则

DA/T 15　磁性载体档案管理与保护规范

DA/T 22　归档文件整理规则

DA/T 28　国家重大建设项目文件归档要求与档案整理规范

DA/T 31　纸质档案数字化技术规范

DA/T 32　公务电子邮件归档与管理规则

DA/T 43　缩微胶片档案数字化技术规范

JGJ 25　档案馆建筑设计规范

ISO 15489.1　信息与文献——文件管理：通则

ISO 15489.2　信息与文献——文件管理：指南

3 术语和定义

DA/T 1—2000确立的以及下列术语和定义适用于本标准。

3.1

企业档案 business records

企业在研发、生产、经营和管理活动中形成的有保存价值的各种形式的文件。

3.2

企业档案工作 business records management

企业履行档案管理职责的行为和活动。

3.3

电子档案 electronic records

具有保存价值的归档电子文件及相应元数据、背景信息和支持软件。

3.4

档案信息化 archival informationization

运用信息技术对归档文件、数据信息资源及档案进行采集、整合、维护、处置和提供利用服务的档案管理提升过程和工作方式。

4 档案工作总则

4.1 企业档案是企业知识资产和信息资源的重要组成部分。企业档案工作是企业研发、生产、经营和管理活动的基础性管理工作。

4.2 企业档案工作应以企业资产关系为纽带，实行统一领导、统一管理、统一制度、统一标准。

4.3 企业档案工作应以满足企业各项活动在证据、责任和信息等方面的需求为导向，运用现代技术与管理方法，通过资源整合和开发，为企业研发、生产、经营、管理和持续发展提供有效服务。

4.4 企业应维护档案的完整、准确、系统与安全。

5 档案工作组织

5.1 组织系统建设

5.1.1 档案工作领导

企业应确定档案工作的分管领导，确定各职能或承办部门、各项目档案工作的负责人，确定档案部门的负责人。

5.1.2 档案机构设置

企业应根据规模和管理模式设置专门的档案机构，或指定负责档案工作的机构。大型企业应设立档案馆。

5.1.3 档案人员配备

企业应配备与企业研发、生产、经营和管理相适应的专职档案人员；各部门、各项目应配备专职或兼职档案人员。企业应保持档案人员相对稳定。

5.1.4 档案工作体系

企业应建立以档案部门为核心，各职能或承办部门、各项目专兼职档案人员为基础的企业档案工作体系。

5.2 企业管理职责

5.2.1 企业应贯彻国家有关档案工作法律、法规和方针政策，建立健全档案工作规章制度，将档案工作纳入企业发展规划和工作计划，为档案工作持续发展提供保障。

5.2.2 企业应将文件形成、积累和归档要求纳入各部门、项目及专项工作职责和有关人员岗位职责，并对分管领导、部门和项目负责人及有关人员职责履行情况进行考核。

5.2.3 企业应采取必要措施，维护和确保档案的完整、准确、系统和安全。

5.2.4 企业资产与产权变动时应做好档案的处置工作，国有企业应依照档发字〔1998〕6 号文件的要求进行，其他企业可参照。

5.2.5 企业应对档案工作中做出成绩的集体或个人给予表彰和奖励；对违反有关规定造成档案损失的相关人员给予处分。

5.3 企业部门职责

5.3.1 企业各职能或承办部门及项目负责人应对本部门或项目归档文件的完整和系统负责。

5.3.2 企业各职能或承办部门及项目文件形成者应负责积累文件，并对归档文件的齐全、准确和形成质量负责。

5.3.3 专兼职档案人员应负责收集、整理应归档的文件，对归档文件的整理质量负责。

5.3.4 企业各职能或承办部门及项目对文件管理的责任，见 ISO 15489.1 第七章、ISO 15489.2 和档发〔2002〕5 号文件要求。

5.4 档案部门职责

5.4.1 统筹规划企业档案工作，制定企业文件归档和档案鉴定、整理、保管、统计、利用、移交等有关规章制度。

5.4.2 负责企业档案的收集、整理、保管、鉴定、统计和提供利用工作。

5.4.3 指导企业各部门、项目及专项工作文件的形成、积累、整理及归档工作。

5.4.4 监督、指导、检查企业所属单位（包括派出机构和投资的全资、控股企业）的档案工作。

5.4.5 依照有关规定向国家档案馆或有关单位移交档案。

5.5 档案人员要求

5.5.1 档案人员应遵纪守法、忠于职守、具有专业知识。

5.5.2 档案部门负责人应具有中级以上专业技术职称或大学本科以上学历。

5.5.3 档案人员应具备大学专科以上学历或同等学识水平。

5.5.4 档案人员应定期接受档案业务培训。

6 档案工作制度

6.1 工作规章

6.1.1 明确企业文件形成、归档责任。企业在制定有关规章、标准和制度中应提出相应的文件收集、整理和归档的责任要求。

6.1.2 制定企业档案工作规定。企业档案工作规定是企业档案工作的基本要求，其主要内容应包括：档案工作原则及管理体制，文件的形成、积累与归档职责要求，档案收集、鉴定、整理、保管、统计、利用要求，资产与产权变动档案的处置原则，解释权限等。

6.1.3 建立档案工作责任追究制度。对相关岗位人员违反文件收集、归档及档案管理制度，发生档案泄密、造成档案损毁等行为，企业应提出责任追究和处罚措施，并将有关要求纳入相关管理制度。

6.1.4 制定档案管理应急预案。对可能发生的突发事件和自然灾害，企业应制定档案抢救应急措施，包括组织结构、抢救方法、抢救程序、保障措施和转移地点等。对档案信息化管理的软件、操作系统、数据的维护、防灾和恢复，应制定应急预案。

6.2 管理制度

6.2.1 文件归档制度。应明确文件归档范围及保管期限、归档时间、归档程序、归档质量要求以及归档控制措施。

6.2.2 档案保管制度。应明确各门类档案保管条件、特殊载体档案保管方式、档案清点检查办法、对受损档案的处置办法、档案进（出）库要求、库房管理要求和库房管理员职责。

6.2.3 档案鉴定销毁制度。应明确鉴定、销毁工作的组织、职责、原则、方法和时间等要求。

6.2.4 档案统计制度。应明确统计内容、统计要求和统计数据分析要求。

6.2.5 档案利用制度。应明确档案提供利用的方式、方法，规定查（借）阅档案的权限和审批手续，提出接待查（借）阅档案的要求。

6.2.6 档案保密制度。应明确档案形成者、档案管理者、档案利用者应承担的保密责任。

6.2.7 电子档案管理制度。应对企业各信息系统中形成的电子文件提出归档、管理和利用要求。

6.2.8 档案管理系统操作制度。应明确档案管理系统操作人员的职责、档案管理系统软件、硬件的操作要求。

6.3 业务规范

6.3.1 文件、档案整理规范。应明确文件立卷与档案整理原则、整理方法、档号编制要求和档案装具要求等。

6.3.2 档案分类方案。应明确分类依据、类别标识、类目范围。

6.3.3 文件归档范围和保管期限表。应明确各类文件归档的范围及其相对应的保管期限。

6.3.4 特殊载体档案管理规范。应明确不同载体档案收集、整理的要求和保管的条件。

7 档案业务工作

7.1 企业档案工作与业务活动

7.1.1 企业档案工作是企业各项业务和活动的有机组成部分，应纳入企业领导工作议事日程，纳入企业规章制度及工作流程，纳入企业部门和有关人员的经济责任制或岗位责任制。

7.1.2 企业档案部门或档案人员应参加产品鉴定、科研课题成果审定、项目验收、设备开箱验收等活动，负责检查应归档文件的完整、系统。

7.1.3 企业下达项目计划任务应同时提出项目文件的归档要求；检查项目计划进度应同时检查项目文件积累情况；验收、鉴定项目成果应同时验收、鉴定项目文件归档情况；项目总结应同时做好项目文件归档交接。

7.2 文件的形成、积累

7.2.1 文件形成时应使用耐久、可靠的记录载体和记录方式。

7.2.2 文件形成者应将办理完毕、有保存价值的文件及时交本部门、项目或专项工作档案人员保管。

7.3 文件整理与归档

7.3.1 文件整理

文件立卷整理应遵循文件形成规律，区分保管期限，保持文件间有机联系。文书、科技、会计、人事等门类文件的整理，应分别符合 GB 9705、DA/T 22、GB/T 11822、财会字〔1998〕32 号、劳力字〔1992〕33 号等标准及文件的要求；音像、电子等载体形态文件整理，应分别符合 GB/T 11821、DA/T 15、GB/T 18894、DA/T 32 等标准的要求。

7.3.2 文件归档范围

7.3.2.1 企业在筹备、建设、生产、经营、管理等活动及产权变动过程中形成的具有保存价值的各种载体形式的文件都应纳入归档范围。国有企业文件归档范围应符合档发〔2004〕4 号文件要求。

7.3.2.2 归档文件的主要来源有：
——本企业形成的文件；
——本企业引进项目、外购设备等接收的文件；
——所属单位及参股企业应向本企业提交的文件；
——本企业参与的合作项目，合作单位按要求应向本企业提交的文件；
——本企业执行、办理的外来文件。

7.3.2.3 企业应根据经营管理范围和业务活动类型制定文件归档范围和保管期限表。确定文件归档范围和保管期限可参照、但不限于附录 A。项目建设类文件应依据企业在项目建设中的性质确定，建设单位、设计单位、施工单位、监理单位文件归档具体范围参见 DA/T 28；服务类型企业各类文件归档范围及企业中专业性较强的业务活动的文件归档范围，应结合企业活动和专门业务编制。

7.3.3 文件归档时间

7.3.3.1 经营管理工作、生产技术管理工作、行政管理工作、党群工作中形成的文件一般应在办理完毕后的第二年一季度归档。

7.3.3.2 科研开发、项目建设文件应在其项目鉴定、竣工验收前归档，周期长的可分阶段、单项归档；产品生产及服务业务应定期或按阶段归档。

7.3.3.3 产权产籍、质量认证、资质信用、合同协议、知识产权等文件应随时归档；外购设备仪器或引进项目的文件应在开箱验收或接收后即时登记归档。

7.3.3.4 会计核算专业材料应在会计年度终了后由会计部门整理归档，保管一年后向档案部门移交。

7.3.3.5 电子文件逻辑归档宜定时进行，物理归档应与相应门类或内容的其他载体归档时间一致。

7.3.3.6 磁带、照片及底片、胶片、实物等载体形式的文件应在工作结束后及时归档，或与相应内容的纸质载体归档时间一致。

7.3.3.7 更新、补充的文件，企业内部机构变动和干部职工调动、离岗时应清退的文件，企业资产与产权变动过程中形成的文件，其他活动中形成的文件等，应随时归档。

7.3.4 文件归档要求

7.3.4.1 企业应实行部门、项目及专项工作的文件收集、整理、归档责任制。各部门、项目及专项工作专兼职档案人员应按照规定将文件整理后归档。

7.3.4.2 归档的文件应完整、准确、系统，其制成材料应有利于长久保存，图文字迹应符合形成文件设备（打印机、复印机、扫描仪等）标称的质量要求。

7.3.4.3 归档的文件应为原件。因故无原件的可将具有凭证作用的复制件归档。

7.3.4.4 非纸质文件应与其文字说明一并归档。外文（或少数民族文字）材料若有汉译文的，应一并归档，无译文的要译出标题和目录后归档。

7.3.4.5 归档的文件一般一式一份。重要的、利用频繁的和有专门需要的可适当增加份数。

7.3.4.6 两个以上单位合作完成的项目，应以合同、协议等形式约定文件归档要求。主办单位一般应保存全套文件，协办单位保存与所承担任务相关的正本文件。

7.3.4.7 文件形成部门应就归档文件填写《档案交接登记表》（见附录 B 表 B.1）。重要项目文件归档时应由项目管理部门编写归档说明，并经项目负责人审核签字。

7.4 档案收集工作

7.4.1 文件归档的交接

7.4.1.1 文件形成部门应按期将《档案交接登记表》随同已整理的文件向档案部门移交。

7.4.1.2 档案部门接收时应认真核对，并检查档案质量。双方在《档案交接登记表》签字后各保留一份。

7.4.2 档案与资料的收集

7.4.2.1 企业应接收所属单位因产权变动后属本企业所有的档案。

7.4.2.2 企业应根据资产管理权限接收无法人资格的所属单位档案。

7.4.2.3 企业可根据需要收集宣传报道本单位的新闻资料。

7.4.2.4 企业可根据研发和市场竞争的需要收集与企业经营范围相关的资料。

7.4.2.5 企业可根据需要向社会、离退休人员征集档案、资料。

7.5　档案整理工作

7.5.1 档案部门应区分全宗进行档案的分类、排列与编目。

7.5.2 分类方案应依据企业管理职能，结合档案形成特点制定，并应保持相对稳定性和可扩充性。分类方案应附有分类说明。

7.5.3 类别号可采用阿拉伯数字、英文字母、拼音字母中的一种或两种混合方法设定。

7.5.4 全宗内档案按类分别集中排列，类别内档案按类目条款顺序依次排列编号。

7.5.5 根据分类方案和排列顺序编制档号。档号应指代单一，具有唯一性。档号编制方法见 DA/T 13。

7.5.6 档号可采用"［全宗号—］分类号（或项目代号或目录号）——案卷号（或件号或盘、盒、张号）"（［　］表示可选）结构。

　　全宗号由企业根据对所属单位集中统一管理档案的需要和企业产权变更情况自行设定。

7.5.7 纸质档案应与对应的非纸质载体档案设立互见号。

　　互见号是反映同一内容其他载体档案保管单位的档号。

7.5.8 按全宗、类别、保管期限编制档案目录。

7.5.9 档案部门应对每个全宗建立全宗卷。全宗卷可单独管理。全宗卷的主要内容和编制方法见 DA/T 12。

7.6　档案保管工作

7.6.1 档案存放应依据档案载体选择档案柜架。底图不宜折叠；磁性载体应选择防磁设施。重要档案应异地备份。

7.6.2 档案入库前一般应去污、消毒。受损的档案应及时修复或补救。对于易损的制成材料和字迹，应采取复制手段加以保护。

7.6.3 库房管理

7.6.3.1 库房应保持干净、整洁，并具备防火、防盗、防光、防有害气体、防尘、防有害生物等防护功能（见 JGJ 25）。

7.6.3.2 库房温、湿度应符合 JGJ 25、GB/T 18894 和 DA/T 15 对各类档案载体的保管要求，并有温湿度登记（登记表参见附录 B 表 B.2）。

7.6.3.3 库房设备运转情况应定期检查，并及时排除隐患。

7.6.3.4 库藏档案应定期清理核对，做到账物相符。库藏档案数量发生变化时应记录说明。

7.7 档案鉴定工作

7.7.1 企业应成立由主管领导、职能部门、专业技术人员和档案人员组成的档案鉴定委员会（或小组），负责确定文件保管期限和到期档案鉴定。

7.7.2 档案保管期限应根据文件对企业、国家和社会所具有的现实和今后工作查考、凭证作用，以及历史研究价值确定。

7.7.3 档案保管期限一般分为永久和定期两种。会计档案的保管期限执行《会计档案管理办法》。

7.7.4 永久保管档案。凡是反映本企业主要职能活动和历史面貌，对本企业、国家和社会有长远利用价值的文件，列为永久保管。

7.7.5 定期保管档案。凡是反映本企业一般工作活动，在一定时间对本企业各项工作有参考利用价值的文件，列为定期保管。定期保管档案的年限可根据其参考利用价值分为 30 年和 10 年。

7.7.6 企业应定期对已到保管期限的档案进行鉴定。经档案鉴定委员会鉴定，仍需继续保存的档案应重新划定保管期限；对保管期满确无保存价值的档案应登记造册，填写销毁清册（参见附录 B 表 B.3），经企业法定代表人批准后进行监督销毁。销毁清册永久保存。

7.8 档案统计工作

7.8.1 档案部门应及时、准确地填报本企业档案工作年报及有关统计报表。

7.8.2 建立档案工作统计台账，主要内容包括：档案馆（室）藏情况；年度入出库情况；档案利用情况；档案专兼职人员情况；档案设施、设备情况；档案销毁情况等。

7.8.3 档案统计工作应保持连续性。

7.9 档案利用工作

7.9.1 档案部门应加强档案检索系统建设，开发档案信息资源，及时、有效地提供档案利用服务。

7.9.2 企业应根据保密规定和知识产权管理要求，设定利用者权限。超越权限的利用需经有关领导审批。

7.9.3 利用档案应按规定进行登记（借阅登记表参见附录 B 表 B.4）。利用效果突出的宜进行登记（利用效果登记表参见附录 B 表 B.5）。

7.9.4 可采用直接查阅、电话调阅、网上查阅等方式提供利用原件、复制件、缩微件和电子档案。

7.9.5 企业宜对档案信息进行分类汇总，形成专题汇编，如规章制度汇编、专题文件汇编等。

7.9.6 企业宜对档案信息进行综合整理，形成专题材料，如大事记、年鉴、组织沿革、产品性能比较、科研成果简介、工程项目简介、设备的更新换代、市场的变化等。

7.9.7 企业宜对档案信息进行分析研究，形成深层次加工材料，如历年生产经营指标统计分析、重大事故原因研究分析、企业史志等。

7.9.8 企业可利用档案举办档案陈列或展览。

8 档案信息化建设

8.1 档案信息化目标与原则

8.1.1 企业档案信息化应以促进、完善企业信息化和提升档案管理现代化水平为总目标。

8.1.2 企业档案信息化应坚持技术与管理并重、与企业信息化协调和同步的原则。

8.1.3 企业各信息系统的开发与实施应充分考虑档案管理的要求。

8.2 电子文件的归档

8.2.1 电子文件归档要求及功能应嵌入文件生成系统。企业各信息系统生成的文本、图形、图像、数据等类型电子文件归档范围应参照纸质文件归档范围确定。音频、视频、多媒体等类型电子文件及数据库的归档范围应根据相关规定和需要确定。

8.2.2 企业各信息系统所形成的电子文件的元数据、背景信息，以及生成非通用电子文件格式的软件等应与电子文件一并归档。

8.2.3 归档的电子文件数据格式应易于识读、迁移。电子文件通用格式见 GB/T 18894 第 6 章。

8.2.4 电子文件应经鉴定、整理、审核后归档。电子文件的整理、鉴定与归档要求参见 GB/T 17678.1 和 GB/T 18894。

8.2.5 加密的电子文件归档时一般应解密，必须加密归档的电子文件应与其解密软件和说明文件一并归档。

8.2.6 文件形成部门应负责确保归档电子文件具备真实性、可靠性、完整性和可用性。

8.3 传统载体档案数字化

8.3.1 企业可根据档案保管和利用的实际需要，有选择地对传统载体档案实施数字化。

8.3.2 纸质档案数字化应符合 DA/T 31 的要求，缩微胶片数字化应符合 DA/T 43 的要求。

8.3.3 照片档案和声像档案数字化文件格式见 DA/T 32 的附录 B。

数字化生成的档案副本档号应与原档案对应。

8.4 电子档案的保管

8.4.1 电子档案应参照纸质档案分类方案进行整理。

8.4.2 电子档案应存储到脱机载体上。其存储载体见 DA/T 32 的附录 C，保管要求见 GB/T 18894 的 9.4。

8.4.3 脱机存储电子档案的载体或装具上应贴有注明载体序号、电子档案号、密级、保管期限、存入日期等内容的标签，电子档案载体应设置成禁止写操作的状态。

8.4.4 存储在脱机载体上的电子档案应一式三套，一套封存保管，一套异地保管，一套提供利用。

8.4.5 超过保管期限的电子档案的鉴定和销毁，按照纸质档案的有关规定执行，其删除和销毁应符合 GB/T 18894 中 9.8 的相关规定。对确认销毁的电子档案应有销毁文件目录存档。

8.5 档案网络化服务

8.5.1 企业应建立馆（室）藏档案目录数据库，并逐步实现档案的全文检索。

8.5.2 对数字化档案和各信息系统归档的电子文件，档案部门应根据设定的利用权限提供及时有效的网络化服务。

8.5.3 涉密档案管理系统应与互联网物理断开，非涉密档案管理系统可与互联网逻辑隔离。

8.5.4 档案管理系统应采取身份认证、权限控制、加装防火墙等安全保密措施。

8.5.5 档案管理服务器应采取可靠的备份、恢复措施。

8.5.6 各信息系统应有生成电子文件自动归档功能的模块或接口。

8.6 档案管理系统软件

8.6.1 档案管理系统软件的配置应满足本企业的实际工作需要，并适应本企业信息化建设发展需要。

8.6.2 档案管理系统应具备收集整编、数据管理、检索浏览、借阅管理、统计汇总、权限设置、安全保密、系统维护等基本功能，并能辅助实体档案管理及根据需求增扩其他相应功能。

8.6.3 档案管理系统应与各信息系统之间衔接，并能接收和兼容各信息系统生成的电子文件。档案管理系统设计与实施参见 ISO 15489.1 第 8 章和 ISO 15489.2。

9 档案工作设施设备

9.1 档案库房

9.1.1 档案库房应设置在远离易燃、易爆物品和水、火等存在安全隐患的场所，无特殊保护装置一般不宜设置在地下或顶层。

9.1.2 档案库房楼层地面应满足档案及其装具的承重要求。

9.1.3 档案库房面积应满足档案工作发展的需要，留有存储空间。

设置档案馆的企业，档案库房建筑应符合 JGJ 25 的要求，库房一般应满足日后 20 年档案存储需要。

9.2 业务技术用房

9.2.1 业务技术用房应满足接收、整理、修复档案的实际需要。

9.2.2 企业可根据工作需要设置档案接收、整理、裱糊、消毒、复印、数字化、缩微以及安全监控等用房。

9.3 阅览及陈列室

阅览室应邻近办公室和档案库房，环境安静。

陈列室（展览室）宜设置在适于观览的场所。

9.4 档案装具

9.4.1 档案柜架应牢固耐用，一般应具有防火、防盗、防尘作用。应根据非纸质载体档案需要选择有专用保护功能的柜架。有条件的可采用密集架。

9.4.2 各类档案盒规格、式样和质量应符合 GB/T 9705、GB/T 11822、DA/T 22 和 GB/T 11821 的要求。

9.5 保护设备

9.5.1 档案库房应配置温湿度监控设备及灭火器材、防光窗帘、防盗门窗等必要的设施。

9.5.2 根据库房管理需要可配置除尘器、消毒柜、去湿机、加湿机、空气净化器等设备。

9.5.3 有条件的企业应配置自动报警、自动灭火、温湿度自动调控、监控等设备。

9.6 技术设备

9.6.1 配备档案整理工作所需要的装订机、打印机等设备。

9.6.2 配备档案修复、利用需要的数码照相机、摄像机、复印机、阅读机等设备。

9.6.3 配备信息化管理需要的计算机、服务器、扫描仪、光盘刻录机等设备，以及容灾备份设备、应急电源。

9.6.4 根据需要可配备 CAD 绘图仪、工程图纸复印机、缩微机等设备。

附　录　A
（资料性附录）
企业文件归档基本范围与保管期限参考表

表 A.1　经营管理类

序　号	基　本　范　围	保管期限
1	经营决策	
1.1	企业发展规划、经营战略决策、企业改革等文件	永久
1.2	转换经营机制、各项配套制度改革实施方案、请示与批复、总结、报告等	永久
1.3	董事会、监事会、股东会构成及变更方面的文件	永久
1.4	厂务公开文件	30 年
1.5	厂长（经理）责任制、任期目标等	30 年
1.6	股东大会文件	
1.6.1	重要的	永久
1.6.2	一般的	10 年
1.7	董事会、股东会会议记录、纪要、工作报告、声明、决定、决议、通知、名单、议程、报告、讨论通过的文件、公告、总结等	永久
1.8	监事会会议记录、纪要、工作报告、声明决定、决议等	永久
1.9	股票、股市方面的材料	30 年
1.10	红利分配材料	永久
2	生产经营计划	
2.1	生产经营计划、总结、报告及计划调整等材料	30 年
2.2	计划任务书或作业计划	30 年
2.3	生产技术、经济指标完成情况分析	30 年
3	统计工作	
3.1	统计工作制度、规定、办法、通知	30 年
3.2	生产、技术、经济统计报表	永久
3.3	企业综合性统计报表及分析材料	30 年
3.4	工业普查报表	永久

表 A.1 经营管理类（续表）

序　号	基　本　范　围	保管期限
4	财务管理	
4.1	财务管理制度，规定、办法、通知	30 年
4.2	财务管理计划、总结	10 年
4.3	固定资产的新增、报废、调拨材料	30 年
4.4	生产财务和成本核算	永久
4.5	税务方面的材料	永久
4.6	资金管理、价格管理、会计管理的材料	永久
5	资产管理	
5.1	房产、土地方面的文件	
5.1.1	房地产的权属证明材料	永久
5.1.2	房地产的租赁、使用方面的合同、协议等文件	30 年
5.2	对外投资项目	
5.2.1	投资规划、决策等方面的材料	永久
5.2.2	投资企业的董事会、股东会材料	永久
5.2.3	投资企业的财务报告、红利分配材料	永久
5.2.4	股权证、转让协议等股权管理方面的材料	永久
5.3	国有资产管理、登记、统计、核查清算、交接等文件	永久
5.4	企业的产权变动	
5.4.1	产权变动的请示、批复方面的材料	永久
5.4.2	清产核资、资产评估工作的文件	永久
5.4.3	产权变动的协议、合同等	永久
5.4.4	资产处置方案、归属方面的材料	永久
5.4.5	因产权变动所致职工身份变化的材料	永久
5.5	多种经营管理	
5.5.1	经营机构的工作计划、汇报、总结、	30 年
5.5.2	内部承包章程、合同、协议	30 年
5.5.3	经济核算材料	永久
5.6	境外项目管理	
5.6.1	境外项目的前期设计、规划、协议、合同等文件	永久

表 A.1 经营管理类（续表）

序　号	基　本　范　围	保管期限
5.6.2	项目检查、竣工验收、重要的专项报告、审批意见等	永久
5.6.3	工作总结、计划、业务方面的一般来往函件	30 年
6	物资管理	
6.1	物资分配计划、记录	10 年
6.2	物资采购、保管	
6.2.1	重要物资和生产资料的采购审批手续、保管及招投标合同、协议、来往函件、总结	永久
6.2.2	办公设备及用品、机动车等的采购计划、审批手续、招投标、购置，机动车调拨、保险、事故等一般性文件	30 年
6.3	仓库管理规章制度、台账、统计报表	30 年
6.4	职工承租、购置单位住房的合同、协议和有关手续	永久
6.5	职工住房分配、出售的规定、方案、细则，职工住房情况统计、调查表、职工住房申请	30 年
7	产品销售	
7.1	营销组织管理、网络建设材料	30 年
7.2	产品销售计划、广告宣传、总结、会议记录与纪要等	30 年
7.3	销售合同、协议、函件	30 年
7.4	订货会、市场分析和用户调查材料	30 年
7.5	售后服务材料	10 年
7.6	统计报表	永久
8	合同管理	
8.1	商务合同正本及其补充件	
8.1.1	重要的	永久
8.1.2	一般的	30 年
8.2	客户资信调查材料	
8.2.1	重要的	30 年
8.2.2	一般的	10 年
9	信用管理	
9.1	企业认证、达标等活动的呈报、审批材料、合格证、资格证书等	永久
9.2	企业形象宣传、展览会文件	30 年

表 A.1 经营管理类（续表）

序　号	基　本　范　围	保管期限
9.3	企业获得的资质、信誉方面的证书及其他奖励	永久
9.4	企业客户资信调查材料	30 年
10	知识产权管理	
10.1	企业标识、商标标识方面的材料	永久
10.2	专利、商标和其他知识产权方面的申报、证明及管理方面材料	永久

表 A.2 生产管理类

序　号	基　本　范　围	保管期限
1	生产调度	
1.1	生产调度工作计划、总结、报告	30 年
1.2	生产作业计划的编制、执行及调度工作情况	10 年
1.3	生产调度会议记录	30 年
1.4	生产调度的职责、制度、规程	永久
1.5	生产活动综合分析	10 年
2	质量管理	
2.1	质量管理计划、措施、总结	10 年
2.2	质量管理制度、办法、规定、条例	30 年
2.3	产品质量检测、化验、试验材料	30 年
2.4	质量异议处理、事故分析及处理材料，质量认证、检查、评比材料	30 年
2.5	全面质量管理工作形成的文件、质量体系运行及管理文件、产品创优的获奖证书	30 年
3	能源管理	
3.1	能源管理的规定、计划、总结、请示、批复	30 年
3.2	能源消耗定额管理材料	30 年
3.3	节能工作方案、措施、总结	30 年
3.4	统计报表	30 年
4	安全生产	
4.1	安全技术管理规定、通报、总结、会议纪要等	30 年

表 A.2　生产管理类（续表）

序　号	基　本　范　围	保管期限
4.2	事故报告、调查分析及处理材料	30 年
4.3	安全教育活动的材料	10 年
4.4	安全生产、消防方面的材料	10 年
4.5	统计报表	30 年
5	科技管理	
5.1	科技发展规划、计划、总结，科技工作规定等	30 年
5.2	技术革新和合理化建议文件	10 年
5.3	新产品开发、科技成果管理、技术引进	30 年
5.4	学术论文、考察报告、专题总结	30 年
5.5	统计报表	30 年
6	环境保护	
6.1	环境保护规划、计划、总结	30 年
6.2	环境保护制度、管理办法	30 年
6.3	环保调查、监测，分析材料	永久
6.4	环境影响评价书、环境污染防治措施、总结、报告	30 年
6.5	统计报表	
6.5.1	年度以上的统计报表	永久
6.5.2	半年、季度、月的统计报表	10 年
7	计量工作	
7.1	计量工作规划、计划、总结	10 年
7.2	计量工作管理规定	30 年
7.3	计量设备、仪器、器具资料及定期检查记录	10 年
7.4	计量管理工作方面的材料	10 年
7.5	统计报表	
7.5.1	年度以上的统计报表	永久
7.5.2	半年、季度、月的统计报表	10 年
8	标准化工作	
8.1	标准化管理的规划、制度、办法、规定	30 年
8.2	标准化管理计划、总结	30 年

表 A.2 生产管理类（续表）

序　号	基　本　范　围	保管期限
8.3	生产技术规范、企业技术标准、企业工作标准、企业管理标准	永久
9	档案和信息工作	
9.1	档案工作计划、总结	10 年
9.2	档案工作的规划、规定等	30 年
9.3	档案移交清单、销毁清册	永久
9.4	档案利用、开发成果材料	30 年
9.5	信息工作计划、总结	10 年
9.6	信息管理工作的通知、规定等	30 年
9.7	有关科技信息	30 年
9.8	图书、资料工作材料	10 年
9.9	统计报表	永久

表 A.3 行政管理类

序　号	基　本　范　围	保管期限
1	行政事务	
1.1	上级机关颁发的本企业应执行的有关文件	30 年
1.2	上级领导视察本企业的题词、指示、讲话材料	
1.2.1	重要的	永久
1.2.2	一般的	10 年
1.3	行政工作计划、总结等	永久
1.4	经理办公会、行政办公会会议记录、纪要、决定等	永久
1.5	企业制发的行政决定、通报和签订的行政协议、合同	永久
1.6	工商行政管理方面的材料	30 年
1.7	企业的设立、关、停、并、转及更名、启用与废止印模等方面的文件	永久
1.8	企业文秘、机要、保密、信访、综合治理等方面的文件	
1.8.1	重要的	30 年
1.8.2	一般的	10 年
1.9	企业编史修志方面的文件	

表 A.3 行政管理类（续表）

序 号	基 本 范 围	保管期限
1.9.1	大事记、机构沿革等	永久
1.9.2	工作简报、情况反映、工作信息等	30 年
2	安全保卫工作	
2.1	上级机关颁发的本企业应贯彻执行的有关文件	10 年
2.2	企业安全保卫、民兵工作的计划、总结、报告、报表等	30 年
2.3	对本企业及职工在安全保卫工作方面的奖惩材料及统计报表	30 年
2.4	武装保卫、民兵、预备役人员名单及有关机构设置、干部任免文件	30 年
2.5	自然灾害防范、交通管理方面的文件	
2.5.1	重要的	30 年
2.5.2	一般的	10 年
2.6	重大事故调查和处理文件	永久
3	法律事务	
3.1	法律事务管理与协调工作	
3.1.1	法院判决书、调解书等诉讼和仲裁等文件	永久
3.1.2	一般法律事务工作文件	30 年
3.2	案件、纠纷及公证事务中结论性材料	永久
3.3	案件、纠纷及公证事务中调查过程形成的文件	30 年
4	审计稽查工作	
4.1	上级机关颁发的本企业应贯彻执行的有关审计工作文件	30 年
4.2	审计意见、审计报告及批复等	永久
4.3	审计工作会议记录、纪要、计划、报告、总结、调查材料、办法、一般的请示与批复等	30 年
4.4	专项审计通知、报告、批复、评价书（结论）、调查与证明等材料	
4.4.1	重要的	永久
4.4.2	一般的	30 年
4.5	下级单位报送的审计工作文件	10 年
5	劳动人事与人力资源管理	
5.1	上级机关颁发的本企业应贯彻执行的有关文件	30 年

表 A.3 行政管理类（续表）

序　号	基　本　范　围	保管期限
5.2	企业制定的劳动人事方面的规章制度、报告、决定等	永久
5.3	内部机构设置、名称更改、组织简则、印信启用和作废、人员编制方面的有关文件	永久
5.4	干部职工的任免与招聘、升降、奖惩、考核、职称评聘等方面的文件	永久
5.5	人事调动介绍信及存根、工资转移证等	30 年
5.6	老干部、职工离退休、停薪留职、抚恤、剩余人员与复转退军人安置等有关材料	永久
5.7	职工名册、劳动人事工作计划、总结、报表及调资方案等	永久
5.8	劳动保护、职业安全卫生、计划生育、保险的方针、政策、规定、统计报表等	永久
5.9	职工奖励、处分工作形成的文件，劳动合同管理、劳动工资和社会保险文件、医疗、工伤保险、住房公积金	永久
5.10	劳资纠纷、仲裁方面的文件	永久
6	教育培训工作	
6.1	上级机关颁发的本企业应贯彻执行的有关文件	10 年
6.2	企业教育培训工作的计划、总结	30 年
6.3	企业制定教育培训工作规章制度、请示与批复、决定等	30 年
6.4	企业教育培训工作统计报表等	30 年
6.5	企业干部职工进修培训名单、合同等	30 年
7	外事工作	
7.1	发表的公告、签订的协议、协定、备忘录，重要的会谈记录、纪要等	永久
7.2	出访考察、参加国际会议、接待来访等外事活动、出访审批文件	30 年
7.3	出口审批手续，执行日程安排，考察报告等一般性文件	30 年

表 A.4 党群管理类

序　号	基　本　范　围	保管期限
1	党务工作	
1.1	党员代表大会、党委（党支部）会议及其他有关会议	
1.1.1	会议通知、报告、换届选举结果、决议、通报、纪要等	永久

表 A.4 党群管理类（续表）

序　号	基　本　范　围	保管期限
1.1.2	发言、简报、小组会议记录	10 年
1.2	党务综合性工作	
1.2.1	工作计划、总结、重要专项活动工作报告，重要的调研材料、党务工作大事记	永久
1.2.2	情况反映、工作简报及一般材料	10 年
1.3	上级机关关于党务工作的文件	
1.3.1	针对本企业重大问题的指示、批示文件	永久
1.3.2	对企业一般性、普发性的文件	10 年
1.4	对下属单位关于党务工作请示的批复	30 年
1.5	各项规章制度、管理办法与条例等	30 年
2	组织工作	
2.1	党员干部考察、考核、任免、政审决定等	永久
2.2	入党、转正、退党、转入、转出等决定及党员名册	永久
2.3	党委（总支、支部）组织工作的规章制度	30 年
2.4	党群机构设置、调整、人员编制等方面的决定及通知	30 年
2.5	党费收支与党组织关系介绍信及存根	30 年
2.6	党员学习教育等活动形成的文件	
2.6.1	重要的	永久
2.6.2	一般的	10 年
2.7	党员统计年报、计划总结、组织发展计划	30 年
3	宣传统战工作	
3.1	企业宣传统战工作报告、会议纪要、调研、计划、总结材料、各民主党派人员名单登记、活动记录	
3.1.1	重要的	30 年
3.1.2	一般的	10 年
3.2	单位编辑的出版物样本与定稿	
3.2.1	重要的	永久
3.2.2	一般的	30 年
3.3	反映本企业活动的报刊、广播稿	30 年

表 A.4 党群管理类（续表）

序　号	基　本　范　围	保管期限
3.4	企业文化建设方面的文件（包括社会公益事业、慈善事业的参与、投入的记录；赈灾、扶贫、献血、拥军优属、精神文明建设方面的文件）	
3.4.1	重要的	30 年
3.4.2	一般的	10 年
4	纪检与监察工作	
4.1	纪检与监察工作的规定、决定、通报、通知、会议记录、纪要、计划、总结、请示报告及上级批复	永久
4.2	违纪案件调查处理材料	
4.2.1	重大案件的立案报告、调查依据、审查结论、处理意见等材料	永久
4.2.2	一般案件的调查处理材料	30 年
4.3	纪检与监察工作统计报表	30 年
5	工会工作	
5.1	工会工作规划、总结、规章制度、决定、通知、会议记录	30 年
5.2	职工代表大会及有关会议文件	
5.2.1	会议通知、报告、换届选举结果、决议、通报、纪要等	永久
5.2.2	发言、简报、小组会议记录等	10 年
5.3	工会会员名册	永久
5.4	民主管理、劳动竞赛、表彰先进、劳保福利、职工维权方面的文件	30 年
5.5	女工工作、文体活动等方面的文件、计划生育	
5.5.1	重要的	30 年
5.5.2	一般的	10 年
5.6	工会会费与财务管理材料	30 年
5.7	工作统计报表	
5.7.1	重要的	30 年
5.7.2	一般的	10 年
6	共青团工作	
6.1	共青团工作规划、总结	30 年
6.2	团代会、团委（常委、扩大）会会议文件	

表 A.4 党群管理类（续表）

序 号	基 本 范 围	保管期限
6.2.1	会议通知、报告、换届选举结果、决议、通报、纪要等	永久
6.2.2	发言、简报、小组会议记录等	10 年
6.3	团员及团组织管理方面的决定、通知、批复	30 年
6.4	团费收据与团组织关系介绍信及存根	30 年
6.5	共青团工作统计报表	
6.5.1	重要的	30 年
6.5.2	一般的	10 年
7	民间团体工作	
7.1	专业学会、协会、群众团体活动方面的文件	
7.1.1	重要的	30 年
7.1.2	一般的	10 年

表 A.5 产品生产类

序 号	基 本 范 围	保管期限
1	计划决策阶段	
1.1	调查研究	
1.1.1	市场调查、技术调查、考察、预测报告、调研综合报告	10 年
1.1.2	技术、经济可行性研究报告、市场需求分析报告、收益预测分析报告	30 年
1.2	决策	
1.2.1	发展建议书、技术建议书、协议书、委托书、合同	永久
1.2.2	专题分析报告、专题会议纪要	30 年
1.2.3	研制计划、方案、方案论证报告	30 年
2	设计阶段	
2.1	产品研究、设计计划	30 年
2.2	技术、经济初步评价	30 年
2.3	研究试验大纲、试验报告	30 年
2.4	产品设计标准	永久
2.5	技术设计说明书、产品设计图样、专题技术请示报告、设计评审报告	30 年

表 A.5 产品生产类（续表）

序　号	基　本　范　围	保管期限
3	试制阶段	
3.1	试制	
3.1.1	试制计划、方案、规程、报告	永久
3.1.2	工艺研究报告、工艺总体方案论证	永久
3.1.3	试制工艺流程、工艺标准	30 年
3.1.4	试制工艺文件和工艺装备文件	30 年
3.1.5	工艺评审报告	永久
3.1.6	试制运行记录、化验记录、试制过程纪要	30 年
3.1.7	原材料与半成品、成品检验方法批准书	30 年
3.1.8	理化分析报告、化学配方、化学反应式、计算公式	30 年
3.1.9	技术标准协议、试制质量分析报告	30 年
3.1.10	专题会议记录、纪要、合理化建议	30 年
3.1.11	重大故障分析和排除措施报告	30 年
3.1.12	试制总结报告	永久
3.2	试验	
3.2.1	试验计划、方案、规程	永久
3.2.2	试验所需仪器与设备清单	30 年
3.2.3	试验分项目记录	30 年
3.2.4	试验原始数据与材料	永久
3.2.5	试验分析报告	30 年
3.2.6	试验总结报告	永久
3.3	鉴定	
3.3.1	鉴定申请报告及批复、试制、试验鉴定大纲、技术鉴定材料（申请批复、评价材料、会议纪要）	永久
3.3.2	成套设计文件、标准化审查报告、可靠性试验情况报告	30 年
3.3.3	产品质量和技术经济分析报告	10 年
3.3.4	设计定型报告、证书、鉴定验收书	永久
3.3.5	试用或试运行报告	30 年
4	生产阶段	

表 A.5 产品生产类（续表）

序　号	基　本　范　围	保管期限
4.1	小批生产	
4.1.1	小批生产方案、计划	30 年
4.1.2	小批生产工序工程能力分析报告	30 年
4.1.3	关键件、重要件、关键工序的质量控制及检测报告	30 年
4.1.4	原料鉴定卡片、配用设计表	30 年
4.1.5	历次更改与补充的设计及工艺文件和更改通知单	30 年
4.1.6	小批生产总结报告、小批生产鉴定书	永久
4.1.7	产品设计评审报告、产品研制完成报告	30 年
4.1.8	产品许可证、合格证、使用说明书、装箱单、产品介绍、样本	30 年
4.2	批量生产	
4.2.1	申请正式投产报告、批复、通知	永久
4.2.2	生产技术规程、操作规程、安全生产规程、产品检验规范	永久
4.2.3	技术标准（国际标准、国家标准、行业标准、企业标准）	永久
4.2.4	企业标准编制说明、审批书及修改、修订的通知	永久
4.2.5	生产定型（结构、配方）设计文件	永久
4.2.6	工艺文件、工艺作业指导书、工艺说明书	30 年
4.2.7	工艺装备文件、图样（刃具、夹具、量具、模具图）、说明书	30 年
4.2.8	产品改进与更新建议书、合理化建议、QC 成果	30 年
4.2.9	产品质量技术攻关会议记录、纪要和成果	30 年
4.2.10	重大质量事故分析、质量异议处理结果	30 年
4.2.11	各种操作记录、产品检验报告单	30 年
4.2.12	产品特性重要度分级	30 年
4.2.13	技术条件	30 年
4.2.14	明细表、汇总表、产品目录	30 年
4.2.15	专利登记表、专利证书等材料	永久
4.2.16	商标注册材料	永久
5	评优阶段	
5.1	创优规划、措施、工艺操作规程	30 年
5.2	国内外对比材料	10 年

表 A.5 产品生产类（续表）

序 号	基 本 范 围	保管期限
5.3	上级检（抽）查结果和理化分析报告	30 年
5.4	主要用户评价	10 年
5.5	创优申请、审批表	30 年
5.6	优质产品评定书、获奖奖章、奖状、证书	永久
6	认证阶段	
6.1	认证申请书、信函	30 年
6.2	跟踪服务材料	30 年
6.3	认证检测报告、检查报告	30 年
6.4	原材料修改换页说明	30 年
6.5	产品检验报告	永久
6.6	各种认证证书	永久

表 A.6 科研开发类

序 号	基 本 范 围	保管期限
1	研究准备阶段	
1.1	申报项目的报告、批复、通知	30 年
1.2	科研规划、调研报告、可行性研究报告、技术咨询与课题论证材料	30 年
1.3	课题说明书、科研课题、经费申请报告及批件	30 年
1.4	任务书、协议书，会议记录及重要来往文函、合同	永久
1.5	科研课题研究计划、上级批示及有关课题的国内外动态、课题计划调整或课题撤销文件	30 年
1.6	实验、试验方案、设计方案、调查考察方案、技术规程	永久
2	研究试验与开发阶段	
2.1	试验任务书、试验大纲	永久
2.2	实验、试验测试记录、图表、照片、计划执行情况、调整和撤销的报告	永久
2.3	试制综合分析报告及总结	永久
2.4	计算文件	永久
2.5	计算机软件（附带软件运行环境说明）	永久

表 A.6 科研开发类（续表）

序 号	基 本 范 围	保管期限
2.6	检验文件	永久
2.7	设计文件、图样、技术说明、配方	永久
2.8	工艺文件	永久
3	总结鉴定验收阶段	
3.1	课题完成最终（或中断）总结	永久
3.2	课题阶段工作总结	30 年
3.3	鉴定大纲	永久
3.4	技术经济分析报告	30 年
3.5	标准化审查报告	永久
3.6	鉴定证书、科学技术成果鉴定证书	永久
3.7	鉴定会议记录（参加人员名单）、鉴定验收结论、函审原件	永久
4	成果申报阶段	
4.1	科技成果申报表、登记表及附件	永久
4.2	科技成果奖励申报及评审材料	永久
4.3	获奖证书及批件	永久
4.4	专利申请、受理证书等材料	永久
4.5	著作权申请、受理证书等材料	永久
5	推广应用阶段	
5.1	推广应用方案、专利申请书、批准证书（原件、影印件）、技术转让合同、协议书	永久
5.2	论文、成果推广应用中形成的技术文件及工作总结、过户定型的鉴定材料	30 年
5.3	国内外同行业评价及用户反馈意见、成果宣传报送文件、专业会议文件	10 年
5.4	成果标本、样品目录	30 年
5.5	出席各级学术会议和发表在各种刊物上的论文、专题报告，国外考察报告和对外技术交流材料等	30 年
5.6	针对成果的推广应用进行的软件开发形成的文件	30 年

表 A.7 项目建设类

序　号	基　本　范　围	保管期限
1	综合	
1.1	建设项目管理制度、标准、方案、办法、规定等	30 年
1.2	建设项目发展规划、计划、报告、会议记录、纪要	永久
1.3	征、租用土地（单独项目的除外）申请、报告、批复、合同、协议、说明材料	永久
1.4	厂区平面图、地下管线图	永久
1.5	统计报表	30 年
2	项目准备阶段	
2.1	立项文件：项目建议书、项目建议书审批意见及前期工作通知书、可行性研究报告及附件、可行性研究报告审批意见、与立项有关的会议纪要、领导讲话、专家建议文件、调查资料及项目评估研究材料	永久
2.2	建设用地、征地、拆迁文件：选址申请及选址规划意见通知书，用地申请报告及县级以上人民政府城乡建设用地批准书、红线图，拆迁安置意见、协议、方案等，建设用地规划许可证及其附件，划拨建设用地文件，国有土地使用证，土地出让合同、土地有偿使用合同	永久
2.3	勘察、测绘、设计及审批文件	
2.3.1	工程地质勘察报告，水文地质勘察报告、自然条件、地震调查，申报的规划设计条件和规划设计条件通知书	永久
2.3.2	初步设计图纸和说明、技术设计图纸和说明、审定设计方案通知书及审查意见	30 年
2.3.3	有关行政主管部门（人防、环保、节能、消防、交通、园林、市政、文物、通讯、保密、河湖、教育、白蚁防治、卫生等）批准文件或取得的有关协议，政府有关部门对施工图设计文件的审批意见	永久
2.3.4	施工图及其说明、设计计算书	30 年
2.4	招投标文件与合同书	
2.4.1	勘察设计、施工及工程监理招投标中标文件	30 年
2.4.2	勘察设计、施工及工程监理招投标第一未中标文件	10 年
2.4.3	勘察设计、施工承包及监理委托合同	30 年

表 A.7　项目建设类（续表）

序　号	基　本　范　围	保管期限
2.5	开工审批文件	
2.5.1	建设项目列入年度计划的申报文件、批复文件或年度计划项目表，规划审批申报表及报送的文件和图纸，建设项目规划许可证及其附件，建设项目开工审查表，建设项目施工许可证	永久
2.5.2	投资许可证、审计证明、缴纳绿化建设费等证明，工程质量监督	30 年
2.6	建设项目管理机构（项目经理部）、监理机构（项目监理部）、施工管理机构（施工项目经理部）及负责人名单	30 年
3	项目建设阶段	
3.1	项目管理文件	
3.1.1	规程、规范、标准、规划、方案、规定	30 年
3.1.2	投资、进度、质量、安全、合同控制文件	30 年
3.1.3	投标书、资质材料、履约类保函、委托授权书和投标澄清文件、修正书	永久
3.1.4	合同谈判纪要、合同审批文件、合同书、合同变更文件	永久
3.1.5	环境保护、劳动安全、卫生、消防、人防	永久
3.1.6	水、暖、电、气、通信、排水等供应协议以及原料、材料、燃料供应协议	30 年
3.2	建筑、设备、管线、电气、仪表安装施工	
3.2.1	开工报告、工程技术要求、技术交底、图纸会审纪要	30 年
3.2.2	建筑与结构工程地基处理记录、图纸变更记录、工程质量事故处理记录、工程质量检验记录	永久
3.2.3	设计变更通知、工程更改洽商单、材料代用核定审批手续、技术核定单、业务联系单及备忘录	永久
3.2.4	施工定位测量、符合记录、地质勘探	永久
3.2.5	施工技术准备，施工现场准备，设计变更，洽商记录，原材料、成品、半成品、构配件、设备出厂质量合格证及试验报告，施工试验记录，施工记录	30 年
3.2.6	焊接试验记录、施工检验、探伤记录	10 年
3.2.7	隐蔽工程检查（验收）记录、工程质量检查评定记录、功能性试验记录	30 年
3.2.8	质量事故及处理记录、竣工测量资料	永久

表 A.7 项目建设类（续表）

序 号	基 本 范 围	保管期限
3.2.9	交工验收记录证明、工程质量评定、竣工报告	永久
3.3	竣工图	永久
3.4	监理文件	
3.4.1	监理规划、监理实施细则、监理部总控制计划、监理会议纪要	30 年
3.4.2	进度控制：工程开工/复工审批表、暂停令	30 年
3.4.3	质量控制、质量事故报告及处理意见	30 年
3.4.4	造价控制：设计变更、洽商费用报审与签认、工程竣工决算审核意见书	30 年
3.4.5	分包资质：分包单位、供货单位及试验等单位资质材料	30 年
3.4.6	监理通知：有关进度、质量及造价控制的监理通知	30 年
3.4.7	工程延期报告及审批、合同争议、违约报告及处理意见	永久
3.4.8	费用索赔报告及审批、合同变更材料	30 年
3.4.9	监理工作总结：专题总结、月报总结、工程竣工总结、质量评价意见报告	30 年
4	项目竣工验收	
4.1	工程竣工总结、工程概况表	永久
4.2	竣工验收记录：建筑安装工程竣工验收记录、证明书、报告、备案表，市政基础设施工程质量评定表及报验单，竣工验收证明书、报告、备案表	永久
4.3	财务决算及交付使用财产总表和财产明细表	永久
4.4	声像、缩微、电子档案	永久
5	项目运行维护与更新改造	30 年

表 A.8 设备仪器类

序 号	基 本 范 围	保管期限
1	综合	
1.1	设备管理条例、办法、方案、规定、通告等	30 年
1.2	设备管理规划、计划、总结，设备运行管理文件，备品备件管理文件	10 年
1.3	设备技术管理文件	30 年

表 A.8 设备仪器类（续表）

序　号	基　本　范　围	保管期限
1.4	设备台账	永久
2	单台（套）设备仪器	
2.1	调研、考察材料；购买设备的申请、批复文件	30 年
2.2	购置合同、协议	30 年
2.3	洽谈记录、纪要、备忘录、来往函件及商检材料	30 年
2.4	设备仪器开箱验收记录	30 年
2.5	设备仪器合格证、装箱单、出厂保修单、说明书、环保材料等随机图样及文字材料	30 年
2.6	设备仪器安装调试、试车记录、总结、竣工图样、检测验收等材料	30 年
2.7	运行记录及重大事故分析处理报告	30 年
2.8	设备仪器保养和大修计划、记录	30 年
2.9	设备仪器检查记录、设备仪器履历表	30 年
2.10	设备改造记录和总结材料	30 年
2.11	技术、质量异议的处理结果材料	永久
2.12	设备仪器报废鉴定材料、申请、批复和处理结果	30 年

表 A.9 会计业务类

序　号	基　本　范　围	保管期限
1	会计凭证类：原始凭证、记账凭证、汇总凭证	15 年
2	会计账簿类：总账、明细账、日记账、固定资产卡片、辅助账簿、银行账	15 年
3	财务报告类	
3.1	月、季度财务报告	3 年
3.2	年度财务报告（决算）	永久
4	其他类	
4.1	会计移交清册	15 年
4.2	会计档案保管清册、会计档案销毁清册	永久
4.3	银行余额调节表、银行对账单	5 年

表 A.10 职工管理类

序　号	基　本　范　围	保管期限
1	在岗职工	
1.1	履历材料	永久
1.2	自传材料	永久
1.3	鉴定、考核、考察材料	永久
1.4	评定岗位技能和学历材料	永久
1.5	政审材料	永久
1.6	参加党派材料	永久
1.7	奖励材料	永久
1.8	处分材料	永久
1.9	任免呈报表和工资、待遇审批材料	永久
1.10	其他可供组织参考有保存价值的材料	永久
1.11	技术职称或工种级别的确认材料	永久
2	退休职工	永久
3	离岗职工	永久
4	死亡职工	永久

附 录 B

（资料性附录）

表 格 样 式

表 B.1 档案交接登记表

档案交接登记表

移交时间：＿＿＿＿＿

移交部门：＿＿＿＿＿

序号	题名	年度	文号或图号	页数	保管期限	备注

移交人签名：＿＿＿＿＿

接收人签名：＿＿＿＿＿

表 B.2 温湿度登记表

温湿度登记表

库别_____   _____年_____月

日期	时间	温度	相对湿度	记录人	日期	时间	温度	相对湿度	记录人
1					17				
2					18				
3					19				
4					20				
5					21				
6					22				
7					23				
8					24				
9					25				
10					26				
11					27				
12					28				
13					29				
14					30				
15					31				
16									

表 B.3 销毁清册

销 毁 清 册

批准人：_____
编制部门：_____

序号	题　名	年度	档号	卷内文件		原期限	已保管年限	备注
				件数	页数			

编制部门负责人：_____　　编制人：_____　　监销人：_____

表 B.4 借阅档案登记表

借阅档案登记表

序号	日 期	档 号	题 名	借阅部门	借阅人签字	归还日期	备注

表 B.5　档案利用效果登记表

档案利用效果登记表

利用 日期		利用 部门		利用者	
档　号					
主要 内容					
用 途					
利 用 效 果					

参 考 文 献

劳力字〔1992〕33 号　企业职工档案管理工作规定
档发字〔1998〕6 号　国有企业资产与产权变动档案处置暂行办法
财会字〔1998〕32 号　会计档案管理办法
档发〔2002〕5 号　企业档案管理规定
档发〔2004〕4 号　国有企业文件材料归档办法

———————————

中华人民共和国国家标准

UDC 351. 852. 12
GB/T 9705—88

文 书 档 案 案 卷 格 式

The filing forms of administrative records

1 适用范围

本标准适用于我国各级档案馆（室）和文书处理部门。

2 案卷卷皮格式

文书档案案卷卷皮分两种，一种是硬卷皮，一种是软卷皮。

2.1 硬卷皮格式

2.1.1 硬卷皮外形尺寸

封面尺寸规格采用 300mm×220mm 或 280mm×210mm（长×宽）。

封底尺寸同封面尺寸。

封底三边（上、下、翻口处）要另有 70mm 宽的折叠纸舌。

卷脊可根据需要分别设 10、15、20mm 三种厚度。

用于成卷装订的卷皮，上、下侧装订处要各有 20mm 宽的装订纸舌（见图1）。

本标准推荐使用 250 克牛皮纸制作案卷硬卷皮。

2.1.2 案卷封面项目

封面项目包括：全宗名称、类目名称、案卷题名、时间、保管期限、件、页数、归档号、档号。各项目具体位置、尺寸（见图2）。

2.1.3 封面项目的填写方法

2.1.3.1 全宗名称：

全宗名称相同于立档单位的名称。填写全宗名称必须用全称或通用简称。如"中国共产党中央委员会"简称为"中共中央"；"中华人民共和国外交部"简称为"外交部"；"河北省人民政府人事局"简称为"河北省人事局"。不得简称为"本部"、"本委"、"本省人事局"等。

2.1.3.2 类目名称：

类目名称指全宗内分类方案的第一级类目名称。在一个全宗内应按统一的方案分类，并应保持分类体系的稳定性。

2.1.3.3 案卷题名：

2.1.3.4 时间：卷内文件所属的起止年月。

2.1.3.5 保管期限：立卷时划定的案卷保管期限，一般由立卷人填写。

2.1.3.6 件、页数：装订的案卷要填写总页数，不装订的案卷要填写本卷的总件数。

2.1.3.7 归档号：填写文书处理号，由立卷人填写。

2.1.3.8 档号的编制：

封面档号由全宗号、目录号、案卷号组成。

全宗号：档案馆指定给立档单位的编号。

目录号：全宗内案卷所属目录的编号，在同一个全宗内不允许出现重复的案卷目录号。

案卷号：目录内案卷的顺序编号，在同一个案卷目录内不允许出现重复的案卷号。

2.1.4 卷脊项目包括：全宗号、目录号、年度、案卷号，其排列格式尺寸（见图3）。

2.2 软卷皮格式

使用软卷皮装订的案卷，必须装入卷盒内保存。

2.2.1 软卷皮外形尺寸：

软卷皮设封皮和封底，其封皮和封底可根据需要采用长宽为297mm×210mm（供A$_4$型纸用）或260mm×185mm（供16开型纸用）的规格（见图4）。

2.2.2 软卷皮封面项目：

软卷皮封面项目及填写方法均同硬卷皮格式。封面项目尺寸、位置（见图4）。

2.2.3 软卷皮封二项目：

软卷皮封二印制项目包括：顺序号、文号、责任者、题名、日期、页号、备注。各项目具体位置、尺寸（见图5）。

软卷皮封二项目的填写方法同3.4卷内文件目录填写方法。

2.2.4 软卷皮封三印制项目包括：本卷情况说明、立卷人、检查人、立卷时间，其尺寸位置（见图9）。

软卷皮封三项目的填写方法同4.3卷内备考表填写方法。

2.3 卷盒格式

2.3.1 卷盒外形尺寸采用300mm×220mm（长×宽），其高度可根据需要分别设置30、40或50mm的规格。在盒盖翻口处中部要设置绳带，使盒盖能紧扣住卷盒（见图6）。

2.3.2 卷盒封面和卷脊格式

卷盒封面为空白面。

卷脊项目包括全宗名称、目录号、年度、起止卷号。

其中起止卷号填写××—×卷，其余项目的填写方法同硬卷皮格式。各项目具体位置、尺寸（见图7）。

2.4 填写要求

填写案卷封面及卷脊时一律要求用毛笔或钢笔，字迹要求工整。

3 卷内文件目录格式

3.1 目录用纸幅面尺寸采用国内通用 16 开型（即长×宽为 260mm×185mm）或国际标准 A₄ 型（即长×宽为 297mm×210mm）。

3.2 页边与文字区尺寸

卷内目录用纸上白边（天头）宽 20±0.5mm

卷内目录用纸下白边（地脚）宽 15±0.5mm

卷内目录用纸左白边（订口）宽 25±0.5mm

卷内目录用纸右白边（翻口）宽 15±0.5mm（见图 8）

3.3 卷内文件目录项目包括：顺序号、文号、责任者、题名、日期、页号、备注。各项目具体位置、尺寸（见图 8）。

3.4 卷内文件目录填写方法

3.4.1 顺序号：以卷内文件排列先后顺次填写的序号，亦即件号。

3.4.2 文号：文件制发机关的发文字号。

3.4.3 责任者：对档案内容进行创造或负有责任的团体和个人，亦即文件的署名者。

3.4.4 题名：即文件的标题，一般应照实抄录。没有标题或标题不能说明文件内容的文件，可自拟标题，外加"〔〕"号。

3.4.5 日期：文件的形成时间。填写时可省略"年"、"月"、"日"字，在表示年、月的数字右下角加"·"号。

3.4.6 页号：卷内文件所在之页的编号。

3.4.7 单份装订的案卷应逐件加盖档号章。档号章的位置在每件文件首页的右上角，其格式与尺寸是：

3.4.8 备注：留待对卷内文件变化时作说明之用。

4 卷内备考表格式

4.1 卷内备考表外形尺寸及页边与文字区尺寸均同卷内目录（见图 9）。

4.2 卷内备考表项目包括：本卷情况说明、立卷人、检查人、立卷时间。各项目具体位置、尺寸（见图 9）。

4.3 卷内备考表填写方法

4.3.1 本卷情况说明：填写卷内文件缺损、修改、补充、移出、销毁等情况。案卷立好以后发生或发现的问题由有关的档案管理人员填写并签名、标注时间。

4.3.2 立卷人：由责任立卷者签名。

4.3.3 检查人：由案卷质量审核者签名。

4.3.4 立卷时间：填写完成的立卷日期。

5 案卷各部分的排列格式

5.1 使用硬卷皮组卷，无论装订与否，其案卷各部分的排列格式均是：

案卷封面—卷内文件目录—文件—备考表—封底。

5.2 使用软卷皮组卷，其案卷各部分按下列格式排列：软卷封面（含卷内文件目录）—文件—封底（含备考表），以案卷号排列次序装入卷盒保存。

6 文书档案案卷格式监制

6.1 文书档案案卷的硬卷皮、软卷皮、卷盒、卷内文件目录、备考表的监制权属于各级档案局。

6.2 在卷皮封底的下部应印上"由××档案局监制"的字样。

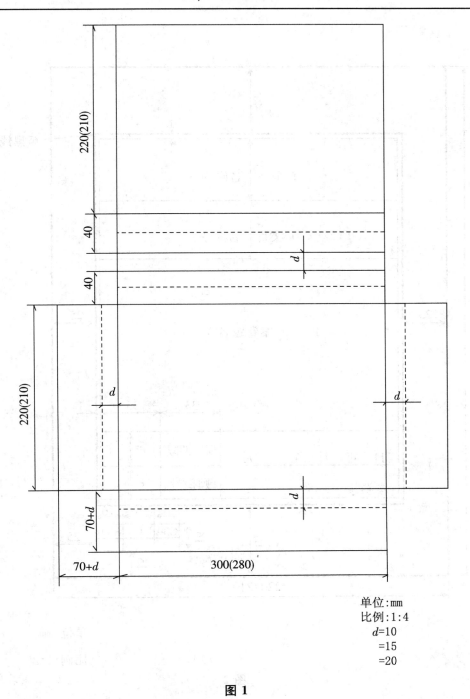

单位:mm
比例:1:4
d=10
=15
=20

图1

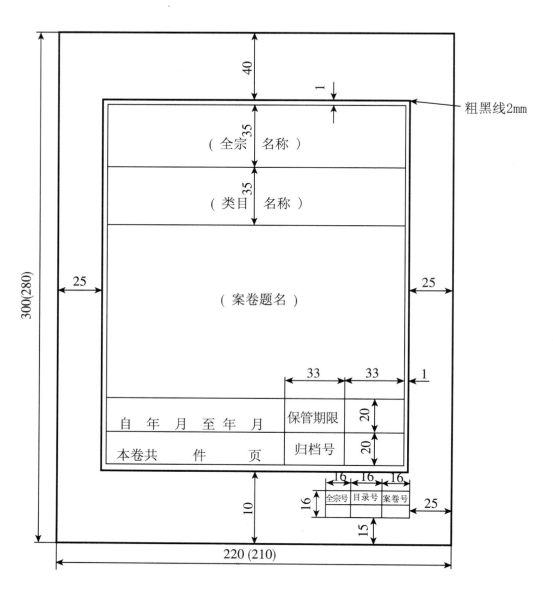

单位:mm

比例:1:2

图 2

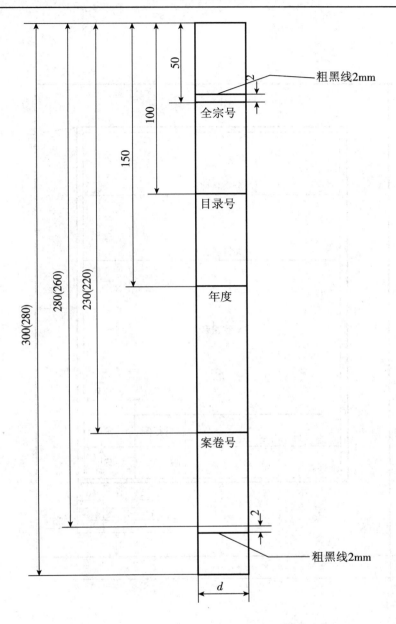

$d=10$ 单位:mm

$=15$ 比例:1:2

$=20$

图 3

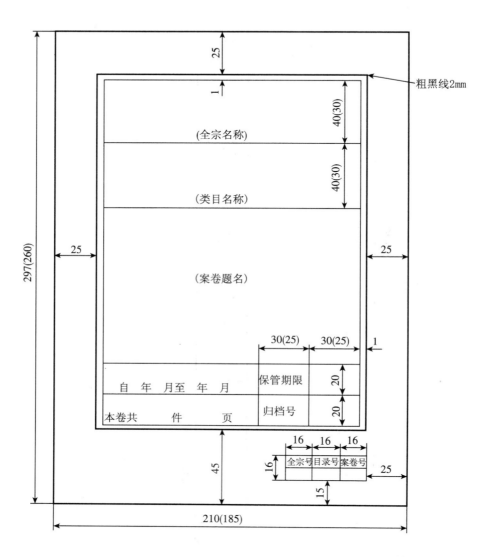

单位:mm

比例:1:2

图 4

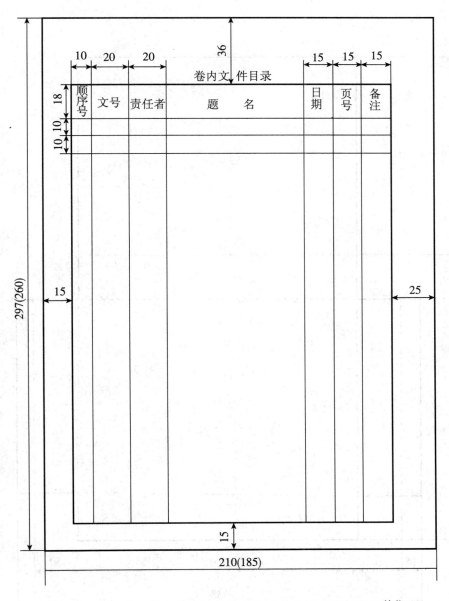

卷内文件目录

顺序号	文号	责任者	题　名	日期	页号	备注

单位:mm
比例:1:2

图 5

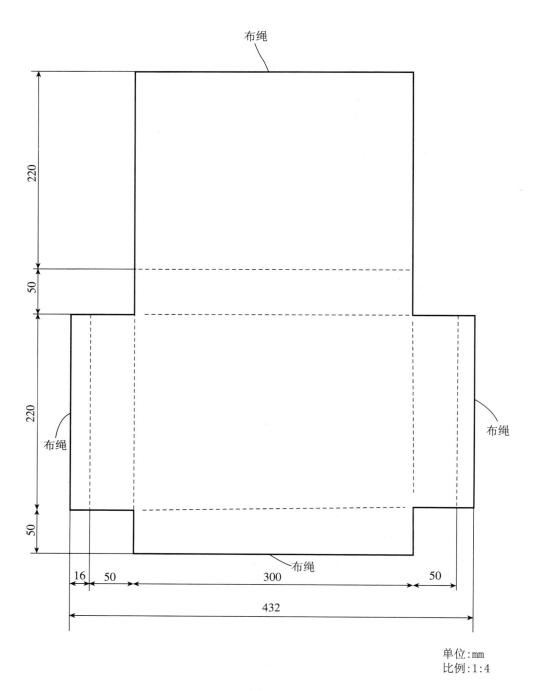

单位:mm
比例:1:4

图 6A

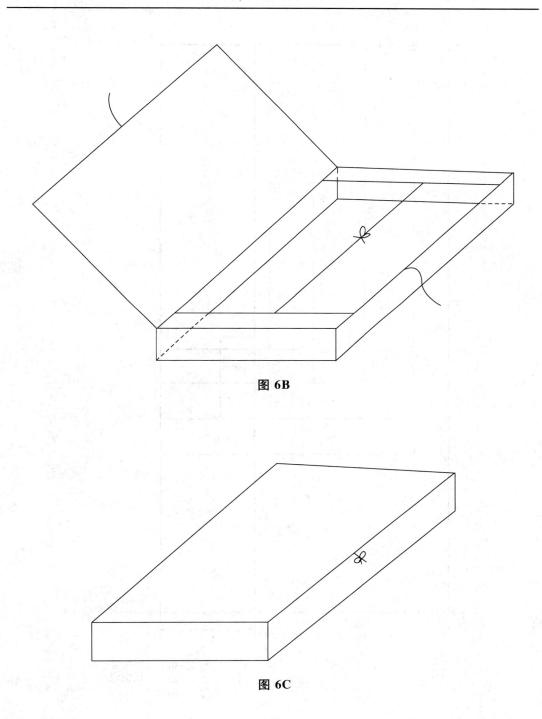

图 6B

图 6C

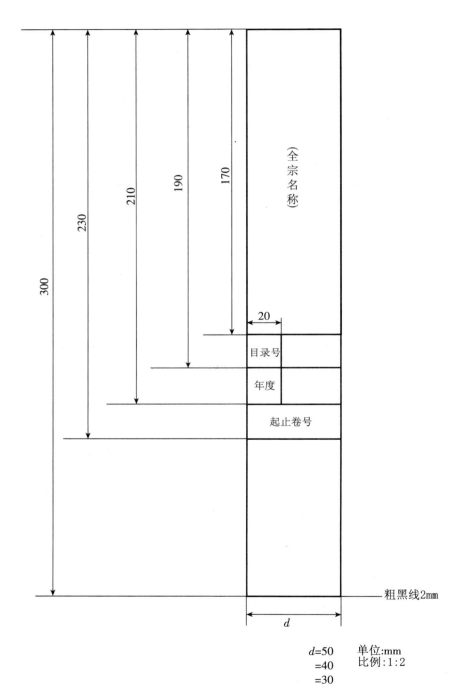

图7

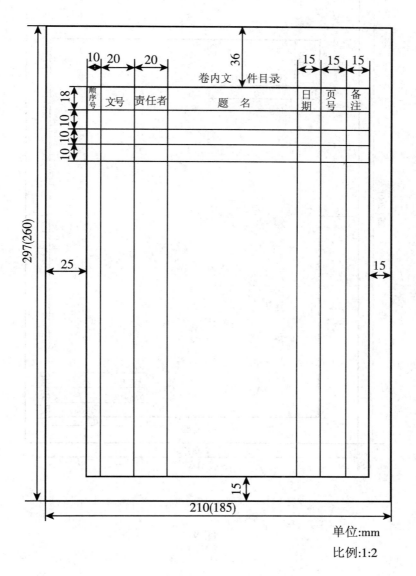

卷内文件目录

顺序号	文号	责任者	题　名	日期	页号	备注

单位:mm

比例:1:2

图 8

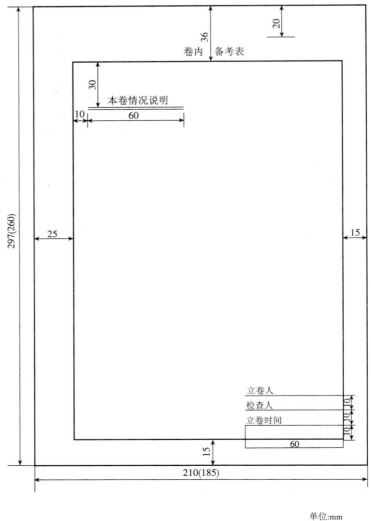

单位:mm
比例:1:2

图 9

附加说明:

本标准由全国文件格式及数据元标准化技术委员会提出。

本标准由国家档案局负责起草。

本标准起草人邹步英、郭嗣平、朱煜。

ICS 01.140.20
A 14

中华人民共和国国家标准

GB/T 11821—2002
代替 GB/T 11821—1989

照片档案管理规范

Specification of photographic archives management

2002-12-04 发布

2003-05-01 实施

中华人民共和国
国家质量监督检验检疫总局 发布

前　言

本标准从实施之日起代替 GB/T 11821—1989《照片档案管理规范》。

本标准与 GB/T11821—1989 相比主要变化如下：

——标准的总体编排和结构按 GB/T1.1—2000 进行了修改；

——增加了目次和前言；

——调整了第 5 章"照片档案的整理"、第 6 章"照片档案的保管"的内容顺序，删除、修改了一些条款，增加和细化了内容；

——关于"范围"，对标准的对象作了限定；放宽了标准的适用界限（1989 年版的第 1 章；本版的第 1 章）；

——增加了若干引用标准及文件，删除了个别引用标准（1989 年版的第 2 章；本版的第 2 章）；

——删除了"常规照片档案"、"大照片"、"大底片"等术语（1989 年版的 3.1.1，3.3，3.4）；

——增加了"收集要求"的内容，"收集时间"更为具体（1989 年版的 4.3.4.2；本版的 4.2，4.3）；

——增加了"照片、底片的鉴定"内容、保管期限和密级的划定；（见 5.2）；

——增加了底片册、照片册的册内备考表、册封面、册脊、册排列等内容（见 5.3.6，5.3.7，5.3.8，5.3.9，5.4.8，5.4.9，5.4.10，5.4.11）；

——增加并详述了照片号的两种格式及其编号方法（1989 年版的 5.2.1.1；本版的 5.4.3）；

——增加并详实了照片的分类方法（1989 年版的 5.3.1；本版的 5.4.1）；

——"说明"的内容有所增加和调整。将"总说明"和"分说明"的提法改为"组合照片说明"和"单张照片说明"，并细化了其内容。单张照片说明中增加了"题名"项及非必备的"密级"项。"文字说明"项的内容填写较前版灵活。单张照片说明的格式亦有所调整。同组照片增用了"组联符号"（1989 年版的 5.2；本版的 5.4.6，5.4.7）；

——底片袋的规格、"说明"横写的宽度下限、文字说明的字数上限、照片题名的字数上限等均不再作要求（1989 年版的 6.3.1，5.2.4.1，5.2.2.2，5.3.6）；

——废除了底片的分类、大底片和大照片的卷放、卷皮格式、案卷题名等内容（1989 年版的 5.1.1，5.1.3，5.3.10，5.3.8，5.5.2）；

——废除前版"编目"的内容，新拟"照片档案目录的编制"，分为"目录的著录"、"目录的编制"两个条款，大大充实了其内容（1989 年版的 5.4；本版的 5.5）；

——变"册内目录"为选择性目录，增加了要求必备的"基本目录"（1989 年版的 5.3.6；本版的 5.5.2.2）；

——删除了底片盒、卷筒纸芯、被污染的黑白底片要水洗处理等内容（1989 年版的 6.3.3，6.3.4，6.4.1）；

——增加或细化了对底片袋、存贮柜的要求（见 6.1.1，6.1.3）；

——废除了前版对保存底片和照片的温度、湿度要求，代之以更加科学的与有关国际标准等效的温度、湿度要求（1989 年版的 6.1.1，6.1.2；本版的 6.2）；

——增加了空气调节和净化的要求（见 6.3）；

——增加并细化了保管要求和措施（见 6.5）；

——增加了规范性附录"册内备考表"（见附录 A）；

——增加了规范性附录"册脊"（见附录 B）；

——增加了资料性附录"芯页格式参考示例（一）"（见附录 C.1）；

——增加了资料性附录"芯页格式参考示例（二）"（见附录 C.2）；

——增加了资料性附录"照片档案基本目录参考示例"（见附录 D）。

本标准的附录 A、附录 B 是规范性附录；附录 C、附录 D、附录 E 是资料性附录。

本标准由国家档案局提出并归口。

本标准起草单位：国家档案局档案科学技术研究所。

本标准主要起草人：薄古、魏伶俐、孙刚、王良城、蔡毅。

本标准首次发布时间：1989 年 10 月 25 日。

本标准为第一次修订。

本标准委托国家档案局负责解释。

照片档案管理规范

1 范围

本标准规定了银盐感光材料照片档案的收集要求、整理程序和保管条件。

本标准适用于各级各类档案室、档案馆的照片档案管理。

2 规范性引用文件

下列文件中的条款通过本标准的引用而成为本标准的条款。凡是注日期的引用文件，其随后所有的修改单（不包括勘误的内容）或修订版均不适用于本标准，然而，鼓励根据本标准达成协议的各方研究是否可使用这些文件的最新版本。凡是不注日期的引用文件，其最新版本适用于本标准。

GB/T 7156 文献保密等级代码

GB/T 15418 档案分类标引规则

DA/T 18 档案著录规则

DA/T 19 档案主题标引规则

JGJ 25 档案馆建筑设计规范

中华人民共和国档案法实施办法

国家档案局关于机关档案保管期限的规定 国档发〔1987〕27号

中华人民共和国保守国家秘密法

中华人民共和国保守国家秘密法实施办法

3 术语和定义

下列术语和定义适用于本标准。

3.1

照片档案 photographic archives

国家机构、社会组织或个人在社会活动中直接形成的以静止摄影影像为主要反映方式的有保存价值的历史记录。照片档案一般包括底片、照片和说明三部分。

3.2

芯页 photo holder

用以固定照片或底片，并标注说明的中性偏碱性纸质载体，是照片册、底片册的组成单元。

4 照片档案的收集

4.1 收集范围

4.1.1 记录本单位主要职能活动和重要工作成果的照片。

4.1.1.1 领导人和著名人物参加与本单位、本地区有关的重大公务活动的照片。

4.1.1.2 本单位组织或参加的重要外事活动的照片。

4.1.1.3 记录本单位、本地区重大事件、重大事故、重大自然灾害及其他异常情况和现象的照片。

4.1.2 记录本地区地理概貌、城乡建设、重点工程、名胜古迹、自然风光以及民间风俗和著名人物的照片。

4.1.3 其他具有保存价值的照片。

4.2 收集要求

4.2.1 对属于收集与归档范围的照片，应按照规定定期向本单位档案机构或档案工作人员归档，集中管理，任何单位或个人不得据为己有。

4.2.2 对存有真伪疑义的照片应采取必要措施进行鉴定。

4.2.3 对反映同一内容的若干张照片，应选择其主要照片归档。主要照片应具备主题鲜明、影像清晰、画面完整、未加修饰剪裁等特点。

4.2.4 底片、照片、说明应齐全。

4.2.5 底片与照片影像应一致。

4.2.6 对无底片的照片应制作翻拍底片；对无照片的底片应制作照片。

4.2.7 照片档案的移交和征集应符合有关标准的要求。

4.3 收集时间

4.3.1 对具有归档价值的照片，其摄影者或承办单位应及时整理，向档案室归档，一般不应跨年度。

4.3.2 依照《中华人民共和国档案法实施办法》的规定，照片档案随立档单位其他载体形态的档案一起向有关档案馆移交。在特殊情况下，经同级档案行政管理部门同意可以提前或延迟移交。

4.3.3 档案馆应按收集范围随时征集零散的对国家和社会具有保存价值的照片。

5 照片档案的整理

5.1 整理原则

照片档案的整理应遵循有利于保持照片档案的有机联系、有利于保管、有利于提供利用的原则。照片档案的底片、照片应分开存放。

5.2 照片、底片的鉴定

5.2.1 保管期限

保管期限是按照片、底片的价值划定的存留年限，分为永久、长期、短期三种。

对照片、底片保管期限的划分按照《国家档案局关于机关档案保管期限的规定》执行。

5.2.2 密级

密级是指照片、底片保密程度的等级。密级的划定按照《中华人民共和国保守国家秘密法》、《中华人民共和国保守国家秘密法实施办法》、GB/T 7156 及有关规定执行。

5.3 底片的整理

5.3.1 底片的编号

底片号是固定和反映底片在全宗内排列顺序的一组字符代码，由全宗号、保管期限代码、张号组成。其格式如下：

全宗号—保管期限代码—张号

全宗号：档案馆给立档单位编制的代号。

保管期限代码：分别用"1、2、3"或"Y、C、D"对应代表永久、长期、短期。

张号：在某一全宗某一保管期限内底片的排列从"1"开始的顺序编号。

5.3.2 底片号的登录

5.3.2.1 宜使用铁笔将底片号横排刻写在胶片乳剂面片边处（刻写不下时，前段可不写），不得影响画面；也可采用其他方式将底片号附着在胶片乳剂面片边处，不得污染胶片。

5.3.2.2 底片号登录顺序应与照片号登录顺序保持一致。

5.3.3 底片袋的标注

底片放入底片袋内保管，一张一袋。应在底片袋的右上方标明底片号。对翻拍底片，应在底片袋的左上方标明"F"字样。对拷贝底片，应在底片袋的左上方标明"K"字样。

5.3.4 底片的入册

5.3.4.1 底片册一般由 297 mm×210 mm 大小的若干芯页和封面、封底组成。

5.3.4.2 应按底片号顺序将底片袋依次插入底片册。

5.3.4.3 芯页的插袋上应标明相同的底片号。

5.3.5 大幅底片的放置

对幅面超过底片册芯页尺寸的大幅底片，应在乳剂面垫衬柔软的中性偏碱性纸张后，放入专用的档案袋或档案盒中，按底片号顺序排列。

5.3.6 册内备考表

5.3.6.1 册内备考表项目包括：本册情况说明、立册人、检查人、立册时间。册内备考表应放在册内最后位置。册内备考表见附录A。

5.3.6.2 本册情况说明：填写册内底片缺损、补充、移出、销毁等情况。对底片册立册以后发生或发现的问题，应由有关的档案管理人员填写说明，并签名、标注时间。

5.3.7 底片册的封面

底片册的封面应印制"底片册"字样。

5.3.8　底片册的册脊

底片册册脊的项目包括：全宗号、保管期限、起止张号、册号。底片册册脊见附录 B。

5.3.9　底片册的排列

底片册按照全宗号、保管期限、册号的顺序排列，上架保存。

5.4　照片的整理

5.4.1　照片的分类

应在全宗内按保管期限—年度—问题进行分类。跨年度且不可分的照片，也可按保管期限—问题—年度进行分类。分类方案应保持前后一致，不应随意变动。

5.4.2　照片的排列

应在分类方案的最低一级类目内，按问题结合时间、重要程度等进行排列。为便于提供利用，照片排列及入册时应同时考虑不同保密等级照片的定位。

5.4.3　照片的编号

照片号是固定和反映每张照片在全宗内分类与排列顺序的一组字符代码，由全宗号、保管期限代码、册号、张号或全宗号、保管期限代码、张号组成。照片号有两种格式：

格式一：全宗号—保管期限代码—册号—张号

格式二：全宗号—保管期限代码—张号

若采用格式二，可选用照片、底片分别编号法或合一编号法（影像相符的照片、底片编号相同）。选用合一编号法宜以照片、底片齐全为基础。

全宗号：档案馆给立档单位编制的代号。

保管期限代码：分别用"1、2、3"或"Y、C、D"对应代表永久、长期、短期。

册号：在某一全宗某一保管期限内照片册的排列从"1"开始的顺序编号。

张号：格式一中的张号是指照片在册内的排列从"1"开始的顺序编号。格式二中的张号是指在某一全宗某一保管期限内照片的排列从"1"开始的顺序编号。

5.4.4　照片的入册

5.4.4.1　照片册一般由 297 mm×210 mm 大小的若干芯页和封面、封底组成。芯页以30 页左右为宜，有活页式和定页式两种。芯页格式参考示例参见附录 C。

5.4.4.2　应按照分类、排列顺序即照片号顺序将照片固定在芯页上，组成照片册。

5.4.5　大幅照片的放置

对于照片册放置不下的大幅照片，可将其放入专用的档案袋或档案盒中，按照片号顺序排列。如竖直放置，应首先将照片固定在专用的纸板上，再放入袋、盒中；如水平放置，照片的堆放高度不宜超过 5 cm。以竖直放置为宜。

5.4.6　单张照片说明的填写

5.4.6.1　说明的格式

说明应采用横写格式，分段书写。其格式如下：

　　　　题　名：

　　　　照片号：

　　　　底片号：

　　　　参见号：

　　　　时　间：

　　　　摄影者：

　　　　文字说明：

5.4.6.2　说明的内容

5.4.6.2.1　题名应简明概括、准确反映照片的基本内容，人物、时间、地点、事由等要素尽可能齐全。

5.4.6.2.2　照片号按 5.4.3。

5.4.6.2.3　底片号按 5.3.1。

　　　若采用照片、底片合一编号法，可不填写底片号。

5.4.6.2.4　参见号是指与本张照片有密切联系的其他载体档案的档号。其格式如下：

　　（相关档案种类）　档号

　　　注：括号内为选择性著录内容。

　　　示例1：文书档案 0113—2—18

　　　示例2：科技档案 G—J—21

　　　照片档案由档案室移交至档案馆后，应对其参见号进行核对，对与实况不符的应及时调整。

5.4.6.2.5　照片的拍摄时间用 8 位阿拉伯数字表示，第 1～4 位表示年，第 5～6 位表示月，第 7～8 位表示日。

　　　示例：1953 年 3 月 2 日写作 19530302。

5.4.6.2.6　摄影者一般填写个人，必要时可加写单位。

5.4.6.2.7　文字说明应综合运用事由、时间、地点、人物、背景、摄影者等要素，概括揭示照片影像所反映的全部信息；或仅对题名未及内容作出补充。其他需要说明的事项亦可在此栏表述，例如照片归属权不属于本单位的，应注明照片版权、来源等。

5.4.6.2.8　密级应按 GB/T 7156 所规定的字符在照片周围选一固定空白处标明，使用印章亦可。

5.4.6.3　说明的位置

　　　单张照片的说明，可根据照片固定的位置，在照片的右侧、左侧或正下方书写。

5.4.6.4　大幅照片的说明

　　　对大幅照片的说明可另纸书写，与照片一同保存。一组联系密切的照片中的大幅照片，应随该组照片一同在册内编号，填写单张照片说明，并注明其存放地址。

5.4.7　组合照片说明的填写

5.4.7.1　一组（若干张）联系密切的照片按顺序排列后，可拟写组合照片说明。采用组合照片说明的照片，其单张照片说明可以从简。

5.4.7.2 组合照片说明应概括揭示该组照片所反映的全部信息内容及其他需要说明的事项。

5.4.7.3 应在组合照片说明中指出所含照片的起止张号和数量。

5.4.7.4 同组中的每一张照片均应在单张照片说明的左上角或右上角标出组联符号。组联符号按组依次采用"①"、"②"、"③"……同组中的照片其组联符号相同。如册内只有一组照片和其他散片时，组联符号采用"①"。组联符号不宜越册。

5.4.7.5 整理照片时因保管期限或密级的不同，有些同组的照片可能会被分散到不同的照片册内，应在组合照片说明中指出这些密切相关照片的保管期限、册号和组号。

示例：相关照片　长期—4—⑥

上例中保管期限亦可采用"2"或"C"表示。

5.4.7.6 组合照片说明可放在本组第一张照片的上方，也可放在本册所有照片之前。

5.4.8 册内备考表

按 5.3.6。

5.4.9 照片册的封面

照片册的封面应印制"照片册"字样。

5.4.10 照片册的册脊

照片册册脊的项目包括：全宗号、保管期限、册号、起止张号。

照片册册脊的格式：照片号为格式一的照片册册脊见附录 B 中的照片册册脊（一）；照片号为格式二的照片册册脊见附录 B 中的照片册册脊（二）。

5.4.11 照片册的排列

照片册按照全宗号、保管期限、册号的顺序排列，上架保存。

5.5　照片档案目录的编制

5.5.1 目录的著录

5.5.1.1 著录项目

照片档案目录的著录项目包括：照片号、底片号、题名、时间、摄影者、备注、参见号、册号、页号、组内张数、分类号、项目号、主题词或关键词、密级、保管期限、类型规格、档案馆代号、文字说明等。

5.5.1.2 条目的著录单位

以照片的自然张或若干张（一组）为单位著录成为照片档案目录的条目。

5.5.1.3 组合照片的著录

5.5.1.3.1 以一组照片为单位著录时，题名应根据题名拟写要素，简明概括、准确反映一组照片的基本内容。

5.5.1.3.2 以一组照片为单位著录时，照片号、底片号、页号均应著录起止号；时间应著录起止时间；参见号、摄影者可以著录多个。

5.5.1.4 大幅照片的标注

对于大幅照片、底片，应在备注栏内注明"大幅"和存放地址。以一组照片为单位著录时，还应在备注栏内注明其中所含的大幅照片的照片号、底片号。

5.5.1.5 著录与标引的要求

照片档案著录与标引的方法和要求，应按照 DA/T 18、GB/T 15418、DA/T19 执行。

5.5.2 目录的编制

5.5.2.1 目录种类

照片档案目录种类包括册内目录、基本目录、分类目录、主题目录、摄影者目录等。

5.5.2.2 基本目录

照片档案基本目录的必备项目是：照片号、题名、时间、摄影者、底片号、备注，可根据需要增加项目。基本目录的条目应按照片号排序。照片档案基本目录参考示例参见附录 D。

5.5.2.3 册内目录

册内照片目录为选择性目录。其组成项目是：照片号、题名、时间、页号、底片号、备注。册内目录的条目应按照片号排序。册内目录位于册内最前面。册内照片目录参考示例参见附录 E。

6 照片档案的保管

6.1 包装物与装具

6.1.1 底片袋

底片袋应使用表面略微粗糙和无光泽的中性偏碱性纸制材料制作，其 pH 值应在 7.2～9.5 之间，α-纤维素含量应高于 87%。

底片袋应使用中性胶粘剂，接缝应在袋边。

6.1.2 底片册、照片册

底片册、照片册所用封面、封底、芯页均应采用中性偏碱性纸质材料制作，其 pH 值应在 7.2～9.5 之间，化学性能稳定，且不易产生碎屑或脱落的纤维。

6.1.3 贮存柜架

底片、照片应在能关闭的装具中保存，如存储柜、抽屉、有门的书架或文件架等。

贮存柜架应采用不可燃、耐腐蚀的材料，避免使用木制及类似材料。木制材料易燃烧、易腐蚀，还可能挥发出某些有害气体，促使底片、照片老化或褪色。贮存柜架的喷涂用料应稳定耐用，且对贮存的底片、照片无有害影响。

对贮存柜架进行排列时，应保证空气能在其内部循环流通。

6.2 温度、湿度要求

6.2.1 推荐的存贮最高温度和相对湿度见表 1。

6.2.2 底片、照片应恒温、恒湿保存。长期贮存环境，24 小时内温度的周期变化不应大于 ± 2℃，相对湿度变化不应大于 ± 5%。中期贮存环境，24 小时内温度的周期变化

不应大于±5℃，相对湿度变化不应大于±10％。

6.2.3 所推荐的温度、湿度条件，应在各单独的贮存器具内或整个贮存室内加以保证。

6.2.4 底片、照片贮存的温、湿度与提供利用房间的温、湿度若存在较大差别，应设缓冲间，在其提供利用前应在缓冲间过渡几小时。

表 1 推荐的存贮最高温度和相对湿度

类型	中期贮存		长期贮存	
	最高温度/℃	相对湿度/％	最高温度/℃	相对湿度/％
黑白底片	25	20～50	21 15 10	20～30 20～40 20～50
彩色底片	25	20～50	2 −3 −10	20～30 20～40 20～50
黑白照片	25	20～50	18	30～50
彩色照片	25	20～50	2	30～40

注1：中期贮存是指胶片，照片在表中规定的温、湿度条件下至少能保存10年。
　　　长期贮存是指胶片、照片在表中规定的温、湿度条件下至少能保存100年。
注2：推荐值内较低的温度、湿度环境，更能延长胶片、照片的寿命。

6.3 空气调节和净化要求

6.3.1 空气调节要求

6.3.1.1 为保证贮存库的温、湿度条件，应配备独立的空气调节系统。

6.3.1.2 贮存库的气压应保持正压状态，以防止外界空气渗入。

6.3.1.3 去湿应选用恒湿控制的自动制冷型除湿机。加湿应选用可控式加湿机，不应使用水盆或饱和化学溶液，以免导致湿度过高。

6.3.2 空气净化要求

6.3.2.1 进入贮存室或贮存柜的空气应首先经过机械过滤器过滤，以免空气中的固体颗粒擦伤胶片或与胶片起反应。过滤器宜采用干介质型，应不可燃，其捕捉率不应低于85％。

6.3.2.2 应使用洗涤或吸收等空气净化装置，去除空气中的二氧化硫、硫化氢、过氧化物、臭氧、酸性雾气、氨和氧化氮等气体杂质。

6.3.2.3 油漆的挥发气体是一种氧化污染源，应控制使用。若贮存环境新刷油漆，应在三个月后投入使用。对其他存有污染源的新贮存环境，亦应搁置一段时期后再投入使用。

6.3.2.4 硝酸片基胶片会释放出有害气体，因此，不应与其他胶片同处存放，也不应与其他胶片使用同一通风系统。

6.4 库房有关要求

库房条件和防火、防水、防潮、防日光及紫外线照射、防污染、防有害生物、防震、防盗等要求，应符合 JGJ 25 的规定。

6.5 保管要求和措施

6.5.1 贮存库房应保持整齐、清洁，应有严格的使用和存放规则。

6.5.2 照片档案入库前应进行检查。对受污染的照片、底片应进行必要的技术处理，防止受污染的照片、底片入库。

6.5.3 接触底片的人员应戴洁净的棉质薄手套，轻拿底片的边缘。

6.5.4 底片册、照片册应立放，不应堆积平放，以免堆在下面的底片、照片受压后造成粘连。

6.5.5 珍贵的、重要的、使用频率高的底片应进行拷贝，异地保存。拷贝片提供利用，以便更好地保存母片。

6.5.6 每隔两年应对底片、照片进行一次抽样检查，不超过五年进行一次全面检查。若温、湿度出现严重波动，应缩短检查的间隔期。检查中应密切注意底片、照片的变化情况（卷曲、变形、变脆、粘连、破损、霉斑、褪色等），亦应注意包装材料的变质问题，并做好检查记录。若发现问题，应查明原因，及时采取补救措施。

附　录　A

（规范性附录）

册内备考表

单位为毫米

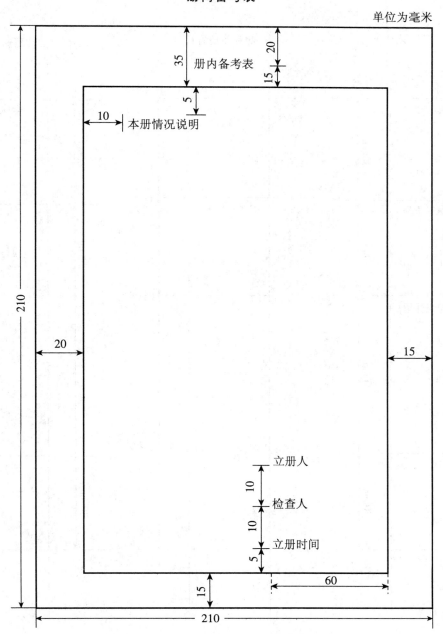

附　录　B
（规范性附录）
册　　脊

底片册册脊

| 全宗号 |
| 30mm |
| 保管期限 |
| 30mm |
| 起止张号 |
| 50mm |
| 册号 |
| 30mm |

照片册册脊（一）

| 全宗号 |
| 30mm |
| 保管期限 |
| 30mm |
| 册号 |
| 30mm |
| 起止张号 |
| 50mm |

照片册册脊（二）

| 全宗号 |
| 30mm |
| 保管期限 |
| 30mm |
| 起止张号 |
| 50mm |
| 册号 |
| 30mm |

附 录 C

（资料性附录）

芯页格式参考示例

C.1 芯页格式参考示例（一）

第　页

		文字说明：	题 名：
			照片号：
			底片号：
文字说明：		参见号：	
		时　间：	
		摄影者：	
题　名：	文字说明：		
照片号：			
底片号：			
参见号：		文字说明：	
时　间：			
摄影者：			

C.2　芯页格式参考示例（二）

题名：

照片号：

底片号：

参见号：

时间：　　摄影者：

文字说明：

题名：

照片号：

底片号：

参见号：

时间：　　摄影者：

文字说明：

题名：

照片号：

底片号：

参见号：

时间：　　摄影者：

文字说明：

附　录　D

（资料性附录）

照片档案基本目录参考示例

照片号	题　名	时　间	摄影者	底片号	备　注

附　录　E

（资料性附录）

册内照片目录参考示例

单位为毫米

照片号	题　名	时间	页号	底片号	备注

册内照片目录

ICS 01.140.20
A 14

中华人民共和国国家标准

GB/T 11822—2008
代替 GB/T 11822—2000

科学技术档案案卷构成的一般要求

General requirements for the file formation of scientific and
technological archives

2008-11-13 发布

2009-05-01 实施

中华人民共和国国家质量监督检验检疫总局
中国国家标准化管理委员会　发布

前　言

本标准代替 GB/T 11822—2000《科学技术档案案卷构成的一般要求》。

本标准与 GB/T 11822—2000 相比主要变化如下：

——标准的总体编排和结构按 GB/T 1.1—2000 进行了修改；

——增加了前言；

——组卷原则上强调了科技档案成套性、系统性特点；在组卷要求中删除了不符合档案保管要求科技文件制成材料的具体名称；在组卷方法上除在用词上进行调整外，还增加了插卷方法、建设项目的组卷方法；

——增加了一般性文件的排列要求、科研类"成果和知识产权申报"和建设项目类"后评估"；

——增加了"案卷目录编制"，强调案卷内以件为单位编写页号，已有页号的可不再编；案卷封面删除了档案馆号；案卷脊背取消了色标；卷内目录将页号改为页数；

——装订方法改为以卷装订和以件装订两个方法；档号章改为盖在首页空白处；提出超出卷盒幅面的科技文件应折叠，图纸折叠按标准执行。

本标准的附录 A 是规范性附录。

本标准由国家档案局提出并归口。

本标准起草单位：国家档案局。

本标准主要起草人：姜延溪、方强、吴苏闽、郑辉、肖云、王冰、王红敏、陈秀菊、马忠魁。

本标准于 1989 年 10 月 25 日首次发布，2000 年 12 月 11 日第一次修订。

科学技术档案案卷构成的一般要求

1 范围

本标准规定了科学技术档案案卷的组卷原则和方法、案卷和案卷内文件材料的排列、案卷的编目、案卷的装订、卷盒、表格规格及其制成材料的质量要求。

本标准适用于一般科学技术档案的案卷整理。专业性较强和非纸质载体科学技术档案的整理可参照本标准。

2 规范性引用文件

下列文件中的条款通过本标准的引用而成为本标准的条款。凡是注日期的引用文件，其随后所有的修改单（不包括勘误的内容）或修订版均不适用于本标准，然而，鼓励根据本标准达成协议的各方研究是否可使用这些文件的最新版本。凡是不注日期的引用文件，其最新版本适用于本标准。

GB/T 10609.3 技术制图 复制图的折叠方法

3 术语和定义

下列术语和定义适用于本标准。

3.1

科学技术文件材料 scientific and technological records

记录和反映科学研究、生产运营、项目建设活动和设备仪器运行、维护及其管理工作的文字、图表、声像等不同形式文件材料的总称，以下简称科技文件。

3.2

科学技术档案 scientific and technological archives

国家机构、社会组织以及个人从事各项社会活动形成的，对国家、社会、本单位和个人具有保存价值的，应当归档保存的科技文件，以下简称科技档案。

3.3

案卷 file

由互有联系的若干文件组合而成的档案保管单位。

3.4

卷内文件目录 inner-file item list

登录卷内文件题名和其他特征并固定文件排列次序的表格，排列在卷内文件之前，以下简称卷内目录。

3.5

卷内备考表 file note

卷内文件状况的记录单。

3.6

档号 archival code

以字符形式赋予档案实体的用以固定和反映档案排列顺序的一组代码。

3.7

案卷目录 file list

登录案卷题名、档号、保管期限及其他特征，并按案卷号次序排列的档案目录。

4 案卷组织

4.1 组卷原则

遵循科技文件的形成规律，保持案卷内科技文件的有机联系和案卷的成套、系统，便于档案的保管和利用。

4.2 组卷要求

4.2.1 案卷内科技文件应齐全、完整，签章手续完备。

4.2.2 案卷内科技文件的载体和书写印制材料应符合档案保护要求。

4.3 组卷方法

4.3.1 针对具体项目的管理性科技文件应放入所针对的项目文件中，按阶段或分年度组卷。

4.3.2 科研课题、产品、建设项目、设备仪器方面的科技文件，应按其项目、结构、阶段或台（套）等分别组卷。

4.3.3 成册、成套的科技文件宜保持其原有形态。

4.3.4 通用图、标准图可放入相应一项目文件中或单独组卷。其他涉及这些通用图、标准图的项目，应在卷内备考表中注明并标注通用图、标准图的图号和档号。

4.3.5 底图以张或套为保管单位进行整理。

4.3.6 产品局部或零部件变更、建设项目和设备仪器在维修和维护中所形成的科技文件，宜采取插卷方式放入原案卷中；亦可单独组卷排列在原案卷之后，并在原案卷的备考表中予以说明和标注。

4.3.7 产品升级换代、建设项目后评估、改扩建或重建所形成的科技文件应单独组卷排列。

5 案卷和案卷内科技文件排列

5.1 科技文件宜按系统、成套性特点进行案卷或卷内文件排列。卷内文件一般应文字材料在前，图样在后；译文在前，原文在后。

5.2 案卷内管理性文件按问题结合时间（阶段）或重要程度排列。一般应印件在前，定稿在后；正件在前，附件在后；复文在前，来文在后。

5.3 科研类案卷宜按课题可行性研究立项、方案论证、研究实验、总结鉴定、成果和知识产权申报、推广应用等阶段排列。

5.4 产品类案卷宜按产品设计（含初步设计、基础设计、技术设计）、工艺、工装、制造、定型等工作程序，或按其产品系列、结构等排列。

5.5 建设项目类案卷宜按项目前期、项目设计、项目施工、项目监理、项目竣工、项目验收及项目后评估等阶段排列。

5.6 设备仪器类案卷应按设备仪器立项审批、外购设备仪器开箱验收（自制设备仪器的设计、制造、验收）、设备仪器安装调试、随机文件材料、设备仪器运行、设备仪器维护等阶段或工作程序排列。

6 案卷编目

6.1 卷内科技文件页号编写

6.1.1 案卷内科技文件以件为单位编写页号，以有效内容的页面为一页。

6.1.2 已有页号的文件可不再重新编写页号。

6.1.3 卷内目录、卷内备考表不编写页号。

6.2 案卷封面编制

6.2.1 案卷封面应印制在卷盒正表面，亦可采用内封面形式（封面式样见图 A.1。虚线内为提示项，下同）。

6.2.2 案卷题名，应简明、准确地揭示卷内科技文件的内容，主要包括产品、科研课题、建设项目、设备仪器名称或代字（号）、结构、阶段名称、文件类型名称等。

6.2.3 立卷单位，应填写负责组卷部门或单位。

6.2.4 起止日期，应填写案卷内科技文件形成的最早和最晚的时间——年、月、日（年度应填写四位数字，下同）。

6.2.5 保管期限，应填写组卷时依照有关规定划定的保管期限。

6.2.6 密级，应填写卷内科技文件的最高密级。

6.2.7 档号，由全宗号、分类号（或项目代号或目录号）、案卷号组成。

全宗号：需向档案馆移交的档案，其全宗号由负责接收的档案馆给定；

分类号：应根据本单位分类方案设定的类别号确定；

项目代号：由所反映的产品、课题、项目、设备仪器等的型号、代字或代号确定；

目录号：应填写目录编号；

案卷号：应填写科技档案按一定顺序排列后的流水号。

6.3 案卷脊背编制

6.3.1 案卷脊背印制在卷盒侧面，脊背式样见图 A.2。

6.3.2 案卷题名、保管期限、档号，填写方法同 6.2。

6.3.3 案卷脊背项目可根据需要选择填写。

6.4 卷内目录编制

6.4.1 卷内目录应排列在卷内文件首页之前,式样见图 A.3。

6.4.2 序号,应依次标注卷内文件排列顺序。

6.4.3 文件编号,应填写文件文号或型号或图号或代字、代号等。

6.4.4 责任者,应填写文件形成者或第一责任者。

6.4.5 文件题名,应填写文件全称。文件没有题名的,应由立卷人根据文件内容拟写题名。

6.4.6 日期,应填写文件形成的时间——年、月、日。

6.4.7 页数,应填写每件文件总页数。

6.4.8 备注,可根据实际填写需注明的情况。

6.4.9 档号,填写方法同 6.2.7。

6.5 卷内备考表编制

6.5.1 卷内备考表式样见图 A.4。

6.5.2 卷内备考表应标明案卷内全部文件总件数、总页数以及在组卷和案卷提供使用过程中需要说明的问题。

6.5.3 立卷人,应由立卷责任者签名。

6.5.4 立卷日期,应填写完成立卷的时间。

6.5.5 检查人,应由案卷质量审核者签名。

6.5.6 检查日期,应填写案卷质量审核的时间。

6.5.7 互见号,·应填写反映同一内容不同载体档案的档号,并注明其载体类型。

6.5.8 档号,填写方法同 6.2.7。

6.5.9 卷内备考表,应排列在卷内全部文件之后,或直接印制在卷盒内底面。

6.6 案卷目录编制

6.6.1 案卷目录式样见图 A.5。

6.6.2 序号,应填写登录案卷的流水顺序号。

6.6.3 档号、案卷题名、保管期限,填写方法同 6.2。

6.6.4 总页数,应填写案卷内全部文件的页数之和。

6.6.5 备注,可根据管理需要填写案卷的密级、互见号或存放位置等信息。

7 案卷装订

7.1 案卷内文件可整卷装订或以件为单位装订。

7.2 以件为单位装订的应在每件文件首页空白处加盖档号章,式样见图 A.7。档号填写方法同 6.2.7,序号填写方法同 6.4.2。

7.3 案卷内超出卷盒幅面的科技文件应叠装。图纸折叠方法见 GB/T 10609.3。破损的科技文件应修复。

8 卷盒、表格规格及其制成材料

8.1 卷盒式样见图 A.6。

8.2 卷盒规格和制成材料

8.2.1 卷盒外表面规格为：310mm×220mm。脊背厚度可根据需要设定。

8.2.2 卷盒宜采用 220g 以上的单层无酸牛皮纸板双裱压制。

8.3 表格规格和制成材料

8.3.1 案卷目录、卷内目录、卷内备考表表格规格为：297 mm×210mm。

8.3.2 表格宜采用 70g 以上白色书写纸制作。

8.4 表格字迹应清晰端正。

附　录　A
（规范性附录）
案卷编目式样

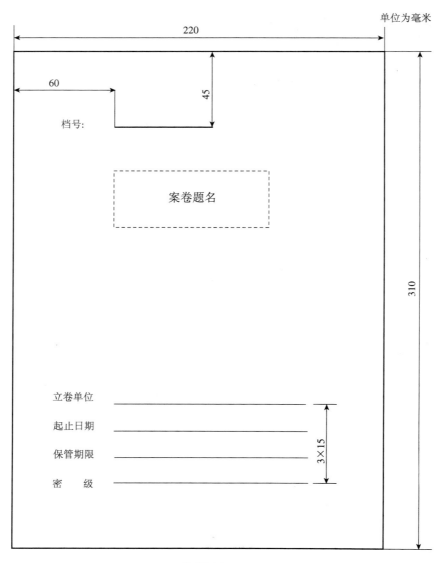

比例1：2

图 A.1　案卷封面式样

单位为毫米

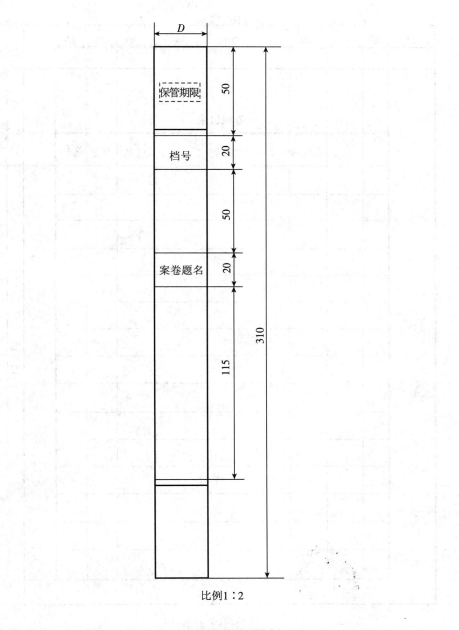

比例1：2

D=10mm、20mm、30mm、40mm、50mm、60mm(可根据需要设定)。

图 A.2　案卷脊背式样

单位为毫米

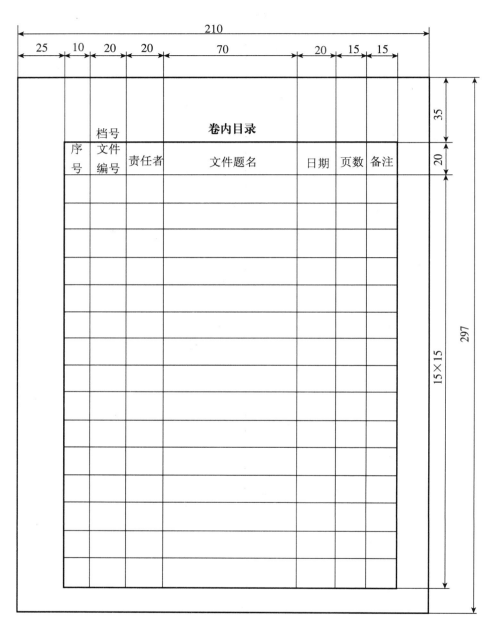

比例1:2

图 A.3   卷内目录式样

单位为毫米

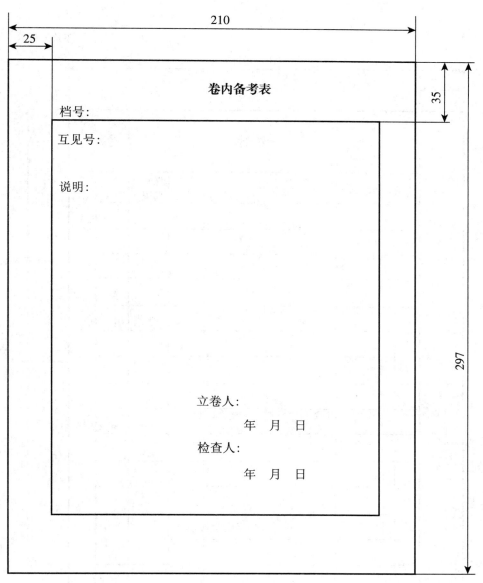

比例1:2

图 A.4　卷内备考表式样

单位为毫米

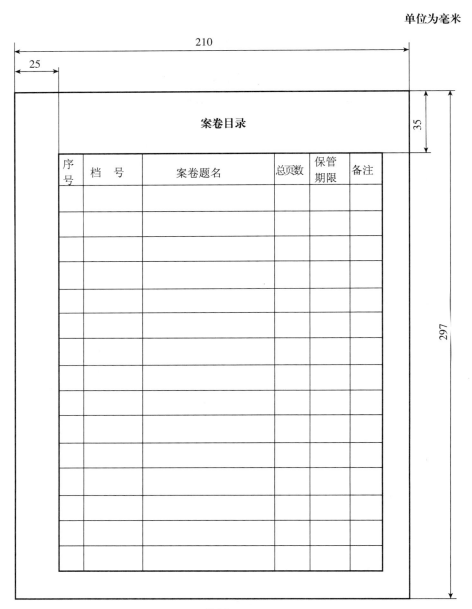

比例1:2

图 A. 5 案卷目录式样

单位为毫米

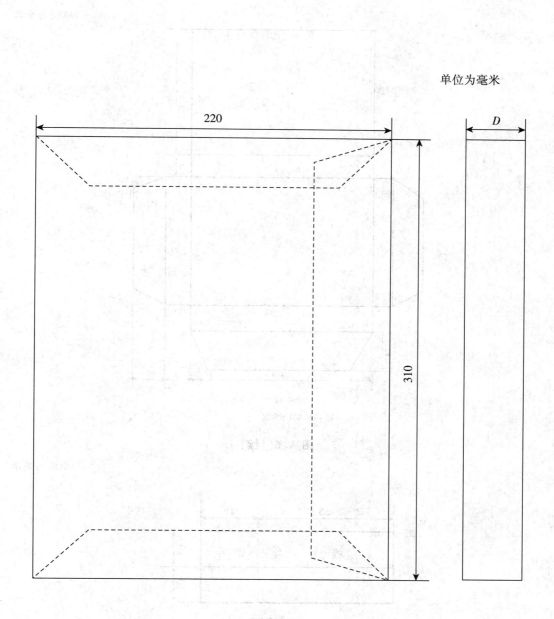

比例1：2

D=10mm、20mm、30mm、40mm、50mm、60mm。

a) 卷盒式样

图 A.6　卷盒及其展开式样

单位为毫米

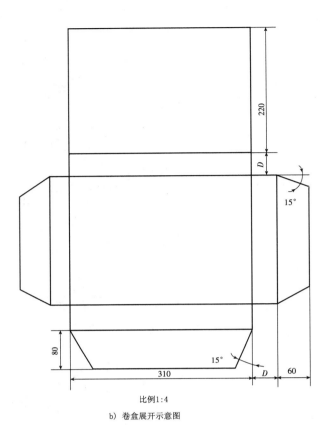

比例1:4

b) 卷盒展开示意图

图 A.6（续）

单位为毫米

比例1∶1

图 A.7 档号章式样

前　言

国家标准《CAD电子文件光盘存储、归档与档案管理要求》规定了计算机辅助设计（下称CAD）电子文件光盘存储、归档工作程序、工作环境和档案管理的要求。本标准规定的CAD电子文件存储、归档及档案管理方法有别于纸质文件的归档与档案管理方法。

本标准中有关的档案术语均引自DA/T 1—1992《档案工作基本术语》。

在《CAD电子文件光盘存储、归档与档案管理要求》总标题下，包括两个标准：

GB/T 17678.1—1999　CAD电子文件光盘存储、归档与档案管理要求　第一部分：电子文件归档与档案管理

GB/T 17678.2—1999　CAD电子文件光盘存储、归档与档案管理要求　第二部分：光盘信息组织结构

本标准为第一部分。

本标准中的附录A、附录B、附录C、附录D、附录E都是提示的附录。

本标准由国家档案局提出。

本标准由国家档案局经济科技档案业务指导司归口。

本标准起草单位：国家档案局档案科学技术研究所、航天工业总公司档案馆。

本标准主要起草人：商平安、吴筑清、杨少田、沈莹、王岚、李培力、赵中新、冯丽伟。

中华人民共和国国家标准

CAD 电子文件光盘存储、
归档与档案管理要求
第一部分：电子文件归档与档案管理

GB/T 17678.1—1999

Requirements for optical disk storage，filing and archival
management of CAD electronic records Part 1：Filing and
archival management of CAD electronic records

1 范围

本标准规定了 CAD 生成的电子文件收集、积累、整理、鉴定、归档与档案管理的一般要求。

本标准适用于光盘存储 CAD 产生的电子文件及电子档案。将已归档的纸质文件、图纸输入光盘的情况不属本标准范围，但可参照本标准中的规定。

2 引用标准

下列标准所包含的条文，通过在本标准中引用而构成为本标准的条文。本标准出版时，所示版本均为有效。所有标准都会被修订，使用本标准的各方应探讨使用下列标准最新版本的可能性。

GB/T 7408—1994 数据元和交换格式 信息交换 日期和时间表示法（eqv ISO 8601：1988）

GB/T 8566—1995 信息技术 软件生存期过程

GB/T 8567—1988 计算机软件产品开发文件编制指南

GB/T 9385—1988 计算机软件需求说明编制指南

GB/T 9386—1988 计算机软件测试文件编制规范

GB/T 17678.2—1999 CAD 电子文件光盘存储、归档与档案管理要求 第二部分：光盘信息组织结构

GB/T 17679—1999 CAD 电子文件光盘存储归档一致性测试

GB/T 17825.1—1999 CAD 文件管理 总则

GB/T 17825.2—1999 CAD 文件管理 基本格式

GB/T 17825.3—1999 CAD 文件管理 编号原则

国家质量技术监督局 1999－02－26 批准　　　　　　　1999－10－01 实施

GB/T 17825.4—1999　CAD 文件管理　编制规则

GB/T 17825.5—1999　CAD 文件管理　基本程序

GB/T 17825.6—1999　CAD 文件管理　更改规则

GB/T 17825.7—1999　CAD 文件管理　签属规则

GB/T 17825.8—1999　CAD 文件管理　标准化审查

GB/T 17825.9—1999　CAD 文件管理　完整性

GB/T 17825.10—1999　CAD 文件管理　存储与维护

3 定义

本标准采用下列定义：

3.1 电子文件 electronic records

能被计算机系统识别、处理，按一定格式存储在磁带、磁盘或光盘等介质上，并可在网络上传送的数字代码序列。

3.2 CAD 电子文件 CAD electronic records

由 CAD 系统产生的电子文件。

3.3 电子档案 electronic archives

具有保存价值的已归档的电子文件及相应的支持软件产品和软、硬件说明。

4 总则

4.1 CAD 电子文件的收集、积累、整理和归档，由 CAD 技术总负责人负责，文件形成单位、业务管理部门和档案管理部门在其领导下，都应指定专人管理。

4.2 根据维护档案安全、完整、便于利用的原则，电子档案由档案部门归口管理。

4.3 为保证电子文件归档、检测、电子档案的安全保管和利用，在档案部门应建立"CAD 电子文件光盘存储、归档与档案管理系统"。

4.4 CAD 电子文件的归档应包括为生成 CAD 电子文件而开发的软件产品和软件说明，以保证电子档案的完整性。

4.5 对电子文件的形成、积累、整理、归档应实施全过程管理，以保证电子档案质量。

4.6 电子档案应与相应的纸质档案在产品技术状态（含更改后的状态）、相关软件文件及说明等方面相互保持一致。

4.7 归档的 CAD 电子文件格式应符合 GB/T 17825.1～17825.10 中 CAD 文件管理的各项规定。

5 CAD 电子文件的收集积累

5.1 收集范围

在科研、设计、生产、试验和业务管理活动中采用 CAD 技术形成的电子文件及其

支持软件,应及时按归档范围收集积累,其范围及类型如下:

5.1.1 图像文件:由图纸扫描或其他方式产生的二维点阵图文件;

5.1.2 图形文件:由 CAD 系统生成的二维、三维图形文件;

5.1.3 数据文件:各种类型的分析、计算、测试、设计参数及管理等数据文件。

5.1.4 文本文件:一般用字处理技术处理形成的文字文件、表格文件,以及各种管理活动中形成的公文、报表和软件说明等。

5.1.5 计算机程序(命令文件):计算机使用的或在某一软件平台上自行开发设计的系统软件、支撑软件和应用软件的程序。

5.1.6 配套纸质文件:包括软件开发任务书、需求分析说明、系统分析报告、鉴定证书或验收说明、软件测试报告、软件修改记录、软件说明以及签署、更改等纸质文件。

5.2 收集积累要求

5.2.1 电子文件应由文件形成单位负责收集积累,从申请立项开始,并指定专人负责。档案部门负责监督和指导。

5.2.2 收集积累自行设计的软件,应包括软件产品和软件说明;通用软件应有软、硬件平台说明。

5.2.3 电子文件在收集积累过程中,要及时登记。对于需要多年才能完成的项目,要分段积累、归档。电子文件积累登记表格式见附录 A 中表 A1、表 A2。

5.2.4 电子文件的更改单应收集积累、登记,并应在检索系统中体现出更改情况。登记表格式见附录 A 中表 A3。

5.2.5 积累过程中电子文件的更改,由设计者实施,更改后的电子文件必须与当时的产品状态一致。

5.2.6 积累过程中,应采取备份制,防止出现差错。

5.2.7 在积累过程中,电子文件可存储在磁盘上,其积累、整理方法见 6.1。

5.2.8 积累多年才能归档的软盘,应一年拷贝一次,磁带应一年倒带一次。

6 CAD 电子文件的整理、鉴定与归档

6.1 整理方法

6.1.1 归档的电子文件由形成部门负责整理、编辑,并按要求写入光盘,档案部门予以协助、指导。

6.1.2 产品研制或工程设计过程形成的电子文件应以产品型号、研究课题或建设项目为单元按电子文件类别分别保管。

6.1.2.1 图形、图像类文件按产品隶属或分类编号顺序排列,由几个产品组成的复杂产品,按总体、分系统、单机排列;建设项目按设计、施工、结构、维护管理等顺序排列。

6.1.2.2 数据文件按计算、试验、设计等属类进行整理。同一属类文件按自然形成规律排列。

6.1.2.3　文本文件按文件及表格文件、软件说明等属类进行整理。

6.1.2.4　计算机程序按形成时间顺序排列。

6.1.2.5　归档的电子文件应使用不可擦除型光盘。

6.1.3　存储归档电子文件的光盘，应附有标签，标签内应填写编号、套别、名称、密级、保管期限和软、硬平台等。

6.1.3.1　编号：归档项目电子文件的光盘编号，由档案类目号、项目代号、电子文件类别代码、光盘序号组成。其形式及填写方法如下：

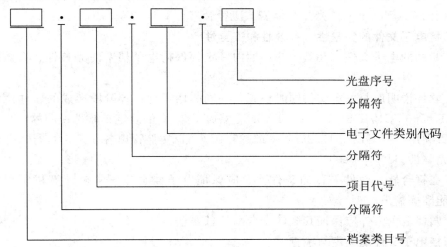

　　a）档案类目号按档案分类执行，根据需要可用到二级类目号。

　　b）项目代号指产品代号、课题代号以及建设项目代号等。各类代号由标准或业务主管部门给定。

　　c）电子文件类别代码用字母表示。其中：

　　G—图形文件　　I—图像文件　　D—数据文件　　T—文本文件　　P—计算机程序

　　如遇到一个光盘中存储一种以上类别的电子文件时，应将所包含的类别都分别填写上。

　　d）光盘序号是光盘排列的顺序号，由阿拉伯数字组成。

6.1.3.2　套别：归档电子文件套号，用大写英文字母 A 或 B 表示。A 表示封存保管；B 表示查阅利用。

6.1.3.3　名称：归档项目名称。

6.1.3.4　密级：盘内存储的电子文件的最高密级。

6.1.3.5　保管期限：盘内存储的电子文件的最长保存时间。

6.1.3.6　软、硬件平台：识别或运行光盘闪电子文件的软、硬件环境。

6.1.3.7　归档的电子文件，应根据其类别等将已整理好的电子文件按顺序写入光盘，光盘写入的具体操作，可与形成部门共同完成。

6.1.4　电子文件经整理后，按项目填写"电子档案登记表"一式两份。"电子档案登记表"格式及填写方法见附录 B 中表 B1、表 B2、表 B5。

6.1.5 编写归档说明

6.1.5.1 编写内容：项目名称、任务来源、主要技术（指标）要求、完成任务过程情况、归档材料完整性、完成单位、负责人、参加人、起止日期、密别、页数、归档号、形成单位负责人签字、档案接收单位负责人和接收人签字、盖章。

6.1.5.2 编写要求：文字力求简练、准确，字迹清晰，书写工整。

6.2 归档电子文件格式要求

归档的 CAD 电子文件光盘存储格式应符合 CB/T 17825.2 的规定。

6.3 归档电子文件的完整性、有效性和安全性

6.3.1 归档的电子文件，在其生命周期内一定要保持电子档案的完整性、有效性、安全性。

6.3.2 软件说明应与电子文件同时积累，一同归档管理；各阶段形成的软件说明应执行 GB/T 8566、GB/T 8567、GB/T 9385、GB/T 9386 的规定；软件说明的积累、归档以及保管利用，按 GB/T 17825.1～17825.10 CAD 文件管理各项规定执行，保证电子档案的完整性。

6.3.3 在符合软、硬件平台的条件下，应保证电子档案能正常被计算机所识别、运行，并能准确输出。

6.3.4 归档电子文件应保证其载体安全和信息安全。

6.4 归档电子文件的鉴定与检查

6.4.1 鉴定归档电子文件的完整性、准确性和系统性；

6.4.2 检查载体有无病毒、有无划痕；

6.4.3 鉴定归档电子文件内容的实用价值和确定电子档案的保管期限；

6.4.4 检测在指定存在的环境平台上能否准确读出电子文件；

6.4.5 检查存储归档电子文件的介质是否符合归档要求；

6.4.6 检查存储归档电子文件的介质和软、硬件平台技术条件的一致性；

6.4.7 检查合格后，将检查结论填写在"电子档案登记表"中，见附录 B 中表 B4。

6.4.8 归档软件从生成到归档，其技术状态必须严加控制，验收后填写计算机软件产品登记表，见附录 D。

6.4.9 归档电子文件应依据 GB/T 17679 的规定通过电子文件光盘存储归档一致性测试。

6.5 归档程序

6.5.1 归档时间

6.5.1.1 产品研制、工程设计的电子文件归档时间

产品研制、工程设计的电子文件在各研制阶段结束、产品定型、工程竣工后，由有关责任部门进行系统整理，并在 3 个月内完成归档。

6.5.1.2 科研课题的电子文件归档时间

科研课题中的电子文件应在课题验收或经评审、鉴定测试合格后立即归档。

6.5.1.3 其他类目的电子文件归档时间

其他类目的电子文件归档时间，按各类目归档时间要求执行。

6.5.2 归档手续

6.5.2.1 归档单位将按 6.1 整理方法整理好的电子文件和其配套的纸质文件、软件说明以及归档说明、"电子档案登记表"等移交档案部门验收。

6.5.2.2 验收合格后，档案部门在"电子档案登记表"中签字盖章。一份退归档单位，一份留档案部门备查。

6.5.2.3 归档的电子文件若需作"使用权限保护"，应填写"电子文件使用权限保护单"，其格式及填写方法见附录 C。

6.6 归档电子文件的状态与数量

6.6.1 归档的电子文件应为本阶段产品技术状态的最终版本。

6.6.2 归档的计算机程序一般不加密，如加密，应将密钥同时归档。

6.6.3 归档的电子文件至少一式两套，一套封存保管（A），一套供查阅利用（B）。必要时，复制第三套，异地保存。

7 电子档案的管理

7.1 管理要求

7.1.1 档案部门要执行电子档案归口管理的职责，对电子档案定期检查，按照电子档案保管环境的要求，严格执行管理制度。

7.1.2 档案部门应及时对电子档案进行登记、建账，账目中要注明相应纸质档案的档号，同时建立机读目录。

7.1.3 由电子档案转换成的纸质档案，要及时归入相应档案门类的纸质档案中，按纸质档案管理要求进行管理，并在登记账中注明其所在的光盘编号及文件名。

7.1.4 存储电子档案的光盘应放入盒中存放。A、B 两套电子档案应分开保管。

7.2 保管环境

7.2.1 归档光盘不得擦洗、划刻、触摸盘片裸露处，不得弯曲、挤压、摔打盘片，防止盘片沾染灰尘和污垢，避免阳光直接照射。执行 GB/T 17825.10 的规定。

7.2.2 环境温度为 $14℃\sim24℃$，相对湿度 $45\%\sim60\%$。

7.2.3 远离热源、酸碱等有害气体和强磁场。

7.3 检测与维护

电子档案应每 5 年进行一次有效性、安全性检查，如发现光盘损坏或出现问题，应及时拷贝。如软、硬平台发生改变，则应及时转换。检查、拷贝、转换等情况要登记，检查登记表格式及填写方法见附录 B 中表 B4。

7.4 利用

7.4.1 归档光盘不外借，只能以拷贝或网上传输的形式提供利用，并应登记。使用者不得私自复制、拷贝、修改或转送他人。

7.4.2 电子档案可在归档与管理系统的终端上查阅，但查阅人员只能查阅本人权限之内的电子档案，如需查阅超越权限的电子档案，需按本单位有关规定执行。

7.4.3 已批准为"使用权限保护"的电子档案项目，要在台账、目录、载体上标识。档案部门应严格执行电子档案的"使用权限保护"和密钥管理规定。

7.4.4 电子档案如进行更改，应随时保持 A、B 两盘内容一致，并及时更改原转换的纸质档案，同时将更改情况及时填写更改登记表，登记表见附录 B 中表 B3。

7.4.5 电子档案如上网传送，只有经过档案部门的计算机管理系统对用户使用权认可后，才能提供利用。

7.5 统计

档案部门应及时按年度对电子文件归档情况，电子档案的更改、管理、保护、利用等情况进行统计，并纳入档案统计项目。

7.6 鉴定与销毁

7.6.1 鉴定与检测

电子档案的鉴定主要是对已到保管期限的电子档案鉴定，同时还必须进行有效检测。

7.6.1.1 检查已到保管期限的电子档案是否还有利用价值；

7.6.1.2 检查载体有无划伤，是否可用，是否清洁；

7.6.1.3 检测在指定的环境平台上能否正确读出电子文件；

7.6.1.4 检查存贮电子档案的介质是否符合归档要求；

7.6.1.5 检查存贮电子档案的介质和软、硬件平台技术条件的一致性。

7.6.2 销毁

7.6.2.1 根据保管期限表，经鉴定确无保存价值的电子档案，按有关规定严格审批后方可销毁；

7.6.2.2 在销毁过程中应对存储过机密信息的介质进行彻底销毁，对网络中传递的机密信息彻底清除。

附 录 A

（提示的附录）

CAD 电子文件积累登记表

A1 本附录给出电子文件积累登记表的填写格式。

A2 电子文件积累登记表纸张尺寸为 210mm×297mm（A4 幅面）。

A3 电子文件积累登记表线框尺寸为 160mm×230mm。

A4 电子文件积累登记表封面、里页填写要求

A4.1 封面 CAD 电子文件积累登记表（表 A1）

项目名称：课题、产品、建设项目等的名称；

项目代号：项目代号；

单位：CAD 电子文件积累部门的名称；

负责人：负责本项目电子文件积累人或课题、项目负责人；

日期：封面下部的日期为积累结束日期。

A4.2 里页1 电子文件目录（表 A2）

序号：积累文件的顺序号；

题名：形成文件的名称；

电子文件名：电子文件存储在光（磁）盘上的文件名；

光（磁）盘号：电子文件存储光（磁）盘的编号；

版本号：电子文件的版次编号；

形成日期：电子文件产生日期，按 GB/T 7408 的规定表示；

备注：其他需要说明的事项。

A4.3 里页2 电子文件更改记录（表 A3）

序号：更改顺序号；

更改日期：更改电子文件的日期，按 GB/T 7408 的规定表示；

更改单号：更改单编号；

更改者：

电子文件名：

备注：其他需要说明的事项。

表 A1 CAD 电子文件积累登记表（封面）

CAD 电子文件积累登记表

项目名称：

项目代号：

单　　位：

设计阶段：

负 责 人：

年　月　日

表 A2 电子文件目录（里页 1）

电子文件目录						
序　号	题　名	文件名	光（磁）盘号	版本号	形成日期	备　注

表 A3 电子文件更改记录（里页 2）

电子文件更改记录					
序　号	更改日期	更改单号	更　改　者	电子文件名	备　注

附 录 B
（提示的附录）
电子档案登记表

B1　本附录给出电子档案登记表填写的格式。

B2　电子档案登记表纸张尺寸为 210mm×297mm（A4 幅面）。

B3　电子档案登记表线框尺寸为 160mm×230mm。

B4　电子档案登记表封面、里页填写要求

B4.1　封面　电子档案登记表（表 B1）

项目名称：课题、产品、建设项目等的名称；

项目代号：项目代号；

单位：电子文件归档部门名称；

归档日期：向档案部门移交归档的日期，按 GB/T 7408 的规定表示；

日期：封面下部的日期为填表日期。

B4.2　里页 1　电子档案目录（表 B2）

光盘编号：电子档案存储在光盘里的编号；

序号：存储电子档案的顺序号；

代号：图号或电子档案编号；

题名：电子档案的名称；

密级：电子档案的密级；

保管期限：光盘内存储的电子档案的保存时间。

B4.3　里页 2　电子档案更改记录（表 B3）

项目说明同附录 A 中表 A3。

B4.4　里页 3　电子档案检查表（表 B4）

检查结论：记录归档电子文件检查以及电子档案拷贝情况，其内容包括：

检查的形式、手段、结果；

负责人：填写主持检查人的姓名。

B4.5　里页 4　电子档案软硬件登记表（表 B5）

软、硬件平台说明：适用的机型、输出打印设备的类型、型号，使用何种操作系统及其生成电子文件的软件名称、版本以及存储格式等；

其他说明：其他需要说明的事项。

表 B1 电子档案登记表（封面）

电子档案登记表

项目名称：

项目代号：

单　　位：

归档日期：

年　月　日

表 B2 电子档案目录 (里页 1)

电 子 档 案 目 录

光盘编号：

序　号	代　号	题　名	电子档案名	密　级	保管期限	备　注

表 B3　电子档案更改记录（里页 2）

电子档案更改记录					
序　号	更改日期	更改单号	更 改 者	电子文件名	备　注

表 B4 电子档案检查表（里页 3）

电子档案检查表

检查结论：

负责人：

年　月　日

表 B5 电子档案软、硬件登记表（里页 4）

软、硬件平台说明：	
其他说明：	
移交单位： 移交人：	接收单位： 接收人：
（盖章） 年　月　日	（盖章） 年　月　日

附　录　C

（提示的附录）

电子文件使用权限保护登记表

C1　本附录给出电子文件使用权限保护登记表的填写格式。

C2　电子文件使用权限保护登记表纸张尺寸为 210mm×297mm（A4 幅面）。

C3　电子文件使用权限保护登记表线框尺寸为 160mm×230mm。

C4　电子文件使用权限保护登记表封面、里页填写要求

C4.1　封面　电子文件使用权限保护登记表（表 C1）

项目名称：要求保护的课题、产品、建设项目等的名称；

项目代号：项目代号；

单位：申请保护部门名称；

负责人：本项目、课题负责人或设计者；

日期：封面下部的日期为填表日期。

C4.2　里页 1　电子文件使用权限保护登记表（表 C2）

项目名称：与封面项目名称一致；

实施日期：保护开始日期，按 GB/T 7408 的规定表示；

保护原因：申请保护的理由；

单位领导意见：申请保护的单位领导意见；

厂（所）领导意见：申请单位所在厂、所领导意见；

档案部门意见：接收文件的档案部门领导意见。

C4.3　里页 2　电子文件使用权限保护文件清单（表 C3）

序号：保护文件的顺序号；

题名：需保护文件的名称；

电子文件名：电子文件存储在光盘上的文件名；

光盘编号：电子文件存储光盘的编号；

解除日期：解除保护的日期，按 GB/T 7408 的规定表示。

表 C1　电子文件使用权限保护登记表（封面）

电子文件使用权限保护登记表

　　项目名称：

　　项目代号：

　　单　　位：

　　申 请 人：

年　月　日

表 C2 电子文件使用权限保护登记表（里页 1）

项目名称：	实施日期：
保护原因：	
保护要求：	
单位领导意见	
	签名：
厂（所）领导意见	
	签名：
档案部门意见	
	签名：
备注	

表 C3 电子文件使用权限保护文件清单（里页 2）

保护文件清单					
序　号	题　名	电子文件名	光盘编号	解除日期	备　注

附　录　D

（提示的附录）

计算机软件产品登记表

软件编号		软件简称	
专业或子系统类别			
运行环境			
研制单位		鉴定时间	
主要功能			
软件开发单位		主要开发人	
归档的技术文件			
登记单位	登记人	登记时间	
审核单位	审核人	审核时间	

附　录　E

（提示的附录）

CAD 电子文件归档流程图

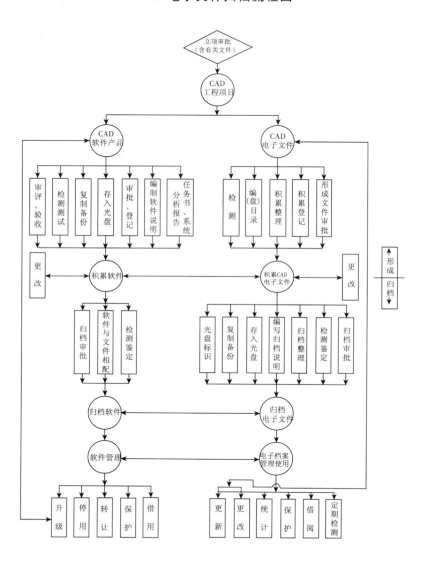

ICS 01. 140. 20
A 14

中华人民共和国国家标准

GB/T 18894—2002

电子文件归档与管理规范

Standards of electronic records filing and management

2002-12-04 发布　　　　　　　　　　　　　　2003-05-01 实施

中 华 人 民 共 和 国
国家质量监督检验检疫总局　　发 布

前　言

本标准的附录 A 是规范性附录。

本标准由国家档案局提出并归口。

本标准起草单位：国家档案局。

本标准主要起草人：邱晓威、郭嗣平、王良城、赵中新、马淑桂、李晓明、刘伟晏、李伯富、冯丽伟、赵嘉庆、谈胜祥、郝晨辉、朱煜、陈宇。

电子文件归档与管理规范

1 范围

本标准规定了在公务活动中产生的，具有保存价值的电子文件的形成、积累、归档、保管、利用、统计的一般方法。

本标准适用于党政机关产生的电子文件的归档与管理，其他社会组织的电子文件管理可参照本标准。

2 规范性引用文件

下列文件中的条款通过本标准的引用而成为本标准的条款。凡是注日期的引用文件，其随后所有的修改单（不包括勘误的内容）或修订版均不适用于本标准，然而，鼓励根据本标准达成协议的各方研究是否可使用这些文件的最新版本。凡是不注日期的引用文件，其最新版本适用于本标准。

DA/T 18 档案著录规则

DA/T 22 归档文件整理规则

3 术语和定义

下列术语和定义适用于本标准。

3.1

电子文件 electronic records

指在数字设备及环境中生成，以数码形式存储于磁带、磁盘、光盘等载体，依赖计算机等数字设备阅读、处理，并可在通信网络上传送的文件。

3.2

归档电子文件 archival electronic records

指具有参考和利用价值并作为档案保存的**电子文件（3.1）**。

3.3

背景信息 context

指描述生成**电子文件（3.1）**的职能活动、电子文件的作用、办理过程、结果、上下文关系以及对其产生影响的历史环境等信息。

3.4

元数据 metadata

指描述**电子文件（3.1）**数据属性的数据，包括文件的格式、编排结构、硬件和软件环境、文件处理软件、字处理和图形工具软件、字符集等数据。

3.5

逻辑归档 logical filing

指在计算机网络上进行，不改变原存储方式和位置而实现的将**电子文件（3.1）**的管理权限向档案部门移交的过程。

3.6

物理归档 physical filing

指把**电子文件（3.1）**集中下载到可脱机保存的载体上，向档案部门移交的过程。

3.7

真实性 authenticity

指对**电子文件（3.1）**的内容、结构和**背景信息（3.3）**进行鉴定后，确认其与形成时的原始状况一致。

3.8

完整性 integrity

指**电子文件（3.1）**的内容、结构、**背景信息（3.3）**和**元数据（3.4）**等无缺损。

3.9

有效性 utility

指电子文件（3.1）应具备的可理解性和可被利用性，包括信息的可识别性、存储系统的可靠性、载体的完好性和兼容性等。

3.10

捕获 capture

指对**电子文件（3.1）**进行实时收集和存储的方法与过程。

3.11

迁移 migration

指将源系统中的**电子文件（3.1）**向目的系统进行转移存储的方法与过程。

4 总则

4.1 电子文件自形成时应有严格的管理制度和技术措施，确保其真实性、完整性和有效性。

4.2 应对电子文件的形成、收集、积累、鉴定、归档等实行全过程管理与监控，保证管理工作的连续性。

4.3 应明确规定电子文件归档的时间、范围、技术环境、相关软件、版本、数据类型、格式、被操作数据、检测数据等要求，保证归档电子文件的质量。

4.4 归档电子文件同时存在相应的纸质或其他载体形式的文件时，应在内容、相关说明及描述上保持一致。

4.5 具有永久保存价值的文本或图形形式的电子文件，如没有纸质等拷贝件，必须制成纸质文件或缩微品等。归档时，应同时保存文件的电子版本、纸质版本或缩微品。

4.6 应保证电子文件的凭证作用，对只有电子签章的电子文件，归档时应附加有法律效力的非电子签章。

5 电子文件的真实性、完整性和有效性保证

5.1 应建立规范的制度和工作程序并结合相应的技术措施，从电子文件形成开始不间断地对有关处理操作进行管理登记，保证电子文件的产生、处理过程符合规范。

5.1.1 登记处理过程中相互衔接的各类责任者（如起草者、修改者、审核者、签发者等）。

5.1.2 登记处理过程中的各类操作者（打字者、发文者、收文者、存储管理者等）。

5.1.3 登记处理过程中产生的责任凭证信息（批示、签名、印章、代码等）。

5.1.4 登记电子文件传递、交接过程中的其他标识。

5.2 应采取可靠的安全防护技术措施，保证电子文件的真实性。

5.2.1 建立对电子文件的操作者可靠的身份识别与权限控制。

5.2.2 设置符合安全要求的操作日志，随时自动记录实施操作的人员、时间、设备、项目、内容等。

5.2.3 对电子文件采用防错漏和防调换的标记。

5.2.4 对电子印章、数字签署等采取防止非法使用的措施。

5.3 应建立电子文件完整性管理制度并采取相应的技术措施采集背景信息和元数据。

5.4 应建立电子文件有效性管理制度并采取相应的技术保证措施。

5.5 电子文件的处理和保存应符合国家的安全保密规定，针对自然灾害、非法访问、非法操作、病毒侵害等采取与系统安全和保密等级要求相符的防范对策，主要有：网络设备安全保证；数据安全保证；操作安全保证；身份识别方法等。

6 电子文件的收集与积累

6.1 收集积累要求

6.1.1 记录了重要文件的主要修改过程和办理情况，有查考价值的电子文件及其电子版本的定稿均应被保留。正式文件是纸质的，如果保管部门已开始进行向计算机全文的转换工作，则与正式文件定稿内容相同的电子文件应当保留，否则可根据实际条件或需要，确定是否保留。

6.1.2 当公务或其他事务处理过程只产生电子文件时，应采取严格的安全措施，保证电子文件不被非正常改动。同时应随时对电子文件进行备份，存储于能够脱机保存的载体上。

6.1.3 对在网络系统中处于流转状态，暂时无法确定其保管责任的电子文件，应采取捕获措施，集中存储在符合安全要求的电子文件暂存存储器中，以防散失。

6.1.4 对用文字处理技术形成的文本电子文件，收集时应注明文件存储格式、文字处

理工具等，必要时同时保留文字处理工具软件。文字型电子文件以 XML、RTF、TXT 为通用格式。

6.1.5 对用扫描仪等设备获得的采用非通用文件格式的图像电子文件，收集时应将其转换成通用格式，如无法转换，则应将相关软件一并收集。扫描型电子文件以 JPEG、TIFF 为通用格式。

6.1.6 对用计算机辅助设计或绘图等设备获得的图形电子文件，收集时应注明其软硬件环境和相关数据。

6.1.7 对用视频或多媒体设备获得的文件以及用超媒体链接技术制作的文件，应同时收集其非通用格式的压缩算法和相关软件。视频和多媒体电子文件以 MPEG、AVI 为通用格式。

6.1.8 对用音频设备获得的声音文件，应同时收集其属性标识、参数和非通用格式的相关软件。音频电子文件以 WAV、MP3 为通用格式。

6.1.9 对通用软件产生的电子文件，应同时收集其软件型号、名称、版本号和相关参数手册、说明资料等。专用软件产生的电子文件原则上应转换成通用型电子文件，如不能转换，收集时则应连同专用软件一并收集。

6.1.10 计算机系统运行和信息处理等过程中涉及的与电子文件处理有关的参数、管理数据等应与电子文件一同收集。

6.1.11 对套用统一模板的电子文件，在保证能恢复原形态的情况下，其内容信息可脱离套用模板进行存储，被套用模板作为电子文件的元数据保存。

6.1.12 定期制作电子文件的备份。

6.2 电子文件的登记

6.2.1 每份电子文件均应在《电子文件登记表》中登记（见附录 A 的表 A.1 和表 A.2）。

6.2.2 电子文件登记表应与电子文件同时保存。

6.2.3 电子文件登记表如果制成电子表格，应与电子文件一同保存，永久保存的电子表格应附有纸质等拷贝件并与相应的电子文件拷贝一起保存。

6.2.4 电子文件稿本代码：M——草稿性电子文件；U——非正式电子文件；F——正式电子文件。

6.2.5 电子文件类别代码：T——文本文件；I——图像文件；G——图形文件；V——影像文件；A——声音文件；O——超媒体链结文件；P——程序文件；D——数据文件。

7 电子文件的归档

7.1 归档要求

文件形成部门或信息管理部门应定期把经过鉴定符合归档条件的电子文件向档案部门移交，并按档案管理要求的格式将其存储到符合保管期限要求的脱机载体上。

7.2 鉴定

7.2.1 电子文件的鉴定工作，应包括对电子文件的真实性、完整性、有效性的鉴定及确定密级、归档范围和划定保管期限。

7.2.2 归档前应由文件形成单位按照规定的项目对电子文件的真实性、完整性和有效性进行检验，并由负责人签署审核意见，检验和审核结果填入《归档电子文件移交、接收检验登记表》（见附录 A 的表 A.3）。如果文件形成单位采用了某些技术方法保证电子文件的真实性、完整性和有效性，则应把其技术方法和相关软件一同移交给接收单位。

7.2.3 电子文件的归档范围参照国家关于纸质文件材料归档的有关规定执行，并应包括相应的背景信息和元数据。

7.2.4 电子文件保管期限和密级的划分工作，参照国家关于纸质文件材料密级和保管期限的有关规定执行。电子文件的背景信息和元数据的保管期限应当与内容信息的保管期限一致。应在电子文件的机读目录上逐件标注保管期限的标识。

7.3 归档时间

逻辑归档可实时进行，物理归档应按照纸质文件的规定定期完成。

7.4 检测

在进行电子文件归档工作时，应对归档电子文件的基本技术条件进行检测，检测内容包括：硬件环境的有效性，软件环境的有效性及其信息记录格式、有无病毒感染等。

7.5 归档

电子文件的归档，按照鉴定标识进行。电子文件的归档可分两步进行，对实时进行的归档先做逻辑归档，然后定期完成物理归档。归档时，应充分考虑电子文件的技术环境、相关软件、版本、数据类型、格式、被操作数据、检测数据等技术因素。

7.5.1 逻辑归档

将电子文件的管理权从网络上转移至档案部门，在归档工作中，存储格式和位置暂时保持不变。

7.5.2 物理归档

7.5.2.1 凡在网络中予以逻辑归档的电子文件，均应定期完成物理归档。

7.5.2.2 把带有归档标识的电子文件集中，拷贝至耐久性好的载体上，一式 3 套，一套封存保管，一套供查阅使用，一套异地保存。对于加密电子文件，则应在解密后再制作拷贝。

7.5.2.3 本标准推荐采用的载体，按优先顺序依次为：只读光盘、一次写光盘、磁带、可擦写光盘、硬磁盘等。不允许用软磁盘作为归档电子文件长期保存的载体。

7.5.2.4 存储电子文件的载体或装具上应贴有标签，标签上应注明载体序号、全宗号、类别号、密级、保管期限、存入日期等，归档后的电子文件的载体应设置成禁止写操作的状态。

7.5.2.5 特殊格式的电子文件，应在存储载体中同时存有相应的查看软件。

7.5.2.6 将相应的电子文件机读目录、相关软件、其他说明等一同归档，并附《归档电子文件登记表》（见附录 A 的表 A.4 和表 A.5）。

归档电子文件应以盘为单位填写《归档电子文件登记表》首页（见附录 A 的表 A.4），以件为单位填写续页（见附录 A 的表 A.5）。

7.5.2.7 对需要长期保存的电子文件，应在每一个电子文件的载体中同时存有相应的机读目录。

7.5.2.8 归档完毕，电子文件形成部门应将存有归档前电子文件的载体保存至少 1 年。

8 归档电子文件的整理

8.1 归档电子文件的整理按 DA/T 22 规定的要求进行。

8.2 归档电子文件以件为单位整理。

8.3 同一全宗内的电子文件按照年度—保管期限—机构（问题）或保管期限—年度—机构（问题）等分类方案进行分类。

8.4 按电子文件类别代码相对集中组织存储载体。

8.5 电子文件的著录应参照 DA/T18 进行著录，同时按照保证其真实性、完整性和有效性的要求补充电子文件特有的著录项目和其他标识（参见本标准第 5 章中列举的责任者、操作者、背景信息、元数据等）。

8.6 将著录结果制成机读目录和纸质目录。

9 归档电子文件的移交、接收与保管

9.1 移交、接收与保管要求

对归档电子文件，应按有关规定进行认真检验。在检验合格后将其如期移交至档案馆等档案保管部门，进行集中保管。在已联网的情况下，归档电子文件的移交和接收工作可在网络上进行，但仍需履行相应的手续。

9.2 移交、接收检验

9.2.1 文件形成单位在移交电子文件之前，档案保管部门在接收电子文件之前，均应对归档的每套载体及其技术环境进行检验，合格率达到 100% 时方可进行交接。

9.2.2 检验项目如下：

——载体有无划痕，是否清洁；

——有无病毒；

——核实归档电子文件的真实性、完整性、有效性检验及审核手续；

——核实登记表、软件、说明资料等是否齐全；

——对特殊格式的电子文件，应核实其相关的软件、版本、操作手册等是否完整。

检验结果分别由移交单位、接收单位填入《归档电子文件移交、接收检验登记表》

（见附录 A 的表 A.3）的相应栏目。

9.2.3 档案保管部门应按照要求及检验项目对归档电子文件逐一验收。对检验不合格者，应退回形成单位重新制作，并再次对其进行检验。

9.3 移交手续

档案保管部门验收合格，完成《归档电子文件移交、接收检验登记表》（见附录 A 的表 A.3）的填写、签字、盖章环节。登记表一式 2 份，一份交电子文件形成单位，一份由档案保管部门自存。

9.4 保管要求

归档电子文件的保管除应符合纸质档案的要求外，还应符合下列条件：

a）归档载体应作防写处理。避免擦、划、触摸记录涂层。

b）单片载体应装盒，竖立存放，且避免挤压。

c）存放时应远离强磁场、强热源，并与有害气体隔离。

d）环境温度选定范围：17℃～20℃；相对湿度选定范围：35％～45％。

归档电子文件在形成单位的保管，也应参照上述条件。

9.5 有效性保证

9.5.1 归档电子文件的形成单位和档案保管部门每年均应对电子文件的读取、处理设备的更新情况进行一次检查登记。设备环境更新时应确认库存载体与新设备的兼容性；如不兼容，应进行归档电子文件的载体转换工作，原载体保留时间不少于 3 年。保留期满后对可擦写载体清除后重复使用，不可清除内容的载体应按保密要求进行处置。

9.5.2 对磁性载体每满 2 年、光盘每满 4 年进行一次抽样机读检验，抽样率不低于 10％，如发现问题应及时采取恢复措施。

9.5.3 对磁性载体上的归档电子文件，应每 4 年转存一次。原载体同时保留时间不少于 4 年。

9.5.4 档案保管部门应定期将检验结果填入《归档电子文件管理登记表》（见附录 A 的表 A.6）。

9.6 迁移

随着系统设备更新或系统扩充，应及时对归档电子文件进行迁移操作，并填写《归档电子文件迁移登记表》（见附录 A 的表 A.7）。

9.7 利用

9.7.1 归档电子文件的封存载体不应外借。未经批准任何单位或人员不允许擅自复制电子文件。

9.7.2 利用时应使用拷贝件。

9.7.3 利用时应遵守保密规定。对具有保密要求的归档电子文件采用联网的方式利用时，应遵守国家或部门有关保密的规定，有稳妥的安全保密措施。

9.7.4 利用者对归档电子文件的使用应在权限规定范围之内。

9.8 归档电子文件的鉴定销毁

9.8.1 归档电子文件的鉴定销毁，参照国家关于档案鉴定销毁的有关规定执行，且应在办理审批手续后实施。

9.8.2 属于保密范围的归档电子文件，如存储在不可擦除载体上，应连同存储载体一起销毁，并在网络中彻底清除。不属于保密范围的归档电子文件可进行逻辑删除。

9.9 统计

档案保管部门应及时按年度对归档电子文件的接收、保管、利用和鉴定销毁情况进行统计。

附 录 A
（规范性附录）
登记表格式

表 A.1 电子文件登记表（首页）

文件 特征	形成部门						
	完成日期			载体类型			
	载体编号						
	通讯地址						
	电 话			联系人			
设备环 境特征	硬件环境 （主机、网络 服务器型号、 制造厂商等）						
	软件环境 （型号、版本等）	操作系统					
		数据库系统					
		相关软件（文 字处理工具、 浏览器、压缩 或解密软件等）					
文件记 录特征	记录结构 （物理、逻辑）		记录 类型	□ 定长 □ 可变长 □ 其他	记录总数		
					总字节数		
	记录字符、图形、 音频、视频文件 格式						
	文件载体	型号： 数量： 备份数：		□一件一盘 □一件多盘		□多件一盘 □多件多盘	
制表 审核	填表人（签名）					年　月　日	
	审核人（签名）					年　月　日	

表 A.2　电子文件登记表（续页）

第　页

文件编号	题　名	形成时间	文件稿本代码	文件类别代码	载体编号	保管期限	备　注

表 A.3 归档电子文件移交、接收检验登记表

检验项目	单位名称	
	移交单位：	接收单位：
载体外观检验		
病毒检验		
真实性检验		
完整性检验		
有效性检验		
技术方法与相关软件说明 登记表、软件、说明资料检验		
填表人（签名）	年　月　日	年　月　日
审核人（签名）	年　月　日	年　月　日
单位（印章）	年　月　日	年　月　日

表 A.4 归档电子文件登记表（首页）

文件特征	形成部门				
	完成日期		载体类型		
	载体编号				
	通讯地址				
	电　话		联系人		
设备环境特征	硬件环境（主机、网络服务器型号、制造厂商等）				
	软件环境（型号、版本等）	操作系统			
		数据库系统			
		相关软件（文字处理工具、文字浏览器、压缩或解密软件等）			
文件记录特征	记录结构（物理、逻辑）		记录类型	□定长 □可变长 □其他	记录总数	
					总字节数	
	记录字符及图形音频、视频文件格式				
	文件载体	型号：数量：备份数：		□一件一盘　　□多件一盘 □一件多盘　　□多件多盘	
文件交接	送交部门				
	通讯地址				
	电　话		联系人		
	送交人（签名）			年　　月　　日	
	接收部门				
	通讯地址				
	电　话		联系人		
	接收人（签名）			年　　月　　日	

表 A.5 归档电子文件登记表（续页）

文件 编号	题　名	形成 时间	文件版 本代码	文件类 别代码	载体 编号	保管 期限	备注

表 A.6 归档电子文件管理登记表

归档电子 文件设备 情况登记	
新设备兼 容性检验	
磁性载体 转存登记	

填表人（签名）   年　月　日

审核人（签名）   年　月　日

单位（盖章）   年　月　日

表 A.7 归档电子文件迁移登记表

源系统 设备情况	硬件系统： 系统软件： 应用软件： 存储载体：
目标系统 设备情况	硬件系统： 系统软件： 应用软件： 存储载体：
被迁移归档 电子文件情况	记录数：　　　　　　　字节数： 迁移时间： 操作者：

填表人（签名）　　　　　　　　　　　　　　　　年　月　日

审核人（签名）　　　　　　　　　　　　　　　　年　月　日

单位（盖章）　　　　　　　　　　　　　　　　　年　月　日

前　言

本标准根据 GB/T 1.6—1997《标准化工作导则　第 1 单元：标准的起草与表述规则　第 6 部分：术语标准编写规定》、GB/T 10112—1999《术语工作　原则与方法》，结合我国档案工作发展的需要，对 DA/T 1—1992 进行了修订。

本标准与 DA/T 1—1992 相比较，有以下改变：

——增加了 73 个词条。

——修改了前版 63 个词条中的 58 个词条及 1 个章题。

——删去了前版中的 2 个词条。

本标准确定的术语在档案工作领域中具有特定含义，因而在确定术语的构成时，对不会导致误解的术语省略了其前的限定词"档案"。

本标准从实施之日起，同时代替 DA/T 1—1992。

本标准的附录 A、附录 B 都是提示的附录。

本标准由国家档案局提出并归口。

本标准起草单位：国家档案局档案科学技术研究所。

本标准主要起草人：薄古、赵雄、冯惠玲、许士平、魏伶俐。

本标准首次发布时间：1992 年 7 月 20 日。

本标准为第一次修订。

中华人民共和国档案行业标准

DA/T 1—2000

代替 DA/T 1—1992

档 案 工 作 基 本 术 语

General terminology for archives work

---

1 范围

本标准确定了档案工作的基本术语及其定义。

本标准适用于档案工作、文书工作及有关领域。

2 一般概念

2.1 档案 archives

国家机构、社会组织或个人在社会活动中直接形成的有价值的各种形式的历史记录。

2.2 档案价值 archival value

档案（2.1）对国家机构、社会组织或个人的有用性。

2.3 档案工作 archives work

管理**档案**（2.1）和**档案**（2.1）事业的活动。

2.4 档案管理 archives management

档案（2.1）的**收集**（3.1）、**整理**（5.1）、**保管**（8.1）、**鉴定**（4.1）、**统计**（9.1）和**提供利用**（7.1）等活动。

2.5 档案学 archival science

研究**档案**（2.1）的形成规律、性质、特点以及**档案工作**（2.3）方法与发展规律的科学。

2.6 公共档案 public archives

国家机构或其他公共组织在公务活动中形成的为社会所有的**档案**（2.1）。

2.7 私人档案 private archives

私人或私人组织在社会活动中形成的为私人所有的**档案**（2.1）。

2.8 文书档案 administrative archives

反映党务、行政管理等活动的**档案**（2.1）。

2.9 科学技术档案 scientific and technical archives

反映科学技术研究、生产、基本建设等活动的档案（2.1）。

2.10 专业档案 specialized archives

反映专门领域活动的档案（2.1）。

2.11 音像档案 audio-visual archives

记录声音或影像的档案（2.1），包括照片、影片、录音带、录像带等。

2.12 文件 record; document

国家机构、社会组织或个人在履行其法定职责或处理事务中形成的各种形式的信息记录。

2.13 电子文件 electronic records

以数码形式记录于磁带、磁盘、光盘等载体（8.8），依赖计算机系统阅读、处理并可在通信网络上传输的文件（2.12）。

2.14 原件 original document

最初产生的区别于复制件（2.15）的原始文件（2.12）。

2.15 复制件 copy; duplicated document

与原件（2.14）内容相同的复制品。

2.16 文稿 draft; manuscript

文件（2.12）起草过程中形成的历次稿子，可分为草稿和定稿两种。

2.17 文本 text; version

同一文件（2.12）由于作用不同而形成不同的版本，可分为正本（2.18）、副本（2.19）、试行本、修订本、各种文字文本（2.17）等。

2.18 正本 official text

有规范格式和生效标志的正式文本（2.17）。

2.19 副本 copy; duplicate

再现正本（2.18）内容和形式特征的复本，备存查和通知有关方面之用。

2.20 手稿 manuscripts

由作者用手写或打字等方式制作的原稿。

2.21 文种 record type

按性质和用途确定的文件（2.12）种类的名称。

2.22 档案行政管理部门 archival administrative department

具有政府行政管理职能的档案（2.1）事业管理机构。

2.23 档案室 record office

国家机构、企事业单位或其他社会组织内部设置的集中管理本单位档案（2.1）的专门机构。

2.24 档案馆 archives

集中管理特定范围档案（2.1）的专门机构。

2.24.1 综合档案馆 comprehensive archives

按照行政区划或历史时期设置的管理规定范围内多种门类档案（2.1）的具有文化

事业机构性质的**档案馆**（2.24）。

2.24.2 专业档案馆 specialized archives

管理特定范围专业档案（2.10）的**档案馆**（2.24）。

2.24.3 部门档案馆 departmental archives

专业主管部门设置的管理本部门及其直属机构**档案**（2.1）的**档案馆**（2.24）。

2.24.4 企业档案馆 business archives

企业设置的管理本企业**档案**（2.1）的**档案馆**（2.24）。

2.24.5 事业单位档案馆 institutional archives

事业单位设置的管理本单位**档案**（2.1）的**档案馆**（2.24）。

2.25 档案资料目录中心 archival descriptive information centre

集中管理若干**档案馆**（2.24）、**档案室**（2.23）特定范围**档案**（2.1）资料目录并提供检索服务的专门机构。

2.26 文件中心 records centre

介于**文件**（2.12）形成机构和**档案馆**（2.24）之间的中间性或过渡性文件管理机构。

3 档案收藏

3.1 收集 acquisition；collection

档案馆（2.24）、**档案室**（2.23）**接收**（3.1.3）及**征集**（3.1.4）**档案**（2.1）和其他有关文献的活动。

3.1.1 归档 filing

办理完毕且具有保存价值的**文件**（2.12）经系统**整理**（5.1）交**档案室**（2.23）或**档案馆**（2.24）保存的过程。

3.1.2 移交 transfer

档案室（2.23）或**档案馆**（2.24）等按照国家规定把**档案**（2.1）交给接收方**档案馆**（2.24）保存的过程。

3.1.3 接收 accession

档案馆（2.24）、**档案室**（2.23）按照国家规定收存**档案**（2.1）的过程。

3.1.4 征集 acquisition

档案馆（2.24）按照国家规定征收**散存档案**（3.6）、**散失档案**（3.7）和其他有关文献的活动。

3.2 寄存 deposit

档案（2.1）所有者在保持其法定所有权的情况下，将**档案**（2.1）存放在**档案馆**（2.24）的行为。

3.3 捐赠 donation

档案（2.1）所有者将**档案**（2.1）无偿赠送给**档案馆**（2.24）的行为。

3.4 交换 exchange

国家（地区）之间、**档案**（2.1）部门之间、**档案**（2.1）部门与其他部门之间按照法规或协定互换**档案**（2.1）和其他文献的活动。

3.5 馆藏 holdings

档案馆（2.24）收藏的**档案**（2.1）及其他藏品的总和。

3.6 散存档案 estray

未保存在法定保管处所的**档案**（2.1）。

3.7 散失档案 removed archives

从原形成国家（地区）散失到国外的**档案**（2.1）。

4 档案鉴定

4.1 鉴定 appraisal

判定**档案**（2.1）真伪和价值的过程。

4.2 保管期限 retention period

对**档案**（2.1）划定的存留年限。

4.3 保管期限表 records retention schedule

规定**档案**（2.1）**保管期限**（4.2）的**文件**（2.12）。

4.4 销毁 destruction

经过鉴定对失去价值的**档案**（2.1）作毁灭性处置的过程。

4.5 销毁清册 destruction list

登录被**销毁**（4.4）**档案**（2.1）题名、数量等内容并由责任人签署的**文件**（2.12）。

5 档案整理

5.1 整理 archival arrangement

按照一定原则对**档案**（2.1）实体进行系统分类、组合、排列、编号和基本**编目**（6.2），使之有序化的过程。

5.2 来源原则 principle of provenance

把同一机构、组织或个人形成的**档案**（2.1）作为一个整体加以管理的原则。

5.3 档案实体分类 physical archives classification

根据**档案**（2.1）的来源、形成时间、内容、形式等特征对**档案**（2.1）实体进行的分类。

5.4 立档单位 fonds constituting unit

构成**档案**（2.1）**全宗**（5.5）的国家机构、社会组织或个人。

5.5 全宗 fonds

一个国家机构、社会组织或个人形成的具有有机联系的**档案**（2.1）整体。

5.6 联合全宗 combined fonds

由两个或两个以上**立档单位**（5.4）形成的互有联系不易区分**全宗**（5.5）而作为一个**全宗**（5.5）对待的**档案**（2.1）整体。

5.7 汇集全宗 collected fonds

由若干个**文件**（2.12）数量很少且具有某些共同特征或联系的小**全宗**（5.5）组成的作为一个**全宗**（5.5）对待的**档案**（2.1）整体。

5.8 全宗群 fonds complex

由若干个具有时间、地区、性质等共同特征的**全宗**（5.5）组成的群体。

5.9 案卷 file

由互有联系的若干**文件**（2.12）组合成的**档案**（2.1）**保管**（8.1）单位。

5.10 立卷 filing

将若干**文件**（2.12）按形成规律和有机联系组成**案卷**（5.9）的过程。

5.11 卷内备考表 file note

卷内文件状况的记录单，排列在卷内**文件**（2.12）之后。

5.12 档号 archival code

以字符形式赋予**档案**（2.1）实体的用以固定和反映**档案**（2.1）排列顺序的一组代码。

6 档案检索

6.1 检索 retrieval

存储和查找**档案**（2.1）信息的过程。

6.2 编目 cataloguing; description

按照一定的规则进行**档案**（2.1）**著录**（6.5）并将**条目**（6.4）组织成**目录**（6.11）的过程。

6.3 档案信息分类 archival information classification

以国家机构、社会组织的职能分工为基础，结合**档案**（2.1）内容所记述和反映事物的属性关系对**档案**（2.1）信息进行的分类。

6.4 条目 entry

反映**文件**（2.12）或**案卷**（5.9）内容与形式特征的**著录**（6.5）项目的组合。

6.5 著录 description

对**档案**（2.1）内容和形式特征等进行分析、选择和记录的过程。

6.6 标引 indexing

对**档案**（2.1）内容进行主题分析，赋予**检索**（6.1）标识的过程。

6.6.1 分类标引 classified indexing

对**档案**（2.1）内容进行主题分析，赋予分类号标识的过程。

6.6.2 主题标引 subject indexing

对**档案**（2.1）内容进行主题分析，赋予**主题词**（6.8）标识的过程。

6.6.3 受控标引 controlled indexing
依据主题词表等控制工具进行的**标引**（6.6）。

6.6.4 自由标引 free indexing
不用主题词表等控制工具而直接使用**关键词**（6.7）等自然语言进行的**标引**（6.6）。

6.7 关键词 keyword
在**标引**（6.6）和**检索**（6.1）过程中，取自**文件**（2.12）、**案卷**（5.9）题名或正文用以表达文献主题并具有**检索**（6.1）意义的非规范化的词或词组。

6.8 主题词 descriptor
在**标引**（6.6）和**检索**（6.1）中用以表达文献主题的规范化的词或词组。

6.9 档案主题词表 archives thesaurus
由表达**档案**（2.1）内容主题的自然语言中优选出的语义相关、族性相关的科学术语所组成的规范化词典。在**档案**（2.1）**标引**（6.6）与**检索**（6.1）过程中，它是用以将**档案**（2.1）、**标引**（6.6）人员及用户的自然语言转换为统一的**主题词**（6.8）**检索**（6.1）语言的一种术语控制工具。

6.10 检索工具 finding aid
用于存储、查找和报道**档案**（2.1）信息的系统化文字描述工具，是**目录**（6.11）、**索引**（6.12）、指南等的统称。

6.11 目录 catalogue
由揭示**档案**（2.1）特征的**条目**（6.4）汇集而成并按照一定次序编排的**档案**（2.1）**检索工具**（6.10）。

6.11.1 案卷目录 folder list; file list
以**全宗**（5.5）为单位登录**案卷**（5.9）的题名及其他特征并按**案卷**（5.9）号次序编排而成的一种**档案**（2.1）**目录**（6.11）。

6.11.2 卷内文件目录 innerfile item list
登录卷内**文件**（2.12）题名和其他特征并固定**文件**（2.12）排列次序的表格，排列在卷内**文件**（2.12）之前。

6.11.3 案卷文件目录 file－item list
全引目录 file－item list
以**全宗**（5.5）为单位将**案卷目录**（6.11.1）与**卷内文件目录**（6.11.2）相结合按一定次序编排而成的一种**档案**（2.1）**目录**（6.11）。

6.11.4 分类目录 classified catalogue
依据分类表按照分类标识以一定次序编排而成的一种**档案**（2.1）**目录**（6.11）。

6.11.5 主题目录 subject catalogue
依据主题词表按照主题标识以一定次序编排而成的一种**档案**（2.1）**目录**（6.11）。

6.11.6 专题目录 subject catalogue
按照特定专题以一定次序编排而成的一种**档案**（2.1）**目录**（6.11）。

6.12 索引 index

指明档案（2.1）或目录（6.11）的某种特征，以一定次序编排并注明相应出处的档案（2.1）检索工具（6.10）。

6.12.1 文号索引 record number index

指明文件（2.12）编号及相应档号（5.12），以一定次序编排而成的一种档案（2.1）索引（6.12）。

6.12.2 人名索引 name index

指明人名及相应档号（5.12），以一定次序编排而成的一种档案（2.1）索引（6.12）。

6.12.3 地名索引 place name index

指明地名及相应档号（5.12），以一定次序编排而成的一种档案（2.1）索引（6.12）。

6.13 档案馆指南 guide to an archives

介绍和报道档案馆（2.24）基本情况、馆藏（3.5）档案（2.1）和有关文献，指导利用者查阅利用（7.1）的一种档案（2.1）检索工具（6.10）。

6.14 全宗指南 guide to an archival fonds

全宗介绍 introduction to anarchival fonds

介绍和报道立档单位（5.4）及其所形成档案（2.1）情况的一种档案（2.1）检索工具（6.10）。

6.15 专题指南 guide to subject records

专题介绍 introduction to subject records

介绍和报道某一专题档案（2.1）情况的一种档案（2.1）检索工具（6.10）。

7 档案利用

7.1 利用 access and use

利用者以阅览、复制（8.23）、摘录等方式使用档案（2.1）的活动。

7.2 开放 opening

档案馆（2.24）将达到一定期限、无需控制使用的档案（2.1）向社会公开提供利用（7.1）的活动。

7.3 公布 publishing

将档案（2.1）或档案（2.1）的特定内容通过某种形式首次公布于众。

7.4 咨询服务 reference service

档案馆（2.24）、档案室（2.23）答复询问、指导和帮助利用（7.1）的活动。

7.5 档案证明 archival evidence

依据档案（2.1）的记载出具的凭证性文件（2.12）。

7.6 档案展览 exhibition

按一定主题展示档案（2.1）的活动。

7.7　阅览室　reading room

　　档案馆（2.24）、档案室（2.23）内供利用者阅览档案（2.1）的专门场所。

7.8　密级　security classification

　　档案（2.1）文件（2.12）保密程度的等级。

7.9　降密　downgrade

　　降低档案（2.1）文件（2.12）的原有保密等级。

7.10　解密　declassification

　　解除已失去保密价值档案（2.1）文件（2.12）的保密限制。

7.11　编纂　compilation

　　按照一定的题目、体例和方法编辑档案（2.1）文献的活动。

7.12　大事记　chronicle of events

　　按照时间顺序简要记述一定范围内发生的重大事件、重要活动的一种档案（2.1）参考资料。

7.13　组织沿革　administrative history

　　系统记述一个机构（地区、行业）体制、职能等基本状况变迁过程的一种档案（2.1）参考资料。

7.14　基础数字汇集　collection of essential data

　　以数量特征反映一个地区（机构、行业）基本情况的一种档案（2.1）参考资料。

7.15　专题概要 thematic summary

　　简要记述某一特定的社会事物或自然现象产生、发展、变化情况的一种档案（2.1）参考资料。

7.16　档案出版物　archival publications

　　以档案（2.1）、档案工作（2.3）、档案学（2.5）为基本内容的出版物。

8　档案的保管与保护

8.1　保管　custody

　　维护档案（2.1）完整与安全的活动。

8.2　保护　conservation

　　防止档案（2.1）受损，延缓档案（2.1）退变（8.10）和抢救、修复（8.11）受损档案（2.1）的活动。

8.3　全宗卷　fonds descriptive file

　　由说明全宗（5.5）历史和现状的有关文件（2.12）材料组成的专门案卷（5.9）。

8.4　档案馆建筑 archives building

　　档案馆（2.24）专用的内设档案库房（8.5）、工作用房和利用（7.1）服务场所的建筑物。

8.5　档案库房　archival repository

　　收藏档案（2.1）的专门用房。

8.6 档案装具 archives container

用于存放**档案（2.1）**的器具，包括档案柜、档案架、档案盒等。

8.7 密集架 compact shelving

为节省空间而设计的可在轨道上水平移动的活动存储装置。

8.8 载体 medium

介质 medium

可将信息记录于其上或其中的物质材料。

8.9 耐久性 durability

档案（2.1）记录材料在保存和使用情况下保持其原有物理强度和化学稳定性的程度。

8.10 退变 deterioration

档案（2.1）记录材料因理化或生物作用而逐步老化变质直至损毁的过程。

8.11 修复 restoration

使受损或**退变（8.10）档案（2.1）**恢复或接近原有特征，或对其进行**加固（8.12）**的过程。

8.12 加固 reinforcement

将某种材料附着在**档案（2.1）载体（8.8）**上，以提高其强度和耐久性或使字迹得以**保护（8.2）**的技术。

8.13 修裱 mounting

使用粘合剂把选定的纸张修补或托裱在已破损的**档案（2.1）**上，以恢复或增强其强度和耐久性的技术。

8.14 适宜性原则 principle of compatibility

档案（2.1）修复（8.11）工作应遵循的原则之一，即所用**修复（8.11）**材料必须有最适宜的强度和特性。

8.15 相似性原则 principle of similarity

档案（2.1）修复（8.11）工作应遵循的原则之一，即所选用的**修复（8.11）**材料必须与被修复件具有相类似的厚度、颜色和结构等。

8.16 可逆性原则 principle of reversibility

档案（2.1）修复（8.11）工作应遵循的原则之一，即**档案（2.1）**在**修复（8.11）**处理后，如有必要可通过再处理恢复到处理前的状态。

8.17 加湿 humidification

a）增加**档案库房（8.5）**内相对湿度的方法。

b）将过于干燥和易碎**文件（2.12）**放在蒸气室或有潮湿空气的容器内，使之逐步吸收水分以增加柔性的方法。

8.18 去湿 dehumidification

降低**档案库房（8.5）**内相对湿度的方法。

8.19 脱酸 deacidification

为去除或降低纸质材料中的酸，用弱碱对其进行处理的技术。

8.20 去污 cleaning

清除**档案**（2.1）上的污垢和灰尘的方法。

8.21 熏蒸 fumigation

在密闭环境下，将**档案**（2.1）置于易挥发物质或有毒化学物质产生的气体中以杀灭害虫和菌类的方法。

8.22 防灾规程 disaster plan

为防止或减少灾害对**档案**（2.1）造成破坏而制定的应对方针和工作程序。

8.23 复制 reprography

利用复印、缩微摄影、磁盘拷贝、复写、印刷等手段生成内容与**档案**（2.1）原件相同的复制品的技术和方法。

8.24 档案缩微品 archival microform

含有**档案**（2.1）缩微影像的各种**载体**（8.8）（通常是胶片）的通称。

9 档案统计

9.1 统计 statistics

对反映和说明**档案**（2.1）及**档案工作**（2.3）现象的数量特征进行搜集、**整理**（5.1）和分析的活动。

9.2 登记 registration

登录**档案**（2.1）和**档案管理**（2.4）有关数据的过程。

9.3 统计指标 statistical target

反映**档案**（2.1）或**档案工作**（2.3）现象的指标名称及其数值。

9.4 统计报表 statistical form

由**档案行政管理部门**（2.22）下达的具有统一制式、用于**档案**（2.1）数据**统计**（9.1）的表册。

9.5 统计分析 statistical analysis

对**统计**（9.1）资料进行综合归类、比较研究，以揭示**档案**（2.1）、**档案工作**（2.3）内在联系与发展规律的活动。

9.6 全宗卡片 fonds card

档案馆（2.24）向**档案行政管理部门**（2.22）填报的以**全宗**（5.5）为单位反映**馆藏**（3.5）**全宗**（5.5）情况的卡片。

9.7 全宗单 fonds management sheet

以**全宗**（5.5）为单位反映**档案馆**（2.24）对**全宗**（5.5）管理状况的登记单。

附　录　A

（提示的附录）

参考文献目录

吴宝康，冯子直．档案学词典．第一版．上海：上海辞书出版社，1994

英汉法荷德意俄西档案术语词典．第一版．北京：档案出版社，1988

国际档案理事会编．档案术语词典．第三版

陈兆祦，黄坤坊．简明档案学词典．第一版．北京：中国档案出版社，1993

ISO 5127　文献与情报工作词汇

GB/T 3860—1995　文献叙词标引规则

GB/T 4894—1985　情报与文献工作词汇　基本术语

GB/T 6159.1—1985　缩微摄影技术　词汇　第一部分　一般术语

GB/T 15418—1994　档案分类标引规则

DA/T 13—1994　档号编制规则

附　录　B

（提示的附录）

汉语拼音索引

中 华 人 民 共 和 国 档 案 行 业 标 准

DA/T 12—94

全 宗 卷 规 范

1 主题内容与适用范围

1.1 全宗卷是档案馆（室）在管理某一全宗过程中形成的，能够说明该全宗历史情况的有关文件材料所组成的专门案卷。

1.2 本规范规定了全宗卷的编制原则、主要内容和整理、管理方法。

1.3 本规范适用于各级各类档案馆和各机关、团体、企事业单位档案机构（以下统称档案室）。

2 引用标准

DA/T 1—92 档案工作基本术语

GB 9705—88 文书档案案卷格式

3 全宗卷编制原则

3.1 档案馆（室）对其所管的每个全宗都应以全宗为单位编制全宗卷。

3.2 全宗卷的各种文件材料，包括凭据、清册、报表应做到准确、齐全、规范。

3.3 全宗卷内的文件材料，应按照其固有的特点，保持文件材料间的有机联系，反映全宗管理的历史面貌，以便于保管和利用。

4 全宗卷的主要内容

4.1 档案收集：档案交接文据、移交目录，接收、征集记录，档案来源和价值说明等。

4.2 档案整理：整理工作方案、分类方案、案卷目录说明、整理工作小结等。

4.3 档案鉴定：鉴定小组成员名单、档案保管期限表、鉴定档案分析报告、销毁档案的请示与批复、销毁档案的清册等。

4.4 档案保管：档案安全检查记录、报告，重点档案采取的特殊保护措施，档案的抢救与修复情况报告等。

中华人民共和国国家档案局 1995－06－12 批准   1995－10－01 实施

4.5 档案统计：档案收进、移出登记，案卷基本情况统计和重要的利用统计表等。

4.6 档案利用：全宗指南（全宗介绍），开放利用和控制使用范围说明，档案汇编和公布出版情况及报批文件，档案产生社会效益或经济效益的典型事例等。

4.7 档案管理新技术的应用：缩微复制和计算机辅助管理等情况的文字说明材料。

5 全宗卷的整理

5.1 全宗卷内文件材料，是随全宗管理的延续而逐渐增加的，平时必须注意积累，把全宗管理中产生的文件材料，先归入预设的卷夹内，文件材料积累到一定数量时，及时进行整理组卷，数量较多的可设分卷。

5.2 整理组卷时，必须认真检查、鉴定文件材料的完整程度及其保存价值，对于有重要遗缺或无保存价值的应予以补齐或剔除。

5.3 卷内文件材料按问题—时间进行系统排列，排列顺序为：全宗指南（全宗介绍）、立档单位大事记和有关档案收集、整理、鉴定、保管、统计、利用、现代化管理等方面的文件材料，在此基础上编制卷内目录。

5.4 卷内文件材料逐件加封面、封底、编件号，装订后装入卷盒。其封面、封底尺寸长×宽为 260mm×185mm，封面著录全宗号、件号、全宗名称、文件题名、时间、责任者（见图）。

5.5 卷盒外形尺寸长×宽为 310mm×220mm，其高度可根据需要分别设置 30mm、40mm 的规格（见图 2）。卷盒面、脊印"全宗卷"三字，并分别著录全宗号、全宗名称和编制日期（见图 3）。

6 全宗卷的管理

6.1 档案馆形成的全宗卷集中保管，按全宗号顺序排列编制全宗卷目录。全宗卷内文件材料过多时，可分装数盒，形成若干分卷，并在全宗号后加短横和分卷序号，如：50—1、50—2。卷内文件材料封面的全宗号也应与之相一致。

6.2 馆藏全宗采取分若干个部类（如按政权性质等）管理的，可按部类分别排序，编制全宗卷目录，相对集中保管。

6.3 档案室和馆藏全宗极少的档案馆，其形成的全宗卷，可置于每个全宗排列的卷首。

6.4 全宗向档案馆或向有关单位移交时，其全宗卷亦随同移交。

附加说明：

本标准由全国档案工作标准化技术委员会提出。

本标准起草单位：湖北省档案馆。

本标准起草人：孙振涛、葛成芬、冯玉江、吕炎生。

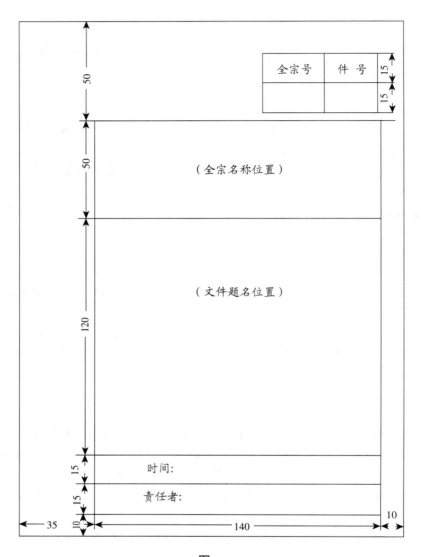

图一

比例尺：1：1.5

尺寸单位：mm

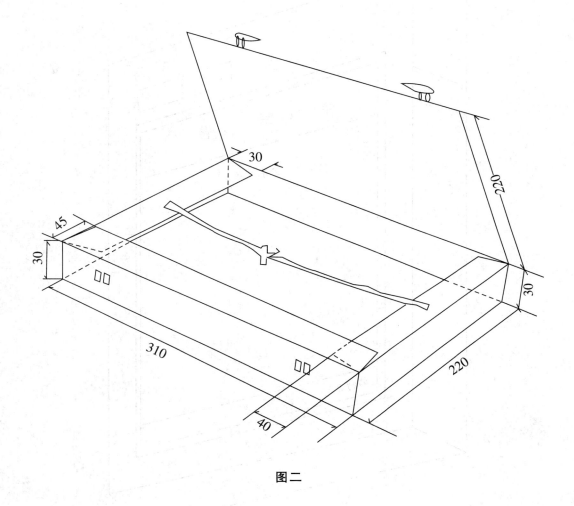

图二

名称：全宗卷盒
尺寸单位：mm
图型：立体图

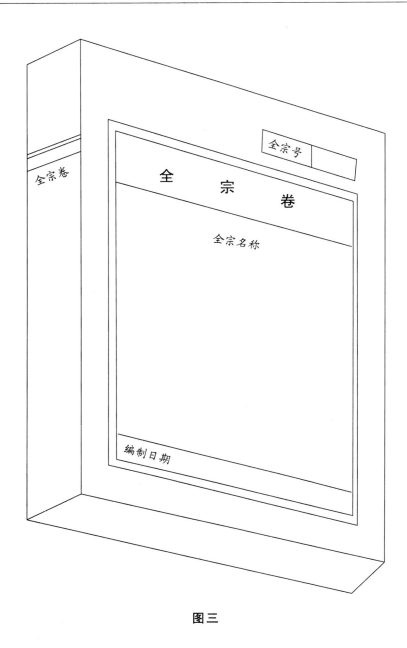

图三

名称：全宗卷盒
图型：外观效果图

中华人民共和国档案行业标准

DA/T 13—94

档 号 编 制 规 则

1 主题内容与适用范围

本标准规定了档号的结构、编制原则和编制方法。

本标准适用于档案馆（室）编制档号。

2 术语

2.1 档号

档案馆（室）在整理和管理档案的过程中，以字符形式赋予档案的一组代码。档号是存取档案的标记，并有统计监督作用。

2.2 全宗号

档案馆（室）给定每个全宗的代码。

2.3 案卷目录号

全宗内案卷所属目录的代码。

2.4 类别号

馆（室）藏档案类别的代码。

2.5 项目号

产品、工程、课题、设备等档案的代字或代号。

2.6 案卷号

案卷排列的顺序号。

2.7 件号

案卷内文件的顺序号。

2.8 页（张）号

案卷内文件每页（张）的顺序号。

2.9 代码

一个或一组有序的、易于计算机和人识别与处理的数字、字母、汉字及其它符号。

3 档号编制原则

3.1 唯一性原则

档案馆（室）内档号应指代单一。不同编号对象应赋予不同代码，一个代码只表示一个编号对象。

3.2 合理性原则

档号结构必须与馆藏档案的整理分类体系相适应。

3.3 稳定性原则

档号一经确定，一般不应随意改变。

3.4 扩充性原则

档号必须留有适当的递增容量，以便适应不断扩充档案的需要。

3.5 简单性原则

档号力求简短明了，以便减少代码差错，节省存贮空间，提高处理效率。

4 档号的结构

档号结构分为三种：

4.1 第一种结构为：全宗号——案卷目录号——案卷号——件、页（张）号。
即：

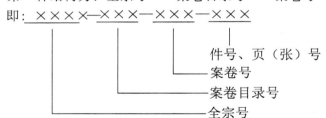

4.2 第二种结构为：全宗号——类别号——案卷号——件、页（张）号。
即：

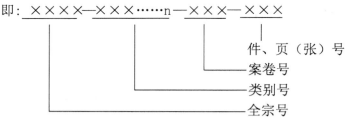

4.3 第三种结构为：类别号——项目号——案卷号——件、页（张）号。
即：

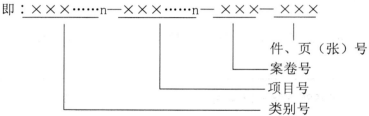

4.4 档号中左边为上位代码，右边为下位代码，连写时上、下位代码之间用"—"（短横）相隔。

4.5 件号、页（张）号可根据档案保管和使用的需要，选择一项编号。

5 档号的编制方法

5.1 全宗号的编制方法

全宗号用四位代码标识。其中第一位用汉语拼音字母标识全宗属性，后三位用阿拉伯数字标识某一属类全宗的顺序号。

全宗号的格式是：××××
全宗顺序号
全宗属类代码

5.1.1 全宗属类代码的编制方法

5.1.1.1 在一个档案馆内，全宗属类代码不应重复。

5.1.1.2 全宗属性单一的档案馆可以"0"作属类代码。

例一：某省档案馆藏新民主主义革命历史档案第 13 号全宗，标识为"X013"。

例二：某市档案馆藏旧政权档案第 4 号全宗，标识为"J004"。

例三：某县档案馆藏建国后档案第 127 号全宗，标识为"0127"。

例四：河北省档案馆藏原热河省第 123 号全宗，可标识为"R123"。

例五：四川省档案馆藏已撤销的川东行署 003 号全宗，可标识为"D003"。

例六：中国第一历史档案馆藏明清档案第 74 号全宗，标识为"0074"。

5.1.2 全宗顺序号的编制方法

5.1.2.1 全宗属类内的各个全宗按排列次序流水编号。

5.1.2.2 在一个属类内不应有重复的全宗顺序号。

5.2 案卷目录号的编制方法

案卷目录号以三位阿拉伯数字标识。

5.2.1 案卷目录号应根据全宗内档案整理状况设置。可按不同时间，不同组织机构，不同保管期限，不同专题或不同载体形态设置案卷目录号。

5.2.2 每一案卷目录所含案卷数量一般以三位数为宜。即，案卷目录内案卷数量不足 100 时，一般不另立案卷目录，亦不另编案卷目录号；案卷数量超过 1000 时，一般应另立案卷目录，并另编案卷目录号。

5.2.3 在一个全宗内不应有重复的案卷目录号。

5.3 类别号的编制方法

5.3.1 类别号由汉字、汉语拼音字母或阿拉伯数字组成的代码标识。

5.3.2 不同级位的类别之间可用间隔符"."分开。不产生误解时，可省略间隔符。类别号一般不应超过三级。

5.3.3 在一个档案馆（室）内或一个全宗内，不应有重复的类别号。

5.4 项目号的编制方法

项目号引用有关管理部门编制的项目代号。

5.5 案卷号的编制方法

5.5.1 案卷号用三位阿拉伯数字标识。

5.5.2 目录内的案卷按排列次序流水编号，不应有空号。

5.5.3 每一案卷目录内的全部案卷只应编一个流水顺序号。如一个目录出现两个以上（含两个）案卷流水顺序号时应重新编案卷号或分设案卷目录；如一个案卷流水顺序号分登两个以上（含两个）案卷目录时应合并为一个目录号或按目录分编相应数目的案卷流水号。

5.6 件号的编制方法

5.6.1 不装订的案卷，卷内文件必须单件装订编号。

5.6.2 件号用阿拉伯数字标识。

5.6.3 卷内文件按排列次序流水编号，不应有空号。

5.6.4 件号前必须同时列写案卷号及其以前各号。

5.7 页（张）号的编制方法

5.7.1 页（张）号用阿拉伯数字标识。

5.7.2 卷内文件各页（张）按排列次序流水编号。不应有空号。

附加说明：

本标准由国家档案局档案工作标准化技术委员会提出。

本标准起草单位：国家档案局档案科学技术研究所标准化研究室。

本标准主要起草人：来长治、李卫民、戴峰、张彤。

中华人民共和国档案行业标准

DA/T 15—95

磁性载体档案管理与保护规范

1 范围

本标准规定了对磁性载体文件的积累、归档要求和磁性载体档案的管理、贮存与保护等诸环节的要求。本标准适用于机关、团体、企事业单位的磁性载体文件和磁性载体档案的管理与保护。不适用于计算机光盘、激光视盘和激光唱盘。

2 引用标准

下列标准所包含的条文，通过在本标准中的引用而构成为本标准的条文。在标准出版时，所示版本均为有效。所有标准都会被修订，使用本标准的各方应探讨、使用下列标准最新版本的可能性。

GB 1989—80 信息处理交换用七位编码字符集在 9 磁道 12.7mm 磁带上的表示方法

GB 7309—87 盒式录音磁带总技术条件

GB 7574—87 信息处理—信息交换用的磁带标号和文卷结构

GB 8566—88 计算机软件开发规范

GB 8567—88 计算机软件产品开发文件编制指南

GB 9385—88 计算机软件需求说明编制指南

GB 9386—88 计算机软件测试文件编制规范

GB 9416.1—88 信息处理数据交换用 130mm 改进调频制记录的位密度为 7958 磁道翻转/弧度、道密度为 1.9 道/毫米的双面软磁盘第一部分：尺寸、物理性能和磁性能

GB 11956—89 高速复制录音磁带

GB/T 14306—93 VHS 盒式录像磁带

GB 14307—93 录像磁带性能测量方法

3 定义

本标准采用下列定义：

中华人民共和国国家档案局 1995−03−01 发布　　　　　1995−10−01 实施

3.1 磁性载体文件

磁性载体文件系指以磁性材料（如计算机磁带、软磁盘、录像带、录音带）为信息载体的文件。

3.2 磁性载体档案

磁性载体档案系指国家机构、社会组织和个人在社会活动及科学实践中直接形成的有保存价值的磁性载体文件。

3.3 软件

软件系指计算机程序和相应的数据及其它文件，包括固件中的程序和数据。

3.4 软件文件

软件文件系指软件的书面描述和说明。它规定了软件的功能、性能、组成及软件设计、测试、维护和使用方法。

3.5 保管单位

保管单位系指一组具有有机联系的、价值和密级相同或相近的文件材料的集合体。本标准规定的保管单位形式为盒、盘等。

4 积累

4.1 磁性载体文件的积累工作由文件形成部门负责，确保积累文件内容的完整性、准确性。档案部门负责监督、检查、指导。

4.2 磁性载体文件应一式两份，与相应的纸质文件同时积累并进行登记。

4.3 磁性载体文件形成部门对已形成的磁性载体文件应同纸质文件一样及时整理，同一盘（带）中存放多份文件的应建立磁性载体文件目录清单（格式见表1）。

4.4 软件文件的积累范围是软件生存期各阶段形成的文件，各阶段形成的文件执行 GB 8566—88、GB 8567—88、GB 9385—88 和 GB 9386—88 的有关规定。

4.5 磁性载体文件的更改单、版本更新通知都应积累、登记。

5 磁性载体文件的归档要求

5.1 磁性载体文件形成部门负责对需要归档的磁性载体文件进行整理、编辑，根据本单位情况，待项目结束后将磁性载体文件按照 GB 1989—80、GB 7574—87 和 GB 9416.1—88 转换成标准格式，一式两份（A、B 盘），及时向档案部门移交归档。

5.2 归档的磁性载体文件必须是可读文件。必须在有关的设备上演示或检测，运转正常，无病毒，清洁，无划伤，确保文件的完整性和内容的准确性。

5.3 归档使用的录音（像）带、软磁盘的性能质量，应分别符合 GB 7309—87、GB 9416.1—88、GB/T 14306—93 的规定。

5.4 同一项目同一类别的磁性载体文件应存贮在同种磁性载体上。

5.5 应将 4.3 中建立的磁性载体文件目录清单与磁性载体档案一同归档。

5.6 归档的磁性载体文件应由文件形成部门编制归档说明。

5.6.1 磁带（软磁盘）需简要说明带（盘）中存贮文件的内容、运行的软、硬件环境、版本号、文件的完整性和准确性等。

5.6.2 录像片需简要说明该片的内容、制式、语别、密级、规格和放映时间。同时，还应归档一套可供借阅的备份录像片。

5.6.3 录音带需简要说明讲话内容、讲话人姓名、职务、录制日期、密级等。

6 磁性载体档案的管理

6.1 磁性载体文件的归档工作应执行国家、单位的有关规定和本标准规定。

6.2 磁性载体文件的归档与管理工作应遵循集中统一、确保安全、便于利用的原则，由各单位的档案部门归口管理。

6.3 磁性载体文件管理应重视磁性载体的选择，禁止使用劣质软磁盘、磁带、录像带、录音带作载体。

6.4 严格做好磁性载体档案的保密工作。

6.5 应将 5.1 中归档的一式二份磁性载体档案中的一份作为保存件，不得外借。

6.6 各级档案部门应建立磁性载体档案的借阅制度，严格执行借阅审批手续。

6.7 借阅和归还磁性载体档案时，按规定进行质量检查、验收。

6.8 归档的磁带（软磁盘）必须贴上标签。

6.8.1 磁带（软磁盘）套、盒上需标注带（盘）编号、档号、软件名称、版本号、文件数、密级、编制人、编制日期等标识。

6.8.2 录像带盒上需标注带编号、档号、片名、放映时间、摄制单位、摄制日期、规格、制式、语别、密级等标识。

6.8.3 录音带盒上需标注带编号、档号、讲话人姓名、职务、主要内容和录制日期、密级、讲话时间等。

6.9 在贮存磁性载体档案的同时，应保存有关磁性载体档案的文字资料，内容包括：写操作日期、系列号、文件号、记录密度模式、当前目录、状态、生产者鉴定、使用日期及其它一些需要著录的内容。不得用铅笔或水溶性墨水书写。

7 磁性载体档案贮存与保护

7.1 贮存前的准备

7.1.1 长期贮存的磁带性能要求

应使用有背涂层的磁带；被存磁带不应损坏、污染；磁带上不允许有皱折；磁带应缠绕在刚性轮毂上，绝不能缠绕在有橡胶轴套的轮毂上，并且应卷绕平整、松紧适度。录像带、录音带各项指标应符合 GB/T 14306—93、GB 7309—87、GB 11956—89 的要求。对磁带的筛选参见附录 A。

7.1.2 贮存前的物理准备

a. 长期贮存的磁性载体档案的信息要用经过调整、清洁的设备录制。

b. 贮存前，检查磁带缠绕是否规整、边缘有无损坏，并应将磁带在存储环境中平衡1～3天，然后在全长度上使用清洁机慢速、均匀、连续地重新缠绕，缠绕张力为1.7～2.2N（牛顿）。

c. 应将磁带在干燥的环境中（相对湿度小于40％）快封到塑料袋中和（或）密封容器中，以防粘和剂、润滑剂挥发。

7.2 贮存

7.2.1 库房温、湿度要求

温、湿度变化范围：应在温度15～27℃、相对湿度40％～60％范围内选定一组值，一旦选定，在24小时内温度变化不得超过±3℃、相对湿度变化不得超过±5％。最佳环境温度是18℃、相对湿度是40％。

7.2.2 清洁管理要求

a. 不要用手触摸磁带（软磁盘），应戴非棉制手套操作；

b. 不要使磁带（软磁盘）接触不清洁表面，如地面、桌面等；

c. 装磁带（软磁盘）的装具应洁净无尘；

d. 库房地面不应打蜡、铺地毯；

e. 吸尘器的排出气应通向专用容器或库房外；

f. 库房中禁止使用打印机。

7.2.3 风压要求

库房宜保持为正压，减少灰尘对环境的污染；库房中应无腐蚀性气体，并保证通风良好。

7.2.4 防水要求

库房内的设备要避免水淹；磁带（软磁盘）架最低一层搁板应高于地面30cm以上。

7.2.5 防火要求

a. 库房及装具应使用耐火材料，库房内及附近不得有易燃物品；

b. 库房内严禁出现明火；

c. 库房中应备有CO_2型灭火器；

d. 库房物品如纸张、木材、洗涤液等应尽量少，并且应摆放整齐，不能有路障；

e. 对重要档案应专柜存放。

7.2.6 防磁要求

a. 磁性载体档案与磁场源（永久磁铁、马达、变压器等）之间的距离不得少于76mm；

b. 可使用软磁物质（软铁、铁淦氧、镍铁合金等）构成容器、箱柜，对磁场进行屏蔽；

c. 磁性载体档案如装入有磁屏蔽的容器中，应距容器内壁至少26mm；

d. 使用无屏蔽的容器运输时，磁性载体档案距容器外壁至少76mm；

e. 不得将任何磁性材料及其制品（包括磁化杯、保健磁铁、磁铁图钉等）带入库房；

f. 在存有重要档案的库区，应设置测磁设备，以查出隐蔽的磁场。

7.2.7 防紫外线要求

不允许紫外线直接照射磁性载体档案。

7.2.8 放置要求

磁带（软磁盘）应放入磁带（软磁盘）盒中，垂直放置或一盘盘悬挂放置。

7.2.9 保养及维护

应定期保养及维护磁性载体档案，并应建立磁性载体档案检测、保养卡（格式见表2），包括：

a. 清洁

要保证磁带机、软盘驱动器、清洗机的清洁，除要定期清洗磁带外，当发现运行磁带（软磁盘）有碎片脱落时，应立即对全系统进行清洗；磁带盘、磁带盒清洗溶剂可选用二氯二氟甲烷、异丙醇、甲醇等，并在通风良好的环境中操作。

b. 倒带

1）倒带间隔

在温度为 18±1℃、相对湿度为 40±5% 的环境中贮存的磁带，建议倒带间隔为 3.5 年。如果不能保持上述温、湿度范围，倒带间隔应视保存环境不同相应缩短。

2）倒带卷绕张力

倒带速度要慢，张力要恒定，保持 1.7～2.2N（牛顿），倒带后，磁带要保持在标准的读/写（录/放）状态。

c. 检查及修复

检查及修复包括：磁带（软磁盘）外观检查、计算机磁带漏码/误差检查及受损磁带（软磁盘）修复。遭受高温、水泡的磁带，其处理方法见附录 B。

d. 复制

1）每年对大型磁性载体档案按 3% 的比例随机抽样读检，如发现有永久误差，则应对整套磁性载体档案重新检查，对发生永久误差的磁性载体档案进行复制；

2）极重要磁性载体档案的复制周期由单位自定；

3）正常保存的磁性载体档案，可每 10 年复制一次。

7.3 再使用

磁性载体档案再使用场所的温度、相对湿度与库房的温度、相对湿度相差范围应分别为 ±3℃、±5%。否则，应在再使用前，将计算机磁带在使用环境中平衡 3 天以上，录音带、录像带需平衡 24 小时以上。在读带前还应将磁带按正常速度全程进带、倒带各两次。

7.4 运输要求

7.4.1 磁带（软磁盘）应封装在塑料袋中，再放入容器里运输，运输时要轻拿轻放，

严禁剧烈震动和翻滚。

7.4.2 应防潮、防曝晒、防重压。

7.4.3 运输环境的温度、相对湿度范围分别为 4～32℃，20％～80％。

7.4.4 应避免使用金属探测器进行探测（X 射线除外）。

7.5 特殊要求

除遵守前面各项内容外，还应注意：

7.5.1 磁带

　　a. 拿取卷轴时，要拿轮毂处，不要挤压法兰盘；

　　b. 剪掉磁带末端已经损坏的部分；

　　c. 不能将磁带末端接触脏的地方（如：不能将磁带拖到地面上等）；

　　d. 应仔细将磁带装在卷轴上，防止它的末端皱折；

　　e. 开始记录之前，应留出不少于 1m 的空白带；

　　f. 至少用 15 分钟时间运转磁带，检查带边的卷曲情况，并观察装在卷轴上的磁带是否平坦整齐，带边有任何变形迹象都是不允许的；

　　g）贮存前应将磁带在贮存环境中重新卷绕。

7.5.2 软磁盘

　　a. 不要弯折软磁盘；

　　b. 不要用橡皮筋、曲别针来固定软磁盘的纸套；

　　c. 应先将标签写好，再贴到软磁盘上。如软磁盘上已有标签，不要用硬笔如圆珠笔在盘上写；

　　d. 软磁盘上不能放置重物；

　　e. 如要修改盘上标签内容，应划改。

7.5.3 录像带

除遵守前面各项内容外，还应注意，不要将录像带放在电视机壳顶上。

7.5.4 磁带机、软盘驱动器及工作间

应定期检查及清洗磁带机、软盘驱动器；磁带机及软盘驱动器应放在上风口，而易产生碎屑的设备如打印机、穿孔机等应置下风处。工作间的要求见附录 C。

7.5.5 磁性载体档案数据的保护

　　a. 避免机械原因损坏磁带、软磁盘；

　　b. 在使用时，严格遵守操作规程；

　　c. 避开强磁场；

　　d. 使用工具软件查阅文件内容时，应谨慎，防止破坏文件。

5 整理方法

5.1 装订

归档文件应按件装订。装订时，正本在前，定稿在后；正文在前，附件在后；原件在前，复制件在后；转发文在前，被转发文在后；来文与复文作为一件时，复文在前，来文在后。

5.2 分类

归档文件可以采用年度—机构（问题）—保管期限或保管期限—年度—机构（问题）等方法进行分类。同一全宗应保持分类方案的稳定。

5.2.1 按年度分类

将文件按其形成年度分类。

5.2.2 按保管期限分类

将文件按划定的保管期限分类。

5.2.3 按机构（问题）分类

将文件按其形成或承办机构（问题）分类（本项可以视情况予以取舍）。

5.3 排列

归档文件应在分类方案的最低一级类目内，按事由结合时间、重要程度等排列。会议文件、统计报表等成套性文件可集中排列。

5.4 编号

归档文件应依分类方案和排列顺序逐件编号，在文件首页上端的空白位置加盖归档章并填写相关内容。归档章设置全宗号、年度、保管期限、件号等必备项，并可设置机构（问题）等选择项（见图A1。图示中"＊"号栏为选择项，不选用时无须设置。以下同）。

5.4.1 全宗号：档案馆给立档单位编制的代号。

5.4.2 年度：文件形成年度，以四位阿拉伯数字标注公元纪年，如1978。

5.4.3 保管期限：归档文件保管期限的简称或代码。

5.4.4 件号：文件的排列顺序号。

件号包括室编件号和馆编件号，分别在归档文件整理和档案移交进馆时编制。室编件号的编制方法为：在分类方案的最低一级类目内，按文件排列顺序从"1"开始标注。馆编件号按进馆要求标注。

5.4.5 机构（问题）：作为分类方案类目的机构（问题）名称或规范化简称。

5.5 编目

归档文件应依据分类方案和室编件号顺序编制归档文件目录。

5.5.1 归档文件应逐件编目。来文与复文作为一件时，只对复文进行编目。归档文件目录设置件号、责任者、文号、题名、日期、页数、备注等项目（见图A2）。

5.5.1.1 件号：填写室编件号。

5.5.1.2 责任者：制发文件的组织或个人，即文件的发文机关或署名者。

5.5.1.3 文号：文件的发文字号。

5.5.1.4 题名：文件标题。没有标题或标题不规范的，可自拟标题，外加"［ ］"号。

5.5.1.5 日期：文件的形成时间，以 8 位阿拉伯数字标注年月日，如 19990909。

5.5.1.6 页数：每一件归档文件的页数。文件中有图文的页面为一页。

5.5.1.7 备注：注释文件需说明的情况。

5.5.2 归档文件目录用纸幅面尺寸采用国际标准 A4 型（长×宽为 297 mm × 210mm）。

5.5.3 归档文件目录应装订成册并编制封面。归档文件目录封面可以视需要设置全宗名称、年度、保管期限、机构（问题）等项目（见图 A3）。其中全宗名称即立档单位的名称，填写时应使用全称或规范化简称。

5.6 装盒

将归档文件按室编件号顺序装入档案盒，并填写档案盒封面、盒脊及备考表项目。

5.6.1 档案盒

5.6.1.1 档案盒封面应标明全宗名称。档案盒的外形尺寸为 310mm×220mm（长×宽），盒脊厚度可以根据需要设置为 20mm、30mm、40mm 等（见图 A4（a））。

5.6.1.2 档案盒应根据摆放方式的不同，在盒脊或底边设置全宗号、年度、保管期限、起止件号、盒号等必备项，并可设置机构（问题）等选择项（见图 A4（b）、图 A4（c））。其中，起止件号填写盒内第一件文件和最后一件文件的件号，中间用"—"号连接；盒号即档案盒的排列顺序号，在档案移交进馆时按进馆要求编制。

5.6.1.3 档案盒应采用无酸纸制作。

5.6.2 备考表

备考表置于盒内文件之后，项目包括盒内文件情况说明、整理人、检查人和日期（见图 A5）。

5.6.2.1 盒内文件情况说明：填写盒内文件缺损、修改、补充、移出、销毁等情况。

5.6.2.2 整理人：负责整理归档文件的人员姓名。

5.6.2.3 检查人：负责检查归档文件整理质量的人员姓名。

5.6.2.4 日期：归档文件整理完毕的日期。

附　录　A

（提示的附录）

归档章、归档文件目录、档案盒及备考表图示

(全宗号)	(年度)	(室编件号)
(机构或问题)	(保管期限)	(馆编件号)

3×15

单位: mm
比例: 1∶1

注：标有"＊"号的为选择项，下同。

图 A1　归档章式样

归 档 文 件 目 录

件　号	责任者	文号	题　　　名	日　期	页数	备注

图 A2　归档文件目录式样

归 档 文 件 目 录

＊ 全宗名称 ＿＿＿＿＿＿

＊ 年　　度 ＿＿＿＿＿＿

＊ 保管期限 ＿＿＿＿＿＿

＊ 机　　构(问题) ＿＿＿＿＿

图 A3　归档文件目录封面式样

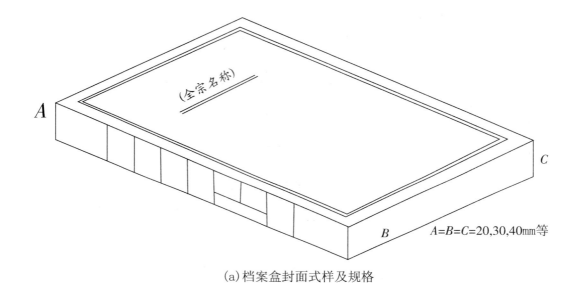

(a)档案盒封面式样及规格

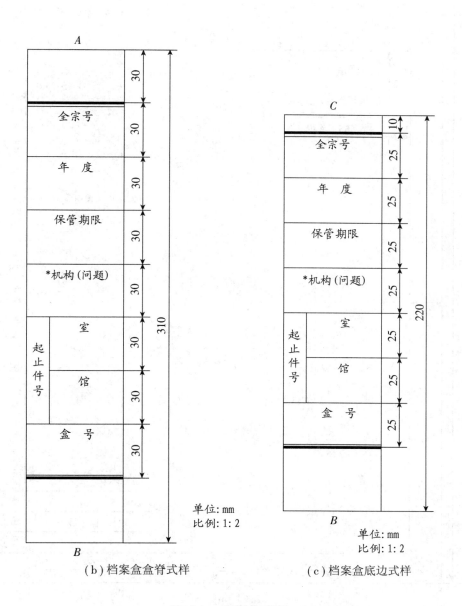

（b）档案盒盒脊式样 　　　　（c）档案盒底边式样

图 A4　档案盒式样

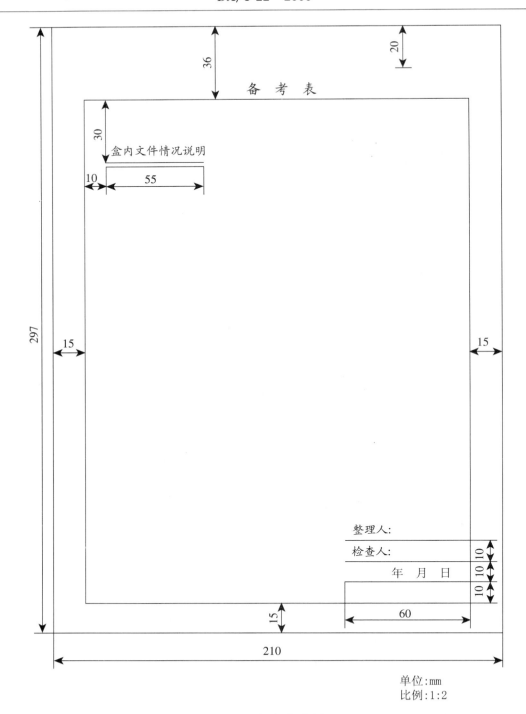

单位:mm
比例:1:2

图 A5　备考表式样

ICS 01.140.20
A 14
备注号:11273-2003

中华人民共和国档案行业标准

DA/T 28—2002

国家重大建设项目
文件归档要求与档案整理规范

Requirements for filing of records and archival arrangement
of national construction of key project

2002－11－29 发布
2003－04－01 实施

国 家 档 案 局 发 布

前　言

　　《国家重大建设项目文件归档要求与档案整理规范》针对建设项目文件形成的特点，依据国家档案局、国家计划委员会《基本建设项目档案资料管理暂行规定》、国家计划委员会《建设项目（工程）竣工验收办法》和原国家基本建设委员会《关于编制基本建设工程竣工图的几项暂行规定》等规章，提出了建设项目文件的归档要求及档案整理的要求，为项目档案人员、工程技术人员提供可操作的标准。

　　本标准的附录 A 为规范性附录。

　　本标准由国家档案局提出并归口。

　　本标准起草单位：国家档案局经济科技档案业务指导司、上海市档案局、中国建筑工程总公司、信息产业部、中国长江三峡工程开发总公司。

　　本标准主要起草人：王岚、周文芳、肖云、刘丰、袁向平、万海兰、段宝方。

国家重大建设项目
文件归档要求与档案整理规范

1 范围

本标准规定了国家重大建设项目（工程）（以下简称项目）文件归档与档案整理的要求和方法。

本标准适用国家重大建设项目的新建、扩建、改建和技术改造等项目的竣工文件编制、档案整理及竣工档案验收。其他建设项目可参照本标准。

2 规范性引用文件

下列文件中的条款通过本标准的引用而成为本标准的条款。凡是注日期的引用文件，其随后所有的修改单（不包括勘误的内容）或修订版均不适用于本标准，然而，鼓励根据本标准达成协议的各方研究是否可使用这些文件的最新版本。凡是不注日期的引用文件，其最新版本适用于本标准。

GB/T 10609.3 技术制图 复制图的折叠方法

城市建设档案归属与流向暂行办法 国家档案局 档发字〔1997〕20号

3 术语和定义

下列术语和定义适用于本标准。

3.1

建设项目 construction project

指建筑、安装等形成固定资产的活动中，按照一个总体设计进行施工，独立组成的，在经济上统一核算、行政上有独立组织形式、实行统一管理的单位。

3.2

单项工程 unit of project

指建设项目（3.1）中具有独立设计文件、可独立组织施工，建成后可以独立发挥生产能力或工程效益的工程。

3.3

单位工程 subunit of project

指具有独立设计文件、可独立组织施工，但建成后不能独立发挥生产能力或工程效益的工程。

3.4

项目文件 records of project

指建设项目（3.1）在立项、审批、招投标、勘察、设计、施工、监理及竣工验收全过程中形成的文字、图表、声像等形式的全部文件。包括**项目前期文件（3.5）**、**项目竣工文件（3.6）**和**项目竣工验收文件（3.10）**等。

3.5

项目前期文件 prophase records of project

指工程开工以前在立项、审批、招投标、勘察、设计以及工程准备过程中形成的文件。

3.6

项目竣工文件 records on completion of project

指项目竣工时形成的反映施工（指建筑、安装）过程和项目真实面貌的文件，主要由**项目施工文件（3.7）**、**项目竣工图（3.8）**和**项目监理文件（3.9）**组成。

3.7

项目施工文件 implementing records of project

指项目施工过程中形成的反映项目建筑、安装情况的文件。

3.8

项目竣工图 drawing on completion of project

指项目竣工后按照工程实际情况所绘制的图纸。

3.9

项目监理文件 records of supervision

指监理单位对项目工程质量、进度和建设资金使用等进行控制的文件。

3.10

项目竣工验收文件 records of test on completion

指项目竣工后试运行中以及项目竣工验收时形成的文件。

3.11

项目档案 archives of project

指经过鉴定、整理并归档的**项目文件（3.4）**。

3.12

项目文件归档 filing of project records

建设项目（3.1）的设计、施工、监理单位在项目完成时向建设单位或受委托的承包单位移交经整理的全部相应文件；项目建设单位各机构将项目各阶段形成并经过整理的文件定期报送档案管理机构。

3.13

项目档案移交 transfer of project archives

项目竣工验收后，建设单位根据合同、协议和规定向业主单位、生产使用单位、项目主管部门及有关档案管理部门移交有关项目档案（3.11）。

4 总则

4.1 项目建设单位（业主、项目法人）负责组织、协调和指导勘察设计单位、施工单位和监理单位编制项目竣工文件和整理项目文件。

4.2 在签订项目设计、施工及监理合同、协议时，应设立专门条款，明确有关方面提交相应项目文件以及所提交文件的整理、归档责任。

4.3 项目文件的收集、整理、归档和项目档案的移交应与项目的立项准备、建设和竣工验收同步进行。项目档案应完整、准确、系统。

4.4 建设单位、勘察单位、设计单位、施工单位、监理单位和材料、构件及设备供应单位应根据本规范的要求，完成各自职责范围或合同规定的竣工文件的编制和项目文件整理、归档工作。

5 项目文件的收集

5.1 项目文件的形成和积累

项目文件产生于项目建设全过程，其形成、积累和管理应列入项目建设计划和有关部门及人员的职责范围、工作标准或岗位责任制，并有相应的检查、控制及考核措施。

5.2 项目建设各阶段文件的收集及其责任

5.2.1 项目准备阶段

建设单位各机构负责收集、积累和整理项目前期文件以及设备、工艺和涉外文件；勘察、设计单位负责收集、积累勘察、设计文件，并按规定向建设单位档案部门提交有关设计基础资料和设计文件。

5.2.2 项目施工阶段

项目实行总承包的，由各分包单位负责其分包项目全部文件的收集、积累、整理，并提交总承包单位汇总；由建设单位分别向几个单位发包的，由各承包单位负责收集、积累其承包项目的全部文件；项目监理单位负责收集、积累项目监理文件。

建设单位委托的项目监理单位负责监督、检查项目建设中文件收集、积累和完整、准确、系统情况，审核、签署竣工文件，并向建设单位提交有关专项报告、验证材料及其他监理文件。

5.2.3 项目试运行阶段

试运行单位负责收集、积累在生产技术准备和试运行中形成的文件；项目器材供应、财务管理单位或部门应负责收集、积累所承建项目的器材供应和财务管理中形成的文件。

5.3 收集范围

反映与项目有关的重要职能活动、具有查考利用价值的各种载体的文件，应收集齐全，归入建设项目档案。

项目文件归档范围和保管期限见附录 A。

5.4 收集时间

各类文件应按文件形成的先后顺序或项目完成情况及时收集；引进技术、设备文件应首先由建设单位或接受委托的承包单位登记、归档，再行译校、复制和分发使用。

5.5 项目文件质量要求

5.5.1 字迹清楚，图样清晰，图表整洁，签字认可手续完备。

5.5.2 需永久、长期保存的文件不应用易褪色的书写材料（红色墨水、纯蓝墨水、圆珠笔、复写纸、铅笔等）书写、绘制。

5.5.3 复印、打印文件及照片的字迹、线条和影像的清晰及牢固程度应符合设备标定质量的要求。

5.5.4 录音、录像文件应保证载体的有效性。

5.5.5 长期存储的电子文件应使用不可擦除型光盘。

6 项目竣工文件的编制

6.1 竣工文件编制要求

6.1.1 项目施工及调试完成后，施工单位、监理单位应根据工程实际情况和行业规定、标准以及合同规定的要求编制项目竣工文件。

6.1.2 竣工文件由施工单位负责编制，监理单位负责审核。主要内容有：施工综合管理文件、测量文件、原始记录及质量评定文件、材料（构、配件）质量保证书及复试文件、测试（调试）及随工检查记录、建筑及安装工程总量表、工程说明、竣工图、重要工程质量事故报告等。

6.1.3 根据附录 A 及建设项目实际情况，进一步收集所缺少的重要文件；文件数量未满足合同或协议规定份数的，应按要求复制补齐。

6.1.4 对施工文件、施工图及设备技术文件的准确性和更改情况进行核实，并按要求修改或补充标注到相应的文件上。

6.1.5 与施工图有关的设计变更、现场洽商和材料变更可与竣工图编在一起，也可以单独组卷，但应由项目主管部门或建设单位作出统一规定。

6.1.6 凡为易褪色材料（如复写纸、热敏纸等）形成的并需要永久和长期保存的文件，应附一份复印件。

6.2 竣工图编制要求

6.2.1 各项新建、扩建、改建、技术改造、技术引进项目，在项目竣工时要编制竣工图。项目竣工图应由施工单位负责编制。如行业主管部门规定设计单位编制或施工单位委托设计单位编制竣工图的，应明确规定施工单位和监理单位的审核和签字认可责任。

6.2.2 竣工图应完整、准确、清晰、规范、修改到位，真实反映项目竣工验收时的实际情况。

6.2.3 按施工图施工没有变动的，由竣工图编制单位在施工图上加盖并签署竣工图章。

6.2.4 一般性图纸变更及符合杠改或划改要求的变更，可在原图上更改，加盖并签署竣工图章。

6.2.5 涉及结构形式、工艺、平面布置、项目等重大改变及图面变更面积超过 35％ 的，应重新绘制竣工图。重绘图按原图编号，末尾加注"竣"字，或在新图图标内注 明"竣工阶段"加盖并签署竣工图章。

6.2.6 同一建筑物、构筑物重复的标准图、通用图可不编入竣工图中，但应在图纸目录 中列出图号，指明该图所在位置并在编制说明中注明；不同建筑物、构筑物应分别编制。

6.2.7 建设单位应负责或委托有资质的单位编制项目总平面图和综合管线竣工图。

6.2.8 竣工图图幅应按 GB/T 10609.3 要求统一折叠。

6.2.9 编制竣工图总说明及各专业的编制说明，叙述竣工图编制原则、各专业目录及 编制情况。

6.3 竣工图的更改方法

6.3.1 文字、数字更改一般是杠改；线条更改一般是划改；局部图形更改可以圈出更 改部位，在原图空白处重新绘制。

6.3.2 利用施工图更改，应在更改处注明更改依据文件的名称、日期、编号和条 款号。

6.3.3 无法在图纸上表达清楚的，应在标题栏上方或左边用文字说明。

6.3.4 图上各种引出说明应与图框平行，引出线不交叉，不遮盖其他线条。

6.3.5 有关施工技术要求或材料明细表等有文字更改的，应在修改变更处进行杠改， 当更改内容较多时，可采用注记说明。

6.3.6 新增加的文字说明，应在其涉及的竣工图上作相应的添加和变更。

6.4 竣工图章的使用

6.4.1 竣工图章内容、尺寸如图 1 所示。

单位为毫米

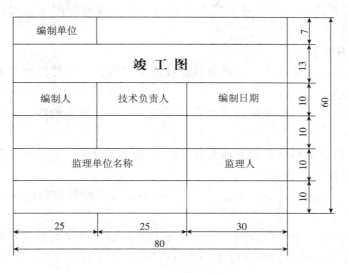

图 1 竣工图章

6.4.2 所有竣工图应由编制单位逐张加盖并签署竣工图章。竣工图章中的内容填写应齐全、清楚，不得代签。

6.4.3 行业主管部门规定由设计单位编制竣工图的，可在新图中采用竣工图标，并按要求签署竣工图标。竣工图标的内容格式由行业统一规定。

6.4.4 竣工图章应使用红色印泥，盖在标题栏附近空白处。

6.5 竣工图的审核

6.5.1 竣工图编制完成后，监理单位应督促和协助竣工图编制单位检查其竣工图编制情况，发现不准确或短缺时要及时修改和补齐。

6.5.2 竣工图内容应与施工图设计、设计变更、洽商、材料变更、施工及质检记录相符合。

6.5.3 竣工图按单位工程、装置或专业编制，并配有详细编制说明和目录。

6.5.4 竣工图应使用新的或干净的施工图，并按要求加盖并签署竣工图章。

6.5.5 一张更改通知单涉及多图的，如果图纸不在同一卷册的，应将复印件附在有关卷册中，或在备考表中说明。

6.5.6 国外引进项目、引进技术或由外方承包的建设项目，外方提供的竣工图应由外方签字确认。

6.6 竣工图套数

项目竣工图一般为两套，由建设单位向业主和生产（使用）单位移交；建设项目主管单位或上级主管机关需要接收的，按主管机关的要求办理。按照 FIDIC《设计—建造与交钥匙工程合同条件》建设的项目，竣工图套数按合同条件的规定提交。在大中城市规划区范围内的重点建设项目，应根据《城市建设档案归属与流向暂行办法》第五条的规定，另编制一份与城市建设、规划及其管理有关的主要建筑物及综合管线竣工图。

6.7 编制竣工图的费用

6.7.1 编制竣工图所需的费用应在项目建设投资中解决，由建设单位或有关部门在与承包单位签订合同时确定。

6.7.2 施工单位应向建设单位提交两套属于职责范围内形成的竣工文件，其费用由施工单位负责。

6.7.3 建设单位主管部门要求增加套数或行业主管部门要求由设计单位负责编制竣工图的，费用由建设单位负责。

6.7.4 因修改需重新绘图的，除合同规定外，应由设计单位负责绘制新图的费用。

6.8 合同要求

6.8.1 建设项目中各方应以合同形式约定竣工图编制和提交的责任；可在施工合同或设计合同中明确，也可单独签订竣工图编制合同。

6.8.2 由施工单位编制竣工图的，应在设计合同中明确留作竣工图用的施工图套数（包括必须套数和主管机关要求套数），以及因修改增加新图的责任；凡由设计单位编制竣工图的，可单独签订竣工图编制合同。

6.8.3 施工合同中应明确施工单位提交建设单位项目档案的名称、内容、版本、套数、时间、费用、质量要求及违约责任。

6.8.4 监理合同中应明确监理单位对竣工文件审核和向建设单位提交监理档案的责任。

7 项目文件的整理与归档

7.1 项目文件的整理

7.1.1 建设项目所形成的全部项目文件在归档前应根据国家有关规定，并按档案管理的要求，由文件形成单位进行整理。

7.1.2 建设单位各机构形成或收到的有关建设项目的前期文件、设备技术文件、竣工试运行文件及验收文件，应根据文件的性质、内容分别按年度、项目的单项或单位工程整理。

7.1.3 勘察、设计单位形成的基础材料和项目设计文件，应按项目或专业整理。

7.1.4 施工技术文件应按单项工程的专业、阶段整理；检查验收记录、质量评定及监理文件按单位工程整理。

7.1.5 设备、技术、工艺、专利及商检索赔文件应由承办单位整理；现场使用的译文及安装、调试形成的非标准图、竣工图、设计变更、试运行及维护中形成的文件、工程事故处理文件由施工单位整理。

7.2 项目文件的组卷

7.2.1 组卷要遵循项目文件的形成规律和成套性特点，保持卷内文件的有机联系；分类科学，组卷合理；法律性文件手续齐备，符合档案管理要求。

7.2.2 项目施工文件按单项工程、单位工程或装置、阶段、结构、专业组卷；项目竣工图按建筑、结构、水电、暖通、电梯、消防、环保等顺序组卷；设备文件按专业、台件等组卷；管理性文件按问题、时间或项目依据性、基础性、竣工验收文件组卷；监理文件按文种组卷；原材料试验按单项工程、单位工程组卷。

7.2.3 案卷及卷内文件不重份；同一卷内有不同保管期限的文件，该卷保管期限从长。

7.3 案卷与卷内文件的排列

7.3.1 管理性文件按问题、时间或重要程度排列。

7.3.2 施工文件按管理、依据、建筑、安装、检测实验记录、评定、验收排列。

7.3.3 设备文件按依据性、开箱验收、随机图样、安装调试和运行维修等顺序排列。

7.3.4 竣工图按专业、图号排列。

7.3.5 卷内文件一般文字在前，图样在后；译文在前，原文在后；正件在前，附件在后；印件在前，定（草）稿在后。

7.4 案卷编目

7.4.1 卷内文件页号的编写

卷内文件有书写内容的页面均应编写页号，页号编写位置：单面书写文件在右下角；双面书写文件，正面在右下角，背面在左下角；图样的页号编写在右下角，或标题栏外右上方；成套图样或印刷成册文件，不必重新编写页号。各卷之间不连续编页号。

7.4.2 卷内目录的编制

卷内目录包括的内容如下：

——序号，应用阿拉伯数字从 1 起依次标注卷内文件的顺序，一个文件一个号；

——文件编号，应填写文件文号或图样的图号，或设备、项目代号；

——责任者，应填写文件形成部门或主要责任者；

——文件题名，应填写文件标题全称；

——日期，应填写文件形成日期；

——页号，应填写每份文件首尾页上标注的页号；

——备注（需要时填写）。

7.4.3 案卷封面和脊背的编制

案卷封面可采用案卷外封面和案卷内封面两种形式，主要内容如下：

——案卷题名，应简明、准确揭示卷内文件的内容。主要包括项目名称、代字、代号及结构、部件、阶段的代号和名称等；项目名称应与批准的原立项、设计（包括代号）相符；归档外文资料的题名及主要内容应译成中文；

——立卷单位，应填写文件组卷部门或项目负责部门；

——起止日期，应填写卷内文件形成的起止日期；

——保管期限，应依据有关规定填写组卷时划定的保管期限；

——密级，应依据保密规定填写卷内文件的最高密级；

——档号，应依据建设单位提供的项目档案分类编号方案，填写档案的项目代号、分类号和案卷流水号。

案卷脊背，应填写保管期限、档号和案卷题名或关键词。

案卷封面及脊背的档号，暂用铅笔填写；移交后由接收单位统一正式填写。

7.4.4 卷内备考表

——卷内备考表要标明卷内文件的件数、页数，不同载体文件的数量（见示例），说明组卷情况，如立卷人、检查人、立卷时间等；

示例：文字材料 20 件，100 页，照片 10 张，附图 1 张。

——卷内备考表排列在卷内文件之后；

——互见号应填写反映同一内容而形式不同且另行保管的档案保管单位的档号，并注明其载体形式。

7.5 案卷装订要求

7.5.1 文字材料可采用整卷装订与单份文件装订两种形式；图纸可不装订，但同一项目应统一。

7.5.2 案卷内不应有金属物。

7.5.3 单份文件装订时，应在卷内每份文件首页右上方加盖、填写档号章。档号章内容有：档号、序号。

7.5.4 外文资料应保持原来的案卷及文件排列顺序、文号及装订形式。

7.6 卷皮、卷内表格规格及制成材料

7.6.1 卷皮一般采用卷盒、卷夹两种。其外表规格为 310mm×220mm，厚度分别为 10mm，20mm，30mm，40mm，50mm，用牛皮纸板双裱压制。

7.6.2 案卷内封面、卷内目录、备考表的尺寸为 297mm×210mm。

7.6.3 卷盒和卷内表格印制应清晰端正。

7.7 声像材料整理

声像材料整理时应附文字说明，对事由、时间、地点、人物、作者等内容进行著录。

7.8 项目文件的归档

7.8.1 建设单位各机构、各施工承包单位、监理单位应在建设项目完成后，将经整理、编目后所形成的项目文件按合同协议规定的要求，向建设单位档案管理机构归档。

7.8.2 根据基本建设程序和项目特点，归档可按阶段分期进行，也可在单项工程或单位工程完成并通过竣工验收后与竣工验收文件一并归档。

7.8.3 归档文件应完整、成套、系统。应记述和反映建设项目的规划、设计、施工及竣工验收的全过程；真实记录和准确反映项目建设过程和竣工时的实际情况，图物相符、技术数据可靠、签字手续完备；文件质量应符合 5.5 的规定。

7.8.4 勘察、设计、施工及监理单位需要向本单位归档的文件，应按国家有关档案管理的规定和附录 A 的要求单独立卷归档。

7.8.5 外文资料应将题名、卷内章节目录译成中文；经翻译人、审校人签署的译文稿与原文一起归档。

7.9 项目文件的归档审查

施工单位在项目竣工文件收集、编制和整理后，应依次由竣工文件的编制方、质监部门、监理部门对文件的完整、准确情况和案卷质量进行审查或三方会审；经建设单位确认并办理交接手续后连同审查记录全部交建设单位档案管理机构。

7.10 项目文件的归档时间

除受委托进行项目档案汇总整理外，各施工承包单位应在项目实体完成后三个月内将项目文件向建设单位归档；有尾工的应在尾工完成后及时归档。

8 项目档案的整理与移交

8.1 项目档案的整理

全部项目档案的汇总整理应由建设单位负责进行或组织，其内容包括：

a）根据专业主管部门的建设项目档案分类编号规则以及项目实际情况，设计、制

定统一的项目档案分类编号体系。小型项目直接按项目、结构或专业分类；大中型项目按工程或专业分类，下设属类；

  b）依据项目档案分类编号体系对全部项目档案进行统一的分类和编号；生产使用单位需要按企业档案统一进行分类和编号的，建设单位（并责成设计、施工及监理单位）可用铅笔临时填写档案号；

  c）对全部项目档案进行清点、编目，并编制项目档案案卷目录及档案整理情况说明；

  d）负责贯彻执行国家及本行业的技术规范及各种技术文件表格。

8.2　项目档案的移交

8.2.1　项目档案验收合格后，建设单位应按合同及规定的要求，在项目正式通过竣工验收后三个月内，向生产使用单位及其他有关单位办理档案移交。凡分期或分机组的项目，应在每期或每机组正式通过竣工验收后办理档案移交。

8.2.2　建设单位与业主单位、生产使用单位及其他有关单位应办理项目档案移交手续，明确档案移交的内容、案卷数、图纸张数等，并有完备的清点、签字等交接手续；建设单位转为生产单位的，按企业档案管理要求办理。

8.2.3　竣工验收以后，在大中城市规划区范围内的重要建设项目，建设单位应在 6 个月内向城市建设档案接收单位报送与城市规划、建设及其管理有关的项目档案。

附　录　A

（规范性附录）

国家重大建设项目文件归档范围和保管期限表

表 A.1　国家重大建设项目文件归档范围和保管期限表

序　号	归档文件	保管期限		
		建设单位	施工单位	设计单位
1	**可行性研究、任务书**			
1.1	项目建议书及其报批文件	永久		长期
1.2	项目选址意见书及其报批文件	永久		长期
1.3	可行性研究报告及其评估、报批文件	永久		长期
1.4	项目评估（包括借贷承诺评估）、论证文件	永久		长期
1.5	环境预测，调查报告，环境影响报告书和批复	永久		长期
1.6	设计任务书、计划任务书及其报批文件	永久		永久
2	**设计基础文件**			
2.1	工程地质、水文地质、勘察报告，地质图，勘察记录，化验、试验报告，重要土、岩样及说明	永久		永久
2.2	地形、地貌、控制点、建筑物、构筑物及重要设备安装测量定位、观测记录	永久		长期
2.3	水文、气象、地震等其他设计基础资料	永久		长期
3	**设计文件**			
3.1	总体规划设计	永久		永久
3.2	方案设计	永久		永久
3.3	初步设计及其报批文件	永久		永久
3.4	技术设计	永久		永久
3.5	施工图设计	长期		永久
3.6	技术秘密材料、专利文件			永久
3.7	工程设计计算书	长期		长期
3.8	关键技术试验	永久		永久

表 A.1（续）

序　号	归档文件	保管期限		
		建设单位	施工单位	设计单位
3.9	设计评价、鉴定及审批	永久		永久
4	**项目管理文件**			
4.1	征地、移民文件			
4.1.1	征用土地申请、批准文件，红线图、坐标图、行政区域图	永久		
4.1.2	征地移民拆迁、安置、补偿批准文件、协议书	永久		
4.1.3	建设前原始地形、地貌的状况图、照片	永久		
4.1.4	施工执照	永久		
4.2	计划、投资、统计、管理文件			
4.2.1	有关投资、进度、物资、工程量的建议计划、实施计划和调整计划	长期		
4.2.2	概算、预算管理、差价管理文件	长期		
4.2.3	合同变更、索赔等涉及法律事务的文件	长期		
4.2.4	规程、规范、标准、规划、方案、规定等文件	长期		
4.2.5	招标文件审查、技术设计审查、技术协议	长期		
4.2.6	投资、进度、质量、安全、合同控制文件	长期		
4.3	招标投标、承发包合同协议			
4.3.1	招标书、招标修改文件、招标补遗及答疑文件	长期	长期	长期
4.3.2	投标书、资质材料、履约类保函、委托授权书和投标澄清文件、修正文件	永久	永久	长期
4.3.3	开标议程，开标大会签字表，报价表，评标纪律，评标人员签字表，评标记录、报告	长期		
4.3.4	中标通知书	长期	长期	长期
4.3.5	合同谈判纪要、合同审批文件、合同书、合同变更文件	永久	长期	长期
4.4	专项申请、批复文件			
4.4.1	环境保护、劳动安全、卫生、消防、人防、规划等文件	永久		
4.4.2	水、暖、电、煤气、通信、排水等配套协议文件	长期		

表 A.1（续）

序　号	归档文件	保管期限		
		建设单位	施工单位	设计单位
4.4.3	原料、材料、燃料供应等来源协议文件	长期		
5	**施工文件**			
5.1	建筑施工文件			
5.1.1	开工报告、工程技术要求、技术交底、图纸会审纪要	长期	长期	
5.1.2	施工组织设计、方案及报批文件，施工计划、施工技术及安全措施文件，施工工艺文件	长期	长期	
5.1.3	原材料及构件出厂证明，质量鉴定、复验单	长期	长期	
5.1.4	建筑材料试验报告	长期	长期	
5.1.5	设计变更通知、工程更改洽商单、材料代用核定审批手续、技术核定单、业务联系单、备忘录等	永久	长期	
5.1.6	施工定位（水准点、导线点、基准线、控制点等）测量、复核记录、地质勘探	永久	长期	
5.1.7	土（岩）试验报告、基础处理、基础工程施工图、桩基工程记录、地基验槽记录	永久	长期	
5.1.8	施工日记、大事记		长期	
5.1.9	隐蔽工程验收记录	永久	长期	
5.1.10	各类工程记录及测试、沉降、位移、变形监测记录，事故处理报告	永久	长期	
5.1.11	工程质量检查、评定	永久	长期	
5.1.12	技术总结，施工预、决算		长期	
5.1.13	交工验收记录证明	永久	长期	
5.1.14	竣工报告、竣工验收报告	永久	永久	
5.1.15	竣工图	永久	长期	
5.1.16	声像材料	长期	长期	
5.2	设备及管线安装施工文件			
5.2.1	开工报告，工程技术要求、技术交底、图纸会审纪要	长期	长期	

表 A.1（续）

序　号	归档文件	保管期限		
		建设单位	施工单位	设计单位
5.2.2	施工组织设计、方案及其报批文件，施工计划、技术措施文件	长期	长期	
5.2.3	原材料及构件出厂证明、质量鉴定、复验单	长期	长期	
5.2.4	建筑材料试验报告	长期	长期	
5.2.5	设计变更通知、工程更改洽商单，材料、零部件、设备代用审批手续、技术核定单、业务联系单、备忘录等	永久	长期	
5.2.6	焊接试验记录、报告，施工检验、探伤记录	永久	长期	
5.2.7	隐蔽工程检查验收记录	永久	长期	
5.2.8	强度、密闭性试验报告	长期	长期	
5.2.9	设备、网络调试记录	长期	长期	
5.2.10	施工安装记录，安装质量检查、评定，事故处理报告	长期	长期	
5.2.11	系统调试、试验记录	长期	长期	
5.2.12	管线清洗、试压、通水、通气、消毒等记录	短期	长期	
5.2.13	管线标高、位置、坡度等测量记录	长期	长期	
5.2.14	中间交工验收记录证明、工程质量评定	永久	长期	
5.2.15	竣工报告、竣工验收报告，施工预、决算	永久	长期	
5.2.16	竣工图	永久	长期	
5.2.17	声像材料	长期	长期	
5.3	电气、仪表安装施工文件			
5.3.1	开工报告、工程技术要求、技术交底、图纸会审纪要	长期	长期	
5.3.2	施工组织设计、方案及其报批文件，施工计划、技术措施文件	短期	长期	
5.3.3	原材料及构件出厂证明、质量鉴定、复验单	长期	长期	
5.3.4	建筑材料试验报告	长期	长期	

表 A.1（续）

序　号	归档文件	保管期限		
		建设单位	施工单位	设计单位
5.3.5	设计变更通知、工程更改洽商单，材料、零部件、设备代用审批手续，技术核定单、业务联系单、备忘录等	永久	长期	
5.3.6	系统调试、整定记录	长期	长期	
5.3.7	绝缘、接地电阻等性能测试、校核记录	长期	长期	
5.3.8	材料、设备明细表及检验记录，施工安装记录，质量检查评定、事故处理报告	永久	长期	
5.3.9	操作、联动试验	短期	长期	
5.3.10	电气装置交接记录	短期	长期	
5.3.11	中间交工验收记录、工程质量评定	永久	长期	
5.3.12	竣工报告、竣工验收报告	永久	长期	
5.3.13	竣工图	永久	长期	
5.3.14	声像材料	长期	长期	
6	监理文件	建设单位		监理单位
6.1	施工监理文件、资料			
6.1.1	监理合同协议，监理大纲，监理规划、细则及批复	长期		长期
6.1.2	施工及设备器材供应单位资质审核，设备、材料报审	长期		长期
6.1.3	施工组织设计、施工方案、施工计划、技术措施审核，施工进度、延长工期、索赔及付款报审	长期		长期
6.1.4	开（停、复、返）工令，许可证、中间验收证明书	长期		长期
6.1.5	设计变更、材料、零部件、设备代用审批	长期		长期
6.1.6	监理通知，协调会审纪要，监理工程师指令、指示，来往函件	长期		长期
6.1.7	工程材料监理检查、复检、实验记录、报告	长期		长期
6.1.8	监理日志、监理周（月、季、年）报、备忘录	长期	长期	
6.1.9	各项测控量成果及复核文件、外观，质量、文件等检查、抽查记录	长期		长期

表 A.1（续）

序　号	归档文件	保管期限		
		建设单位	施工单位	设计单位
6.1.10	施工质量检查分析评估、工程质量事故、施工安全事故报告	长期		长期
6.1.11	工程进度计划、实施、分析统计文件	长期		长期
6.1.12	变更价格审查、支付审批、索赔处理文件	长期		长期
6.1.13	单元工程检查及开工（开仓）签证，工程分部分项质量认证、评估	长期		长期
6.1.14	主要材料及工程投资计划、完成报表	长期		长期
6.2	设备采购、监造工作监理资料			
6.2.1	设备采购委托监理合同、采购方案，监造计划	长期		长期
6.2.2	市场调查、考察报告	长期		长期
6.2.3	设备制造的检验计划和检验要求、检验记录及试验报告、分包单位资格报审表	长期		长期
6.2.4	原材料、零配件等的质量证明文件和检验报告	长期		长期
6.2.5	开工、复工报审表，暂停令	长期		长期
6.2.6	会议纪要、来往文件	长期		长期
6.2.7	监理工程师通知单、监理工作联系单	长期		长期
6.2.8	监理日志、监理月报	长期		长期
6.2.9	质量事故处理文件、设备制造索赔文件	长期		长期
6.2.10	设备验收、交接文件，支付证书和设备制造结算审核文件	长期		长期
6.2.11	设备采购、监造工作总结	长期		长期
6.3	监理工作声像材料	长期		长期
7	**工艺设备文件**	建设单位	施工单位	设计单位
7.1	工艺说明、规程、路线、试验、技术总结	长期		
7.2	产品检验、包装，工装图、检测记录	长期		
7.3	设备、材料采购、招投标文件、合同，出厂质量合格证明	长期	长期	
7.4	设备、材料装箱单、开箱记录，工具单，备品备件单	长期		
7.5	设备图纸、使用说明书、零部件目录	长期		

表 A.1（续）

序　号	归档文件	保管期限		
		建设单位	施工单位	设计单位
7.6	设备测绘、验收记录及索赔文件	长期		
7.7	设备安装调试、测定数据、性能鉴定	长期		
8	**科研项目**			
8.1	开题报告、任务书、批准书	永久		
8.2	协议书、委托书、合同	永久		
8.3	研究方案、计划、调查研究报告	永久		
8.4	试验记录、图表，照片	永久		
8.5	实验分析、计算、整理数据	永久		
8.6	实验装置及特殊设备图纸、工艺技术规范说明书	永久		
8.7	实验装置操作规程、安全措施、事故分析	长期		
8.8	阶段报告、科研报告、技术鉴定	永久		
8.9	成果申报、鉴定、审批及推广应用材料	永久		
8.10	考察报告、重要课题研究报告	永久		
9	**涉外文件**			
9.1	询价、报价、投标文件	短期		
9.2	合同及其附件	永久		
9.3	谈判协议、议定书	永久		
9.4	谈判记录	长期		
9.5	谈判过程中外商提交的材料	长期		
9.6	出国考察及收集来的有关材料	短期		
9.7	国外各设计阶段文件及设计联络文件	永久		
9.8	各设计阶段审查议定书	永久		
9.9	技术问题来往函电	永久		
9.10	国外设备、材料检验、安装手册、操作使用说明书等随机文件	永久		
9.11	国外设备合格证明、装箱单、提单、商业发票、保险单证明	短期		
9.12	设备开箱检验记录，商检、海关及索赔文件	永久		

表 A.1（续）

序 号	归档文件	保管期限		
		建设单位	施工单位	设计单位
9.13	国外设备、材料的防腐、保护措施	短期		
9.14	外国技术人员现场提供的文件材料	长期		
10	**生产技术准备、试生产文件**			
10.1	技术准备计划	短期		
10.2	试生产管理、技术责任制	短期		
10.3	开停车方案	短期		
10.4	设备试车、验收、运转、维护记录	长期		
10.5	试生产产品质量鉴定报告	短期		
10.6	安全操作规程、事故分析报告	长期		
10.7	运行记录	短期		
10.8	技术培训材料	短期		
10.9	产品技术参数、性能、图纸	永久		
10.10	工业卫生、劳动保护材料、环保，消防运行检测记录	短期		
11	**财务、器材管理文件**			
11.1	财务计划及执行、年度计划及执行、年度投资统计	短期		
11.2	工程概算、预算、标底、合同价、决算、审计及说明	永久		
11.3	主要材料消耗、器材管理	短期		
11.4	交付使用的固定资产、流动资产、无形资产、递延资产清册	永久		
12	**竣工验收文件**			
12.1	项目竣工验收报告	永久	长期	长期
12.2	工程设计总结	永久		长期
12.3	工程施工总结	永久	长期	
12.4	工程监理总结	永久	长期	
12.5	项目质量评审文件	永久	长期	
12.6	工程现场声像文件	永久	长期	

表 A.1（续）

序 号	归档文件	保管期限		
		建设单位	施工单位	设计单位
12.7	工程审计文件、材料、决算报告	永久		
12.8	环境保护、劳动安全卫生、消防、人防、规划、档案等验收审批文件	永久		
12.9	竣工验收会议文件、验收证书及验收委员会名册、签字、验收备案文件	永久	长期	长期
12.10	项目评优报奖申报材料、批准文件及证书	长期	长期	

参 考 文 献

GB/T 9705 文书档案案卷格式

GB/T 11821 照片档案管理规范

GB/T 11822 科学技术档案案卷构成的一般要求

GB/T 17678.1 CAD 电子文件光盘存储、归档与归案管理要求 第一部分：电子文件归档与档案管理

GB 50319 建设工程监理规范

国家基本建设委员会．关于颁发"编制基本建设工程竣工图的几项暂行规定"的通知．（82）建施字 50 号

国际咨询工程师联合会．设计—建造与交钥匙工程合同条件．1995 年，第一版

ICS 01.140.20
A 14
备案号：15821—2005

中华人民共和国档案行业标准

DA/T 31—2005

纸质档案数字化技术规范

Specification for digitization of paper-based records

2005-04-30 发布　　　　　　　　　　　　　　2005-09-01 实施

国 家 档 案 局 发布

前　言

本标准由国家档案局提出并归口。

本标准起草单位：国家档案局。

本标准主要起草人：王良城、马淑桂、蔡伟、宋涌、王大众、韩冬、田军、孙森林。

纸质档案数字化技术规范

1 范围

本标准规定了纸质档案数字化的主要技术要求。

本标准适用于采用各种设备对纸质档案的数字化加工处理及数字化成果的管理。

2 规范性引用文件

下列文件中的条款通过本标准的引用而成为本标准的条款。凡是注日期的引用文件，其随后所有的修改单（不包括勘误的内容）或修订版均不适用于本标准，然而，鼓励根据本标准达成协议的各方研究是否可使用这些文件的最新版本。凡是不注日期的引用文件，其最新版本适用于本标准。

GB/T 17235.1—1998 信息技术 连续色调静态图像的数字压缩及编码 第1部分：要求和指南

GB/T 17235.2—1998 信息技术 连续色调静态图像的数字压缩及编码 第2部分：一致性测试

GB/T 18894—2002 电子文件归档与管理规范

3 术语和定义

下列术语和定义适用于本标准。

3.1 数字化 digitization

用计算机技术将模拟信号转换为数字信号的处理过程。

3.2 纸质档案数字化 digitization of paper-based records

采用扫描仪或数码相机等数码设备对纸质档案进行数字化加工，将其转化为存储在磁带、磁盘、光盘等载体上并能被计算机识别的数字图像或数字文本的处理过程。

3.3 数字图像 digital image

表示实物图像的整数阵列。一个二维或更高维的采样并量化的函数，由相同维数的连续图像产生。在矩阵（或其他）网络上采样——连续函数，并在采样点上将值最小化后的阵列。

3.4 黑白二值图像 binary image

只有黑白两级灰度的数字图像。它对应于黑白两种状态的文字稿、线条图等。

3.5 连续色调静态图像 continuous-tone still image

以多于两级灰度的不同浓淡层次或以不同颜色通道组合成的静态数字图像。在纸质档案数字化过程中，通常表现为灰度扫描和彩色扫描两种模式。

3.6 分辨率 resolution

单位长度内图像包含的点数或像素数，一般用每英寸点数（dpi）表示。

3.7 失真度 distortion measure

对档案进行数字化转换后，数字图像与档案原件在色彩、几何等方面的偏离程度。

3.8 可懂度 intelligibility

数字图像向人或机器提供信息的能力。

3.9 图像压缩 image compression

清除图像冗余或对图像近似的任一种过程，其目的是对图像以更紧凑的形式表示。纸质档案数字化过程中，较常见的有 TIFF（G4）、JPEG 等压缩格式。

4 纸质档案数字化基本要求

4.1 基本原则

纸质档案数字化的基本原则是使档案信息资源准确、方便、快捷地提供利用，使可以公开的档案信息资源得到共享，以满足社会对档案利用的需求。

4.2 数字化对象的确定原则

应当对所要进行数字化的对象按照一定的原则和方法进行确认，只有符合一定要求的纸质档案文献才能进行数字化。

4.2.1 符合国家法律法规的原则

纸质档案的数字化，必须符合国家档案开放规定以及有关规定。

4.2.2 价值性原则

属于归档范围且应永久或长期保存的、社会利用价值高的档案可列入数字化加工的范围。

4.3 基本环节

纸质档案数字化的基本环节主要包括：档案整理、档案扫描、图像处理、图像存储、目录建库、数据挂接、数据验收、数据备份、成果管理等。

4.4 过程管理

4.4.1 应加强纸质档案数字化各环节的安全保密管理机制，确保档案原件和数字化档案信息的安全。

4.4.2 纸质档案数字化的各个环节均应进行详细的登记，并及时整理、汇总，装订成册，在数字化工作完成的同时建立起完整、规范的记录。

5 档案整理

在扫描之前，根据档案管理情况，按下述步骤对档案进行适当整理，并视需要作出标识，确保档案数字化质量。

5.1 目录数据准备

按照《档案著录规则》（DA/T 18）等的要求，规范档案中的目录内容。包括确定档案目录的著录项、字段长度和内容要求。如有错误或不规范的案卷题名、文件名、责任者、起止页号和页数等，应进行修改。

5.2 拆除装订

在不去除装订物情况下，影响扫描工作进行的档案，应拆除装订物。拆除装订物时应注意保护档案不受损害。

5.3 区分扫描件和非扫描件

按要求把同一案卷中的扫描件和非扫描件区分开。普发性文件区分的原则是：无关和重份的文件要剔除，有正式件的文件可以不扫描原稿。

5.4 页面修整

破损严重、无法直接进行扫描的档案，应先进行技术修复，折皱不平影响扫描质量的原件应先进行相应处理（压平或熨平等）后再进行扫描。

5.5 档案整理登记

制作并填写纸质档案数字化加工过程交接登记表单，详细记录档案整理后每份文件的起始页号和页数。

5.6 装订

扫描工作完成后，拆除过装订物的档案应按档案保管的要求重新装订。恢复装订时，应注意保持档案的排列顺序不变，做到安全、准确、无遗漏。

6 档案扫描

6.1 扫描方式

6.1.1 根据档案幅面的大小（A4、A3、A0 等）选择相应规格的扫描仪或专业扫描仪（如工程图纸可采用 0 号图纸扫描仪）进行扫描。大幅面档案可采用大幅面数码平台，或者缩微拍摄后的胶片数字化转换设备等进行扫描，也可以采用小幅面扫描后的图像拼接方式处理。

6.1.2 纸张状况较差，以及过薄、过软或超厚的档案，应采用平板扫描方式；纸张状况好的档案可采用高速扫描方式以提高工作效率。

6.2 扫描色彩模式

6.2.1 扫描色彩模式一般有黑白二值、灰度、彩色等。通常采用黑白二值。

6.2.2 页面为黑白两色，并且字迹清晰、不带插图的档案，可采用黑白二值模式进行扫描。

6.2.3 页面为黑白两色，但字迹清晰度差或带有插图的档案，以及页面为多色文字的档案，可采用灰度模式扫描。

6.2.4 页面中有红头、印章或插有黑白照片、彩色照片、彩色插图的档案，可视需要采用彩色模式进行扫描。

6.3 扫描分辨率

6.3.1 扫描分辨率参数大小的选择，原则上以扫描后的图像清晰、完整、不影响图像的利用效果为准。

6.3.2 采用黑白二值、灰度、彩色几种模式对档案进行扫描时，其分辨率一般均建议选择大于或等于 100dpi。特殊情况下，如文字偏小、密集、清晰度较差等，可适当提高分辨率。

6.3.3 需要进行 OCR 汉字识别的档案，扫描分辨率建议选择大于或等于 200dpi。

6.4 扫描登记

认真填写纸质档案数字化转换过程交接登记表单，登记扫描的页数，核对每份文件的实际扫描页数与档案整理时填写的文件页数是否一致，不一致时应注明具体原因和处理方法。

7 图像处理

7.1 图像数据质量检查

7.1.1 对图像偏斜度、清晰度、失真度等进行检查。发现不符合图像质量要求时，应重新进行图像的处理。

7.1.2 由于操作不当，造成扫描的图像文件不完整或无法清晰识别时，应重新扫描。

7.1.3 发现文件漏扫时，应及时补扫并正确插入图像。

7.1.4 发现扫描图像的排列顺序与档案原件不一致时，应及时进行调整。

7.1.5 认真填写相关表单，记录质检结果和处理意见。

7.2 纠偏

对出现偏斜的图像应进行纠偏处理，以达到视觉上基本不感觉偏斜为准。对方向不正确的图像应进行旋转还原，以符合阅读习惯。

7.3 去污

对图像页面中出现的影响图像质量的杂质，如黑点、黑线、黑框、黑边等应进行去污处理。处理过程中应遵循在不影响可懂度的前提下展现档案原貌的原则。

7.4 图像拼接

对大幅面档案进行分区扫描形成的多幅图像，应进行拼接处理，合并为一个完整的图像，以保证档案数字化图像的整体性。

7.5 裁边处理

采用彩色模式扫描的图像应进行裁边处理，去除多余的白边，以有效缩小图像文件的容量，节省存储空间。

8 图像存储

8.1 存储格式

8.1.1 采用黑白二值模式扫描的图像文件，一般采用 TIFF（G4）格式存储。采用灰度模式和彩色模式扫描的文件，一般采用 JPEG 格式存储。存储时的压缩率的选择，应以保证扫描的图像清晰可读的前提下，尽量减小存储容量为准则。

8.1.2 提供网络查询的扫描图像，也可存储为 CEB、PDF 或其他格式。

8.2 图像文件的命名

8.2.1 纸质档案目录数据库中的每一份文件，都有一个与之相对应的唯一档号，以该档号为这份文件扫描后的图像文件命名。

8.2.2 多页文件可采用该档号建立相应文件夹，按页码顺序对图像文件命名。

9 目录建库

9.1 数据格式选择

目录建库应选择通用的数据格式。所选定的数据格式应能直接或间接通过 XML 文档进行数据交换。

9.2 档案著录

按照《档案著录规则》（DA/T18）的要求进行著录，建立档案目录数据库。

9.3 目录数据质量检查

采用人工校对或软件自动校对的方式，对目录数据库的建库质量进行检查。核对著录项目是否完整、著录内容是否规范、准确，发现不合格的数据应要求进行修改或重录。

10 数据挂接

10.1 汇总挂接

档案数字化转换过程中形成的目录数据库与图像数据库，通过质检环节确认为"合格"后，通过网络及时加载到数据服务器端汇总。通过编制程序或借助相应软件，可实现目录数据对相关联的数字图像的自动搜索、加入对应的电子地址信息等，实现批量、快速挂接。

10.2 数据关联

以纸质档案目录数据库为依据，将每一份纸质档案文件扫描所得的一个或多个图像存储为一份图像文件。将图像文件存储到相应文件夹时，要认真核查每一份图像文件的名称与档案目录数据库中该份文件的档号是否相同，图像文件的页数与档案目录数据库中该份文件的页数是否一致，图像文件的总数与目录数据库中文件的总数是否相同等。通过每一份图像文件的文件名与档案目录数据库中该份文件的档号的一致性和唯一性，建立起一一对应的关联关系，为实现档案目录数据库与图像文件的批量挂接提供条件。

10.3 交接登记

认真填写纸质档案数字化转换过程交接登记表单，记录数据关联后的页数，核对每一份文件关联后的页数与档案整理、扫描时填写的页数是否一致，不一致时应注明具体原因和处理办法。

11 数据验收

11.1 数据抽检

11.1.1 以抽检的方式检查已完成数字化转换的所有数据，包括目录数据库、图像文件及数据挂接的总体质量。

11.1.2 一个全宗的档案，数据验收时抽检的比率不得低于 5%。

11.2 验收指标

11.2.1 目录数据库与图像文件挂接错误，或目录数据库、图像文件之一出现不完整、不清晰、有错误等质量问题时，抽检标记为"不合格"。

11.2.2 一个全宗的档案，数字化转换质量抽检的合格率达到 95% 以上（含 95%）时，予以验收"通过"。

合格率＝抽检合格的文件数/抽检文件总数×100%

11.3 验收审核

验收"通过"的结论，必须经分管领导审核、签字后方有效。

11.4 验收登记

认真填写纸质档案数字化验收登记表单。

12 数据备份

12.1 备份范围

经验收合格的完整数据应及时进行备份。

12.2 备份方式

为保证数据安全，备份载体的选择应多样化，可采用在线、离线相结合的方式实现多套备份，并注意异地保存。

12.3 数据检验

备份数据也应进行检验。备份数据的检验内容主要包括备份数据能否打开、数据信息是否完整、文件数量是否准确等。

12.4 备份标签

数据备份后应在相应的备份介质上做好标签，以便查找和管理。

12.5 备份登记

填写纸质档案数字化备份管理登记表单。

13 数字化成果管理

13.1 应加强对纸质档案数字化成果的管理，确保其安全、完整和长期可用。

13.2 纸质档案数字化成果提供网上检索利用时，应有制作单位的电子标识，并根据具体情况分别采用可下载或不可下载的数据格式。

ICS 01.140.20
A 14
备案号：15822—2005

中华人民共和国档案行业标准

DA/T 32—2005

公务电子邮件归档与管理规则

Standards of electronic mail document filing and management

2005-04-30 发布   2005-09-01 实施

国 家 档 案 局 发布

前　言

随着计算机及网络技术的发展和普及，越来越多的社会活动记录产生于电子邮件。为了有效地促进通讯和交流，并保证在通讯过程中形成的重要证据性邮件能够保存下来，需要制定电子邮件管理规范。《公务电子邮件归档与管理规则》规定了公务电子邮件的撰写、传递、鉴定、归档、整理、移交与保管等程序与规则。

本标准的附录 A、附录 B、附录 C、附录 D、附录 E 为规范性附录。

本标准由深圳市档案局提出。

本标准由国家档案局归口。

本标准起草单位：深圳市档案局。

本标准主要起草人：舒国雄、李国庆、方燕、唐国彬、黄俊琳、马越。

公务电子邮件归档与管理规则

1 范围

本标准规定了公务电子邮件的撰写、传递、鉴定、归档、整理、移交与保管等规范化程序与管理规则。

本标准适用于公务电子邮件的归档与管理，在维护其真实性、完整性和长期可读性的基础上，为其安全保管和有效开发利用提供依据。

国家机关、团体、企事业单位和其他社会组织的公务电子邮件归档与管理适用本标准。

2 规范性引用文件

下列文件中的条款通过本标准的引用而成为本标准的条款。凡是注日期的引用文件，其随后所有的修改单（不包括勘误的内容）或修订版均不适用于本标准，然而，鼓励根据本标准达成协议的各方研究是否可使用这些文件的最新版本。凡是不注日期的引用文件，其最新版本适用于本标准。

GB/T 18894—2002 电子文件归档与管理规范

GB/T 17678.1—1999 CAD 电子文件光盘存储、归档与档案管理要求 第一部分：电子文件归档与档案管理

GB/T 17678.2—1999 CAD 电子文件光盘存储、归档与档案管理要求 第二部分：光盘信息组织结构

DA/T 1—2000 档案工作基本术语

DA/T 18—1999 档案著录规则

DA/T 22—2000 归档文件整理规则

国家档案局令第 6 号 电子公文归档管理暂行办法

3 术语和定义

DA/T 1—2000 确立的以及下列术语和定义适用于本标准。

3.1

电子邮件 electronic mail

由电子计算机生成、处理，并通过电子邮件系统经由计算机网络发送和接收的电子信息。它包括信息文本本身及其附件。

电子邮件可在一机构内部进行传递，也可在政府部门之间或政府部门与公众之间进行传递。电子邮件分为三种：公务电子邮件、暂时性公务电子邮件、私人电子邮件。

3.2

公务电子邮件 electronic mail document

国家机关、团体、企事业单位和其他社会组织在公务活动中产生的经由电子邮件系统传输的电子邮件。

3.3

公务电子邮件系统 electronic mail document system

用于产生、传送、接收、阅读和处置公务电子邮件的计算机应用系统。

3.4

电子文件管理系统 electronic records management system

为了收集、组织、记录电子文件信息并对其进行分类，以利于电子文件保存、检索、使用和处置的计算机应用系统。

4 总则

4.1 公务电子邮件自形成时应有严格的管理制度和技术措施，确保其真实性、完整性和有效性。

4.2 公务电子邮件的鉴定、归档、整理、保管、移交等应实行全过程管理与监控，保证管理工作的连续性。

4.3 应明确规定公务电子邮件归档的时间、范围、技术环境、相关软件、版本、数据类型、格式、被操作数据、检测数据等要求，保证归档公务电子邮件的质量。

4.4 归档公务电子邮件同时存在相应的纸质或其他载体形式的文件时，应在内容、相关说明及描述上保持一致。

4.5 公务电子邮件的鉴定、归档、整理、保管、移交等应纳入各单位公文处理程序和相关人员的岗位责任。

4.6 机构内设置的公共邮箱（机构内对个人开放的邮箱，邮箱内设有许多文件夹，分别用来讨论工作中不同方面的问题）或共享邮箱（用来供员工发送疑问或者关于执行的公务某一特定方面的信息，只有一定范围内的人员才能使用的邮箱）必须说明创建的目的或理由、邮箱使用者的范围，并向使用者阐述邮箱的使用方法和要求。公共邮箱或共享邮箱必须明确相关责任人。

4.7 系统管理员应设定工作站和电子邮件账户的使用密码，密码应妥善保护，并定期更改。

4.8 各单位系统管理人员应为使用公务电子邮件系统的工作人员提供能够自动识别病毒特征的软件系统，并确保工作人员在使用文件或查找信息时，其工作站的杀毒软件和防火墙软件的自动保护功能都能启动。病毒特征库应当定期更新。

5 公务电子邮件的撰写与传递

5.1 公务电子邮件标题、正文内容的撰写以及署名规则参照相关纸质公文规定。邮件标题撰写应符合邮件主题或公务性质，以保证邮件应用的时效性以及归档、检索利用质量。

5.2 各单位应在公务电子邮件系统的公务信箱中发送和接收公务电子邮件，不得使用私人邮箱。邮件一经发出，必须原样保存。应尽量避免公务邮箱用于私人活动。

5.3 涉密公务电子邮件应使用专网和专门的邮件服务系统进行发送和接收，并对发送的邮件进行加密处理，同时应对网络环境、服务器、工作站进行安全性验证。

5.4 在发送公务电子邮件时应使用真实身份，并根据电子邮件的密级和发送范围，确定是否应进行加密和电子签名。不得在公务电子邮件及其附件中使用扫描签字等易被修改、伪造的签字方式。

5.5 各单位系统管理人员或有关人员应保存经由公务电子邮件系统传送的所有电子邮件收发记录，作为指导、监督归档的依据（公务电子邮件发文、收文登记表参见附录A 的表 A.1、表 A.2）。

公务电子邮件收发记录应当归档，只有授权人员方可查询。

5.6 使用公务电子邮件系统的工作人员不得开启可疑电子邮件，如发现病毒，应立即通知系统管理人员。

5.7 公务电子邮件收发日志应备份，脱机保存，定期移交档案部门。

6 公务电子邮件的鉴定与归档

6.1 鉴定归档责任归属

6.1.1 对外发送的邮件由发送者进行鉴定归档；接收到的外部邮件，由接收者进行鉴定归档。

6.1.2 内部电子邮件应由邮件的发送者或邮件讨论的发起者进行鉴定归档。

6.1.3 公共邮箱文件夹或共享邮箱的邮件由文件夹或邮箱的责任人进行鉴定归档。个人邮箱内邮件的鉴定，由邮箱拥有者负责。

6.2 鉴定内容

6.2.1 应根据电子邮件的内容确定其是否具有公文性质，是否具有保存价值。对于涉及公务但以个人名义收发的电子邮件应视为公务电子邮件。

6.2.2 公务电子邮件保管期限和密级的划分工作，参照国家有关纸质文件材料的保管期限和密级的有关规定执行。

6.2.3 各单位档案部门必须对需要归档的公务电子邮件进行真实性、完整性、有效性鉴定。真实性鉴定是指认定邮件是否当时当人收发的，检查公务电子邮件的内容、结构和背景信息经过传输、迁移等处理后是否与收发时的原始状况一致。完整性鉴定是指利用有效的技术手段，检查公务电子邮件的内容信息、背景信息、结构信息等要素是否完备。有效性鉴定是指检测公务电子邮件是否具备可理解性和可用性，包括载体的完好性、信息的可识别性、存储系统的可靠性、载体的兼容性等。

6.3 归档范围

6.3.1 凡是反映本单位工作活动且具有查考利用价值的公务电子邮件均属归档范围。载有相同信息的纸质文件属于归档范围的，则该份电子邮件也应归档。

6.3.2 公务电子邮件归档时，应包括以下部分：

    a) 邮件发送人、接收人的具体情况（包括姓名、职务、所属部门和公务电子邮箱）；

    b) 发送、接收邮件的时间；

    c) 邮件密级；

    d) 邮件的题名；

    e) 邮件正文、附件；

    f) 邮件收发日志；

    g) 发送、接收邮件的软件名和版本号。

6.4 归档要求

6.4.1 办理完毕且具有保存价值的公务电子邮件应及时从原有邮箱中迁移出来，进行逻辑归档，保存到专门的电子文件管理系统中。需归档的电子邮件不可长期保存在公共邮箱内。

6.4.2 发送或接收具有保存价值的公务电子邮件后应立即将电子邮件打印成纸质文件，将打印输出存档到纸质文件管理系统中。

6.4.3 采用物理归档的公务电子邮件应采用或转换为本标准规定的标准格式（公务电子邮件存储格式参见附录B），如无法完整、准确地转换，应将相关的应用程序一并归档。

6.4.4 一般情况下电子邮件和附件作为整体进行归档。

6.4.5 经加密的公务电子邮件应解密后明文归档。

7 归档公务电子邮件的整理

7.1 归档公务电子邮件的整理按DA/T 22—2000规定的要求进行。

7.2 归档公务电子邮件以件为单位整理。同一全宗可按类别、保管期限、机构（问题）等进行分类整理，公务电子邮件编号规则应与电子文件编号规则保持一致，有对应其他版本的，应通过档号建立两者之间的联系。

7.3 将已整理好的公务电子邮件按顺序存入规范化载体（公务电子邮件存储载体参见附录C），不同保管期限的公务电子邮件应分别存储在不同的载体上，务必保证电子邮件的真实与完整。

7.4 公务电子邮件的著录参照国家有关规定进行。存储公务电子邮件的载体著录内容包括：

    a）说明文件，对存储载体内文件及软硬件环境进行描述。

    b）类目表文件，说明载体内文件分类信息。

    c）著录文件，存放有关文件的目录信息。

    d）公务电子邮件夹，存放已归档的各种公务电子邮件。

7.5　存储公务电子邮件的载体或包装盒上应贴有标签，标明以下信息：

    a）载体编号；

    b）立档单位名称；

    c）类别（或主题）；

    d）邮件起止日期；

    e）转存日期；

    f）密级；

    g）文本（正本或备份）；

    h）操作环境（硬件或软件）；

    i）存储介质的生产日期；

    j）保管期限。

8　公务电子邮件的移交与接收

8.1　各单位文件管理人员应按时向档案保管部门移交已归档的公务电子邮件，移交时应履行规定的程序，并做好移交登记（移交登记表参见附录 D），完全合格后方可移交。登记表一式两份，移交单位和档案管理部门各保存一份。

8.2　移交单位和档案保管部门应对归档的载体及其技术环境进行检验，检验结果分别由移交单位、接收单位填入《公务电子邮件移交检验登记表》（参见附录 E）。登记表一式两份，移交单位和档案管理部门各保存一份。

8.3　归档公务电子邮件移交可以采用逻辑方式或物理方式。涉密的公务电子邮件采用物理方式移交。

8.4　无论采用逻辑方式还是物理方式移交，对于需永久或长期保存的公务电子邮件，均应当将电子形式转换成纸质形式或者缩微形式一并保存后移交。

9　公务电子邮件的保管

9.1　档案保管部门应对各单位移交的公务电子邮件制作备份，一式三套，一套封存保管，一套提供利用，一套异地保存。

9.2　归档公务电子邮件的保管要求应符合 GB/T 18894—2002 中 9.4 的相关规定。

9.3　档案部门应定期对公务电子邮件进行检查。公务电子邮件应当定期转移到适宜长期保存的介质上存储。公务电子邮件的删除和销毁应符合 GB/T 18894—2002 中 9.8 的相关规定。

附　录　A

（规范性附录）

公务电子邮件收发文登记表

表 A.1　公务电子邮件发文登记表

序号	主题	邮件题名	附件名	发送者	接收者	抄送	密送	发送时间	接收时间	密级	邮件大小	备注

表 A.2　公务电子邮件收文登记表

序号	主题	邮件题名	附件名	发送者	接收者	转发	抄送	发送时间	接收时间	密级	邮件大小	备注

附 录 B
（规范性附录）
公务电子邮件存储格式

数据类型	推荐数据格式	可参考的数据格式	存储格式	传输格式
文本	PDF、XMl、TXT、RTF	DOC、WPS、PPT 及其他字处理格式	TXT、XML	PDF、XML
图像、照片	T1FF、GIFB、PDF	BMP、XBM、JPEC 及其他格式	TIFF、JPEG、SVG	JPEG、SVG 格式，近期可采用 GIFB、PDF 格式
音频	MP3、WAV	WMA、AU 格式、RAM/RM（RealAudio 流式音频格式）、MIDI/MODs	MP3、WAV、WMA	MP3、WAV、WMA、ASF、RM、RA
视频	MPEG-2、MPEC-4、AVI	QuickTime、RealVideo	MPEG、AVI、SWVF	MPEG、ASF、RM 和 RA
数据库与光盘数据表	DBF、XML	XLS、MDB、Excel	DBF	DBF
图形	DXF、SVG、DWF	DWG、DGN	SVG、DWG、DWF	DWF、SVG、DWG
网页	HTML、XML	SGML	HTML	

附　录　C

（规范性附录）

公务电子邮件存储载体

载体名称（介质）	用　途	载体质量要求
一次性写入磁带 WORM	数据备份、脱机保存	
只读光盘 CD－ROM	数据利用、备份、脱机保存	
缩微胶片	存储珍贵档案	
一次性写入光盘 CD－R	数据利用、备份、脱机保存	直径为 120mm、厚度为 1.2 mm（或更薄）
一次性写入光盘 DVD－R	数据存储、备份	
硬盘	数据处理、交换、利用	
软磁盘、闪存盘	数据处理、交换（不能作为长期存储介质）	

附　录　D

（规范性附录）

公务电子邮件移交登记表

公务电子邮件移交登记表（首页）

序号	档号	邮件题名	附件名	密级	载体类型	保管期限	备注

公务电子邮件移交登记表（续页）

		载体类型	载体数量	邮件份数	
文件特征	载体描述				
	记录结构（物理、逻辑）	记录类型	□定长 □可变长 □其他	记录总数	
				总字节数	
	记录字符、图形、音频、视频文件格式				
设备环境特征	硬件环境（主机、网络服务器型号、制造厂商等）				
	软件环境（型号、版本等）	操作系统			
		数据库系统			
		相关软件（文字处理工具、浏览器、压缩或解密软件等）			
制表审核	填表人（签名）				年　月　日
	审核人（签名）				年　月　日

附　录　E

（规范性附录）

公务电子邮件移交检验登记表

检验项目	单位名称	
	移交单位：	接收单位：
载体外观检验		
病毒检验		
真实性检验		
完整性检验		
有效性检验		
技术方法与相关软件说明登记表、软件、说明资料检验		
填表人（签名）	年　月　日	年　月　日
审核人（签名）	年　月　日	年　月　日
单位（印章）	年　月　日	年　月　日

ICS 01. 140. 20
A 14
备案号:26719—2009

中华人民共和国档案行业标准

DA/T 43—2009

缩微胶片数字化技术规范

Technical specification for digitization of microfilm

2009-11-02 发布   2010-01-01 实施

国 家 档 案 局 发布

前　言

本标准由国家档案局提出并归口。

本标准起草单位：国家档案局。

本标准起草人：马淑桂、杨重高、田军、郭玉东、曹群、徐小舟、李东霞、蔡伟、王金平。

缩微胶片数字化技术规范

1 范围

本标准规定了档案的缩微胶片数字化的主要技术要求。

本标准适用于对档案的缩微胶片进行数字化及数字化成果的管理。

2 规范性引用文件

下列文件中的条款通过本标准的引用而成为本标准的条款。凡是注日期的引用文件，其随后所有的修改单（不包括勘误的内容）或修订版均不适用于本标准，然而，鼓励根据本标准达成协议的各方研究是否可使用这些文件的最新版本。凡是不注日期的引用文件，其最新版本适用于本标准。

GB/T 6159.1—2003 缩微摄影技术 词汇 第 1 部分：一般术语

GB/T 6159.4—2003 缩微摄影技术 词汇 第 4 部分：材料和包装物

GB/T 6159.5—2000 缩微摄影技术 词汇 第 5 部分：影像的质量、可读性和检查

GB/T 6159.7—2000 缩微摄影技术 词汇 第 7 部分：计算机缩微摄影技术

GB/T 6160—2003 缩微摄影技术 源文件第一代银—明胶型缩微品密度规范与测量方法

GB/T 20225—2006 电子成像 词汇

CB/T 18894—2002 电子文件归档与管理规范

DA/T 18—1999 档案著录规则

DA/T 31—2005 纸质档案数字化技术规范

3 术语和定义

GB/T 6159.1—2003、GB/T 6159.4—2003、GB/T 6159.5—2000、GB/T 6159.7—2000、GB/T 6160—2003、GB/T 20225—2006、GB/T 18894—2002、DA/T 18—1999、DA/T 3l—2005 等确立的以及下列术语和定义适用于本标准。

3.1

数字化 digitization

用计算机技术将模拟信息转换为数字信息的处理过程。

3.2

缩微胶片数字化 digitization of microfilm

用缩微影像扫描器等设备将缩微胶片上的影像转换为存储在磁盘、磁带、光盘等载体上并能被计算机识别的数字图像或数字文本的处理过程。

3.3

密度 density

在缩微摄影技术中衡量感光材料曝光和显影后变黑程度的物理量，也可用透射密度（D_T）来表示，定义为不透明度的以10为底的对数值。即：

$D_T = \log 10 \ (1/\tau)：\log 10 \ (Ii/It)$

D_T——透射密度

τ——透射率，（$\tau = It/Ii$）

Ii——光能

It——透射光

3.4

对比度 contrast

表示影像中明暗区域相互关系，是影像中最亮与最暗的色调之间差异范围的指数。高对比度可以使数字图像在黑白之间具有较少的灰色层次并且显示出较少的细节，低对比度具有更多的灰度层次及细节。

3.5

曝光亮度 exposure brightness

是决定数字图像明暗强度的指数。高曝光亮度可以使数字图像的色度加深并显示出较多的细节，可以突出浅色信息的痕迹，同时黑白之间出现的底灰加大。

4 基本要求

4.1 基本原则

a）缩微胶片数字化的基本原则是使档案信息资源方便快捷地提供利用，以满足社会对档案利用的需求；

b）已被拍摄成缩微胶片的档案不宜再对纸质档案原件进行数字化；

c）应确认缩微胶片影像质量符合本规范5的规定；

d）宜选择第二代或第三代缩微胶片进行数字化。

4.2 基本环节

档案的缩微胶片数字化的基本环节包括：缩微胶片检查、缩微胶片档案内容的检查、缩微胶片扫描、图像处理、图像存储、目录建库、数据整合、数据验收、数据备份、成果管理等。

4.3 过程管理

a）应加强对档案的缩微胶片数字化各环节的安全保密管理，确保档案的安全；

b）应对档案的缩微胶片数字化各个环节的工作状况进行记录，并及时将记录的文字、表格等相关信息整理、汇总、装订成册。在档案的缩微胶片数字化的同时将相关信息一并数字化，便于查询、数据管理和数据移交。

5 缩微胶片检查

在扫描之前，对缩微胶片进行检查，应满足下列要求：
a）缩微胶片物理形态无卷曲、变形、脆裂、粘连、乳剂层脱落等情况；
b）缩微胶片无可见性微斑、变色、生霉等情况；
c）缩微胶片密度、解像力等技术指标无明显变化；
d）无影响缩微胶片影像可读性的其他情况。

如不满足上述要求，可先对缩微胶片进行处理，必要时调用档案原件进行扫描，以确保数字化质量。

6 缩微胶片档案内容的检查

在档案的缩微胶片数字化之前，需对缩微胶片档案内容进行检查，并做下列工作：
a）检查档案的完整性，对存在的问题加以记录和说明；
b）检查档案有无漏拍、补拍、分幅、合幅、双幅、重复拍照等情况并进行记录，以便提醒工作人员在扫描时按要求进行处理；
c）检查档案的页号顺序和页数，对照档案目录逐条记录页号、页数。

7 缩微胶片扫描

7.1 缩微胶片的调用
a）从库房调用缩微胶片时应按有关规定进行温、湿度平衡调整；
b）扫描过程中，应对缩微胶片进行妥善的保管和保护；
c）扫描过程中，工作人员应戴洁净的棉质薄手套，轻拿缩微胶片的边缘。

7.2 倍率选择
根据缩微影像扫描器显示屏标定的幅面（一般为 A4、A3）或缩微胶片的拍摄缩率选择相应的倍率进行扫描。

本标准推荐 35mm 缩微胶片为 12 倍率，平片或 16mm 缩微胶片为 24 倍率。

7.3 扫描方式选择
根据缩微影像扫描器的型号和图像质量，选择自动扫描和手动扫描。

当使用的缩微影像扫描器具有自动扫描功能时，且在一盘（张）缩微胶片里影像的密度、解像力、幅面尺寸基本一致时，可选择自动扫描方式。

当使用的缩微影像扫描器不具有自动扫描功能时，或在一盘（张）缩微胶片里影像的密度、解像力、幅面尺寸不一致时，在扫描过程中需要对扫描仪的对比度、曝光亮度、画幅大小进行调整，应选择手动扫描方式。

7.4　对比度选择

　　a）在扫描过程中，应根据缩微胶片影像的密度、解像力进行调整和设定，以最大程度度获取影像信息为宜；

　　b）当缩微胶片符合相关质量要求时，本标准推荐的对比度为60～70。

7.5　曝光亮度选择

　　a）在扫描过程中，应根据缩微胶片影像的密度、解像力进行调整和设定，以最大程度度获取影像信息为宜；

　　b）当缩微胶片符合相关质量要求时，本标准推荐的曝光亮度为50～60。

7.6　色彩模式选择

　　字迹清晰的影像采用黑白二值模式进行扫描；字迹清晰度差或带有插图的影像，可采用灰度模式扫描。

7.7　分辨率选择

　　a）分辨率的选择以扫描后的图像清晰、完整、不影响利用效果为准；

　　b）扫描分辨率应不低于200dpi。特殊情况下，如文字偏小、密集等，可适当提高扫描分辨率；

　　c）需要进行OCR识别的图像，扫描分辨率应不低于300dpi。

7.8　图像文件命名

　　a）宜用档案目录中的档号作为文件夹名，或用其他方法命名；

　　b）文件夹内的图像文件，按缩微胶片的盒（片）号及页码顺序命名。

7.9　扫描情况登记

　　a）按照档案目录逐条核对实际扫描的页号、页数与档案整理时的页号、页数是否一致，不一致时应注明原因和处理办法；

　　b）填写扫描登记表单，记录工作种类、缩微胶片盘（张）号、胶片种类（银盐、重氮）、代数、扫描时间、设备型号、技术参数、出现的问题、处理情况以及责任人等。

7.10　缩微胶片的整理

　　扫描工作完成后，再次整理缩微胶片，应保持原排列顺序不变，做到齐全、准确、无遗漏。

8　图像处理

8.1　补扫

　　扫描后对图像完整性、清晰度、失真度等进行检查，对漏扫的文件和不符合质量要求的应进行补扫，并插入正确位置。

8.2　纠偏

　　对偏斜的图像应进行纠偏处理，以达到视觉上基本不偏斜为准。对方向不正确的图像进行旋转处理，以符合阅读习惯。

8.3 去污

在去污处理过程中，应保持档案原貌，维护档案的真实性。对扫描过程中产生的影响图像质量的黑点、黑线、黑框、黑边等进行去污处理。

8.4 拼接

为保证图像内容的完整性，应对分幅图像进行拼接。

8.5 记录图像处理情况

填写相关图像处理登记表单，记录工作种类、图像出现的问题、处理情况以及责任人等。

9 图像存储

9.1 存储格式

a）采用黑白二值模式扫描的图像文件，一般采用 TIFF（G4）格式存储；采用灰度模式扫描的文件，一般采用 JPEG 格式存储；

b）提供网上检索利用的图像文件，也可另存储为 CEB、SEP、PDF 或其他格式。

9.2 存储压缩率的选择

应以图像清晰、可读、完整为前提。

10 目录建库

10.1 目录数据准备

按照《档案著录规则》（DA/T 18）的要求，规范档案中的目录内容，确定档案目录的著录项目、字段长度和内容要求。

10.2 目录输入

将按本规范10.1准备的目录输入计算机，建立目录数据库。

10.3 质量检查

采用人工校对或软件自动校对的方式，对目录数据的质量进行检查。检查著录项目是否完整、著录内容是否规范、准确，对不符合要求的数据进行修改。

10.4 目录格式

应选择通用的数据格式，所选定的数据格式应能通过 XML 文档进行数据交换。

11 数据整合

11.1 数据汇总

档案的缩微胶片数字化形成的目录数据与图像数据，经过质检合格后，应及时加载到数据服务器端汇总。

11.2 数据关联

每一份图像文件的名称、页数与目录数据中的档号、页数应一致，图像文件与目录数据建立起一一对应的关联关系，为实现目录数据与图像数据的批量挂接提供条件。

11.3 数据挂接

a）在计算机上通过编制程序或借助相关软件，实现目录数据与图像数据的挂接；

b）对挂接后的数据要进行严格的检查，经检查挂接有误的，要重新进行挂接，确保数据挂接准确无误。

12 数据验收

12.1 数据抽检

a）以抽检方式检查目录数据、图像数据的质量；

b）一个批次数据抽检的比率不得低于 5％。

12.2 验收指标

a）目录数据、图像数据有不完整、不清晰等质量问题时，抽检标记为"不合格"，不合格的应予以改正；

b）一个批次数据质量抽检的合格率达到 95％以上（含 95％）时，验收予以"通过"。

12.3 合格率计算方法

统计抽检标记为"不合格"的文件数。

抽检合格的文件数＝抽检文件总数－抽检不合格的文件数

合格率＝抽检合格的文件数/抽检文件总数×100％

12.4 验收登记

填写数据验收登记表单，记录验收结果。

12.5 验收审核

验收结论必须经有关领导审核、签字后方有效。

13 数据备份

13.1 备份范围

经验收合格的完整数据应及时进行备份。

13.2 备份方式

为保证数据安全，备份载体应实行多样化，可采用在线、离线相结合的方式实现多套备份，并注意异地保存。

13.3 数据管理

应妥善管理和保护备份介质，使它们免遭损坏、丢失和未经授权的访问。

13.4 数据检验

备份数据也应进行检验。检验内容主要包括数据能否完整读取、文件数量是否准确等。

13.5 备份标记

数据备份后应在相应的备份载体上做好封面标记，以便查找和管理。

13.6 备份登记

填写数据备份登记表单，记录数据备份情况。

14 成果管理

a）应加强对档案的缩微胶片数字化成果的管理，确保其安全、完整和长期可用；

b）档案的缩微胶片数字化成果提供网上检索利用时，应有制作单位的电子标识，并根据具体情况分别采用可下载或不可下载的数据格式。

中华人民共和国建筑工业行业标准

档 案 馆 建 筑 设 计 规 范

JGJ 25—2000

代替 JGJ 25—1986

Design code for archives buildings

1 总则

1.0.1 为适应档案馆建设的需要，使档案馆建筑设计符合功能、安全、卫生等方面的基本要求，制定本规范。

1.0.2 本规范适用于新建、改建、扩建的国家综合性档案馆（以下简称档案馆）的建筑设计。

1.0.3 档案馆分特级、甲级、乙级三个等级。不同等级档案馆设计的耐火等级要求及适用范围应符合表1.0.3 的规定。

表 1.0.3 档案馆等级与耐火等级要求及适用范围

等 级	特 级	甲 级	乙 级
耐火等级	一级	一级	二 级
适用范围	中央国家级档案馆	省、自治区、直辖市、单列市档案馆	地（市）级及县（市）档案馆

1.0.4 位于地震基本烈度七度以上（含七度）地区应按基本烈度设防，地震基本烈度六度地区重要城市的档案馆库区建筑可按七度设防。

1.0.5 档案馆建筑设计除应符合本规范外，尚应符合国家现行有关强制性标准的规定。

2 术语

2.0.1 档案馆 archives
收集、保管、提供利用档案资料的基地和信息中心。

中华人民共和国建设部
国家档案局 2000－03－10 批准

2001－06－01 实施

2.0.2 综合性档案馆　comprehensive archives

档案馆的一种类型。收集、保管、提供利用多种门类档案资料的档案馆。

2.0.3 专门档案馆　special archives

档案馆的一种类型。收集、整理、保管、提供利用某一专业领域或某种特殊载体形态档案资料的档案馆。

2.0.4 国家级档案馆　national archives

收藏党和国家中央机构的和具有全国意义档案的并经国家档案行政主管部门会同有关部门批准建立的档案馆。

2.0.5 库区　repository

档案库房及为其服务的交通通道占用的区域的总称。

2.0.6 馆区　archive area

2.0.7 档案库　storehouse for archives

档案馆中专为存放档案所建的房舍。

2.0.8 查阅档案用房　search room

办理档案查阅手续，存放查阅档案的检索工具和阅览档案等所用的房舍。

2.0.9 利用者　searcher

查阅利用档案的人员。

2.0.10 缓冲间　buffer room

在进入库区或库房的入口处，为减少外界气候条件对库内的直接影响而建的沟通库内外并能密闭的过渡房间。

2.0.11 封闭外廊　closed corridor

在档案库外建的用墙和窗与外界隔开的走廊（一面或多面以及绕一圈的环廊），以减少外界气候对档案库的直接影响。

2.0.12 档案装具　equipment for storing archives

存放档案所用的器具。

2.0.13 主通道　main passageway

档案库内的主要交通、运输通道。

2.0.14 密集架　mobile or compact shelving

可沿轨道行走并能紧密排列、多联组合的装具。

2.0.15 消毒熏蒸室　the fumigation room

用气化化学药品进行杀虫、灭菌工作的专设房间。

2.0.16 珍贵档案　precious archives

具有重要凭证作用和价值的、不可替代的、年代久远的历史档案。

2.0.17 珍藏库　storehouse for precious archives

存放珍贵档案的高标准的档案库。

2.0.18 母片库　storehouse for master

专门存放缩微母片的档案库。

3 馆址和总平面

3.0.1 档案馆馆址选择应纳入并符合城市规划的总体要求。

3.0.2 档案馆的馆址应符合下列要求：

1. 馆址应远离易燃、易爆场所，不应设在有污染腐蚀性气体源的下风向；

2. 馆址应选择地势较高、场地干燥、排水通畅、空气流通和环境安静的地段；

3. 馆址应建在交通方便、便于利用，且城市公用设施比较完备的地区。高压输电线不得架空穿过馆区。

3.0.3 档案馆的总平面布置应符合下列要求：

1. 档案馆建筑宜独立建造、自成体系。当确需合建时，应符合本规范的规定；

2. 总平面布置应根据近远期建设计划的要求，宜进行一次规划、建设，也可分期建设；

3. 馆区内道路布置应便于档案的运送、装卸，并应符合消防和疏散要求；

4. 馆区应留有绿化用地；

5. 馆区内应设停车场等公共设施；

6. 馆区内建筑及道路应符合无障碍设计要求。

4 建筑设计

4.1 一般规定

4.1.1 档案馆的建筑设计应根据不同等级、不同规模和职能配置各类用房，可由档案库、查阅档案、档案业务和技术、办公和辅助等用房组成。

4.1.2 档案馆的建筑布局应按照功能分区的原则，布置各类用房位置，力求达到功能合理，流程便捷，解决内外相互间的联系与分隔，避免交叉。各部分之间档案传送不应通过露天通道。有温、湿度要求的房间应集中或分区集中布置。

4.1.3 档案馆建筑设计应使各类档案及资料保管安全、调阅方便；查阅环境应安静；工作人员应有必要的工作条件。馆区建筑主要用房应具有良好的朝向。

4.1.4 查阅档案、档案业务和技术用房设计为四层及四层以上时，应设电梯。超过两层的档案库应设垂直运输设备。

4.1.5 档案库设于地下时，必须采取防潮、防水措施；必须设置机械通风或空调设备。

4.2 档案库

4.2.1 档案库应集中布置，自成一区。库区内不应设置其他用房，其他用房之间的交通也不得穿越库区。

4.2.2 库区的平面布局应简单紧凑。

4.2.3 库区或库房入口处应设缓冲间，其面积不应小于 $6m^2$；当设专用封闭外廊时，可不再设缓冲间。

4.2.4 库区内比库区外楼地面应高出 20mm。当采用水消防时，应设置排水口。

4.2.5 每个档案库应设两个独立的出入口，且不宜采用串通或套间布置方式。

4.2.6 档案库净高不应低于 2.40m。当有梁和通风管道时，其局部净高不应低于 2.20m。

4.2.7 档案库应减少外墙面积，围护结构应根据其使用的要求及室内温、湿度、当地室外气象计算参数和有无采暖、通风、空调设备等具体情况，通过技术经济比较，合理确定其构造，并应符合下列要求：

1. 当需要设置采暖设备时，围护结构的总热阻值应按现行国家标准（GB 50176）《民用建筑热工设计规范》规定计算所得的最小总热阻再增加 20%～30%进行设计；

2. 当需要设置空气调节设备时，围护结构的传热系数应符合现行国家标准（GBJ 19）《采暖通风和空气调节设计规范》的规定；

3. 当不设采暖、通风和空气调节设备时，房屋的外墙和屋顶的总热阻分别不得小于 $0.66m^2 \cdot K/W$ 和 $0.90m^2 \cdot K/W$。

4.2.8 库房屋顶应采取保温隔热措施，并应符合下列要求：

1. 平屋顶上采用架空层时，应做好基层保温隔热层；架空层高度不应小于 0.30m；并应通风流畅；

2. 炎热多雨地区，采用坡屋顶时，屋顶内应通风流畅；其下层屋顶板，应采用钢筋混凝土结构并做好防漏水处理。

4.2.9 档案库门应为保温门；窗应为双层窗，开启扇应有密闭措施；当采用高窗时，墙的下部应增设通风口，通风口应设金属网，并应有密闭的可开启保温门。

4.2.10 档案库每开间的窗洞面积与外墙面积比不应大于 1：10，档案库不得采用跨层或跨间的通长窗。

4.2.11 库房内档案装具布置应成行地垂直于有窗的墙面，外墙采光窗宜与档案装具间的通道相对应，当无窗时应与管道通风孔开口方向相对应。

4.2.12 装具排列的各部分尺寸：主通道净宽不应小于 1.00m，两行装具间净宽不应小于 0.80m，装具端部与墙的间隔不应小于 0.60m。

4.2.13 各类装具的档案存储定额的计算指标，应按平均每卷厚度为 15 mm 计算，并应符合下列要求：

1. 五节档案柜每平方米（使用面积）不得小于 2.70m 或 180 卷；

2. 双面档案架每平方米（使用面积）不得小于 3.30m 或 220 卷；

3. 密集架每平方米（使用面积）不得小于 7.20m 或 480 卷。

4.2.14 档案库楼面均布活荷载应为 $5kN/m^2$。采用密集架时，不应小于 $12kN/m^2$，或按实际需要确定。

4.2.15 供垂直运输档案、资料的电梯，其位置应临近档案库，但应在防火门外；当设置垂直传送设施时，竖井应封闭，其围护结构应为耐火极限不低于 2h 的非燃烧体，门应为甲级防火门。

4.2.16 当档案库与其他用房同层布置且楼地面有高差时，应采用坡道连通。

4.2.17 母片库不应设外窗；当设外窗时，应有良好的遮光设施。

4.2.18 珍贵档案存储应专设珍藏库。

4.3 查阅档案用房

4.3.1 查阅档案用房可由接待室、查阅登记室、目录室、普通阅览室、专用阅览室、缩微阅览室、声像室、展览厅、复印室和休息室等组成。规模较小的档案馆根据使用要求可合并设置。

4.3.2 阅览室设计应符合下列要求：

1. 天然采光的窗地面积比不应小于1∶5；应避免阳光直射和眩光；

2. 窗宜设遮阳设施；

3. 单面采光的阅览室进深与窗墙高度比不应大于2∶1；双面采光不应大于4∶1；

4. 室内应有自然通风；

5. 每个阅览座位使用面积：普通阅览室每座不应小于3.5m²；专用阅览室每座不应小于4.0m²。若采用单间时，房间面积不应小于12.0m²；

6. 室内应设置自动防盗监控系统。

4.3.3 缩微阅览室设计应符合下列要求：

1. 朝向以北向为宜，避免朝西；

2. 不宜设在地下室；

3. 宜采用间接照明，阅览桌上应设局部照明；

4. 室内应设空调或机械通风设备。

4.4 档案业务和技术用房

4.4.1 档案业务和技术用房可由缩微用房、翻拍洗印用房、计算机房、静电复印室、翻版胶印室、理化试验室、声像档案技术处理室、中心控制室、裱糊室、装订室、接收室、除尘室、熏蒸室、去酸室，以及整理编目室、编研室、出版发行室等组成。应根据档案馆的等级、规模和实际需要选择设置上述用房。

4.4.2 缩微用房可包括资料编排室、缩微摄影室（分大型机室和小型机室）、冲洗处理室、配药和化验室、质量检测室、校对编目室、拷贝复印室、放大还原室、缩微胶片库和备品库等。非缩微复制中心，可缩小规模，结合需要组织配套用房。

4.4.3 缩微用房宜设于首层，应自成一区，并应符合下列要求：

1. 缩微摄影室应远离振源，防空气污染。各设备之间严禁灯光干扰。室内地面应坚实平整，便于清洗，墙面不宜采用白色或强反射面。

2. 拷贝复印室应环境清洁，地面应防止产生静电。门窗应密闭，防紫外光照射；应有强制排风和空气净化设施；

3. 冲洗处理室应严密遮光；室内墙裙、地面和管道应采取防护措施；应有上下水，并应有满足冲洗工艺要求的水质、水压和水量设施设备；室外应设污水处理池。

4.4.4 翻拍洗印用房应包括翻拍室、冲洗室、印像放大室、水洗烘干室。其中翻拍室和冲洗室可与缩微用房的缩微摄影室和冲洗处理室合用。

4.4.5 静电复印室设计应符合下列要求：

1. 静电复印室不应设于缩微用房和计算机房区域内。规模较大的档案馆除集中设置专供内部使用的复印室外，还宜另设对外服务的复印室，其位置宜临近查阅档案用房设置；

2. 每台复印机的使用面积应按 $8m^2$ 计算；

3. 应设独立的机械排风装置。

4.4.6 中心控制室设计应符合下列要求：

1. 宜设在首层主要入口附近；

2. 室内应设空调或局部空调；

3. 与其他用房的隔墙，其耐火极限不应低于 2.0h，楼板不应低于 1.5h，隔墙上的门应采用甲级防火门。

4.4.7 熏蒸室设计应符合下列要求：

1. 使用面积宜为 $10m^2$；

2. 应采用单独的密闭门；

3. 应设有单独的直达屋外的排气管道。根据使用药品本身的比重，排气管道室内开口应设在中部或顶部，废气排放应符合环境保护有关标准；

4. 室内顶棚、墙面及楼、地面材料应易于清洁。为便于冲洗，宜设专用的熏蒸设备。

4.4.8 裱糊室内应设加热电源、上下水设施，并应采取相应的安全防护措施。每个工作人员使用面积不应小于 $10m^2$。

4.4.9 装订室内应设计摆放裁纸刀、压力机及装订机的位置。每个工作人员使用面积不应小于 $8m^2$。

4.4.10 整理编目室、编研室、出版发行室，每个工作人员使用面积不应小于 $10m^2$，室内宜设固定壁柜。

4.5 办公和辅助用房

4.5.1 办公和辅助用房宜由公共服务用房、办公室、会议室、文印打字室、值班室、电话机房、空调机房、变电配电室、贮藏室及厕所等组成。不同等级、不同规模的档案馆可根据需要设置上述用房。

4.5.2 办公室宜设置存放工具书的位置或固定壁柜。

5 档案防护

5.1 防护内容

5.1.1 防护内容应包括外围护结构的保温、隔热，温、湿度要求，防潮、防水、防日光及紫外线照射，防尘、防污染、防有害生物（霉、虫、鼠等）和防盗等。

5.1.2 温、湿度要求应根据档案的重要性和载体等因素区别对待。

5.1.3 视听、缩微等非纸质档案贮存库设计，除应符合本规范有关规定外，尚应根据使用保管的特殊要求进行设计。

5.2 温、湿度要求

5.2.1 特级、甲级档案馆宜采用空调或局部空调，乙级档案馆可采用局部空调。

5.2.2 档案库房的温、湿度要求应符合表 5.2.2 的规定。

在选定温、湿度后，每昼夜波动幅度要求温度不得大于±2℃、相对湿度不得大于±5％。

表 5.2.2　档案库房的温、湿度要求

	温、湿度范围	采暖期	夏　季
温　　度	14℃～24℃	≥14℃	≤24℃
相对湿度	45％～60％	≥45％	≤60％

5.2.3 各类技术用房温、湿度要求应符合表 5.2.3 的规定。

表 5.2.3　各类技术用房温、湿度要求

用房名称		温度（℃）	相对湿度（％）
裱糊室		18～28	50～70
保护技术试验室		18～28	40～60
复印室		18～28	50～65
声像室		20～25	50～60
阅览室		18～28	—
磁带库		14～24	40～60
展览厅		14～28	45～60
工作间（拍照、拷贝、校对、阅读）		18～28	40～60
胶片库	拷贝片	14～24	40～60
	母　片	13～15	35～45

5.3 防潮和防水

5.3.1 馆区内应排水通畅，防止积水。

5.3.2 室内地面应高出室外地面，不小于 0.50m，并应符合下列要求：

1. 采用填实地面时，应有防潮措施；

2. 采用架空地面时，架空层净高不应小于 0.45 m，架空层下部的地面宜用简易防水地面，并高出室外地面不小于 0.15m，做不小于 1％的排水坡度。架空层上部的地面宜采取适当的隔潮措施。架空层的外墙应做通风孔，风口处装金属网及可开启的小门。

5.4 防日光直射和紫外线照射

5.4.1 档案库、查阅档案及其他技术用房应防日光直射，并均应消除紫外线对档案、资料的危害。

5.4.2 档案库和查阅档案等用房采用人工照明时，宜选乳白色灯罩的白炽灯。当采用荧光灯时，应有过滤紫外线和安全防火措施。

5.5 防尘和防污染

5.5.1 档案馆的绿化设计，应有防尘、净化空气、降温、防噪音等措施。

5.5.2 空气中有害气体含量超过规定标准的地区，其通风系统应采取净化措施。

5.5.3 锅炉房、除尘室、熏蒸室、试验室以及洗印暗室等用房的位置应合理安排，并结合需要设置通风装置。

5.5.4 档案库楼地面应光洁、平整、耐磨。其他内部装修、装具和固定家具等设计应表面平整、构造简洁。

5.6 防蛀和防鼠

5.6.1 管道通过墙壁或楼、地面处均应用不燃材料填塞密实，其他墙身孔洞也应采取防护措施，底层地面应采用坚实地坪。

5.6.2 库房门与地面的缝隙不应大于 5mm，且宜采用金属门或下缘包铁皮的木门。

5.6.3 档案馆应设熏蒸室或其他杀虫设施。

5.6.4 档案库外窗的开启扇应设纱窗。

5.7 防盗

5.7.1 档案馆的外门及首层外窗均应有可靠的安全防护设施。

5.7.2 特级、甲级档案馆应设防盗报警装置及视屏监视系统。

6 防火设计

6.0.1 档案馆建筑防火设计，除应符合本规范的规定外，尚应符合国家现行建筑设计防火规范的有关规定。

6.0.2 档案库区中同一防火分区内的库房之间的隔墙均应采用耐火极限不低于 3.0h 的防火墙，防火分区间及库区与其他部分之间的墙应采用耐火极限不少于 4.0h 的防火墙，其他内部隔墙可采用耐火极限不低于 2.0h 的不燃烧体。档案库中楼板的耐火极限不应低于 1.5h。

6.0.3 特级、甲级档案馆的档案库、缩微用房、空调机房等房间应设置火灾自动报警设施。

6.0.4 库区外应设室外消防给水系统。特级、甲级档案馆中的珍藏库和非纸质档案库应设惰性气体灭火系统。特级、甲级档案馆中的其他档案库房、档案业务用房和技术用房，乙级档案馆中的档案库房可采用水喷雾灭火系统或非卤代烷气体灭火系统。

6.0.5 档案库内严禁设置明火设施。档案装具宜采用不燃烧材料或难燃烧材料制成。

6.0.6 档案馆库区建筑及每个防火分区通往室外的安全出口不应少于2个。

6.0.7 库区内设置楼梯时，应采用封闭楼梯间，门应采用不低于乙级的防火门。

6.0.8 库区缓冲间及档案库的门均应向疏散方向开启，并应为甲级防火门。

6.0.9 档案馆内建筑应按现行国家标准（GBJ 140）《建筑灭火器配置设计规范》的规定，配置建筑灭火器。

7 建筑设备

7.1 给水排水

7.1.1 馆区内应设给排水系统。

7.7.2 库房内不应设置除消防以外的给水点，给、排水管道不应穿越库区。

7.1.3 上下水立管不应安装在与档案库相邻的内墙上。

7.1.4 各类用房的污水排放，应符合国家规定的排放标准。

7.2 暖通空调

7.2.1 档案库及业务和技术用房设置空调时，室内温、湿度要求应符合本规范表5.2.2、表5.2.3、表7.2.1的规定。

表7.2.1　冬夏季库内温、湿度要求

用房名称	干球温度（℃）		相对湿度（%）	通风换气次数（次/h）
	冬　季	夏　季		
档案库	≥14	≤24	45～60	0.5～1
缩微母片库	≥13	≤15	35～45	—
缩微拷贝片库	≥14	≤24	40～60	—
保护技术试验及缩微工作用房	≥18	≤28	40～60	—
阅览室	≥18	≤28	—	1～1.5
展览厅	≥14	≤28	45～60	—
裱糊室	≥18	≤28	50～70	—
其他技术用房	≥18	—	—	—

7.2.2 档案库冬季设采暖时，室内干球温度不应小于 14℃，相对湿度应为 45%～60%；不设采暖时，室内相对湿度应为 45%～60%。

7.2.3 档案库不宜采用以水、汽为热媒的采暖系统。确需采用时，应采取有效措施，严防漏水、漏汽，且采暖系统不应有过热现象。

7.2.4 通风、空调管道系统应有气密性良好的进排风口，洞口与室外应有密闭措施。

7.2.5 空调设备应设在专门房间内，机房门应为甲级防火门。

7.2.6 母片库应设独立的空调系统。

7.2.7 熏蒸室应在室内外分设控制开关，其排风管道不应穿越其他用房。

7.3 电气

7.3.1 库区电源总开关应设于库区外，库房的电源开关应设于库房外，并应设有防止漏电的安全保护装置。

7.3.2 控制导线及档案库供电导线应用铜芯导线。

7.3.3 档案库、计算机房和缩微用房配电线路宜采取穿金属管暗敷方式。

7.3.4 空调设施和电热装置应单独设置配电线路，并应穿金属管保护。

7.3.5 档案库灯具型式及安装位置应与装具布置相配合。缩微阅览室、计算机房照明设计宜防止显示屏出现灯具影像和反射眩光。

7.3.6 档案馆照明的照度标准，应符合表 7.3.6 的规定。

表 7.3.6   照度标准

房间名称	参考平面	照度（lx）	房间名称	参考平面	照度（lx）
阅览室	0.75m	≥150	修裱、编目室	0.75 m	≥150
出纳台	0.75 m	≥100	计算机房	0.75 m	≥200
档案库	离地垂直面 0.25 m	≥50			

7.3.7 特级、甲级档案馆应为二级防雷建筑物，乙级档案馆应为三级防雷建筑物。

本规范用词说明

1. 为便于在执行本规范条文时区别对待，对于要求严格程度不同的用词说明如下：

（1）表示很严格，非这样做不可的：

正面词采用"必须"；

反面词采用"严禁"。

（2）表示严格，在正常情况下均应这样做的：

正面词采用"应"；

反面词采用"不应"或"不得"。

（3）表示允许稍有选择，在条件许可时首先应这样做的：

正面词采用"宜"；

反面词采用"不宜"。

表示有选择，在一定条件下可以这样做的，采用"可"。

2. 条文中指明应按其他有关标准执行的写法为："应按……执行"或"应符合……规定或要求"。

ISO 15489.1 信息与文献——档案管理：通则

1 范围

ISO 15489 的第一部分致力于为档案形成机构（无论公共或私人）的内外用户提供档案管理[①]的指南。所列的所有要素均推荐采用，旨在确保适宜的档案能形成、捕获和得到有效管理。按本部分的原则和要素保障档案管理的程序见 ISO 15489－2（指南）。

ISO 15489 第一部分

——适用于任何公共机构或私人机构在进行活动过程中形成或收到的所有格式或载体的档案的管理，也适用于个人档案的形成和保管；

——为机构确定档案的管理职责、管理方针、管理程序、管理系统和管理流程提供指导；

——支持质量管理框架，提供符合 ISO 9000 和 ISO 14000 的档案管理指导；

——为档案系统的设计和实施提供指导；

——不含档案机构内归档档案的管理。

第一部分是为以下人员准备的：

——机构的管理人员；

——档案、信息和技术的专业管理人员；

——机构内的所有职员；

——其他负责档案形成和保存的个人。

2 引用标准

下列标准所包含的条文，通过在本标准中引用而构成 ISO15489 的条文。本标准出版时，所示版本均有效。所有标准都会被修订，使用本标准的各方应探讨使用下列标准最新版本的可能性。ISO 和 IEC 的成员都存有当前有效的国际标准的目录。

ISO 5127:[②] 信息与文献——词汇

ISO 9001 质量管理体系——质量保证要求

ISO 14001 环境管理体系——规范及使用指南

[①] 在一些国家中，档案管理也适用于档案馆管理，但本标准不包括档案馆管理。

[②] 即将出版。（对 ISO 5127 的所有部分进行了修订）

3 术语和定义

本标准采用了下列术语和定义，这里没有涉及的术语，参见 ISO 5127。

3.1

利用 access

查找、使用或检索信息的权利、机会和方法。

3.2

责任 accountability

个人、机构和团体必须对其行动负责并且可能需要向他人说明的原则。

3.3

行动跟踪 action tracking

对业务的执行加以时间限制并对其行动进行时限监控的过程。

3.4

档案权力机构 archival authority

档案（政府）机关 archival agency

档案（事业）机构 archival institution

档案规划 archival programme

负责对档案进行挑选、接收、保管、提供利用和销毁的机构或规划。

3.5

分类 classification

依据分类体系中所规定的逻辑结构、方法和程序规则，按照类目对业务活动和/或档案进行的系统标识和整理。

3.6

分类体系 classification system

参见 分类（3.5）

3.7

转换 conversion

将档案从一种载体转换到另一种载体或从一种格式转换成另一种格式的过程。

参见 迁移（3.13）

3.8

销毁 destruction

消除或删除档案的过程，这一过程是不可逆的。

3.9

处置 disposition

按照档案处置规范或其他工具，对档案实施保管、销毁或移交的一系列过程。

3.10

文件　document，名词

可以作为一个单元存在的记录信息或信息实体。

3.11

标引　indexing

为了方便档案和/或信息的检索而建立检索入口的过程。

3.12

元数据　metadata

描述档案的背景、内容、结构及其整个管理过程的数据。

3.13

迁移　migration

在保证档案真实性、完整性、可靠性和可读性的前提下，将档案从一个系统转移到另一个系统的行动。

参见 转换（3.7）

3.14

保护　preservation

从技术和智能两个方面来确保真实性档案得以长久保存而涉及的过程和行动计划。

3.15

档案　records

机构或个人在履行其法定义务或业务事务活动过程中形成、收到并保管的作为证据及信息的记录。

3.16

档案管理　records management

对档案的形成、接收、保管、利用和处置进行高效、系统控制的管理领域，包括以档案的形式捕获并保存业务活动及事务证据和信息的过程。

3.17

档案系统　records system

对档案进行捕获和管理并提供长期利用的信息系统。

3.18

登记　registration

在文件进入档案管理系统时，给文件一个唯一标识符的行为。

3.19

跟踪　tracking

形成，捕获和保管关于文件运转和利用的信息。

3.20

移交　transfer

文件的保管权、所有权和/或责任权的管理权变化。

3.21

移交 transfer

档案从一个保管场所到另一个保管场所的转移行动。

4 档案管理的收益

对档案的管理人员、档案的形成者及利用者在业务活动中的档案工作方法进行指导。机构内的档案管理包括：

a) 制定档案管理政策和标准；

b) 分配档案管理职责和权限；

c) 建立和推行档案管理程序和指南；

d) 提供与档案的管理和利用相关的一系列服务；

e) 设计、实施并维护管理档案的专门系统；

f) 实现档案管理与业务系统和业务流程的集成。

档案是有价值的信息资源和重要的企业资产。对于机构和社会来说，为了保护并保存活动的证据，采用系统的方法对档案进行管理是必要的。档案管理系统是业务活动的信息源，这些信息可以为业务决策及其后续活动提供支持，也可以确保对当前和未来的受益人的责任承诺。档案给机构带来的收益如下：

——以有序、高效、负责的方式开展业务活动；

——以连贯的和公平的方式提供服务；

——支持并记录方针的制定和管理的决策；

——保证宏观管理与微观管理的一致性、连贯性和效率；

——方便业务活动在整个机构内的有效开展；

——预防突发事变及灾害的发生，提供持续运作的可能；

——满足法律和规章在档案化、审计和监督活动方面的要求；

——为法律诉讼提供保护和支持，包括对与机构活动证据存在与否相伴随的风险管理提供的保护和支持；

——保护机构的利益，保护员工、客户和当前及未来受益人的权利；

——支持并记录当前与未来的研发活动、进展状况、取得的成绩以及历史研究活动；

——提供事务活动、个人活动和文化活动的证据；

——建立事务标识、个人标识和文化的标识；

——维护机构记忆、个人记忆或社会记忆。

5 规章制度环境

所有机构都需要确定影响其事务活动的规章制度环境，明确对事务活动进行记录的要求。机构的方针和程序应该反映规章制度环境在业务流程中的应用。机构应该在其活动的档案中有足够的证据证明其遵守规章制度。

规章制度环境包括如下内容：

a）法令和诉讼法、行业规定以及通用的业务环境规定，包括与档案、档案、利用、隐私、证据、电子商务、数据保护和信息相关的法律和法规；

b）强制性的工作标准；

c）自愿执行的最优化工作守则；

d）自愿执行的道德及伦理准则；

e）社会对部门或机构行为的期望。

至于哪些规章制度要素最适用于机构档案管理的要求取决于机构及其所属行业系统的性质。

6 方针与职责

6.1 总则

遵守本标准的机构应该建立、记录、维护并宣传档案管理的方针、程序和方法，以满足业务活动在证据、责任和信息等方面的需要。

6.2 方针

机构应该制订并记录其档案管理方针，档案管理方针的目标是形成并保存真实、可靠和可用的档案，以便在整个档案保存时间内能对业务职能和活动提供支持。同时要确保档案管理方针在机构内的所有层次上都得到贯彻和执行。

档案管理方针应该得到最高决策层的采纳和批准并在机构上下进行公布。相关责任应有明确分工和承诺。

方针的形成应该源于对业务活动的分析，应该明确立法、规章、其它标准以及最优化管理方法在业务活动档案形成活动过程中的最大应用领域。为此，机构应该考虑机构环境和经济因素。此外，为了确保方针能够反映当前的业务需要，应该定期对方针进行评估。

6.3 职责

机构应该对档案管理职责和权力进行明确划分，并在整个机构内公布。因此，当档案形成和捕获需求确认时，同时就应该确定其行动的责任者。档案管理职责应由机构内所有员工分担，不仅包括档案管理人员，还包括相应的信息专业人员、行政人员、业务部门负责人、系统管理员及形成档案的其他人员，此外还应该在岗位职责描述和同类说明中对其档案管理责任做出明确规定。档案管理的领导职务应该由机构内拥有适度权力的人担任。负责人的指派要按法定程序进行。

档案管理职责如下：

a）档案管理专业人员对档案管理的方方面面负责，包括档案系统的设计、实施和维护以及系统的操作。档案管理和档案系统操作影响到每个人的工作，因此档案管理还包括对其用户进行档案管理和档案系统的操作培训。

b) 行政人员负责对档案管理方针在机构内的实施提供支持。

c) 系统管理员负责确保所有文件的准确性、可获取性和可读性。

d) 所有员工有责任和义务确保其活动中形成档案的准确性和完整性。

档案权力机构也可以参与档案管理方针和档案管理程序的规划和实施过程。

7 档案管理要求

7.1 档案管理规划的原则

档案是在业务活动^①过程中形成、接收和利用的。为了支持业务活动的持续运作，满足现行的法律要求，担负必要的责任，机构应该形成并维护真实、可靠、可利用的档案，并确保其在保存时间内的完整性。为此，机构应该建立并执行综合的档案管理规划，档案管理规划的内容包括：

a) 确定每项业务流程中应该形成哪些档案，档案中应该包含哪些信息；

b) 确定以何种形式和何种结构形成和捕获档案以及应采用何种技术；

c) 确定应该形成哪些与档案和档案管理的管理过程相关的元数据，以及如何对这些元数据进行持久链接和管理；

d) 确定档案在业务流程之间和其他用户之间的检索、利用以及传输要求，以及为了满足上述的要求而制订的保存时间；

e) 决定档案的组织方式，以满足利用要求；

f) 对因缺乏权威可靠的活动档案而必需承担的风险进行评估；

g) 为了满足业务要求和社会期望而保管档案，并确保其长期可利用性；

h) 遵守法律要求、规章要求、执行现行标准和机构方针；

i) 确保档案保管环境的安全；

j) 确保档案的保存时间符合要求；

k) 通过档案形成或管理现状的改善促进业务流程、决策以及行动在效力、效率或质量方面的提高，对上述可能性进行确定和评估。

档案及元数据的形成和捕获规则应该纳入到相应的业务流程程序中，因为所有业务流程都对活动的证据性有要求。

业务连续性规划和应急措施应该满足以下要求：通过风险分析，识别出对机构职能的持续运行至关重要的那部分档案，并采取相应的保护措施，确保需要时可以获得。

7.2 档案的特点

7.2.1 总则

档案应该如实地反映所采取的行动及其决策。应该能够满足相关业务的需要，并支持其责任目标。

---

① 本标准中的业务活动是广义上的业务活动，不仅仅局限于商业活动，还包括公共管理活动、非盈利性活动等。

除了本身的内容之外，档案中也应该包括记录事务过程的必要的元数据，或者与这些元数据建立持久的链接和从属关系，元数据的内容如下：

a）档案的结构应该保持完整性，档案的结构由档案的格式以及档案各构成要素间的关系两部分构成；

b）档案形成、接收以及利用等环节所处的业务背景应该在档案中明确体现出来（包括事务所处的业务流程，事务发生的日期和时间以及事务的参与者）；

c）文件间的链接是分开存放的，但共同构成一份档案时，文件之间的链接关系应体现出来。

档案管理的方针、程序和方法应该确保形成真实性和可靠性档案，档案具有 7.2.2 至 7.2.5 中列出的特点。

7.2.2 真实性

档案的真实性有以下三重含义：

a）档案与其用意相符；

b）档案的形成和发送与其既定的形成者和发送者相吻合；

c）档案的形成或发送与其既定时间一致。

为了确保档案的真实性，机构应该执行并记录档案管理方针和程序，以便对档案的形成、接收、传输、保管和处置进行控制，从而确保档案形成者是经过授权和鉴定的，同时档案受到保护能够防止未经授权就进行增、删、改、利用和隐藏。

7.2.3 可靠性

可靠的档案是指档案的内容可信，可以充分、准确地反映其所证明的事务活动过程、活动或事实，在后续的事务活动过程或活动中可以以其为依据。档案是由当事人或业务活动中处理事务所用的常规契约来形成，形成时间应该伴生于事务活动过程或与此同步或稍后不久。

7.2.4 完整性

档案的完整性是指档案是齐全的，并且未加改动。

防止档案被改动是十分必要的，档案管理方针和程序中应该明确下列事项：档案形成后可以进行哪些添加和注释，在何种条件下可以进行添加和注释，由谁来负责进行添加和注释。任何对档案的授权添加、注释或删除都应该有明文规定并可跟踪。

7.2.5 可用性

可用的档案是指档案可以查找、检索、呈现或理解。应该能够表明档案与形成它的业务活动和事务过程的直接关系。档案间的背景联系中应该包含有档案的形成和利用的信息，有助于理解事务活动的过程，有利于辨认档案所处的大业务活动背景和职能活动背景，有益于记录活动过程的顺序，维护档案间的联系。

8 档案系统的设计与实施

8.1 总则

档案管理战略的出发点是档案管理方针、程序和方法的制订以及系统的设计与实施都要以满足机构的运作需求为前提，并使其与机构的规章制度相符。

机构所采纳的用于记录业务活动的档案管理战略应该明确规定哪些档案必须形成，在何时、何地以何种方式进入档案系统。

档案系统的实施战略可以包括：

a）设计档案系统；

b）记录档案系统；

c）培训档案从业人员及其他人员；

d）将档案转到新的档案系统、转成新格式和引入新的控制手段；

e）制订标准，评估标准的执行情况和运行结果；

f）按照规章制度确定档案的保存时间，并对具有持续价值的档案做出保管鉴定。

档案管理战略应该以战略方案的形式表述出来，如同信息管理战略方案，并且应该纳入到机构的规划文献中。

为了确保足够的档案能形成和捕获，成为承办业务活动的常规组成，应该对信息系统、业务应用系统和通信系统以及他们所支持的业务流程进行设计、修改或重新设计。

8.2 档案系统的特点

8.2.1 简介

档案系统应该确保档案具备 7.2 中所定义的特点，同时系统本身应该具备 8.2.2 至 8.2.6 中所列出的特点：

8.2.2 可靠性

任何用于管理档案的系统都必须按照可靠的运行程序持续、正常地运行。

档案管理系统应该：

a）常规性捕获业务活动范围内的所有档案；

b）对档案进行组织，并且组织方式应该反映档案形成者的业务流程；

c）防止未经授权，对档案进行改动或处置；

d）常规性地法规主要信息源的功能作用，提供关于档案中所记录的行动的信息；

e）实现对所有相关档案和相关元数据的即时利用。

系统的可靠性应该通过形成并保留系统运行的档案来记录。系统运行档案应该能显示系统已满足了上述所列准则的要求。

档案系统应该响应业务需求的不断变化，但是系统的任何变化都不应影响系统中档案的特点。同样，如果将档案从一个系统转换到另一个系统，转换过程不应该对档案的特点产生负面影响。

8.2.3 完整性

为了防止在未经授权的情况下对档案进行利用、销毁、改动和移动，应该使用诸如利用监控、用户身份验证、授权销毁等安全控制手段。这些控制手段可以嵌入在档案系统内，也可以是独立于档案系统外的专门系统。对于电子档案来说，机构应该证明系统故障、系统升级以及定期维护不会影响到档案的完整性。

8.2.4 一致性

档案系统的管理必须满足现行业务的各种要求，遵从于机构的规章制度，并符合社会对机构的期望。档案形成者应该理解这些要求对其所从事的业务活动的影响。应该定期对档案系统是否符合上述要求进行评估；评估过程形成的档案应该作为证据保存。

8.2.5 全面性

档案系统的管理对象应该是机构或机构的部门在其全部业务活动范围内开展工作所形成的档案。

8.2.6 系统性

档案应该系统地形成、系统地保管和系统地管理。应该通过档案系统和业务系统的设计和运行来实现档案形成工作和保管工作的有序化或系统化。

档案系统应该准确地记录档案管理的方针、管理职责的分工以及管理所采用的方法。

8.3 档案系统的建立与实施

8.3.1 总则

档案管理系统应该具有能够执行并支持第9条中所描述的各项档案管理流程的功能。

在确定档案系统的设计与实施及其所支持的各项流程时，需要考虑与之相关的现存机构体制的关系。

8.3.2 对档案事务的记录

档案系统应该完整和准确地反映与某份文件相关联的全部事务处理活动，包括与单份档案相关的事务处理过程。这些细节信息应该作为元数据的一部分记录下来，与特定的文件建立嵌套、附加或关联关系。此外，这些信息也可以作为审计追踪记录下来，保存时间不能低于与其相关的文件的期限。

8.3.3 物理存储载体及其保护

在设计档案系统时，应当对下列事项予以充分考虑：适当的保存环境及存储载体、物理性保护材料、处理程序和存储系统。档案的保管和维护期限会影响存储载体的选择，档案系统还应该有灾难预防措施以便发现并降低风险。在进行灾难抢救的过程中及灾难恢复后都应该保证档案的完整性不受影响。

8.3.4 分布式管理

档案系统应该能够支持档案存放的各种选择。在一些情况下，如果法律和规章允许的话，可以将档案实体保存在一个机构内，但是档案的管理责任和保管控制仍旧属于其形成机构或另外适宜的机构。这种将保存权、所有权和责任权分离的做法尤其适于电子档案系统。分离及其变革可以在系统内随时发生，但是任何变更都应该是可以跟踪的并有记录的。

8.3.5 转换和迁移

在整个档案保存时间内，系统无论发生任何变化，包括格式转换，在软、硬件平台之间或应用软件之间进行迁移，档案系统的设计都应该确保在发生上述变化时，档案仍旧是真实的、可靠的和可以利用的。（参见8.5）

8.3.6 存取、检索和利用

档案系统应该为业务的持续运作提供及时而高效的档案利用和检索，满足相关的业务责任要求。

系统应对利用加以控制，以确保档案的完整性。应该提供并维护审计追踪或其他方法证明档案得到了有效保护，没有被非法利用、更改或销毁。

8.3.7 保管和处置

档案系统应该方便随时对档案的保管和处置做出决定及实施，包括在系统设计阶段。同时，应能够在适宜处进行自动处置。系统应该提供审计追踪或其他方法来跟踪已完成的处置行动。

8.4 档案系统的设计与实施方法

为了设计和实施长久可持续利用的档案系统，设计和实施的方法是至关重要的。

下面列出了一系列方法，但需要说明的是，这些方法的采用并不是线性的，可以根据机构的需求及其正式承诺要求和机构环境及档案管理环境的变化，分步骤、重复、部分或逐步采用。

a）初步调查：通过阅读记实性原始资料和面谈收集信息，确定并记录机构的定位和宗旨、机构的结构、法律环境、规章环境、业务环境和政治环境，以及档案管理的关键因素和致命弱点。

b）分析业务活动：通过阅读记实性原始资料和面谈收集信息，确定并记录每一项业务职能、活动和事务，并将其等级排列，也就是建立业务分类方案，确定并记录业务流程以及构成业务流程的具体事务。

c）确定档案要求：通过阅读记实性原始资料和面谈收集信息，确定每项业务职能、活动和事务对证据和信息的要求，这些要求的满足离不开档案。而要求本身可以通过分析机构的规章环境（见第5条）和分析不形成和不维护档案所带来的风险得出。接下来应决定如何通过档案管理过程来满足这些要求。同时，应准确地表达并记录下档案要求。最后选择能够满足业务职能、活动或事务要求的合适的档案结构。

d）评估现存系统：对现存档案系统和其他信息系统进行鉴定和分析，根据档案要求，评估这些系统的任务完成情况。

e）确定满足档案要求的战略：确定满足档案要求的战略包括如下内容：采纳方针、标准、程序和工作方法；按档案要求，设计并实施新系统。战略可以是针对不同的档案要求单个采用或联合采用。战略选择的出发点是对档案要求满足的失败带来的风险度分析。风险分析包含：档案系统所支持的业务职能的档案要求失败、现存系统环境的档案要求失败或战略成功实施的机构文化档案要求失败。（参见第7条）

f）设计档案系统：设计档案系统时要采纳ISO 15489－1所制订的战略、流程和工作方法。确保档案系统支持而不是阻碍业务活动过程。在必要的时候，评估和重新设计业务活动流程及其运行业务系统和通讯系统，并使其与档案管理一体化。

　　g）实施档案系统：应该运用项目规划和适当的方法来系统地实施档案系统。同时应使档案系统的运行纳入业务流程及其相关系统。

　　h）实施情况复审：收集关于档案系统任务完成情况的信息是一个完整而持续的过程。这一工作的内容有：访问管理人员和重要雇员；采用问卷调查；观察系统运行；查看程序手册、培训材料和其他文件；随机抽查档案质量以及采取控制措施；复审、评估系统任务完成情况；启动并监控纠正行为，建立持续监督制度和定期评估制度。

8.5　对档案系统的终止

　　当档案系统停止使用时，尽管档案可以进行存取，系统不再添加档案。档案可以依照有效的保存时间表和处置表，采用转换及迁移战略从系统中转移出来。系统终止的过程要记录下来，因为这些文件将用于维护档案的真实性、可靠性、可用性和完整性，保存在系统内，当然也要记录下转换方案或数据映射。（参见 7.2）

9　档案管理的过程及其控制

9.1　确定档案系统需捕获的文件

　　首先需要对机构的规章环境、业务需求和责任要求以及档案缺失带来的风险进行分析，然后判断哪些文件应该进入到档案系统。随机构的类型以及所处的法律、社会背景的不同，要求也会相应地有所不同。

　　文件以多种载体形式形成和接收，而且所用的技术也在不断变化。因此，文件的主要特征是动态性。文件可能由多个形成者形成，存在多个版本，存在于不同的形成时间阶段。

　　业务活动以及个人活动都应该以档案形式记录下来，并与元数据链接起来，元数据应该反映组织和个人行动承诺时的特定业务背景，反映组织和个人的责任，或记录行动、决定或决策的过程。

9.2　确定档案的保存时间

　　决定系统内档案的保管时间长短应基于对机构的规章环境、业务需求和责任要求以及风险进行的评估。首先，决定应该由负责特定业务活动的业务部门、指派的档案管理人员或其他人员根据内、外档案管理方针或标准以及特定业务活动的档案要求来共同做出。其次，法律或其他规章会规定一个最低的保存时间或要求将档案移交到权力机关（如档案机构或审计人员）获得必要批准。最后，在决定保存时间时，需要考虑所有受益人的权益，同时所做的决定不能故意剥夺任何人的利用权。

　　档案保存时间应该：

　　a）通过下列方法，满足当前和未来的业务需要：

　　1）将过去和现在的决策和活动信息作为机构记忆的一部分保存下来，以便提供关于当前和未来的决策及活动的信息；

　　2）保留过去和当前活动的证据，以满足责任义务的要求；

3）经过批准尽早系统地销毁无用档案；

4）保存档案的背景信息，以便未来利用者能够判断出档案的真实性和可靠性，即便档案系统已经停止使用或档案系统已有重大变化。

b）通过确保规章制度环境应用于档案管理来满足法律上的要求，保证特定业务活动被记录、可理解和能执行；

c）通过下列方法来满足机构内外受益者的当前及未来需要：

1）确定受益者在档案保管方面的必然权益或合法权益，尽管档案的保管时间超过了机构所要求的保存时间。受益者包括业务伙伴、客户、其他受机构决策或行动影响的人员以及为了满足行动责任要求，有权利用机构档案的人员，包括审计员、规章制度的权力机构、调查团、档案权力机关或研究人员；

2）确定并评估档案给研究工作和整个社会所带来的法律、财政、政治、社会效益或其他的正面收益；

3）遵守档案权力机构制订的以下规章。

需要长期保管的档案是：

——能提供机构方针及行动的证据和信息的档案；

——能提供机构及其服务的客户群体之间相互关系的证据和信息的档案；

——记录个人和机构的权利和义务的档案；

——有助于建立机构记忆，效用于科学、文化和历史的档案；

——包含关于机构内外受益者权益活动的证据和信息的档案。

9.3 档案捕获

将档案捕获到档案系统中有以下三重目的：

——建立档案与档案形成者与形成档案的业务背景之间的联系；

——确定档案在档案系统中的位置及其相互关系；

——建立档案与其他档案间的联系。

捕获过程可以通过分配明确的元数据来实现，元数据与档案的关系可以是嵌入式，也可以是隶属式，还可以是关联式，但与档案的格式没有关系。捕获应该设计到档案系统的程序中。背景元数据最具权威性，它可以跟踪档案在任意时候的状态、结构和完整性，并且能够揭示档案与其他档案的关系。

捕获档案的方法如下：

a）分类和标引：通过分类和标引实现档案的恰当链接、分类、命名、安全保护、用户许可、检索、处置以及鉴别核心档案；

b）整理：无论是实体案卷还是电子目录，都要按照逻辑的结构和顺序整理，以方便日后的利用和参考；

c）登记：登记的目的是为了证明档案在档案系统中存在；

d）针对承担并完成业务活动而编制的系统模板，其功能是：

1）提供描述业务背景的元数据；

2）证明档案存在何处；

3）鉴定何项活动未完成；

4）鉴定谁用过了档案；

5）鉴定何时利用了档案；

6）提供事务的操作证据。

9.4 登记

在采用登记过程的档案系统中：

当档案被捕获进入系统时，就要予以登记；

只有在登记完毕后，才允许对档案进行进一步的操作。

登记的主要目的是为了证明档案已经形成并进入到档案系统中。登记的另一主要收益是便于检索。登记时会记录下简短的著录信息或关于档案的元数据，并分配给档案一个系统唯一的标识符。登记标志着文件正式进入到档案系统中。

在档案系统中，可以对档案进行不只一次的或一个层次的登记。在电子环境下，档案系统可能会对档案进行自动登记，从捕获档案开始，这一过程对业务系统用户就是透明的，无需档案管理员的干预。

9.5 分类

9.5.1 业务活动分类

对业务活动进行分类是为了协助业务运作；同时，档案管理过程中的很多环节都涉及这一分类，包括：

建立单份档案之间的联系，通过单份档案的积累提供业务活动的持续记录；

确保档案的命名长期保持一致；

有助于检索与某项职能或活动有关的所有档案；

确定针对档案集合的安全保护措施和利用方法；

分配针对特定档案集合的用户利用许可或操作许可；

分配针对特定档案集合的管理职责；

分配针对档案的行动；

确定适当的保存时间和处置方法。

9.5.2 分类体系

分类体系反映了其机构的业务，制定分类体系通常基于对机构业务活动的分析。分类体系可以用于支持各种档案管理过程，但是机构应该首先决定业务活动所需的分类控制等级。

9.5.3 词汇控制

在机构档案复杂的情况下，可以采用词汇控制支持分类体系和索引。词汇控制应该能解释机构特定的术语含义或术语用法。

9.5.4 标引

标引可以手工或自动完成，同时可以在档案系统的各种层次完成。

标引指南可以参照 ISO 5693，文献——审查档案、确定主题词及选择标引词的方法。

9.5.5 数字及代码的配置

人们经常用速记而不是题名来查询档案，通常档案集合体要给予一组数字或代码。

编码的目的是为了定位。数字及代码反映了档案的"地址"，通过指定档案在档案系统中的存放地点，档案就可被检索出来。

9.6 存储和管理

档案的存储载体应该能确保档案在保存时间内的可利用性、可靠性、真实性（参见 8.2），与维护、保管和存储相关的问题存在于档案的整个生命过程中，而不仅仅是存在于非现行期内。

在考虑档案的存储条件和保管过程时，应该考虑其特定的物理特性和化学特性。具有持续价值的档案，无论形式如何，都要求较高的存储条件和处理条件，以使档案在整个价值存在期间都得到有效保管。设计存储条件和保管过程时要考虑到非法利用、丢失或毁坏并要防盗、防灾害。

机构应该针对档案在不同档案系统中进行的转换或迁移制定方针和指南。

设计电子档案系统时要确保系统无论发生什么样的变化，档案在整个保存时间内都是可以读取的、真实的、可靠的、可利用的。所采取的措施包括将档案移到不同的软件上，通过仿真或其他未来方式再现档案。在这些过程发生时，发生过程的证据以及档案设计和和格式变化的细节信息也应一同保存。

9.7 利用

机构应该建立正式的工作指南，明确规定出对档案的利用权限以及利用条件。

机构运行的规章环境对档案的利用权、利用条件或利用限制均有宽泛的规定，因此在实施档案系统时，应将这些规定纳入档案系统的实施。规章环境中也包括关于隐私、安全、信息自由和档案等方面的专门法律。档案中会含有个人、商业或业务方面的敏感信息，在某些情况下，档案的利用或有关信息的利用都应加以限制。

限制利用既可用于内部用户也可用于外部用户。只有在机构的业务需求或规章环境要求的情况下，才可以限制对档案的利用。限制利用的期限要做出明确的规定，以确保在期满时不再对这些档案实施不必要的监控。利用权的限制也可以根据需要而随时调整。

对利用的恰当控制可以通过提供档案及利用者的利用状况来实现。

利用过程的管理要保证：

a）根据档案在特定时期内的利用状况对档案进行密级划分；

b）仅对授权用户公开档案内容；

c）提出申请并得到批准方能阅读加密档案，

d）只有授权用户才能对档案进行处理和进行操作；

e）由机构内负责特定业务职能的部门制订自己责任范围内档案的利用许可条件。

在任何形式的档案系统中，监控并筹划利用权限和对利用的管理职责是一个持续的过程。电子档案系统，尤其是那些通过地理分布式系统提供利用的系统，可以从其他应用程序继承用户的身份验证协议。

9.8 跟踪

9.8.1 总则

跟踪档案系统内档案的运转和利用过程有以下方面的要求：

指出必须的，但未完成的操作；

保证任一文件能被检索；

防止档案流失；

出于系统维护和安全的需要，对利用进行监控，维护档案操作过程中的审计追踪（如捕获、登记、分类、标引、存储、存取和利用、迁移和处置）；

系统合并或迁移时，能鉴别出单份档案的形成来源。

9.8.2 行动跟踪

当机构对行动时限做出规定时，就要在档案系统中实施行动跟踪，行动跟踪的内容有：

根据档案中所记录的决定或事务分派相应的行动步骤；

向指定人员分派行动任务；

记录下预定的行动日期和实际执行的行动日期。

行动跟踪有效实施的前提是，跟踪对象在传递给指定人员之前进入档案系统被登记。

9.8.3 存放跟踪

为了确保在需要时，能够查到所需档案，应该记录下档案的运转过程。存放跟踪机制可能会记录下档案的每项标识符、题名、档案所有人或单位以及办理的时间/日期。

系统应该对人员间档案的交接和移交进行控制，对档案归还至原存放地点存档进行控制，以及对档案处置或移交到外部机构（包括档案权力机关）进行控制。

9.9 处置计划的实施

对档案的处置是指在日常业务活动中从操作系统系统地和常规地删除档案的工作。只有在下列条件下，才能采取处置行动：不再需要档案或需要档案作为证据的工作已完成、法律诉讼或调查都已结束。

处置行动包括：

——即销毁实体，包括重新写入和删除；

——在业务部门中继续保留一段时间；

——将档案移交到机构控制的恰当的保管场所或存储载体上；

——向负责企业重组、出售或私有化获得的另一机构移交；

——向与机构签约的独立服务供应商所提供、并代表机构管理的存储库地移交；

——将管理职责移交给恰当的权力机关，而档案实体仍由形成机构保存；

——向机构内部的档案馆移交；

——向机构外部的档案机构移交；

在销毁档案实体时，要遵循以下规则：

——销毁工作必须经过授权；

——诉讼或调查悬而未决或正在进行的相关档案不能被销毁；

——销毁档案时仍须保证档案所含信息的机密性；

——批准销毁的所有档案副本都要销毁，包括安全副本、保管副本和备份副本。

9.10 记录档案管理过程

描述档案管理过程和档案系统的文件应该强调法律、机构和技术三方面的要求。应该明确不同档案管理环节的管理职权如档案的分类、标引、评估和处置。

为了制订档案管理环节的管理方法、评估、审计和测试要求，应该记录下相关的立法、标准和方针。为了维护机构内信息管理环境的完整性，应该密切关注机构内所使用的其他信息系统及方针。

关于档案捕获范围和保存时间的决定要维护并清楚地记录和保存下来，这些决定是日后处置档案的依据。在制订档案捕获范围和保存时间决定时，应该准备好整个分析和评估过程的正式文件，并提交上级领导批准。文件的内容包括业务活动的详细说明以及每种业务活动中形成的档案类型，并明确而不含糊地指出档案的保存时间和处置行动，同时要明确说明在哪些情况下可以对档案实施处置行动。也应该包括档案存储为另外的形式的说明（如脱机或异地保存）。必要的时候，还要将这些文件提交给外部权力机构（如档案权力机关，审计员等）以便获得必要的批准。档案处置行动的记录在执行处置行动后仍应保管和维护。

10 监控和审计

为了确保档案系统的程序及过程的运行符合机构的方针和要求，达到预期效果，要定期对档案系统进行承诺／一致性监控。在进行评估时要从机构的业绩和用户对系统的满意度两个方面来考察。

机构所处的规章制度环境可能会要求由外部机构来承担监控和审计。

如果档案系统或管理流程不合适或效率低下，可以对其进行修改。

系统的承诺／一致性情况及其监控应该记录下来，文件报告也应保留下来。

11 培训

遵循 ISO 15489.1 的机构应该建立不断发展的档案培训规划。针对档案管理要求和特定管理方法建立的培训规划应该明确所有人员在其工作中形成档案和捕获档案进入档案系统时的角色和职责，包括管理人员、员工、合同方、志愿者及其他负责机构整个或部分业务活动的人员。培训规划的设计和实施可以同外部机构进行合作。

引 言

　　本部分的 ISO 15489 技术报告部分是对 ISO 15489.1 的补充，为 ISO 15489.1 的实施提供指南。ISO 15489.1 和 ISO 15489.2 均适用于任何公共或私人机构在其活动过程中形成或收到的所有形式或载体的档案的管理。因此，本部分中，在没有说明的情况下，可以将系统理解为纸质/手工或电子系统；档案的形式可以是纸质的，也可以是缩微形式的，还可以是电子形式的。

　　ISO 15489.1 中规定了档案管理的要素以及档案管理所要达到的结果。该部分则提供了实施 ISO 15489 的方法。但是，需要说明的是，为了法律的承诺，国家标准和立法及规章可能会规定其它因素和要求。

　　实施本标准的机构和个人除了利用本标准外，还应该参考其管辖范围内适用的国家标准、立法和规章的要求和指导方针。此外，还应借用有各种专业学会和协会协助 ISO 15489.1 实施的资源。

ISO 15489.2 信息与文献——档案管理：指南

1 范围

ISO 15489 的该部分是 ISO 15489.1 的实施指南，适用对象是机构内的档案管理专业人员和负责档案管理的人员。为方便所有需要档案管理的机构实施 ISO 15489.1，该部分提供了一种实施方法。它给出了机构在执行 ISO 15489.1 时应该考虑的程序过程和因素。

2 方针和职责

2.1 简介

ISO 15489.1：2001 第 6 条总则中规定，遵守 ISO 15489.1 的机构应该建立档案管理方针，并且要确定并分配个人应承担的与档案管理相关的职责。本部分则就档案管理方针提供了进一步指南，并详细说明了所要确定并分配的档案管理职责的类型。

2.2 档案管理方针陈述

机构应该制订并记录下其内部的档案管理方针，并且应该确保方针在机构内的所有管理层次上都得到执行和维护。

档案管理方针陈述是对档案管理目的的陈述，它规定了机构想要达到的目标，有时甚至包括实现这些目标的规划和程序。然而，方针陈述本身并不能确保档案管理的成功，其成功的关键有以下两点：第一，取得高层管理人员的批准并获得其积极而明显的支持；第二，实施所必备的资源得到落实。因此，有效的档案管理方针陈述中应该明确指派一名有高级领导职务的人员负责档案管理并对档案管理方针和规划的实施进行监督。

档案管理方针陈述应该参考与信息相关的其它方针，例如信息系统方针、信息安全或财产管理方针，但是不能是对这些方针的简单复制。方针陈述应该由档案管理制度来支持，档案管理制度由以下各部分构成：程序和指南、规划及战略陈述、处置依据以及其它档案。

在任何时候，机构都应该鼓励员工支持并认可方针。方针应该责成员工形成并保留能够满足机构在如下一些方面需要的档案：法律、规章、财政、业务以及档案/历史方面需要的档案。对方针的承诺情况进行监控也很重要。

2.3 档案管理的职责

2.3.1 档案管理责任和权力的确定

确定责任、权力及其相互关系的首要任务是建立并维护一个能够满足内、外部受益者需要的档案管理制度。

更明确地说，档案管理责任、权力及其相互关系应该纳入实施标准或业务规则：

a）应要求员工按业务需要和业务流程形成档案，充分地记录其参与的业务活动；

b）应确保支持业务活动的信息系统和处理系统形成适宜的档案，作为业务活动支持的有机组成；

c）应确保在档案的现行期内（从事当前业务所需的和经常使用的实体形式的档案，通常存放在利用者附近，其它形式的则通过计算机系统存储在网上）档案处理过程的透明性和档案保管系统的充分性；

d）确保在档案对机构乃至适当的外部受益者（例如档案机构、研究人员和审计人员）有用的整个期间，档案都得到有效的维护、存储和保管；

e）确保档案只有经过既定的批准程序才可进行处置。

2.3.2　机构内的权力部门及其责任

机构应该明确各类员工参与档案管理的权力和责任，这些员工包括以下类型：

a）高级管理层应该承担最高层次的责任，以确保档案管理规划的成功实施。高级管理层的支持可以通过分配资源在低层来体现。高级管理层的支持可以促进档案管理程序在整个机构的贯彻落实。

b）档案管理专业人员对 ISO 15489.1 的实施负有主要责任。他们负责为机构制定总体的档案管理方针、档案管理程序和档案管理标准，并且实施 ISO 15489.1：2001 第4条所列出的档案管理业务活动。

c）业务部门或机构团体的管理者负责确保：他们的员工在工作过程中按照已经确立的方针、程序和标准形成并保管档案；管理者为档案的管理提供所必需的资源，同时与专业档案管理人员在 ISO 15489.1：2001 第4条规定的各方面保持联络。

d）机构内部的其他人员也要承担与档案相关的责任。这些人员包括负责安全的人员、利用信息和通讯技术进行系统设计和实施的人员以及负责检查系统完成任务情况的人员。

e）形成、接收和保管档案是所有人员日常工作的一部分，所有人员必须按照已经确立的方针、程序和标准来做这些工作，这包括对档案的处置，只能按照经过批准的处置工具对档案进行处置。

如果是由承包者来执行机构的档案管理规划，确保承包者按机构方针中所规定的标准实施档案管理很重要。

3　战略、设计和实施

3.1　简介

ISO 15489.1：2001 第8条规定了档案系统的主要特点并提供了其实施的框架。本条仅对 ISO 15489.1：2001 第8.4分条进行详细说明，为档案管理系统的设计与实施提供一些指导。

3.2 档案系统的设计与实施

3.2.1 总则

需要说明的是，流程中的步骤仅是对 ISO 15489.1：2001 第 8.4 分条的详细说明，步骤 A 对应条款 a），步骤 B 对应条款 b），依此类推。

3.2.2 步骤 A：初步调查

步骤 A 的目的是了解机构所处的行政、法律、业务及社会背景，以便明确影响档案形成和保管需求的主要因素。

步骤 A 也可以从大体上揭示机构在档案管理方面有哪些优势和不足。它是确定档案项目管辖范围的基础，同时，提供了业务实况，寻求档案管理支持。

为了对机构的档案系统做出有效的决定，初步调查是必要的。初步调查有助于确定机构在档案管理方面存在的问题，并对各种可能的方案进行可行性评估及风险评估。

步骤 A 是编制业务分类方案和制定以职能为基础的档案管理流程必不可少的前期准备，是决定哪些档案需要捕获，需保存多长时间的依据。与步骤 B、C 结合，初步调查有助于评估机构的档案管理职责，及其对形成和保管档案的外部要求的承诺。此外，它还是对现存系统进行评估的有用依据。

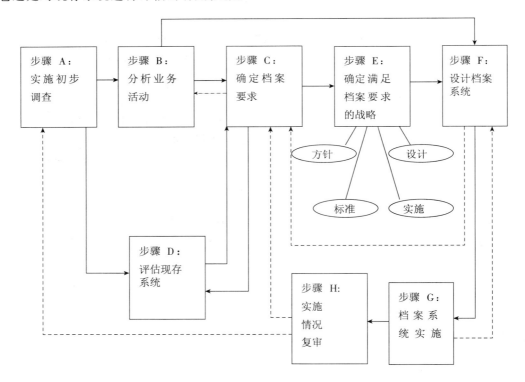

图 1　档案系统的设计与实施 （DIRS)

说明

→直接关系

→反馈关系

（来源：澳大利亚国家档案馆和新南威尔士州档案署）

3.2.3　步骤 B：分析业务活动

该步骤的目的是针对机构所从事的活动以及如何从事这些活动制定概念模型。它将揭示档案与机构的业务及业务流程之间的关系。同时，它也有助于在后续的步骤中对档案的形成、捕获、存储和处置及利用做出决定。这一点在电子化事务环境下尤为重要，因为如果系统设计不当，档案的捕获和保存就会不够充分。该步骤为系统地进行业务分析并记录分析过程，以便更好地利用分析结果，提供了工具。

分析业务活动及流程有助于了解机构业务与档案之间的关系。

该步骤产生的成果如下：

a）描述机构业务及业务流程的档案；

b）揭示机构职能、活动及事务等级关系的业务分类方案；

c）机构业务流程图，它应该揭示出档案作为业务活动副产品形成和接收的节点。

上述分析为研制档案管理工具提供了基础，档案管理工具包括：

a）术语词典，用于对特定业务背景下的档案题名和标引语言进行控制；

b）处置依据，用于确定档案的保存时间以及相应的处置行动。

上述分析还有助于鉴别和实施适宜的元数据战略，并对档案管理职责做出正式的分配。

3.2.4　步骤 C：确定档案要求

该步骤的目的是确定机构对业务活动档案形成、接收和保管方面的要求，并且以有序、易维护的方式记录这些要求。保存适宜的档案方便业务的顺利开展，确保机构和个人对其法律事务和行政管理事务的行为负责；确保机构和个人对业务和相关的内、外部利益群体负责；并理解上述群体的需求和期望。

确定档案要求的途径是对业务需求、法规义务和对社会的广泛责任进行系统分析。评估如果没有形成并保存档案给机构带来的风险，也有助于确定档案要求。该步骤为档案的形成、维护和处置提供了判断依据，为系统捕获并保存档案的设计提供了基础，还为现存系统完成任务情况的评估提供了标准。

该步骤中形成的一些成果如下：

a）与机构相关的档案要求的所有原始资料一览表；

b）规章、业务和其他群体对档案保管要求的一览表；

c）经管理层批准的风险评估报告；

d）为管理和员工提供的，陈述机构档案保管要求的正式档案。

3.2.5　步骤 D：评估现存系统

该步骤的目的是对机构内现存的档案系统和其它信息系统进行调查，以评估这些系统捕获和维护业务活动档案的范围。这种评估有助于揭示现存档案系统的完成任务情况和能力与机构既定档案要求之间存在的差距。这种评估是开发新系统和改造现存系统，满足前述各个步骤中所确定和认可的档案要求的基础。

该步骤的成果包括：

a）机构现存业务系统的目录；

b）这些系统对机构既定的档案要求满足程度的报告。

3.2.6 步骤 E：确定满足档案要求的战略

该步骤的目的是确定机构应该采纳的最为合适的方针、程序、标准、工具和其它策略，以确保机构形成并保留了业务活动中的必要档案。在选择战略时应该考虑以下因素：

a）机构的性质，包括其目标和历史；

b）机构所开展的业务活动的类型；

c）机构开展业务活动的方式；

d）机构的支持性技术环境；

e）机构的主流文化；

f）其它的外部限制。

战略的选择受以下两方面的影响：第一，战略自身实现预期结果的可能性；第二，方法失败时给机构带来的风险。

在一些情况下，档案权力机构可以帮助制定档案战略。档案战略应该满足既定的档案保管和维护的要求，可以包括：

a）采纳方针和程序；

b）制定标准；

c）设计新的系组成成份；

d）实施系统。

当该步骤结束后，一种有计划的、系统化的和适宜的档案管理方法将会产生，用于档案形成、捕获、维护、利用和保管，该方法将是设计和重新设计档案系统的基础。

该步骤的成果可能包括：

a）能够满足机构档案要求和业务需求的战略一览表；

b）战略与要求间的对应关系模型；

c）向高级管理层介绍总体设计战略的报告。

3.2.7 步骤 F：设计档案系统

该步骤的主要任务是将步骤 E 所选择的战略和策略转化成档案系统规划，该规划应该满足步骤 C 所确定并记录下来的档案要求，并克服步骤 D 所发现的档案管理缺陷。

同该其它步骤的方法一样，步骤 F 对系统采取了广义的界定，包括人、流程以及工具和技术。因此，该步骤可能涉及：

a）对现行系统及流程和方法进行变化设计；

b) 调整并整合技术解决方案；

c) 决定如何能够最好地实现这些变化，以改进整个机构的档案管理。

在实际工作中，确定档案系统战略（步骤 E）与在系统设计工作中实现这些战略（步骤 F）并没有严格的界限。然而，为了确保档案形成和维护要求的可行性、一致性及其能在系统设计中得到有效的实现，对战略进行单独考察也是有益的。

在该步骤中需要专业的档案管理人员、其他专业人士以及利用者通力合作，以便形成最能满足档案要求的说明书。这也有助于培养用户的系统所有制意识，了解系统并正确使用系统。

步骤 F 的成果如下：

a) 设计项目规划，表明任务、职责和时限；

b) 阶段性设计复审结果的详细报告；

c) 经利用者和团队代表同意的需求变更档案；

d) 设计说明；

e) 系统业务规则；

f) 系统说明书；

g) 反映系统结构和系统组成的图表；

h) 反映不同系统观点的模型，如流程模型、数据流模型和数据实体模型；

i) 构建或购买技术组成的详细说明书，如软件和硬件；

j) 归档方案；

k) 显示设计过程如何与现存系统及流程相结合的方案，

l) 初步培训和测试方案，

m) 系统实施方案。

3.2.8 步骤 G：档案系统实施

该步骤的目的是系统化地确定出各种战略并将其付诸实践，以实现步骤 F 所设计的规划。该规划对系统各种组成（流程、程序、人和技术）如何组配提供了整体框架。

将新开发或已改进的档案系统与办公通讯系统和业务流程系统进行整合是一件复杂的工作，而且还要承受很大的责任和财政风险。但是，可以通过仔细地规划和记录实施过程来将这些风险降到最低。

该步骤完成后，机构应该实现以下三点：第一，将改进的档案管理方法纳入到机构中，同时保证对业务活动的干扰最小；第二，有益于满足机构的质量认证需求；第三，使对步骤 A 到步骤 F 所进行的长期投资转化成资本。

该步骤结束后应该形成的记录如下：

a) 详细的项目规划方案，该方案应该简单概述所选择的各种战略；

b) 记录下来的方针、程序和标准；

c) 培训资料；

d) 转换过程以及正在进行的迁移过程的档案；

e）质量体系认证所需的档案；

f）执行情况报告；

g）向管理部门提交的报告。

3.2.9 步骤 H：实施情况复审

该步骤目的是：第一，评估档案系统的效用；第二，评价系统开发过程，以纠正存在的缺陷；第三，为系统的持续运行建立监控制度。

步骤 H 涉及如下一些工作内容：

a）分析档案是否按照业务活动的需要形成档案并对其进行了组织，并分析档案与业务流程是否建立了适宜的关系；

b）对管理人员、工作人员和其他受益者进行当面采访；

c）实施调查；

d）对系统开发项目的早期阶段形成的档案进行检查；

e）对实施情况进行观察和随机检查。

通过对实施情况进行初步复审和定期检查，机构将能够为档案系统的投资获得持续回报提供保证。同时也应该有客观信息说明其业务活动形成和管理了适宜的档案。实施情况复审将使系统失败所带来的风险降到最低，同时，也可以预测档案要求及机构需求的重大变化，从而促成新一轮的开发周期的开始。

步骤 H 结束后，机构将会

a）制定出能够客观评价档案系统的方法，并将其应用到工作中；

b）记录下系统的完成任务情况和开发过程；

c）将各种发现和建议记录下来，并以报告的形式呈报管理部门。

由于业务流程和档案系统不是静态的，步骤 C 到步骤 H 应该周期性地实施，如图 1 所示。

4 档案管理过程及其控制

4.1 简介

ISO 15489.1 为档案管理业务提供了指导。业务是以线性顺序描述的，但是，在实际工作中，档案管理业务并不是这样的。某些业务环节可能同时进行，某些业务环节还要依靠后面环节中形成的各种工具。

通常线性顺序被传统地用来描述纸质档案的管理过程，因为可以通过时间间隔将管理过程区分开来。在电子档案系统中，关于档案捕获和分类、利用和处置的决定通常在档案形成之初就已确定下来，因此管理方法既更加明确，还通常是同时发生的。这种情况在纸质环境下也有可能存在。

纸质环境下的档案系统中也包含关于档案的元数据，但这些元数据是隐含的，档案利用时，利用者可以推断得出。在纸质环境下，档案的结构不需要说明，因为对利用者来说，档案结构是完全透明的，而档案的内容则需要通过标引来突出。档案的背景是通过各种复杂的因素来确定的，包括实施档案系统控制，但是还可以通过实体存放位置和与其它档案的相对位置隐含地体现出来。电子系统不具备这样隐含的元数据，档案捕获方法使这种元数据表现得更加明确。

支持档案捕获的电子系统应该促进所要求的元数据字段的完成或者能够自动生成该元数据。电子档案的元数据要远远多于纸质档案，因为在电子环境下只有很少的元数据是能够隐含的，纸质环境下隐含的所有元数据到电子环境中都应变成明确的，而这要依赖于事先建立的档案鉴别规则和分类体系，前者用于判断哪些档案应该捕获，后者用于确定档案的鉴定和利用状况。

本条并没有遵循 ISO 15489.1 中的顺序，而是致力于指导其实施

a）识别各种档案管理业务所需的工具以及这些工具的制定；

b）识别出各种不同类型机构和权限范围内，影响或决定档案管理业务的各种因素；

c）识别出应用这些工具的方法。

4.2 工具

4.2.1 主要工具

档案管理业务中所用的主要工具如下：

a）基于业务活动的分类方案；

b）档案处置依据；

c）保护和利用分类方案。

机构也可以利用其它的档案管理专门工具，例如：

a）优选术语词典；

b）术语表和其它的词汇控制。

此外，有些工具虽然不是档案管理的专用工具，但是也可以应用到档案管理业务中：

a）制度框架分析；

b）业务风险分析；

c）机构的授权权力；

d）员工及系统用户的利用许可登记。

当然，最后一组工具的制定不属于 ISO 15489 的范围。

4.2.2 业务活动分类

4.2.2.1 简介

与业务职能相关的分类体系可以为档案管理提供一个系统的框架。为制定业务活动分类方案而进行的分析，需确定机构的所有活动，并将其置于机构既定或下答的任务框架或目标之中。

详尽的分类可以反映机构的业务职能、活动和事务。分类结果可以用于制定档案分类方案和词典、题名及标引规则，确定档案处置类别和利用类型。

分类体系为机构进行下列工作提供了工具；

a) 组织、著录档案并建立档案间的联系；

b) 建立跨学科档案的链接和共享，而无论档案是属于机构内部还是机构外部；

c) 促进档案的恰当利用、检索、使用和传播。

以词汇控制做支持，分类体系可以促进题名和著录的一致性，方便检索和利用。除了便于利用和使用，分类体系也可以支持各种档案管理业务，如存储和保护、保管和处置。

分类体系可以反映机构的复杂程度。机构需要根据下列因素来决定业务活动的分类等级控制：机构的结构、业务的性质及其责任和所用技术。

4.2.2.2 业务活动分类法的制定

可以利用3.2.2和3.2.3中列出的方法制定业务活动分类法。

业务活动分析法包含对下列要素的识别和分析：

a) 机构的目标和战略；

b) 支持追求这些目标和战略的机构职能；

c) 构成机构职能的活动；

d) 开展特定活动和事务的工作流程；

e) 构成活动的所有工作步骤；

f) 构成每个步骤的所有事务；

g) 每项活动中重复发生的事务的类型；

h) 机构的现存档案。

分析的结果可以通过业务活动等级图反映出来，需要时可以辅以业务流程图。

分类体系可以通过分析业务流程来制定，以确保档案和元数据著录准确地反映其产生的业务流程。

通常，分类体系的结构采用等级制，并且要反映如下的分析过程。

a) 通常，第一层反映业务职能；

b) 第二层划以构成整个职能的活动为基础；

c) 第三层及以后各层是对活动及每项活动中所发生事务的进一步细分。

分类系统的精确程度由机构自行决定，并反映机构职能的复杂程度。例如，人事职能部门的结构图可能如下：

1. 管理人力资源

  1.1 确定津贴

  1.2 确立雇佣条件

    1.2.1 任命

    1.2.2 实习

    1.2.3 儿童照管

    1.2.4 弹性工作安排

1.3 计算休假

    1.3.1 累积休假

    1.3.2 休假权利

    1.3.3 节假日

1.4 招聘员工

1.5 确定薪酬

    1.5.1 应扣除的费用

    1.5.2 加班费

    1.5.3 报酬

    1.5.4 退休金

分类体系能准确地反映机构的职能和活动。尽管分类体系不可能将每一个已知变量都规定出来，但是他们可以预示适当的类目。例如，为了使用户更加明确，分类指南中可以用提示功能（如通过指明时间段和指明客户名称）。此外，为了列出机构所使用的每一单个变量，其它的工具（例如索引）也是必要的。

制定分类体系要确保遵守以下各项要求：

a）分类体系要根据业务职能和活动，而不是机构内部门名称来建立术语体系。

b）分类体系是为针对每一个机构定制的，应该为机构部门间提供一致而标准的通讯方式，实现相互关联职能间的信息共享。

c）分类体系是层级式的，从最粗的概念到最细的概念，也就是说从最高层次的职能到最具体的事务，例如财政—审计—外部。

d）分类体系由反映机构习惯用法的、明确的术语所构成。

e）为了涵盖被记录的所有业务职能和活动，分类体系应该由足够的类目和子类目构成。

f）分类体系由独立的类目所构成。

g）分类体系的制定应该咨询档案形成者的意见。

h）为了反映不断变化的业务需求，并确保分类方案是最新的而且能够反映机构在职能和活动上的变化，分类体系必须得到维护。

4.2.3 词汇表

4.2.3.1 词汇控制——规范化主题词表

规范化的主题词表只是根据分类方案中的术语制定的一个简单的术语列表。没有对术语的含义进行规定，也没有说明术语之间的关系。该表主要控制下列两种情况下对术语的使用：第一，通过建立机构能够接受的术语来控制档案命名时的术语使用；第二，控制自然语言环境下术语的使用，同时还控制同义词、同音异形词、缩写词和缩略词的使用。

4.2.3.2 词典

词典的编制主要利用 ISO 2788 中的条款和程序。

词典是一个受控术语表,通过语义关系、层次关系、组合关系和对应关系建立联系。这种工具的作用是为单份档案分配分类术语提供指南。

词典中明确指出了术语的含义,也标出了术语间的层次等级关系。词典提供了充分的入口点,允许用户在没有使用的术语和机构优先采用的术语之间浏览。此外,为了确保其它档案管理环节的自动进行,词典可以与其它的档案管理工具配合使用,如档案处置批准或分类方案利用。

4.2.4 档案处置依据

4.2.4.1 总则

采取系统化的方式并参照法律和法规可以最有效地决定哪些档案应该捕获以及保存多久,所参照的法律和法规既可以是适用于特定国家的法律和法规,也可以是适用于特定类型的机构或行业的法律和法规,还可以是与某些产品相关的法律和法规。使决定过程标准化的工具包括鉴定档案应该销毁或捕获进入档案系统的指南和经过批准的正式的计划表,计划表呈报外部机构(如档案处置权力机构)批准,其内容是档案的分类、保存时间和相应的档案处置行动。在一些国家,处置权力机构可以对机构内部或独立的档案机构内部需要永久保管的档案做出规定。在电子环境下,应该在系统设计之初就对档案的捕获和保管做出决定。

4.2.4.2 确定哪些档案应该进入档案系统

确定哪些档案应该进入档案系统以及档案应该保留多久需要首先分析下列因素:机构的内外部环境、机构与环境间的关系、确定 3.2.2 和 3.2.3 所规定的各种业务职能和活动。

然后,以机构内外部对维护业务活动责任的要求为背景,来考虑业务分析的结果。通过业务活动分析和需求分析,档案管理者可以:

a) 确定管理每项活动需要形成的档案的主要级层;

b) 确定机构哪些部门已经捕获了活动的档案;

c) 分析业务活动以确定构成整个活动的所有步骤;

d) 确定构成业务活动的每一步骤的所有事务;

e) 确定处理事务所需的数据;

f) 确定捕获每项事务的证据需求;

g) 确定档案捕获的恰当时机。

档案捕获决定作为系统设计过程的一部分,最好由负责活动的部门及负责系统的部门共同来承担。

业务活动的档案不完整会导致风险,通常在对风险进行分析后,才能决定哪些档案不需要正式的捕获。风险管理决定是对规章环境和承诺环境以及可以预见的业务风险进行分析的结果,此外,风险管理决定也取决于机构所处的部门以及所从事的业务的性质。决策过程也要考虑到下列因素:直接成本和机会成本、资源分配情况、提起诉讼的可能性、公共关系状况、伦理道德以及空间的使用(物理实体的或计算机网络）。

例如，与文具供应档案相比，药品档案的风险更大，因此对医药产品档案的管理更应该详细，医药产品档案保存的时间更长。同样，业务可持续运行所需的档案也应该作为风险管理战略的一部分被捕获到档案系统。

任何形成或捕获的档案都需要分配一个保存时间，以明确他们应该保存多久。

4.2.4.3 确定档案的保存时间

确定档案的保存时间可以采取以下 5 个分析步骤。

a）确定档案在系统内维护的法律要求和行政管理要求。针对不同的管辖范围或部门，法律或行政管理会有最低保存时间的要求。

b）确定档案在系统内的利用。系统中一些事务的档案在执行后续事务时可能反复用到。应该对核心档案和多项独立事务的档案做出区分，前者是指反复用到的档案，后者是核心档案的参照。在事务完成后不久，独立事务的档案就可以从系统中转移出去。例如，人事系统中的休假档案可能只保留有限的一段时间，但是只要员工仍被雇佣，休假历史就应一直保留。核心业务档案和其它事务档案间的关系会决定每种档案在系统内的保留时间，保留时间也取决于被记录的业务活动的性质。例如，与个人医疗史相关的事务档案保留的时间就要长于从属于明细总账中的账户支付交易档案。

c）确定与其它系统的关系。一个系统中的档案可能支持其它的系统或被其它的系统所查阅。例如个人购物交易的全部详细信息都应该向总账系统移交。规划系统、财产系统和其它在线业务系统可能会参照或复制地理信息系统（GIS）中的档案。

d）考虑档案的广泛用途该过程由以下步骤构成：

1）辩别档案的其他受益者，如档案馆或外部用户。这类受益者具有合法权益，要求档案的保存时间长于机构内部用户要求的时间。

2）评估档案销毁带来的风险，内部利用结束后，要例行销毁档案。

3）考虑机构需要保护哪些档案和采取哪些措施，确保档案丢失或损坏的情况下业务的持续进行，

4）评估档案在机构内部利用结束后继续保存档案能够带来的财政收益、政治收益、社会收益或其它正面收益。

5）分析档案保管的成本和非经济收益间的差额，决定档案在机构需要满足后还待保留的时间。

e）根据整个系统的评价，分派档案的保存时间。系统内完成或记录相似活动的档案具有相同的保存时间和处置行动。档案处置依据应该包含对系统内所有档案的处置，从最小的事务档案到系统方针和程序档案。保存时间的表达要明确，处置触发器要清楚易辨。例如，"经审计后×年销毁"或"最后一项事务完成后的×年向档案馆移交"。

4.2.5 安全保管和利用的分类方案

4.2.5.1 总则

一份标明档案的利用权限和限制利用制度的正式契约是管理所有规模和所有管辖

范围内机构档案的必要工具。机构及其所处的业务及规章环境越复杂，就越发需要通过程序的标准化来设定档案的利用等级和安全保管等级。

4.2.5.2 安全保管和利用分类的制定

制定恰当的利用权限类型及其限制的基础是对机构规章制度框架的分析和对业务活动的分析以及风险评估。合理的安全保管和利用取决于机构的性质和规模，及需要安全保管的信息的内容及价值。合理的安全保管可以防止未经授权就对信息采取如下操作：存取、收集、利用、公布、删除、修改和/或销毁。因此，"合理的"一词对不同机构有不同的理解，对一个机构可能仅指上锁的档案室，而对另一个机构可能指上锁、有警卫看守并配有摄像机监视而且限制利用的档案室。

对档案的利用加以限制是为了保护：

a）个人信息及隐私；

b）知识产权和商业机密；

c）财产（实物和金钱）安全；

d）国家安全；

e）法律或其它职业特权。

同样重要的是，机构管理方式，信息自由、隐私保护、档案法和法定程序法中也赋予了提供利用的合法权利。在制定安全保管和利用的分类方案时也应该将上述因素考虑在内。

为了制定利用分类方案，可以对机构的规章制度状况和业务活动情况进行分析并进行风险评估，以便获取以下内容：

a）确定对档案及机构信息的利用拥有哪些法定权利和限制；

b）确定哪些领域容易侵犯隐私权、个人机密、行业机密或商业机密；

c）确定机构的安全问题；

d）根据对危害及其可能发生的几率的评估，对档案安全易被破坏的危险领域进行等级划分；

e）将确定的危险领域及其安全问题与机构的业务活动联系起来；

f）确定限制危险的适宜等级，以将危险领域按照风险程度从高到低进行排列；

g）根据风险程度，为业务活动的各类档案分配相应的限制级别；

h）将限制级别与一些工具联系起来，如活动分类方案以及用于档案著录的词典。这样，当档案系统进行档案捕获或登记时，就能自动发出警告或实施限制利用。

限制级别的表达方式应该反映机构的习惯。在制定利用限制类别时需要咨询相关的业务领域。

利用分类也可用于人，既可用于界定对档案利用分类负责的人，也可用于界定其他拥用利用权的人，用于明确规定不同人的不同责任。档案系统应该对已经经过利用类别划分的特定类别的档案的利用者进行定义，并能捕获其利用。被划定为限制利用类别的档案只允许授权用户利用。这一过程由检查或审查做支持，当然审查并不是档案管理职能的构成部分。对用户而言的利用分类与管理档案系统的用户许可这项任务有关。

档案系统必须管理其自身的用户许可。档案系统可以借用机构面向所有系统的员工和用户许可登记，但是如果没有通用的用户许可登记程序，档案系统就必须自行设计其用户许可登记程序。用户许可登记会对下列两类许可做出区分：第一类许可允许员工对系统内的档案进行授权、存取、更改或删除；第二类许可只允许员工阅读档案。用户经授权可能对某一职能领域档案的形成、更改和删除负责，但对其它领域的档案只有利用权而没有更改权。同样，特定职能组之外的人员可能就不能享用某一业务活动档案，由此，该工作组之外的员工的用户许可也就会受到相应的限制。

在所有形式的档案系统中，监控和设计用户权限及其管理职责是一个不断持续的任务。多数电子档案系统，尤其是那些通过地理分布式系统提供利用的系统，可以从其他应用程序继承用户的身份验证协议。由于通过网络的利用许可以实现远程利用，用户许可的分配和监控成为了一项重要职责，通常由信息系统或数据管理人员负责这项工作。

4.3 档案管理过程

4.3.1 简介

以下虽然按照次序列出了档案管理的过程，但是在许多档案系统中，尤其是电子档案系统中，这些过程有可能同时进行或者进行的次序与前面的叙述有所不同。所有过程都会形成与档案相关的元数据（详细的著录信息）。档案和档案管理过程的元数据的数量多少取决于档案系统的复杂性，而档案系统的复杂程度又是由机构的业务和业务责任要求决定的。过程如下：

a）捕获；

b）登记；

c）分类；

d）利用和安全分类；

e）确定处置状态；

f）存储；

g）利用和跟踪；

h）实施处置。

4.3.2 捕获

捕获是决定制作并保留档案的过程。捕获的对象包括机构形成和收到的档案。捕获过程主要决定哪些档案应该捕获，这也意味着需要决定哪些人可以利用这些档案以及这些档案应该保留多长时间。

决定哪些档案该捕获，哪些档案该遗弃应以对机构的业务和责任所进行的分析为依据。机构可以利用某一正式工具来决定档案的取舍，例如档案处置依据（参见4.2.4）或确定档案不需保存的指南。

例如，不符合下列条件的档案不需要正式捕获：

a) 机构或个人对某一行动的承诺；

b) 对义务或责任的档案；

c) 含与机构负责业务相关信息的档案。

在纸质档案系统中，将档案按照时间顺序物理地放入具有案卷题名的案卷或卷夹中就能进行有效的捕获。这种排列将单份档案与某一事件的其它档案联系起来，检索信息的人可以推断出档案的背景信息。通过时间、物理的排列顺序、案卷或卷夹的所有者以及案卷题名隐含地建立了档案与其它档案间的联系。

一个正式的纸质档案系统也会控制案卷的组建及其命名。将档案放入案卷（捕获档案）是决定特定档案所属类目和按照预定和已知的顺序来排放档案的有意识的行为过程。通过对案卷内逐渐累积起来的档案标注日期或按照顺序编号，可以为定义档案管理行动的先后次序提供保证。对案卷追加标引入口，可以确定特定档案的存放位置，方便其检索。通过对案卷或控制系统添加注释可以便可应用处置条件和利用条件。

将档案置于预定的行动或工作流之中也是档案捕获的一种形式。这一过程将形成或接收行动需要产生的档案置于其行动背景中，也就是把档案看成是业务事务的有机组成。

电子档案系统捕获档案的过程需更加精心设计，从目的和意图上来讲，捕获与登记过程是一样的。

系统在捕获档案时也要一并捕获与档案相关的元数据，具体方式如下：

a) 既要描述档案的内容也要描述业务发生的背景；

b) 确保档案能够确切地反映其代表的行动；

c) 确保档案能够被检索和具有意义。

上述这些方面通常指档案的背景、内容和结构。

如下的信息：事务中涉及的人、所完成的业务以及所形成的档案，可以按不同详尽程度来记录。详尽程度取决于业务需求和档案的利用范围。例如：

a) 仅与一个人相关的档案可以只使用简单的检索信息用简单系统管理，例如个人的证明案卷附有方针和法律的副本；

b) 仅在业务部门内使用的档案只需要提供与部门相关或部门内部能够理解的档案即可；

c) 向某一特定部门之外提供利用的档案需要提供详尽的信息，以确定与此相关联的事务活动的大背景中涉及的实体和人及其相关的业务部门；

d) 公共领域形成的档案（例如万维网）需要广泛的背景信息，因为不可能每个利用者对发生的事务都有同样的理解。ISO 690－2对电子档案的查阅给出了指南。

4.3.3 登记

在采用登记过程的系统中，登记的目的是为了证明档案已经形成或已经进入档案系统，同时会在登记表中记录下关于档案的简短著录信息，并分配给每份档案一个唯一的标识符。某些档案管理文化的纸质档案系统中，登记过程的运用并不普遍。

登记标志着档案的捕获正式进入档案系统。档案系统中档案的登记可以不止一个层次，例如在信函案卷系统中，可能在案卷层次进行登记，也可以在档案或卷宗层次上进行登记，登记层次的选择取决于对证据要求的评估。

通常，在手工的纸质控制系统中，登记表是一份单独的档案。在计算机系统中，登记表由数据元素构成。在电子档案系统中，登记过程包括分类以及档案的处置决定和利用状况。通过设计，电子档案系统可以实现自动登记，这一过程从档案捕获时起对业务系统用户就是透明的，无需档案管理操作者的干预。即使登记过程不是完全自动进行的，也可以通过对形成档案的业务环境进行处理来自动得出登记的要素（尤其指登记时需要的一些元数据）。

不管采取哪种登记方式，必须遵守的一条基本原则是不允许修改登记表。如果需要对其做出改动，必须形成审计跟踪。

登记时至少要记录下下列元数据：

a）系统分配的唯一标识符；

b）登记的日期和时间；

c）题名或简要的著录；

d）责任者（自然人或法人）、发送者或接收者。

详尽的著录信息既可以建立起档案与著录信息的联系，也可以建立起档案及其它档案的联系，著录信息主要是关于档案的背景、内容和结构三方面的信息。每份档案或档案组合中都应该包含档案和其相关档案的背景、内容信息。特定的管辖范围可能对完整和准确的档案有强制的元数据要求，可以在对档案及其相互关系进行初步登记时来满足这些元数据要求。

档案标识符中包含的信息取决于下列因素：所记录的业务活动的性质、机构的证据要求以及所采用的技术。具体包含的信息如下：

a）档案名称或题名；

b）文字描述或摘要；

c）形成日期；

d）流通及收到的日期及时间；

e）属于内收文、外发文还是内部档案；

f）责任者（及其所属机构关系）；

g）发文者（及其所属机构关系）；

h）收文者（及其所属机构关系）；

i）物理形态；

j）根据分类方案确定的分类；

k）如果档案是判例案卷的一部分，应在记录业务活动相同次序的相关档案间建立联系，或在记录相同人或事件的档案间建立联系；

l）档案被捕获时所在的业务系统；

m）形成档案或被捕获采用的应用软件及其版本；

n）编写档案结构的语言，例如标准通用标识语言 SGML，可扩展的标识语言 XML；

o）被嵌档案链接的详细信息，包括被链接档案形成时所采用的应用软件及其版本；

p）说明档案结构的模版；

q）利用；

r）保存时间；

s）具有管理意义的其它结构性信息及背景信息。

如果采用分类方案，最好在档案登记时就对案卷/档案进行分类。分类的类型和复杂程度取决于公司或机构的类型。

4.3.4 分类

4.3.4.1 总则

分类就是确定业务活动及业务活动形成的档案所属的类别的过程，如果可能的话，分类时也可以确定档案所属的案卷，以便著录、控制、链接并确定处置及利用状态。

如果采用根据业务活动制成的分类方案（参见 4.2.2），分类过程由以下步骤组成：

a）确定档案所记录的事务或业务活动；

b）确定事务或活动在机构的分类方案中所处的位置；

c）检查事务或活动所处的上级类目，以确保分类的正确性；

d）根据机构的结构检查活动类目，以确保档案所属的业务部门是恰当的；

e）对档案分配分类使其分类等级合乎机构的要求。

分类层次的数目和分类过程的入口设置（是事务层还是更高层）取决于下列因素：

a）机构的责任；

b）业务的性质；

c）机构的规模；

d）机构结构的复杂程度；

e）在档案控制和检索过程中，对速度和准确性的危急程度所进行的风险评估；

f）所使用的技术。

4.3.4.2 词汇控制

运用词汇控制（例如规范化的主题词表或词典）（参见 4.2.3.1 和 4.2.3.2）可以给档案增加其它的著录细节或控制细节。对题名和著录的控制要求取决于机构及特定档案系统的规模和复杂程度。责任及公共审查的层次越高，对档案查准率和和查找速度的要求就越高。业务活动的风险越大（例如与有毒化学物质相关的公共安全），对检索过程的精确程度及控制要求就越高。

4.3.4.3 标引

分配适当的标引词可以拓展档案在不同级别、不同类目以及不同载体范围内检索的可行性。电子图形或电子档案文本的标引有手工和自动两种方式。

早期的标引工作都是手工进行的,现在都是由计算机进行的。自由文本检索(全文检索)系统是根据档案内容来查找档案。其它的检索工具则可根据用户简介、档案和主题简介,档案内容以及使用智能工具提供检索。复杂的标引工具适用于特定的档案类型,在标引工具的实施和操作中需要明确标引活动的种类和资源。

标引词的分配受分类方案和其它词汇控制工具建立的术语系统的限制。标引词主要来源于以下几个方面:

a) 档案的格式或种类;

b) 档案的题名或主标题;

c) 档案的主题内容,通常与业务活动一致;

d) 档案的摘要;

e) 与档案中所记录的事务相关的日期;

f) 客户或机构的名称;

g) 特殊的保管或处理要求;

h) 没有识别的附属档案;

i) 档案的用途。

4.3.5 利用和安全保管分类

对档案的利用分配权限和施加限制所涉及的步骤与活动分类相似。参考安全保管和利用分类方案(4.2.5):

a) 确定档案所记录的事务或业务活动;

b) 确定档案所属的业务部门;

c) 检查利用和安全保管的分类方案,以确定活动和业务领域是否属于风险领域,是否要考虑采取安全安全保管措施以及是否具有法律要求的限制;

d) 向档案分配恰当的利用或限制利用等级,并指明保管所需采取的适宜控制机制;

e) 记录下档案系统中档案的利用状态或安全状态,以标明所需要的额外的控制措施。

只有业务需要或法律明确指出,才能限制对档案的利用。利用和安全保管等级的分配应该咨询档案所属的业务部门。限制利用应该有一个明确的期限,以保证档案不再需要后,解除对档案所采取的监控和控制机制。

4.3.6 确定处置状态

许多档案系统,尤其是电子档案系统,都在档案捕获和登记时就确定档案的处置状态和保存时间。这一过程可以与活动分类联系起来,作为系统设计的一部分自动执行。

这一过程需要参考多少有点正式性质的处置依据(参见4.2.4),这将取决于机构的规模和性质及其所负责任。该过程步骤如下:

a）确定档案所记录的事务或业务活动；

b）确定事务或档案的档案类别与其处置依据相对应；

c）分配相应的保存时间并确定预期的处置行动；

d）在档案系统中记录下保存时间以及以后要采取的处置行动；

e）确定是否需要保管下列两类档案的元数据：第一类是已移交到外部保存服务机构或档案馆的档案，第二类是已经销毁的档案。

4.3.7 存储

4.3.7.1 档案存储决定

捕获档案就意味着需要保存它。适当的存储条件可以确保以有成本效益的方式保护、利用和管理档案。管理档案所需的存储设备及其服务性质由下列因素决定：档案保存的目的，档案的物理形式、用途和价值。

在档案形成之前就决定维护、保管和存储档案的有效手段十分重要，在档案需求发生变化时重新评估存储安排也很重要。此外，将存储选择与整个档案管理规划结合起来也很重要。

机构可以通过风险分析来选择对档案适宜而可行的物理存储和保管方案。选择存储方案时除了应该考虑物理存储条件外还应该考虑利用和安全要求及限制。对业务可持续开展至关重要的档案会需要增加保护措施并进行备份，以确保在发生灾难时档案的可利用性。

风险管理也涉及制定灾难恢复计划，灾难恢复计划应明确灾难发生时如何以有组织的方式应对灾难，分清轻重缓急；对灾难期间常规业务工作的持续进行做出规划；第三，对灾难过后如何恢复制定适当的计划。

对存储和保管方案的选择极为重要的因素如下：

a）档案的数量及增长率。如果一些存储设施的容量发展余地不足，而预期的档案增长率很高，则这些存储设施不予考虑。同样，应该对电子档案的数字化存储载体的存储能力进行评估。载体的选择应该与预期的档案数量及其增长率相匹配。

b）档案的用途。档案的各种用途将决定对档案采取保护的必要等级以防丢失或损害。对电子档案而言，应该选择具有较长生命力的可靠系统和载体。此外，循环备份的容易程度和对备份进行保护的容易程度也是电子档案存储方案选择时考虑的重要因素。

c）档案安全保管及其保密需要。由于信息的机密性、信息的所有权性质或由于法律保护的原因，某些档案需要限制其利用。

d）物理特性。以下因素会影响档案的存储：重量、所需存放空间、温湿度控制、档案载体的特殊物理保护要求（例如：纸张、数字存储设施、缩微）。电子形式的档案可能需要转换或迁移。数字存储载体可能需要更新。根据当地环境，档案的存储还需要防火、防水以及其它危险。

e）检索要求中反映出的档案用途。档案的可检索性是应该考虑的主要事项。频繁使用的档案需要更加便捷的存储设施。电子档案可能以多种方式存储以使检索更加容易、迅速。

f）档案存储选择方案的相对成本。在选择外包物理存储和/或电子存储，以及选择电子档案的存储载体时，成本因素会影响到档案的存储决定。

g）存取需要。对本地存储和异地存储进行成本—收益分析可以做出下面的决定：为了充分支持机构的需要，有必要采用多种存储设施、系统和/或装具。

4.3.7.2 设备考虑

为了确保档案得到了充分的存储和保护，需要根据下列因素对设施进行评估。

a）存放地应该方便利用，且不应该位于具有已知外部风险的地方。

b）建筑物结构应该满足以下条件：具有适宜变化而稳定的温湿度、防火、防水、防污染物（例如放射性同位素、毒素、活性生长霉）、安全措施、控制对存储场所的进入、非法进入探测系统，以及采取合措施防止昆虫或害虫对档案的危害。

c）装具。档案架应该适合于档案的形式而且应该能够承受可能的负荷。档案存放的容器及其包装应该能够承受得起保管以及内部物体带来的压力，在存储期间不应该损害档案。为了防止档案破损，档案使用时可以对特殊的保护性包装措施进行调整。

机构可能选择承包商来存放档案并提供利用，利用的形式可以是提供硬拷贝也可以是提供电子信息。在这种情况下，服务协议中对档案所有者以及服务提供者间的权利和义务做出规定是很重要的。

4.3.7.3 数字化存储

电子档案的存储有必要使用其它的存储方案和战略以防档案的丢失。

a）备份机制是复制电子档案的一种方法，可以防止系统发生故障时档案的丢失。这些系统应该具备下列功能：定期备份计划表，在不同载体上建立多个备份以及分散保管备份副本，提供对备份档案的常规利用和紧急利用。

b）为了防止载体的物理损害需要有维护过程。为了防止数据读不出来，需要将档案拷贝到同种载体（或其它新的载体）的较新版本上。

c）软、硬件过时可能会影响到所存电子档案的可读性。详细信息参见 4.3.9.2。

4.3.8 利用和跟踪

档案的使用是一项档案管理事务，系统应对档案的使利进行捕获以形成元数据的一部分。档案的用途可能影响档案的利用和处置状态。

对档案利用的管理包括：

a）确定个人在档案系统内的用户许可以及他们在机构内的位置；

b）确定档案的利用和安全保管状况；

c）确定机构外部人员对档案的利用权限；

d）确保只有符合适宜的用户类别或具有安全保管权利的用户才能利用受限档案；

e）跟踪档案的运转过程，以确定哪些人曾经保管过档案；

f）确保档案的所有利用都有适当详尽程度的档案；

g）复审档案的利用分类方案，以确定其仍旧有效而且适用。

对于机构来说，跟踪系统内档案的利用过程是一项安全措施。它可以确保只有具备适宜许可的用户才能从事所批准的档案工作。对利用的控制程度和利用过程的档案取决于业务的性质及其形成档案的性质。例如，在多数管辖权限下，强制性的隐私保护措施都要求记录下含个人信息的档案的利用。

档案利用规律对于确定档案所含信息的通用性是有帮助的，也是决定何时采取处置行动的工具。

档案利用和/或运转的监控系统包括实体卡片式运转档案系统、条形码技术、电子档案系统，在电子档案系统中自动捕获是系统的一项事务。跟踪系统必须通过测试，能够在适宜的时间内查找到档案，而且要确保所有运转都是可以跟踪的。

4.3.9 实施处置

4.3.9.1 总则

档案系统应该能够很容易地识别出具有相同处置日期和触发行动的档案。例如，具有相同处置日期和触发行动的纸质档案可以存放在一起。

应该复审准备处置的档案的利用档案，以便对处置状态进行确认或做出修订。其它重要活动包括：

 a）检查处置行动的触发器；

 b）确认档案所涉及的完整行动；

 c）保留处置行动的可审计档案。

4.3.9.2 继续保管

档案在脱离现行系统后的整个保管期内应该仍然能够可以被利用和检索。ISO 15489.1：2001，7.2 中所规定的档案特征应该得到保证。当档案从业务部门的直接物理环境中移交到受机构控制的其它保存场所时，业务部门仍然保留其对档案的销毁或其它处置行动的责任和权力。

经鉴定需继续保留的档案需要保存在有利于长久保护的环境中。

选择档案保护战略，尤其是电子档案保护战略要以保护战略维护档案的可利用性、完整性和真实性的能力及其成本效益为依据。

保护战略包括复制、转换和迁移。

a）复制就是在同种类型的载体（纸质/缩微/电子）上复制完全相同的副本。例如，纸质到纸质、缩微到缩微的副本或制成电子档案的备份副本（也可以在不同类型的电子载体上制作）。

b）转换涉及档案格式的变化，但是应该确保档案原有信息（内容）没有发生变化。具体的实例包括纸质档案缩微化、扫描成像、改变字符集。

c）迁移涉及一系列有组织的任务，设计定期设将数字资料从一种硬件/软件设置转移到另一种硬件/软件设置，或从技术的一代转移到另一代。迁移的目的是保证档案的完整性并且确保用户能够检索、显示或利用档案。当软硬件过时；或将电子档案从一种格式转换成另一种格式时迁移就会出现。

随着新技术的应用，也可以采用其它方法来长期保存电子档案。

当电子档案及相关元数据脱离系统时，为了确保档案及相关元数据在其整个保管期内仍旧可以读取和可用，需要制定战略，并将战略纳入到所有系统的设计阶段。

待日后销毁的档案需要作出档案，以提示保管期到限时（例如，一年）能够立即行动进行常规性的档案销毁。

当档案移交到提供存储服务的外部机构或外部档案权力机构时，不论是否采取处置行动或作出其它考虑，保管方和移交方经达成一致后应形成正式档案，其内容如下：在档案保管和恰当管理方面需要继续承担的相应义务、确保档案得到安全保管或处置以及可读取性。

4.3.9.3　物理销毁

档案的物理销毁，应根据其密级采取对应的销毁方法。机构可以保留档案销毁过程的可审计跟踪档案，同时需要负责机构的同意。销毁任务可以由第三方协议完成，同时要求第三方提供所有销毁过程的证明。

如果能够确保重新格式化是不可逆的，电子档案的销毁可以采取重新格式化和重新写入。删除指令不能够完全保证编入系统软件，指向数据的所有系统指令指针都被破坏。在电子形式的信息进行有效销毁完成之前，包含系统生成数据的备份也要重新格式化或重新写入。在下列条件下，对存储载体进行物理销毁是一种合理的选择：第一是不适宜采用删除、重新格式化或重新写入方法进行销毁时；第二是采用上述方法销毁数字化信息不够安全时（例如，存储在一次写入多次读取〔WORM〕载体上的信息）。

4.3.9.4　档案的保管权或所有权移交

在某些情况下，档案要从其形成机构或业务部门移交出去保管或转移所有权。例如，机构重组时就会发生这种情况，这时机构被撤销或业务活动转为外包。当这种情况发生时，就要确定出需要移交的档案，并将其从现存档案系统中转移出去，进行实体移交。

向其它机构移交档案的所有权或保管权包括：

a）向具有档案管理职责的其它机构移交；

b）向外包或承包机构移交；

c）向存储设备移交；

d）向档案馆移交。

处理档案所有权移交的关键因素是确定档案的责任，其问题包括：

a）是否权威性地建立了档案移交的操作需求要和管理需求？

b）是否考虑了档案管理的权力和责任问题？

c）是否考虑了移交机构档案可能带来的影响？

d）档案对现行法律、政策和规章的功能使命是否已经完成？

如果移交电子档案，还需要考虑下列问题：

a）硬件和软件的兼容性；

b）元数据（控制信息和背景信息）；

c）数据档案（关于数据处理和数据结构的技术信息）；

d）许可协议；

e）标准。

当档案不再受机构控制或档案的所有权不再属于机构时（例如，通过政府机构的私有化），移交需要争得主管档案的权力机构的同意。当政府将含有个人信息的政府档案移交给其他部门的管辖范围或其他管理实体时，必须要考虑很多因素（尤其是在信息自由和隐私法生效的管辖领域）。具体例子包括与档案保管、个人信息保护以及连贯一致地提供利用相关的要求。

5 监控和审计

5.1 总则

对档案系统进行监控和审计有以下三方面的原因：

a）确保档案系统遵从机构既定的标准；

b）如果需要的话，应该确保档案能够作为证据被法庭接受；

c）确保档案系统提高了机构的业绩。

在常规业务活动过程中机构日常业务活动的详细信息应该被定期地记录下来并存于档案系统中。

监控有助于保证档案系统持续的法律责任。监控过程应被记录下，以便为机构承诺其所采纳的方针、程序和标准提供证据。

根据现有规则和规章来研制和设计系统化的监控规划可以最佳地满足机构责任要求。

能独立地向高级管理层呈报，具有称职资格的人可以最好地监控承诺。承诺的兑现最适于由设计或执行监督规划的人或负责档案管理的人负责。

监控应该定期进行，并且应该在机构的档案管理政策中得到认可和得到解释。

5.2 一致性审计

合理设计的档案系统能够随时准备为机构提供证据：

a）以了解档案的性质；

b）以确保档案的安全保管和安全使用；

c）以保障业务流程和技术及其正确运行。

此外，档案管理者需要证明机构一直遵守立法、方针、原则、流程和程序，尤其是在现有雇员雇佣期满后。

即便在法庭上出示电子档案更本不会发生，档案管理中的优化管理原则仍具有重要意义。不管机构是否上法庭，为遵守各种规章而付出的努力和付出的资源都能迅速地带来业务受益。

5.3 证据性评估

当档案作为证据在法庭上出示时，档案管理者需要意识到潜在的法律挑战。如果由于篡改、不完整、非正常的系统功能或发生障碍等原因，档案的完整性或真实性受到法庭怀疑，法庭所承认的档案的证据性或证据价值就可能会丢失或减弱，至少对案子不利。

档案管理者需要拥有即时可用的证据证明机构在系统生命的全过程中那都遵守立法、方针和程序，也应该可以证明系统的运作与机构的正常业务活动保持一致。这些证据应该可以从系统流程的监控和审计档案中获得。

5.4 实施情况监控

完成任务情况监控要求机构通过协商，建立预期的和/或要求的完成任务等级，如程序的可靠性、工作数量和质量、系统和流程的安全性和完整性。

应根据这些作为衡量标准的期望或要求定期地或常规性地对最终系统的实施情况进行衡量。

6 培训

6.1 简介

ISO 15489—1说明了机构应该向形成档案和利用档案系统的所有人员实施培训规划。本部分只谈下面一些事项：培训规划的某些要求、接受培训的人员、对技术专家的培训、培训方法、对培训规划的评估和复审。

培训规划应该确保档案管理职能和收益在机构内被广泛了解。培训规划应该对方针做出解释，并说明程序和流程的背景，以使员工理解为什么需要这些方针、程序和流程。当培训规划是针对特定员工群体或个体员工成员而制定时，其效果最好。

6.2 培训规划要求

机构向适当级别的管理人员分配实施和管理档案管理培训规划的职责并提供充分的资源十分重要。

机构可以选择第三方供应商来提供全部或部分的档案管理培训。

只有员工能够看到管理是致力于执行规划中的方针和程序，正规的培训规划才能有效果。

6.3 接受培训的人员

向具有档案管理职责的所有人员提供适当的培训很重要。接受培训的人员包括：

a) 管理人员，包括高级管理者；

b) 雇员；

c) 承包商；

d) 志愿者；

e) 其他对档案形成或利用负责的人员。

机构需要确保通过 2.3.2 条规定所确定的所有人员都得到培训，以便他们能够完成其既定的任务。

对专业档案管理人员的培训参见 6.4。

6.4 对专业档案管理人员的培训

6.4.1 总则

许多机构需要聘请具有档案管理或档案管理专业资格的人员来管理他们的档案规划并从事高度技术化的业务如分类、确定处置依据和系统设计。相关的技术技能也可能包括对电子系统操作的理解。也要求了解机构的业务、任务和流程。

机构可以选择使用已接受过培训的员工，以方便其他员工接受合适的外部培训规划，或者选择雇佣已接受过培训而且有经验的承包商和咨询人员。

6.4.2 培训方法

档案管理培训方法包括如下内容：

a）将培训纳入针对机构员工的方针规划和档案中；

b）员工胜任新的职责或系统变更时，采取课堂培训；

c）由正式的规划提供在职培训，或由知识丰富的管理员或同类人提供非正式的在职培训；

d）就特定的档案问题或新计划召开简短的会议或研讨会；

e）提供简短的"如何做"的指南宣传品或小册子，描述机构的档案政策和方法的内容；

f）计算机演示，这种演示可以是交互式的，应该可以从机构的网络上获取或分布到磁盘上利用；

g）通过计算机系统提供文本帮助；

h）由教育机构或专业机构提供培训课程，培训课程既可以是这些培训机构的通用课程也可以是根据机构的特定需要制定的课程。

6.5 对培训进行评估和复审

对培训规划的评估应该以员工对档案系统的成功操作为依据，要以所进行培训的等级以及机构部门内档案系统的操作审计来衡量。规划也可以根据培训规划中规定的要求来对员工的技能水平进行监控和记录。

如果通过正常渠道定期对培训规划进行评估并将报告呈交给管理层，那么档案培训规划的效果和效率都会增强。

受训者对提供的课程及其它活动的满意程度也应该评估。

重要的是，对培训规划进行评估和复审后，应该对规划做出必要的调整，而且应该向接受过培训的人员提供最新的信息。

评价各种责任故障也是有用的，以发现档案管理问题是否是造成故障的原因。

（b）（资料性附录 A）
ISO 15489.1 与 ISO 15489.2 相应章条间的对应关系

表 A.1 对 ISO 15489.1 及其附属指南（也就是该部分的 ISO 15489）在条款和分条款层次上进行了比较。通过比较提供了两份档案之间的联系，以便利用者能较易明确：

a）该指南对 ISO 15489.1 中的哪些问题做出了进一步的指南；

b）ISO 15489.1 的各条款与该指南中各条款的对应关系。

该部分的 ISO 15489 并没有对 ISO 15489.1 中的每一条款都提供进一步指南。

表　ISO 15489.1 与 ISO 15489.2 相应章条间的对应关系

ISO 15489.1（通则）		ISO 15489.2（指南）	
条款号	说　明	条款号	说　明
1	范围 针对 ISO 15489.1	1	范围 针对指南
2	引用标准 构成 ISO 15489.1 的标准一览表		书目文献 本文中引用的出版物一览表
3	术语和定义	—	没有增添术语或定义
4	档案管理的意义		没有增添指南
5	规章制度（法规）环境		没有增添指南
6	方针与职责	2	方针与职责
6.1	总则 建立了档案管理方针的需要	2.1	总要求 指南将会详细说明确定和分配（赋予）的职责类型
6.2	方针 包括了方针的目标及其与活动和规章制度（法规）环境的关系	2.2	档案管理方针陈述 包括方针的职能及其同其它档案的关系与支持
6.3	职责 包括针对方针的职责的确定和分配（赋予）	2.3	职责
		2.3.1	确定职责和权力的目标 包括确定档案管理职责所需的业务规则的目标和范围
		2.3.2	机构内的权力和职责 包括管理档案的各类员工承担的责任

（续表）

ISO 15489.1（通则）		ISO 15489.2（指南）	
7	档案管理要求	没有增添指南	
8	档案系统的设计与实施（开发）	没有增添指南	
8.1	总则	—	没有增添指南
8.2	档案系统的特点		没有增添指南
8.3	档案系统的设计与实施（开发）		没有增添指南
8.4	档案系统的设计与实施（开发）方法	3	战略、设计与实施（开发）
		3.1	总要求 指明条款 3 只是详细说明 8.4
		3.2	档案系统的设计与实施（开发） 指出了段落号 8.4 与 3.2 中的步骤名称的对应关系
8.4 a)	初步调查	3.2.2 步骤 A	初步调查 详细说明了该步骤的目的及与其它步骤的关系
8.4 b)	业务活动的分析	3.2.3 步骤 B	业务活动的分析 详细说明了该步骤的目的以及可能形成的文件
8.4 c)	档案要求的确定	3.2.4 步骤 C	档案要求的确定 详细说明了该步骤的目的以及可能形成的文件
8.4 d)	现存系统的评估	3.2.5 步骤 D	现存系统的评估 详细说明了该步骤的目的以及可能形成的文件
8.4 e)	满足档案要求的战略的确定	3.2.6 步骤 E	确定满足档案要求的战略 列举了影响战略的因素、可能的战略以及可能的文件
8.54 f)	档案系统的设计	3.2.7 步骤 F	档案系统的设计 解释了步骤 F 与其它步骤之间的关系并列出了可能产生的文件
8.4 g)	档案系统的实施（开发）	3.2.8 步骤 G	档案系统的实施 详细说明了该步骤的目的以及可能形成的文件

（续表）

ISO 15489.1（通则）		ISO 15489.2（指南）	
8.4 h)	实施情况的复审	3.2.8 步骤 H	实施情况的复审 列举了从事的活动并描述了其益处
8.5	对档案系统的终止	—	没有增添指南
9	档案管理过程及其控制 只有标题	4	档案管理过程及其控制
		4.1	总要求 介绍档案管理过程的顺序，纸质和电子系统中元数据的不同以及指南中条款 4 的内容安排
		4.2	工具
		4.2.1	主要工具 列出了指南中涉及的档案管理工具的使用及选择（业务活动分类、档案处置依据、安全保管和利用分类方案、词典和术语表）
		4.3	档案管理过程 管理过程的总要求以及一览表
9.1	确定档案系统需捕获的档案 对档案的捕获、档案的动态性以及对元数据的需求进行风险分析	4.2.4	档案处置依据 说明档案捕获应该具有系统性
		4.2.4.2	确定档案系统需捕获的档案 确定如何捕获，对职能和活动进行鉴别分析列出捕获过程以鉴别捕获需求 特别强调利用风险分析决定哪些档案应该被捕获
		4.3.6	确定处置状况 在捕获时列出确定档案处置状况的过程，尤其是在电子环境下

（续表）

ISO 15489.1（通则）		ISO 15489.2（指南）	
		4.2	工具
		4.2.1	主要工具 提及了处置依据
		4.2.2	业务活动分类 指明根据业务活动分类方案制定处置依据
		4.2.4	档案处置依据 描述了档案处置依据
9.2	确定档案的保存时间 说明了影响保管的因素、保管原因以及可能需要继续保管的档案的类型	4.2.4.2	确定哪些档案应该进入档案系统 说明了档案保存时间需要根据职能和活动的分析而定 指明了明确保存时间的必要性
		4.2.4.3	确定档案的保存时间 举例说明了确定档案保存时间所需的分析，提供了保存时间描述的信息
		4.3.6	确定处置状况 列出了将分类活动与处置状况联系起来的过程，尤其是在电子环境下
		4.3.9	实施处置 说明了如何使用处置依据
9.3	档案捕获 列举了捕获的目的及方法	—	参见 4.2.4.2 确定哪些档案应该捕获进入档案系统
		4.3.2	捕获 描述了捕获过程，包括哪些文件不需要作为档案捕获，纸质及电子环境下的捕获方法以及所需的元数据
9.4	登记 定义登记过程并说明其目的	4.3.3	登记 详述了登记过程，并列出了元数据，指定了至少所需的元数据

(续表)

ISO 15489.1（通则）		ISO 15489.2（指南）	
9.5	分类	3.2.2	步骤 A：初步调查 包括业务活动分类方案制定的准备
9.5.1	业务活动分类 说明了业务分类方案的用途	3.2.3	步骤 B：业务活动的分析 说明了在档案系统设计过程中进行业务分析的目的；将业务分类方案与业务流程的其它文件联系起来，并列举了可以根据业务分类方案制定的其它工具
9.5.2	分类体系 说明了分类体系与业务活动的关系	4.2.1	主要工具 提及作为主要工具的工具
		4.2.2	业务活动分类 说明了业务活动分类方案的性质和目的
		4.2.2.2	业务活动分类的制定说明了所需的分析以及分类方案的等级结构提供了制定业务活动分类方案的要点指南
9.5.3	词汇控制 说明了词汇控制是分类方案和标引方案的支持	4.2.3	词汇
		4.2.3.1	词汇控制—经过审定的主题词一览表 描述了经过审定的主题词表
		4.2.3.2	词典 描述了词典
		4.3.4.2	词汇控制 探讨了不同环境下所需的词汇控制等级
9.5.4	标引 说明了手工或自动标引的可能性，并参照了国际标准	4.3.4.3	标引 包括标引的目的和方法 列举了标引词的来源
9.5.5	数字及代码的分配 描述了代码在识别档案方面的价值	—	没有增添指南

（续表）

ISO 15489.1（通则）			ISO 15489.2（指南）	
			4.3.7	存储
9.6	存储和保管 描述了使档案处于可以利用的状态而进行维护的框架		4.3.7.1	档案存储决定 说明了存储决定的基本原理以及风险分析的用途 列举了影响存储和保管方案选择的因素
			4.3.7.2	设备考虑 列出了选择存储设备时需要进行评估的因素
			4.3.7.3	数字化存储 列出了进行数字化存储时需考虑的其它因素
9.7	利用 将利用与规章制度框架联系起来，并说明建立利用规定的必要 列出了对利用进行控制的要求		4.2.5	安全保管和利用的分类方案 定义安全保管和利用方案
			4.2.5.2	安全保管和利用分类方案的制定 列出了限制利用的原因 列出了关于档案安全保管和利用要求的信息源说明了建立框架，以确定档案员工利用、利用等级，以及实施安全保管和利用控制的必要
			4.3.5	利用和安全保管分类 列出了实施利用和安全保管分类方案所需的步骤，特别强调了需要对控制进行持续的监控
			4.3.8	利用和跟踪 说明了对利用以及对安全保管和利用史之间的关系进行跟踪的必要
9.8	跟踪		4.3.8	利用和跟踪 提供了通过跟踪来管理利用的框架 解释了跟踪如何能够促进档案的安全保管并揭示档案的利用规律 指明了跟踪系统查找档案并跟踪档案利用的必要
9.8.1	总则 说明了跟踪的原因			
9.8.2	行动跟踪 解释了行动跟踪的基本原理			
9.8.3	存放跟踪 解释了存放跟踪的基本原理			

（续表）

ISO 15489.1（通则）		ISO 15489.2（指南）	
9.9	实施处置 包括通过销毁或向不同存储或保管单位移交的处置决定实施 列出了销毁档案时需遵守的原则	4.3.9	实施处置 描述了处置的过程
		4.3.9.2	继续保管 继续保管的职责和战略
		4.3.9.3	物理销毁 描述了物理销毁的过程
		4.3.9.4	档案保管权或所有权的移交 说明了档案保管权和所有权移交可能发生的情况 列出了需要考虑的责任和控制问题
9.10	对档案管理过程的记录 档案管理的所有过程都要有记录和授权	4.2.4	档案处置依据 指明正式处置依据的必要
		4.2.3.4	确定档案的保存时间 提及了处置依据和处置触发器
		4.3.2	捕获 提及了正式的处置依据
10	监控和审计 提到了监控和审计要求	5	监控和审计
		5.1	总则 给出了实施监控规划的原因、益处和责任
		5.2	一致性监控 强调出示档案系统正在正常运行的必要
		5.3	证据性 描述了出示档案能被法庭采用的必要
		5.4	完成情况监控 提到了在评估系统业绩时需要建立完成任务情况的指标

（续表）

ISO 15489.1（通则）		ISO 15489.2（指南）	
11	培训 提到了培训要求	6	培训
		6.1	总要求 列出了培训规划的目的
		6.2	培训规划要求 描述了管理培训规划的方法
		6.3	接受培训的人员 列出了接受培训的人员
		6.4	对专业档案管理人员的培训 列出了受过专业培训的人员的特征
		6.4.2	培训方法 列出了培训方法
		6.5	对培训进行评估和复审 方法和益处

（c）（资料性附录 B）
ISO 15489.2 与 ISO 15489.1 相应章条间的对应关系

该附录列出了 ISO 15489 的第二部分（指南）的条款和分条款，并标明了 ISO 15489.1 中与其相对应的条款或分条款。

ISO 15489.1 中的有些条款或分条款在 ISO 15489.2 中没有提供附加的指南，这些条款一并放在表 B.1 的末尾。

表　ISO 15489.2 与 ISO 15489.1 相应章条间的对应关系

ISO 15489.2（指南）		ISO 15489.1（通则）	
条款号	说　明	条款号	说　明
1	范围 针对 ISO 15489.2	1	范围 针对 ISO 15489.1
2	方针和职责	6	方针和职责
2.1	总要求 指明了指南将对要定义和分配职责的类型进行详细说明	6.1	总则 建立档案管理方针的必要

（续表）

ISO 15489.2（指南）		ISO 15489.1（通则）	
2.2	档案管理方针陈述 包括了方针的职能及其同其它档案的关系及支持	6.2	方针 包括了方针的目标以及与活动和规章制度（法规）环境的关系
2.3	职责		
2.3.1	确定职责和权力的目标 包括确定档案管理职责所需的业务规则的目标和范围	6.3	职责 包括为方针的确定和分配职责
2.3.2	机构内的权力和职责 包括管理档案的各类人员的职责		
3	战略、设计与实施		
3.1	总要求 指明条款3只是对8.4的详细说明	8.4	设计与实施方法
3.2	档案系统的设计与实施 指明8.4的步骤名称与3.2的步骤名称之间的对应关系		
3.2.2： 步骤 A	初步调查 详细说明了该步骤的目的及其与其它步骤的关系	8.4 a)	初步调查
3.2.3： 步骤 B	分析业务活动 详细说明了该步骤的目的及其可能形成的文件	8.4 b)	分析业务活动
3.2.4： 步骤 C	确定档案要求 详细说明了该步骤的目的以及可能形成的文件	8.4 c)	确定档案要求
3.2.5： 步骤 D	评估现存系统 详细说明了该步骤的目的以及可能形成的文件	8.4 d)	评估现存系统
3.2.6： 步骤 E	确定满足档案要求的战略 列出了影响战略的因素，可能的战略以及可能形成的文件	8.4 e)	确定满足档案要求的战略
3.2.7： 步骤 F	设计档案系统 说明了步骤F与其它步骤之间的关系以及可能形成的文件	8.4 f)	设计档案系统

ISO 15489.2（指南）			ISO 15489.1（通则）	
3.2.8： 步骤 G	档案系统实施 详细说明了该步骤的目的以及可能形成的文件	8.4 g）	档案系统实施	
3.2.9： 步骤 H	实施情况复审 列出所从事的活动并描述了其益处	8.4 h）	实施情况复审	
4	档案管理过程及其控制	9	档案管理过程及其控制	
4.1	总要求 档案管理过程的结构及其指南	—	没有对应的条款	
4.2	工具			
4.2.1	主要工具 列出了档案管理使用的工具和指南所涉及的选择（业务活动分类、档案处置依据、安全保管和利用分类方案、词典和术语表）	—	参见 9.10 对档案管理过程的记录 指明了进行记录的需要	
4.2.2	业务活动的分类 涉及在著录、管理和检索档案时对职能、活动和事务所做的分析，及其对存储和处置的支持	9.5	分类	
		9.5.1	业务活动的分类 列出了业务分类的益处	
4.2.2.2	业务活动分类的制定 包括支持业务分类而进行的分析以及方案的制定方法 参见 8.3 档案系统的设计与实施	9.5.2	分类体系 指明了所要求的分类基础和等级	
4.2.3	词汇		词汇控制 指明了词汇控制的目的	
4.2.3.1	词汇控制—规范化主题词表 描述了规范化主题词表	9.5.3		
4.2.3.2	词典 描述了词典	—	参见 9.5.3 词汇控制	

（续表）

ISO 15489.2（指南）		ISO 15489.1（通则）	
4.2.4	档案处置依据 描述了正式工具的要求	9.2	确定档案保存时间 解释了保管和继续保管的根据
4.2.4.2	确定档案系统需捕获的档案 包括分析要求和风险分析要求		
4.2.4.3	确定档案的保存时间 包括根据内外部需求和利用及其与其它系统的联系决定保存时间,和保存时间说明	9.10	对档案管理过程的记录及其控制 描述了处置依据
4.2.5	安全保管和利用的分类方案 描述了分类要求以及所需的复杂程度	9.7	利用 描述了规章制度框架以及所支持的过程
4.2.5.2	制定安全保管和利用的分类方案 包括制定方案时所进行的分析和风险分析,以及实施问题		
4.3	档案管理过程 列出了管理过程（捕获、等级、分类、确定处置状态、利用分类、存储、利用和查找、实施处置）	—	没有对应条款
4.3.2	捕获 描述了影响捕获的因素、捕获方法及其详尽度等	9.1	确定档案系统需捕获的档案 给出了分析和捕获的基本理论
		9.3	档案捕获 列出了捕获的目的和方法
4.3.3	登记 描述了登记方法和元数据要求	9.4	登记 说明了目的
4.3.4	分类 包括分类的定义、过程步骤以及影响分类层次的因素	9.5	分类
		9.5.1	业务活动分类 描述了业务活动分类的益处
		9.5.2	分类体系 指明了分类的依据以及所需的分类层次

（续表）

ISO 15489.2（指南）		ISO 15489.1（通则）	
4.3.4.2	词汇控制 说明了影响控制等级的因素	9.5.3	词汇控制 指明了词汇控制的目的
4.3.4.3	标引 包括标引的目的和方法。列举了标引词的来源	9.5.4	标引 指明了手工或自动标引的可能行，并参考了国际标准
4.3.5	利用和安全保管分类方案 对分配利用权力和限制利用职责进行分析	9.7	利用 描述了所要支持的规章制度框架和流程
4.3.6	确定处置状态 解释了确定处置状态的过程	9.9	实施处置 列出了处置行动的类型及其物理销毁的原则
4.3.7	存储		存储和保管 给出了存储和保管的总体要求
4.3.7.1	档案存储决定 包括选择存储方案时进行的风险分析和需要考虑的档案问题	9.6	
4.3.7.2	设备考虑 包括对建筑物因素的评估，指出了合同存储问题		
4.3.7.3	数字化存储 列出了数字化存储添增的战略		
4.3.8	利用和跟踪 涉及对利用和控制进行管理所需的过程	9.8	跟踪
		9.8.1	总则 列出了对运转和利用过程进行记录的目的
		9.8.2	行动跟踪 列出了通过工作流程来控制档案运转的受益
		9.8.3	存放跟踪 描述了记录档案实体存放位置的受益及要求

ISO 15489.2（指南）		ISO 15489.1（通则）	
4.3.9	实施处置 描绘了处置过程	9.9	实施处置 涉及通过销毁或向不同的存储或保管场所移交来实施处置决定 列出了销毁档案时需遵守的原则
4.3.9.2	继续保管 描述了继续保管的职责和战略		
4.3.9.3	物理销毁 描述了物理销毁的过程		
4.3.9.4	档案保管权或所有权的移交 说明书了保管权或所有权移交可能发生的情况 列出了需要考虑的责任以及控制问题		
5	监控和审计		
5.1	总则给出了实施监控规划的原因	10	监控和审计 指明了监控和审计的要求
5.2	一致性监控 说明了出示档案系统正常运行的必要		
5.3	证据性 说明了档案应能被法庭作为证据采用		
5.4	完成任务情况监控 指明了对系统完成任务情况进行评估的必要		
6	培训		
6.1	总要求 指明了培训规划的目的	11	培训 指明了培训要求
6.2	培训规划要求 指明了管理一个培训规划的方法		
6.3	接受培训的人员 列出了接受培训的人员		
6.4	对专业档案管理人员的培训 指明了培训任务以及接受过专业培训的人应该具备的技能		
6.4.2	培训方法 列出了培训方法		
6.5	对培训进行评估和复审 指明了评估和复审的方法和受益		

ISO 15489.2（指南）		ISO 15489.1（通则）	
—	评估和复审 列出了本部分的参考出版物	2	引用标准 列出了构成 ISO 15489.1 的标准一览表
—	应指明 ISO 15489.1 中的下列条款或分条款在指南中并没有对应的条款或分条款	3	术语和定义
		4	档案管理的意义
		5	规章制度环境
		7	档案管理要求
		8	档案系统的设计与实施
		8.1	总则
		8.2	档案系统的特点
		8.3	档案系统的设计与实施
		8.5	对档案系统的终止
		9.5.5	数字及代码的分配

参考文献

［1］ ISO 690.2 信息与文献——文献引用——第二部分:电子文件及其部分

［2］ ISO 2788 文献——单语种词典的建立和制定指南

［3］ ISO 15489.1 信息与文献——档案管理——第一部分:通则

企业职工档案管理工作规定

（1992 年 6 月 9 日发布施行）

第一章 总 则

第一条 为加强企业职工档案管理,有效地保护和利用档案,提高科学管理水平,为社会主义现代化建设服务,根据《中华人民共和国档案法》有关规定,制定本规定。

第二条 企业职工档案是企业劳动、组织、人事等部门在招用、调配、培训、考核、奖惩、选拔和任用等工作中形成的有关职工个人经历、政治思想、业务技术水平、工作表现以及工作变动等情况的文件材料,是历史地、全面地考察职工的依据,是国家档案的组成部分。

第三条 企业职工档案工作,在国家档案行政管理部门宏观管理、组织协调下,由劳动主管部门领导与指导,实行分级管理,同时接受同级档案行政管理部门的监督、指导。

第四条 企业职工档案管理工作必须贯彻执行党和国家有关档案、保密的法规和制度。

第二章 机构和职责

第五条 职工档案由所在企业的劳动（组织人事）职能机构管理。实行档案综合管理的企业单位,档案综合管理部门应设专人管理职工档案。

第六条 职工失踪、逃亡、合理流动或出国不归者,其档案由原所在单位保管,也可由当地劳动行政部门代为保管。

第七条 职工死亡后,其档案由原管理部门保存五年后,移交企业综合档案部门保存。对国家和企业有特殊贡献的英雄、模范人物死亡以后,其档案由企业综合档案部门按规定向有关档案馆移交。

第八条 企业职工档案管理部门的职责:

(一)保管职工档案;

(二)收集、鉴别和整理职工档案材料;

(三)办理职工档案的查阅、借阅和转递手续;

(四)登记职工工作变动情况;

(五)为有关部门提供职工情况;

(六)做好职工档案的安全、保密、保护工作;

(七)定期向企业档案室(馆)移交档案。

(八)办理其他有关事项。

第三章　档案的内容

第九条　企业职工档案的内容和分类：

（一）履历材料；

（二）自传材料；

（三）鉴定、考核、考察材料；

（四）评定岗位技能和学历材料（包括学历、学位、学绩、培训结业成绩表和评定技能的考绩、审批等材料）；

（五）政审材料；

（六）参加中国共产党、共青团及民主党派的材料；

（七）奖励材料；

（八）处分材料；

（九）招用、劳动合同，调动、聘用、复员退伍、转业、工资、保险福利待遇、出国、退休、退职等材料；

（十）其他可供组织参考的材料。

第四章　档案的收集、保管和销毁

第十条　职工所在企业的劳动（组织人事）职能机构对职工进行考察、考核、培训、奖惩等所形成的材料要及时收集，整理立卷，保持档案的完整。

第十一条　立卷归档的材料必须认真鉴别，保证材料的真实、文字清楚、手续齐备。材料须经组织审查盖章或本人签字的，应在盖章、签字后归档。

第十二条　企业职工档案材料统一使用 16 开规格办公用纸，不得使用圆珠笔、铅笔、红色墨水及复写纸书写。

第十三条　按规定需要销毁档案材料时，必须经单位主管档案工作的领导批准。

第十四条　档案卷皮、目录和档案袋的样式、规格实行统一的制作标准（见附件一）。

第十五条　严禁任何人私自保存他人档案或利用档案材料营私舞弊。对违反规定者，应视情节轻重，严肃处理。对违反《中华人民共和国档案法》《中华人民共和国保守秘密法》的，要依法处理。

第十六条　职工档案管理单位应建立健全工作制度，做好防火、防蛀、防潮、防光、防盗等工作。

第五章　档案的提供利用

第十七条　因工作需要查阅和借用档案，须遵守下列规定：

（一）查阅档案应凭盖有党政机关、人民团体、企事业单位公章的介绍信。

（二）查阅、使用企业职工档案的单位，应派可靠人员到保管单位查阅室查阅。

（三）档案除特殊情况外一般不借出查阅。如必须借出查阅时，应事先提交报告，说明理由,经企业或企业授权的主管档案工作的领导批准,严格履行登记手续,并按期归还。

(四)任何个人不得查阅或借用本人及亲属(包括父母、配偶、子女及兄弟姐妹等)的档案。

(五)各单位应制定查阅档案的制度。查阅档案必须严格遵守保密制度和阅档规定,严禁涂改、圈划、抽取、撤换档案。查阅者不得泄露或擅自向外公布档案内容。对违反者,应视情节轻重予以批评教育,直至纪律处分,或追究法律责任。

(六)因工作需要从档案中取证的,须请示单位主管档案工作的领导批准后才能复制办理。

第六章　档案的转递

第十八条　企业职工调动、辞职、解除劳动合同或被开除、辞退等,应由职工所在单位在一个月内将其档案转交其新的工作单位或其户口所在地的街道劳动(组织人事)部门。职工被劳教、劳改,原所在单位今后还准备录用的,其档案由原所在单位保管。

第十九条　转递档案应遵守下列规定:

(一)通过机要交通或派专人送取,不准邮寄或交本人自带。

(二)对转出的档案,必须按统一规定的"企业职工档案转递通知单"(见附件二)的项目登记,并密封包装。

(三)对转出的材料,不得扣留或分批转出。

(四)接收单位收到档案经核对无误后,应在回执上签名盖章,并将回执立即退回。逾期一个月转出单位未收到回执应及时催问,以防丢失。

第七章　附　则

第二十条　本规定由劳动部负责解释。

第二十一条　本规定自下达之日起执行。各省、自治区、直辖市和国务院各部门可结合实际情况制定实施办法或细则。

附件一:企业职工档案卷皮、档案袋样式和规格

一、档案卷皮(卷面、卷底各一页)

1. 卷皮规格:长 27.4 厘米,宽 20.5 厘米;左边设三个装订线眼,眼距(从眼中心算起)8.3 厘米;线眼中心距左侧边沿 1.5 厘米,上下线眼中心距上、下边沿均为 5.4 厘米。

2. 卷面标签:由装订线处向左设"标签"两个,供填写编号、姓名、籍贯用。规格为:上下高 6.5 厘米,左右长 9 厘米。两个"标签"距卷面上、下边沿各为 6 厘米,并与卷面装订线相连接。

3. 卷皮材料:一般可采用三百克的单面白板纸加包布面,或只用布包边角,也可以用纸裱糊,但不宜过厚,以减轻档案重量。

4.卷皮颜色：应采用浅色，如浅黄、乳黄色等，不要用大红、大绿，或黑、兰、紫等深色。卷面上的字，一律用正红色。

5.卷面项目："企业职工档案"、"姓名"。

6.字体与距离："企业职工档案"用楷体(72磅)，字与卷面上边沿距离为7厘米；"姓名"用大一号宋体，与卷面下边沿相距5.5厘米。

7.卷面里页印"注意事项"：

(1)注意保密，不得遗失，不得让无关人员翻阅。

(2)爱护档案，不要涂抹、勾画及乱加批注。

(3)卷面与材料不得拆散，不得随意增加或抽出材料。

二、档案袋

1.规格：长30厘米，宽23厘米，厚(折叠部分)2.5厘米。

2.材料质量：可根据条件选用较好的牛皮纸。

3.袋面项目："企业职工档案袋"、"姓名"、"制作单位"。

4.字体和字的颜色与档案卷面同。"单位"在"姓名"下边。

附件二：转递企业职工档案材料通知单存根

字第_____号

兹将　　　　等　　同志的档案材料转去，请按档案目录清点查收，并将回执及时退回。			
			月　　日
姓　名	转递原因	档案材料(份)	

回 执	你处于　年 月 日转来　字　号　等同志的档案共　卷，材料共　份，已全部收到，现将回执退回。 　　　　　　　收件人签名　　　　收件机关盖章 　　　　　　　　　　　　　　　　年　月　日

(注)通知单规格为24开或16开纸；为便于复写，此页(存根)可用薄纸印制。

转递企业职工档案材料通知单

字第_____号

兹将	等	同志的档案材料转去,请按档案目录清点查收,并将回执及时退回。	
			年　月　日
姓　　名	转递原因	档案材料(份)	

回执	你处于　年　月　日转来　字　号　等同志的档案共　卷,材料共　份,已全部收到,现将回执退回。 　　　　　　　　　　收件人签名　　　　　　收件机关盖章 　　　　　　　　　　　　　　　　　　　　　　年　月　日

国有企业资产与产权变动档案处置暂行办法

第一章 总 则

第一条 为规范国有企业在资产与产权变动中的档案处置行为,防止国有资产和档案的流失,根据《中华人民共和国档案法》和有关法律、法规的规定,制定本办法。

第二条 本办法适用于国有企业兼并、破产、出售、股份制改造、股份合作制和与外商合资、合作经营以及实行承包、租赁等其他资产与产权变动的档案处置工作。

第三条 国有企业档案是国有企业全部活动的真实记录和宝贵财富,是企业资产的依据和凭证,属国家所有。国有企业在资产与产权变动中应当做好档案处置工作,确保其完整与安全。

第四条 国有企业资产与产权变动档案处置要遵循下列原则:

(一)维护国家安全和国家利益,保守国家机密和企业商业秘密,防止档案散失;

(二)区别情况,依法、合理处置;

(三)维护档案的安全,便于有关方面对档案的利用;

(四)有利于企业保持经营管理的连续性。

第二章 档案处置的组织工作

第五条 国有企业资产与产权变动档案处置工作是国有企业资产与产权变动工作的一项重要内容,应列入其议程,并同步进行。

第六条 各级档案行政管理部门,会同政府综合经济管理部门和国有资产管理部门加强对国有企业资产与产权变动档案处置工作的组织协调,监督和指导。

各行业主管部门协同各级档案行政管理部门做好本行业、本系统的国有企业资产与产权变动档案处置工作的组织协调,监督和指导。

企业主管部门负责国有企业资产与产权变动档案处置工作的组织管理。

资产与产权变动的国有企业,按隶属关系及时报告企业主管部门和当地档案行政管理部门,申请档案处置事宜。

第七条 资产与产权变动的国有企业,成立企业档案处置工作专门组织。由企业分管档案工作领导人、清算机构有关人员、企业主管部门档案工作负责人和企业档案部门负责人组成,在企业资产清算组织或其他负责企业资产与产权变动组织的领导下,负责档案处置工作,研究处理有关重大问题。

第八条 企业档案部门负责档案处置具体工作:

（一）收集、整理、统计、保管企业在各项活动中形成的全部档案，清点库存。

（二）按有关规定做好档案留存与销毁的鉴定工作。

鉴定工作由企业有关负责人和企业资产清算机构负责人、主要业务部门负责人和档案部门负责人等组成的鉴定小组主持，对档案进行直接鉴定。

对拟销毁的档案造具清册，经企业领导人和企业资产清算机构负责人审核，企业主管部门批准，并向所在地同级档案行政管理部门备案后，方可销毁。销毁档案需二人以上监督销毁，并在销毁清册上签字。销毁清册永久保存。

（三）按照档案的去向分别编制移交和寄存档案的目录。

（四）做好资产与产权变动中形成的文件材料的收集、整顿、归档和移交工作。

第九条　档案移交和寄存的目录，由交接方和企业档案处置工作小组负责人签字，分别保存在交接方和企业主管部门及所在地档案行政管理部门，具有同等效力。

第十条　档案处置工作结束前，档案库房、设备、装具及必要的办公用具等，不得挪做他用。

第十一条　国有企业资产与产权变动过程中，档案的整理、鉴定、移交、寄存等工作所需费用，由原企业或接收单位支付，破产企业由破产费用中支付。需要向地方国家档案馆寄存档案的，由原企业支付、破产企业由破产费用中支付一次性寄存保管费。

第三章　档案的归属和流向

第十二条　国有企业资产与产权变动档案的处置，原则上分类进行：

（一）基建档案、设备仪器档案随其实体归属；

（二）产品、科研档案（其中含专利、商标、专有技术等档案）按有关政策法规办理，没有规定的由双方商定处理；

（三）会计档案按财政部、国家档案局《会计档案管理办法》执行；法律、行政法规有特殊规定的，依照法律、行政法规的规定处理；

（四）生产技术管理、经营管理档案由双方商定，可移交接收方，亦可随党群工作、行政管理档案移交企业主管部门或寄存所在地国家档案馆。

第十三条　国有企业之间兼并的，被兼并企业的档案归属于兼并企业或新设置的企业，由兼并方统一管理，单独保存。国有企业与国有企业合并，其档案处置按国有企业之间兼并的档案处理办法办理。

第十四条　国有企业被集体、私营和中外合资、合作等非国有企业兼并的，其党群工作、行政管理、生产技术管理、经营管理类档案按隶属关系移交企业主管部门或寄存所在地国家档案馆，也可由企业主管部门或所在地档案行政管理部门指定有关的企业代为保管。其余档案按本办法第十二条规定办理。

第十五条　军工企业被非军工企业兼并，属国家机密的档案，由其行业主管部门决定其归属。其余档案按本办法第十二条规定办理。

第十六条　国有企业依法实行破产的，其档案的处置原则上按本办法第十二条规定办理。暂无去处的档案,移交企业主管部门所在地国家档案馆。

第十七条 国有企业整体出售给国有企业的,其全部档案归属于买方。国有企业整体出售给集体、私营和中外合资、合作等非国有企业的,其档案处置按本办法第十二条规定办理。

第十八条 国有企业实行承包、租赁的,其档案处置列入双方合同契约。承包、租赁前该企业的全部档案由发包、出租方安全保管,承包、租赁前该企业的全部档案由发包、出租方安全保管,承包、承租方可以按有关规定查阅利用;承包、租赁期间形成的档案,由承包、承租方按国家有关规定负责收集、整理、保管,承包、租赁期满,向发包、出租方移交,并拥有使用权。

第十九条 国有企业以其全部资产改组为股份制企业的,改组后的档案另立全宗,由股份制企业管理。国有企业以部分资产改组为股份制企业的,进入股份制企业的部分,其改组前后的档案分立全宗,由股份制企业管理;未进入股份制企业的部分,其档案由原企业自行管理。

第二十条 国有企业实行股份合作制的,其档案原则上由改制后新设立的企业管理,也可向企业主管部门或所在地国家档案馆移交。

第二十一条 国有企业与外商合资、合作,由中方控股、中方管理的,其合资、合作前的档案属国家所有,可作为独立全宗,保管在新的企业,供其所用;非中方控股的企业,其档案处置按本办法第十二条规定办理。国有企业的分厂、车间与外商合资、合作的,合资、合作前的档案属原企业;合资、合作后的档案另立全宗,合资、合作期满,终止合同,其档案由中方保存,根据外方需要,可以提供复制件。

第四章 产权变动中形成的档案的管理

第二十二条 国有企业资产与产权变动中形成的文件材料归档范围:

(一)有关机关或单位的批准文件;

(二)终止财务决算报告及编制说明;

(三)财产清理报告书;

(四)评估立项申请报告及国有资产管理部门的评估立项通知;

(五)评估结果确认申请报告和评估机构出具的评估报告及国有资产管理部门的确认批复;

(六)国有股权管理报告及国有资产管理部门的批复;

(七)资产处置请示及国有资产管理部门的批复;

(八)资产处置结果报告;

(九)协议书;

(十)合同;

(十一)企业章程;

(十二)其他有关文件。

第二十三条　国有企业资产与产权变动中形成的档案,由形成单位承办部门立卷归档后,向本单位或上级主管单位档案部门移交。

第五章　处　罚

第二十四条　国有企业资产与产权变动有违反《档案法》第五章第二十四条第一款第四项、第五项的企业,由县以上档案行政管理部门视情节轻重给予警告,并处以1万元以上3万元以下的罚款。

第二十五条　对下列行为负有直接责任者及领导人,由县级以上有关主管部门视情节轻重,给予行政处分:

(一)违犯本办法造成损失或严重后果的;

(二)擅自处理档案的;

(三)拒不接受应由受让方管理的档案的。

第二十六条　违反《档案法》的规定,擅自出卖、转让国家所有的档案,情节严重的,依法追究刑事责任。

第六章　附　则

第二十七条　本办法由国家档案局负责解释。

第二十八条　干部职工档案按中央组织部、人事部《流动人员人事档案管理暂行规定》执行。企业下岗职工档案按有关规定执行。

第二十九条　国有事业单位参照本办法执行。

第三十条　各省、自治区、直辖市档案行政管理部门可根据本办法制订实施细则。

第三十一条　本办法自发布之日起施行。

会计档案管理办法

第一条 为了加强会计档案管理,统一会计档案管理制度,更好地为发展社会主义市场经济服务,根据《中华人民共和国会计法》和《中华人民共和国档案法》的规定,制定本办法。

第二条 国家机关、社会团体、企业、事业单位,按规定应当建账的个体工商户和其他组织(以下简称各单位),应当依照本办法管理会计档案。

第三条 各级人民政府财政部门和档案行政管理部门共同负责会计档案工作的指导、监督和检查。

第四条 各单位必须加强对会计档案管理工作的领导,建立会计档案的立卷、归档、保管、查阅和销毁等管理制度,保证会计档案妥善保管、有序存放、方便查阅,严防毁损、散失和泄密。

第五条 会计档案是指会计凭证、会计账簿和财务报告等会计核算专业材料,是记录和反映单位经济业务的重要史料和证据。具体包括:

(一)会计凭证类:原始凭证,记账凭证,汇总凭证,其他会计凭证。

(二)会计账簿类:总账,明细账,日记账,固定资产卡片,辅助账簿,其他会计账簿。

(三)财务报告类:月度、季度、年度财务报告,包括会计报表、附表、附注及文字说明,其他财务报告。

(四)其他类:银行存款余额调节表,银行对账单,其他应当保存的会计核算专业资料,会计档案移交清册,会计档案保管清册,会计档案销毁清册。

第六条 各单位每年形成的会计档案,应当由会计机构按照归档要求,负责整理立卷,装订成册,编制会计档案保管清册。

当年形成的会计档案,在会计年度终了后,可暂由会计机构保管一年,期满之后,应当由会计机构编制移交清册,移交本单位内部指定专人保管。出纳人员不得兼管会计档案。

移交本单位档案机构保管的会计档案,原则上应当保持原卷册的封装。个别需要拆封重新整理的,档案机构应当会同会计机构和经办人员共同拆封整理,以分清责任。

第七条 各单位保存的会计档案不得借出。如有特殊需要,经本单位负责人批准,可以提供查阅或者复制,并办理登记手续。查阅或者复制会计档案的人员,严禁在会计档案上涂画、拆封和抽换。

各单位应当建立健全会计档案查阅、复制登记制度。

第八条　会计档案的保管期限分为永久、定期两类。定期保管期限分为 3 年、5 年、10 年、15 年、25 年 5 类。

会计档案的保管期限,从会计年度终了后的第一天算起。

第九条　本办法规定的会计档案保管期限为最低保管期限,各类会计档案的保管原则上应当按照本办法附表所列期限执行。

各单位会计档案的具体名称如有同本办法附表所列档案名称不相符的,可以比照类似档案的保管期限办理。

第十条　保管期满的会计档案,除本办法第十一条规定的情形外,可以按照以下程序销毁:

(一)由本单位档案机构会同会计机构提出销毁意见,编制会计档案销毁清册,列明销毁会计档案的名称、卷号、册数、起止年度和档案编号、应保管期限、已保管期限、销毁时间等内容。

(二)单位负责人在会计档案销毁清册上签署意见。

(三)销毁会计档案时,应当由档案机构和会计机构共同派员监销。国家机关销毁会计档案时,应当由同级财政部门、审计部门派员参加监销。财政部门销毁会计档案时,应当由同级审计部门派员参加监销。

(四)监销人在销毁会计档案前,应当按照会计档案销毁清册所列内容清点核对所要销毁的会计档案;销毁后,应当在会计档案销毁清册上签名盖章,并将监销情况报告本单位负责人。

第十一条　保管期满但未结清的债权债务原始凭证和涉及其他未了事项的原始凭证,不得销毁,应当单独抽出立卷,应当在会计档案销毁清册和会计档案保管清册中列明。

正在项目建设期间的建设单位,其保管期满的会计档案不得销毁。

第十二条　采用电子计算机进行会计核算的单位,应当保存打印出的纸质会计档案。

具备采用磁带、磁盘、光盘、微缩胶片等磁性介质保存会计档案条件的,由国务院业务主管部门统一规定,并报财政部、国家档案局备案。

第十三条　单位因撤销、解散、破产或者其他原因而终止的,在终止和办理注销登记手续之前形成的会计档案,应当由终止单位的业务主管部门或财产所有者代管或移交有关档案馆代管。法律、行政法规另有规定的,从其规定。

第十四条　单位分立后原单位存续的,其会计档案应当由分立后的存续方统一保管,其他方可查阅、复制与其业务相关的会计档案;单位分立后原单位解散的,其会计档案应当经各方协商后由其中一方代管或移交档案馆代管,各方可查阅、复制与其业务相关的会计档案。单位分立中未结清的会计事项所涉及的原始凭证,应当单独抽出由业务相关方保存,并按规定办理交接手续。

单位因业务移交其他单位办理所涉及的会计档案,应当由原单位保管,承接业务单位可查阅、复制与其业务相关的会计档案,对其中未结清的会计事项所涉及的原始凭证,应当单独抽出由业务承接单位保存,并按规定办理交接手续。

第十五条　单位合并后原各单位解散或一方存续其他方解散的,原各单位的会计档案应当由合并后的单位统一保管;单位合并后原各单位仍存续的,其会计档案仍应由原各单位保管。

第十六条　建设单位在项目建设期间形成的会计档案,应当在办理竣工决算后移交给建设项目的接受单位,并按规定办理交接手续。

第十七条　单位之间交接会计档案的,交接双方应当办理会计档案交接手续。

移交会计档案的单位,应当编制会计档案移交清册,列明应当移交的会计档案名称、卷号、册数、起止年度和档案编号、应保管期限、已保管期限等内容。

交接会计档案时,交接双方应当按照会计档案移交清册所列内容逐项交接,并由交接双方的单位负责人负责监交。交接完毕后,交接双方经办人和监交人应当在会计档案移交清册上签名或者盖章。

第十八条　我国境内所有单位的会计档案不得携带出境。驻外机构和境内单位在境外设立的企业(简称境外单位)的会计档案,应当按照本办法和国家有关规定进行管理。

第十九条　预算、计划、制度等文件材料,应当执行文书档案管理规定,不适用本办法。

第二十条　各省、自治区、直辖市人民政府财政部门、档案管理部门,国务院各业务主管部门,中国人民解放军总后勤部,可以根据本办法的规定,结合本地区、本部门的具体情况,制定实施办法,报财政部和国家档案局备案。

第二十一条　本办法由财政部负责解释,自1999年1月1日起执行。1984年6月1日财政部、国家档案局发布的《会计档案管理办法》自本办法执行之日起废止。

附表一:企业和其他组织会计档案保管期限表

序　号	档案名称	保管期限	备　注
一	**会计凭证类**		
1	原始凭证	15 年	
2	记账凭证	15 年	
3	汇总凭证	15 年	
二	**会计账簿类**		
4	总　账	15 年	包括日记账
5	明细账	15 年	
6	日记账	15 年	现金和银行存款日记账保管 25 年

（续表）

序 号	档案名称	保管期限	备注
7	固定资产卡片		固定资产报废清理后保管5年
8	辅助账簿	15年	
三	**财务报告类**		包括各级主管部门汇总财务报告
9	月、季度财务报告	3年	包括文字分析
10	年度财务报告（决算）	永久	包括文字分析
四	**其他类**		
11	会计移交清册	15年	
12	会计档案保管清册	永久	
13	会计档案销毁清册	永久	
14	银行余额调节表	5年	
15	银行对账单	5年	

附表二：财政总预算、行政单位、事业单位和税收会计档案保管期限表

序号	档案名称	保管期限			备 注
		财政总预算	行政单位事业单位	税收会计	
一	**会计凭证类**				
1	国家金库编送的各种报表及缴库退库凭证	10年		10年	
2	各收入机关编送的报表	10年			
3	行政单位和事业单位的各种会计凭证		15年		包括原始凭证、记账凭证和传票汇总表
4	各种完税凭证和缴、退库凭证			15年	缴款书存根联在销号保管2年
5	财政总预算拨款凭证及其他会计凭证	15年			

（续表）

序号	档案名称	保管期限			备 注
		财政总预算	行政单位事业单位	税收会计	
6	农牧业税结算凭证			15年	包括:拨款凭证和其他会计凭证
二	**会计账簿类**				
7	日记账		15年	15年	
8	总账	15年	15年	15年	
9	税收日记账(总账)和税收票证分类出纳账		25年		
10	明细分类、分户账或登记簿	15年	15年	15年	
11	现金出纳账、银行存款账		25年	25年	
12	行政单位和事业单位固定资产明细账(卡片)				行政单位和事业单位固定资产报废清理后保管5年
三	**财务报告类**				
13	财政总预算	永久			
14	行政单位和事业单位决算	10年	永久		
15	税收年报(决算)	10年		永久	
16	国家金库年报(决算)	10年			
17	基本建设拨、贷款年报(决算)	10年			
18	财政总预算会计旬报	3年			所属单位报送保管的2年
19	财政总预算会计月、季度	5年			所属单位报送保管的2年

（续表）

序号	档案名称	保管期限			备　注
		财政总预算	行政单位事业单位	税收会计	
20	行政单位和事业单位会计月、季度报表	5 年			所属单位报送保管的 2 年
21	税收会计报表（包括票证报表）			10 年	电报保管 1 年，所属税务机关报送的保管 3 年
四	**其他类**				
22	会计移交清册	15 年	15 年	15 年	
23	会计档案保管清册	永久	永久	永久	
24	会计档案销毁清册	永久	永久	永久	

　　注：税务机关的税务经费会计档案保管期限，按行政单位会计档案保管期限规定办理。

企业档案管理规定

（2002 年 7 月 22 日国家档案局、国家经贸委、国家计委联合发布，2002 年 9 月 1 日起施行）

第一条　为加强企业档案工作，促进档案工作为企业各项工作服务，根据《中华人民共和国档案法》（以下简称《档案法》）和有关法律、法规，制定本规定。

第二条　本规定所称的企业档案，是指企业在生产经营和管理活动中形成的对国家、社会和企业有保存价值的各种形式的文件材料。

第三条　企业应遵守《档案法》，依法管理本企业档案，明确管理档案的部门或人员，提高职工档案意识，确保档案完整、准确和安全。

第四条　企业档案工作接受档案行政管理部门的监督和指导。

中央管理的企业制定本企业档案管理制度和办法须报国家档案局备案。

第五条　企业负责档案工作的部门依法履行下列职责：

（一）贯彻执行《档案法》等有关法律、法规和方针政策，制订本企业文件材料归档和档案保管、利用、鉴定、销毁、移交等有关规章制度；

（二）统筹规划并负责本企业档案的收集、整理、保管、鉴定、统计和提供利用工作；

（三）指导本企业各部门文件材料的形成、积累、整理和归档工作；

（四）监督、指导本企业所属机构（含境外机构）的档案工作。

第六条　企业档案工作人员应当忠于职守，遵纪守法，具有相应的档案专业知识和业务能力。

第七条　企业各部门负责归档文件材料的收集和整理，并定期交本企业档案部门集中管理。任何人不得拒绝归档。

第八条　归档的文件材料应完整、准确、系统。文件书写和载体材料应能耐久保存。文件材料整理符合规范。归档的电子文件，应有相应的纸质文件材料一并归档保存。

第九条　企业根据有关规定，确定档案保管期限，划定档案密级。

第十条　企业采取有效措施对档案进行安全保管，并切实加强对知识产权档案和涉及商业秘密档案的管理。

第十一条　企业对保管期限已满的档案进行鉴定。对确无保存价值的档案登记造册，按有关规定经企业法定代表人批准后进行监销。

第十二条　企业做好档案统计工作。国有大中型企业应按档案行政管理部门的要求填写有关报表。企业认真做好对国家和社会有保存价值的档案的登记工作。

第十三条　企业档案现代化应与企业信息化建设同步发展,不断提高档案管理水平。

第十四条　企业档案部门应积极做好档案的提供利用工作,努力开发档案信息资源,为企业提供及时、有效的服务。

第十五条　企业必须为政府有关部门、司法部门依法执行公务提供真实、准确的档案。

第十六条　企业提供利用、公布档案,不得损害国家、社会和其他组织的利益,不得侵犯他人的合法权益。

第十七条　国有企业资产与产权发生变动,应按《国有企业资产与产权变动档案处置暂行办法》做好档案的处置工作。

国有企业破产,破产清算组应妥善处置破产企业档案;国有企业分立,档案处置工作由分立后的企业协商办理。

第十八条　企业对在企业档案工作中做出突出贡献的人员给予表彰和奖励。

第十九条　企业应当建立档案工作责任追究制度,对不按规定归档而造成文件材料损失的,或对档案进行涂改、抽换、伪造、盗窃、隐匿和擅自销毁而造成档案丢失或损坏的直接责任者,依法进行处理。

第二十条　本规定由国家档案局负责解释。

第二十一条　本规定自 2002 年 9 月 1 日起施行。《国营企业档案管理暂行规定》同时废止。其他有关企业档案工作的规定凡与本规定抵触的,以本规定为准。

国有企业文件材料归档办法

(2004 年 1 月 20 日国家档案局、国务院国有资产监督管理委员会联合发布施行)

第一章　总　则

第一条　为规范国有及国有控股企业(以下简称企业)文件材料的归档工作,完整、系统保存企业档案,根据《中华人民共和国档案法》、《中华人民共和国档案法实施办法》、《企业档案管理规定》,制定本办法。

第二条　归档的企业文件材料是指企业自筹建以来各种活动中形成的具有保存价值的各种形式的记录。

第三条　企业应建立文件材料归档制度,明确企业文件材料的归档范围、时间、要求,保证归档文件材料齐全、完整、准确、系统。

第四条　企业文件材料归档工作应纳入企业各项工作计划,纳入企业领导工作议程,纳入有关人员岗位责任制。

第五条　企业各部门专(兼)职档案人员负责所形成的文件材料的收集、整理,并按要求向档案部门归档。

第六条　企业档案部门负责本企业及所属单位文件材料归档工作的指导、监督和检查。

企业应建立文件材料归档责任追究制度。不按要求归档的应由有关单位追究当事人或部门的责任。

第二章　归档范围

第七条　企业在筹备、成立、经营、管理及产权变动过程中形成的具有保存价值的文件材料应列入归档范围(见附件《国有企业文件材料归档范围》)。

第八条　归档文件材料的来源:

(一)本企业内部形成的文件材料;

(二)本企业所属单位和派出机构(包括境外机构)应报本企业的文件材料;

(三)本企业引进项目、外购设备等带来的文件材料;

(四)本企业投资的全资、控股、参股企业应向本企业提交的文件材料;

(五)本企业参与的合作项目,合作单位按要求应向本企业提交的文件材料;

(六)本企业执行、办理的外来文件材料。

第九条　归档的文件材料主要包括纸质、光盘、磁带、照片及底片、胶片、实物等各种载体形式。

第三章　归档时间

第十条　管理性文件材料一般应在办理完毕后的第二年上半年归档。

第十一条　工业企业产品、非工业企业业务项目、科研课题、基建项目文件材料在其项目鉴定、竣工后或财务决算后三个月内归档,周期长的可分阶段、单项归档。

第十二条　外购设备仪器或引进项目的文件材料在开箱验收或接收后即时登记,安装调试后归档。

第十三条　企业职工外出参加公务活动形成的文件材料应在活动结束后及时归档。

第十四条　会计文件材料在会计年度终了后由会计部门整理归档,保管一年后向档案部门移交。

第十五条　电子文件逻辑归档实时进行,物理归档应与纸质文件归档时间一致。

第十六条　磁带、照片及底片、胶片、实物等形式的文件材料应在工作结束后及时归档。

第十七条　下列文件材料应随时归档:

(一)变更、修改、补充的文件材料;

(二)企业内部机构变动和职工调动、离岗时留在部门或个人手中的文件材料;

(三)企业产权变动过程中形成的文件材料;

(四)其他临时活动中形成的文件材料。

第四章　归档要求

第十八条　整理归档的文件材料应遵循文件材料形成规律,保持其有机联系,并符合有关标准、规范要求。

第十九条　归档的文件材料应为原件。因故无原件的可归具有凭证作用的文件材料。

文件材料归档后不得更改。

第二十条　非纸质文件材料应与其文字说明一并归档。

外文(或少数民族文字)材料若有汉译文的应与汉译文一并归档,无译文的要译出标题后归档。

第二十一条　具有永久、长期保存价值的电子文件,必须形成一份纸质文件归档。

第二十二条　归档文件材料的载体和字迹应符合耐久性要求。

第二十三条　归档的文件材料一般一式一份。重要的、利用频繁的和有专门需要的可适当增加份数。

反映同一内容而形式不同的文件材料应保持其一致性。

第二十四条　两个以上单位合作完成的项目,主办单位保存全套文件材料,协办单位保存与承担任务相关的正本文件。

有合同、协议规定的,按其要求执行。

第二十五条　各部门的专(兼)职档案人员应检查本部门归档文件材料的齐全、完整与准确情况,整理完毕并编制移交清册,由部门或项目负责人签字核准后向档案部门移交。重要项目的文件材料移交时应编写归档说明。

档案部门接收时应全面检查归档文件材料的质量。

第二十六条　交接双方应认真核对移交清册,并履行签字手续,移交清册各留一份以备查考。

附件:

国有企业文件材料归档范围

一、党群工作形成的文件材料

(一)党务综合性工作、党员代表大会或党组织其他有关会议。

(二)党组织建设、党员和党员干部管理、党纪监察工作、重要政治活动或事件。

(三)宣传及思想政治工作、企业文化和精神文明建设、统战工作。

(四)职工代表大会、工会工作、共青团工作、女工工作。

(五)专业学会、协会工作,群众团体活动。

二、行政管理工作形成的文件材料

(一)企业筹备期的可行性研究、申请、批准,企业章程。

(二)企业领导班子(包括董事会、股东会、监事会和经理层,下同)构成及变更,企业内部机构及变更。

(三)企业领导班子活动。

(四)综合性行政事务,企业事务公开,文秘、机要、保密、信访工作,印鉴的管理。

(五)法律事务,纪检监察,公证工作。

(六)审计工作。

(七)职工人事管理,劳动合同管理,劳动工资和社会保险,职务任免,职称评聘。

(八)职工教育与培训工作。

(九)医疗卫生工作。

(十)后勤福利,住房管理。

(十一)公安保卫,综合治理,防范自然灾害。

(十二)外事工作。

三、经营管理工作形成的文件材料

(一)企业改革,经营战略决策。

(二)计划管理,责任制管理,各种统计报表,企业综合性统计分析。

(三)资产管理,房地产管理,资本运作,对外投资、股权管理,多种经营管理,产权变动、清产核资。

（四）属企业所有的知识产权和商业秘密及其管理。

（五）企业信用管理，形象宣传。

（六）商务合同正本及与合同有关的补充材料，有关的资信调查等。

（七）财务管理，资金管理，成本价格管理，会计管理。

（八）物资采购、保存、供应和流通。

（九）经营业务管理，服务质量管理。

（十）境外项目管理。

（十一）招投标项目管理。

四、生产技术管理工作形成的文件材料

（一）生产准备、生产组织、调度工作。

（二）质量管理，质量检测和质量控制工作。

（三）能源管理。

（四）企业管理现代化和信息化建设，科技管理。

（五）生产安全，消防工作，交通管理。

（六）环境保护、检测与控制。

（七）计量工作。

（八）标准化工作。

（九）档案、图书、情报工作。

五、产品生产或业务开发工作形成的文件材料

A 工业企业

（一）产品的市场调研、立项论证、设计。

（二）产品的工艺、工装、试制、加工制造。

（三）产品的检验、包装。

（四）产品的销售与售后服务。

（五）产品鉴定、评优。

（六）产品质量事故分析及处理。

B 非工业企业

（一）业务项目的研发与形成。

（二）业务项目的经营。

（三）业务项目的保障与监督。

六、科学技术研究工作形成的文件材料

（一）科研项目的调研、申报立项。

（二）科研项目的研究、试验。

（三）科研项目的总结、鉴定。

（四）科研项目的报奖、推广应用。

七、基本建设和技术改造工作形成的文件材料

（一）基建项目和技术改造项目的可行性研究、立项、勘探、测绘、招标、投标、征迁工作，以及建设单位项目管理工作。

（二）基建项目和技术改造项目的设计。

（三）基建项目和技术改造项目的施工。

（四）基建项目和技术改造项目的监理。

（五）基建项目和技术改造项目的竣工和验收。

（六）基建项目和技术改造项目的评奖、创优。

（七）基建项目的使用、维修、改建、扩建。

（八）事故分析和处理。

八、设备仪器管理形成的文件材料

（一）购置设备、仪器的立项审批，购置合同。

（二）设备、仪器的开箱验收或接收。

（三）设备、仪器的安装调试。

（四）设备、仪器的使用、维护和改造、报废。

（五）事故分析和处理。

九、会计工作形成的文件材料

（一）会计凭证。

（二）会计账簿。

（三）财务报告及报表。

（四）其他文件材料。

十、职工个人管理形成的文件材料

（一）职工（包括离退休职工、死亡职工）的履历材料。

（二）职工的鉴定、考核。

（三）职工的专业技术职务评聘。

（四）职工的奖励与处分。

（五）职工的工资、保险、福利待遇等。

（六）职工的培训与岗位技能评定等。

（七）其他记载个人重要社会活动的文件材料。

十一、其他对国家、社会和企业有保存价值的文件材料。